21世纪法学系列教材

民商法系列

票据法学

（第二版）

吕来明 著

图书在版编目(CIP)数据

票据法学/吕来明著. —2版. —北京:北京大学出版社,2017.7
(21世纪法学系列教材·民商法系列)
ISBN 978-7-301-28427-8

Ⅰ.①票… Ⅱ.①吕… Ⅲ.①票据法—法的理论—中国—高等学校—教材
Ⅳ.①D922.287.1

中国版本图书馆CIP数据核字(2017)第132202号

书　　名	票据法学(第二版) PIAOJU FAXUE
著作责任者	吕来明　著
责任编辑	周　菲
标准书号	ISBN 978-7-301-28427-8
出版发行	北京大学出版社
地　　址	北京市海淀区成府路205号　100871
网　　址	http://www.pup.cn
电子信箱	law@pup.pku.edu.cn
新浪微博	@北京大学出版社　@北大出版社法律图书
电　　话	邮购部62752015　发行部62750672　编辑部62752027
印 刷 者	北京虎彩文化传播有限公司
经 销 者	新华书店 730毫米×980毫米　16开本　22.25印张　423千字 2011年8月第1版 2017年7月第2版　2024年7月第3次印刷
定　　价	45.00元

作 者 简 介

吕来明 男,内蒙古武川县人。北京工商大学商法研究中心主任、法学院教授。《商法研究》丛刊主编。主要研究方向:商法、票据法、电子商务法。主要学术成果:《票据法基本制度评判》《票据法前沿问题判例研究》《票据法判例与制度研究》《商事法律责任》《流动摊贩权利保护与治理机制研究》《商法学》《商事权利论》《反不正当竞争法比较研究》《电子商务监管体制研究》《电子商务法立法大纲研究》等。在《法学研究》《中国法学》《现代法学》《环球法律评论》《法学杂志》等二十余种杂志、报纸上发表论文七十余篇,承担省部级以上项目十余项。主要学术兼职:国家"互联网 +"行动专家咨询委员会委员、参与全国人大财经委电子商务法起草小组工作、中国法学会商法研究会理事、中国市场监督管理学会理事、北京市企业法治与发展研究会副会长、北京市科技法学会副会长、北京市食品药品安全法治研究会副会长。

图表索引

目　　录

第一章　票据概述

本章导读　票据包括汇票、本票、支票，是一种持票人可以请求他人支付一定金额的权利凭证，可以流通转让。具有文义性、无因性等特征，通常用来作为商品、服务合同以及其他经济往来中支付款项的工具，也可以通过贴现或质押的形式进行融资。票据存在的基础主要是出票人和付款人的信用。

第一节　票据的含义与种类

一、票据的含义

问题引入　新化公司财务人员手中有以下单据：准备向电器公司买空调，填写好并签字盖章的一张金额为2万元的支票；公司购买设备向设备公司付款后设备公司开给新化公司的一张发票、一张收据；王某向公司借款打的一张借条；公司委托运输公司运货，运输公司签发给新化公司的一张货物提单；公司购买的面额为1000元的国库券100张。上面这些哪些是票据呢？他们有什么主要区别呢？

日常生活或财务结算中，通常把各种单据统称为票据，例如，发票、收据、存货凭证、汇票、支票等。但是，这些只是人们一个习惯的称呼，上面所说的有些凭证文书不是法律意义上的票据。法律意义上的票据是票据法规定的一种法律文书。

票据是指出票人签发的，由自己或委托他人无条件向收款人或持票人支付一定金额的有价证券。对于票据含义的理解，可包括以下几个方面：

1. 社会生活中人们发生各种经济往来或交易关系，票据是对这些经济往来或交易中形成的款项支付关系进行支付结算的工具。票据产生的最早动因就在于解决商人们从事经营时异地携款的不便，通过汇票实现汇兑和支付的功能。例如两个公司之间进行交易，买方用支票或汇票付款。

2. 票据是一种有价证券。在社会生活中使用的各种凭证,根据其功能和作用可分为两大类。一类是证书,其特点是:(1) 这类凭证文书上面记载某种信息,其作用是证明某种法律事实或法律行为的存在或发生,起着证明或证据的作用。(2) 证书本身不具有财产价值,不能加以转让。(3) 证书所记载的内容及相应的法律事实或权利义务是独立存在的,证书不存在,并不表示相应的事实或行为及权利义务不存在,只要通过其他证据或证明,也可以证明某种法律事实或法律行为的存在或发生。例如,财务发票是经济活动中收取款项的一方向支付款项的一方开具的一种财务会计凭证。它的功能是证明双方存在某种经济往来关系,一方向另一方付了款。但是没有开具发票或发票遗失,并不影响双方的经济往来所产生的权利义务关系。另外,一方开给另一方的财务发票本身也不具有财产价值,不能加以转让,他人拥有这张票据也没有什么实际价值,因此,发票是一种证书。毕业证、房产证、股东出资证明书、收据、借条等都属于证书。另一类是证券,其特点是:(1) 权利和凭证文书结合在一起,记载的某种信息证券的凭证文书本身就代表一定权利,而不仅仅是某种证据或证明,换言之,持有该凭证人可以行使某种权利,没有该凭证一般就不能行使该权利。(2) 该凭证文书一般可以转让,受让人取得该凭证后即取得相应的权利。证券范围比较广泛,例如电影票、火车票、股票、债券、国库券、票据等。

在经济生活中最为重要的证券是有价证券。"有价证券"一词是德国学者所创用的,在 1861 年德国旧商法典中采用①,有价证券是社会经济发展到某一阶段的产物,是权利证券化的体现,即把权利表现在证券上,使权利与证券相结合。有价证券是代表一定的财产价值或财产权利,权利的行使和转移原则上以证券的持有和交付为必要的一种书面法律文书。其特点是:(1) 证券所代表的权利是财产权利,体现在证券上的是一定价值的财产。(2) 证券券面所表示的权利与证券原则上不能分离,没有证券一般不能行使权利。权利的转移以交付证券为条件。(3) 证券以一定的形式体现才能产生代表财产权利的效力,即有价证券的要式性。不按照法律规定的形式要件加以制作,在该证券上就不能存在相应的权利。(4) 权利的性质和内容完全取决于证券上记载的内容,也就是说,某一证券所代表的是何种权利,权利价值是多少,只能按照证券上的记载事项确定,即便证券上记载的权利内容与实际应付对价情况不符,该证券也只能代表记载的权利内容,不能以实际应付对价直接确定证券本身的权利内容。当事

① 谢怀栻:《票据法概论》,法律出版社 1991 年版,第 8 页。

人只能通过其他方式获得救济。例如某甲交纳了3000元股款,欲购买某公司每股面值30的股票100股。但该公司股票上记载的面值是20元,则甲行使股权时,该股票只能按20元计算面值,不能以已经支付3000元股款为由直接要求将该股票以30元计算面值,当然甲可以要求更换面值30元的股票,而一旦更换,则成为另外的证券。(5)有价证券是合法持票人拥有的财产,独立地成为交易的标的。

从以上特征看,电影票、火车票等证券并非体现一定价值的财产,因而不是有价证券。股票、债券、票据、提单等,直接体现一定价值的财产,属于有价证券。

3. 票据是持票人请求他人支付款项的一种有价证券,或者说是付款人向持票人支付一定金额的有价证券。根据有价证券上体现的财产权利的内容不同,可以分为不同的类型,例如有价证券上体现持有人对某公司拥有一定股权,有价证券上体现请求持有人有权请求借款人到期还本付息内容,有价证券上体现持有人对所记载的货物拥有所有权,有权要求承运人交付货物内容等。而只有有价证券上体现持有人有权要求证券上记载的付款人或其他义务人支付一定数量金钱内容的才是票据。例如支票上所体现的权利内容是,持票人有权要求支票上记载的付款银行按支票上记载的数量支付款项,因此支票是一种票据。而上述其他有价证券分别属于股票、债券、提单,不属于票据。

4. 票据是无条件支付一定金额给持票人的法律文书,票据上体现出票人向付款人发出的或由自己承诺的向持票人付款的命令,在票据上不得附有付款条件,凡出现附条件付款的记载内容的,就不是票据。

5. 票据是按法定的形式要件签发的书面文件,不符合法律规定的必须记载事项的,也不能属于票据。

6. 票据用纸必须使用法律规定的统一印制的书面格式用纸。尽管在理论中以及票据产生时并无统一使用固定格式用纸的要求,然而我国票据法规定当事人只能使用中国人民银行所制定的统一格式用纸,当事人不能自行选择票据用纸,凡没有使用统一格式用纸而由当事人自己选择用纸的,即使记载内容符合票据法的规定,所制作的文书也不属于票据。

二、票据的种类

问题引入　小王代表某公司与另一公司谈判签订合同事宜,对方提出,用商业承兑汇票据付款。小王只对支票有所了解,不清楚票据还有哪些类型,各有什么特点,因此无法决定是否同意。

票据的种类是由票据法加以确定的,当事人不得自行创设。

(一) 根据票据的基本当事人及付款人的不同,分为汇票、本票与支票

我国《票据法》规定的票据分为以下三种:

1. 汇票

汇票是指出票人签发的,委托付款人在见票时或者指定日期无条件支付确定金额给收款人或持票人的票据。

在我国汇票又分为银行汇票与商业汇票。银行汇票是银行作为出票人签发的,由自己或代理付款人在见票时无条件支付一定金额给收款人或持票人的票据。商业汇票是由银行以外的单位签发的,委托付款人在指定日期无条件支付确定金额给收款人或持票人的票据。商业汇票根据承兑人(付款人)的不同分为银行承兑汇票和商业承兑汇票。

以下是各种汇票的票样图①:

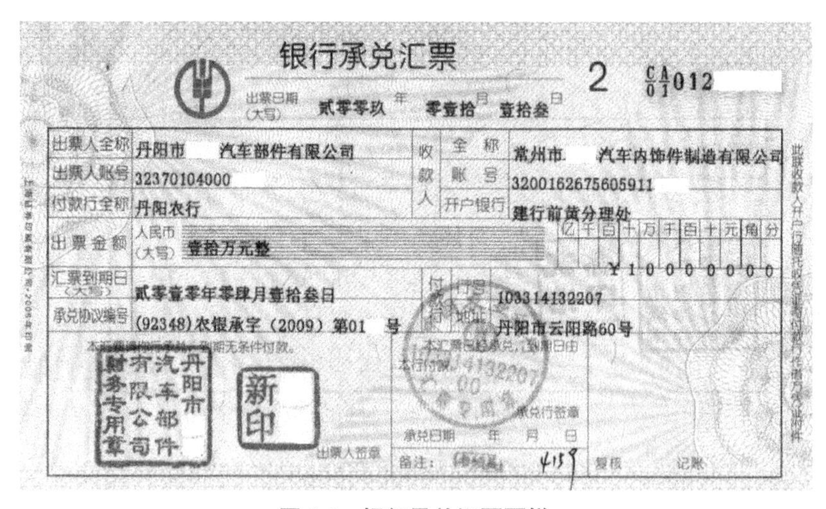

银行承兑汇票　2　CA 01 012

出票日期(大写)　贰零零玖年　零壹拾月　壹拾叁日

出票人全称	丹阳市　汽车部件有限公司	收款人	全称	常州市　汽车内饰件制造有限公司
出票人账号	32370104000		账号	3200162675605911
付款行全称	丹阳农行		开户银行	建行前黄分理处
出票金额	人民币(大写) 壹拾万元整			¥10000000
汇票到期日(大写)	贰零壹零年零肆月壹拾叁日	付款行	行号	103314132207
承兑协议编号	(92348)农银承字(2009)第01　号		地址	丹阳市云阳路60号

本汇票请你行承兑,到期无条件付款。

丹阳市汽车部件有限公司财务专用章　新印

出票人签章

本汇票已经承兑,到期日由本行付款。

承兑行签章

承兑日期　年　月　日

备注:　　复核　　记账

此联收款人开户行随托收凭证寄付款行作借方凭证附件

图 1-1　银行承兑汇票票样

① http://www.google.com.hk, 2010年11月27日访问。

商业承兑汇票　2　00000000

出票日期（大写）　年　月　日

付款人	全称		收款人	全称	
	账号			账号	
	开户银行			开户银行	
出票金额	人民币（大写）		亿千百十万千百十元角分		
汇票到期日（大写）			付款人开户行	行号	
交易合同号码				地址	
本汇票已经承兑，到期无条件支付票款。承兑人签章　承兑日期　年　月　日			本汇票请予以承兑于到期日付款。出票人签章		

此联持票人开户行随托收凭证寄付款人开户行作借方凭证附件

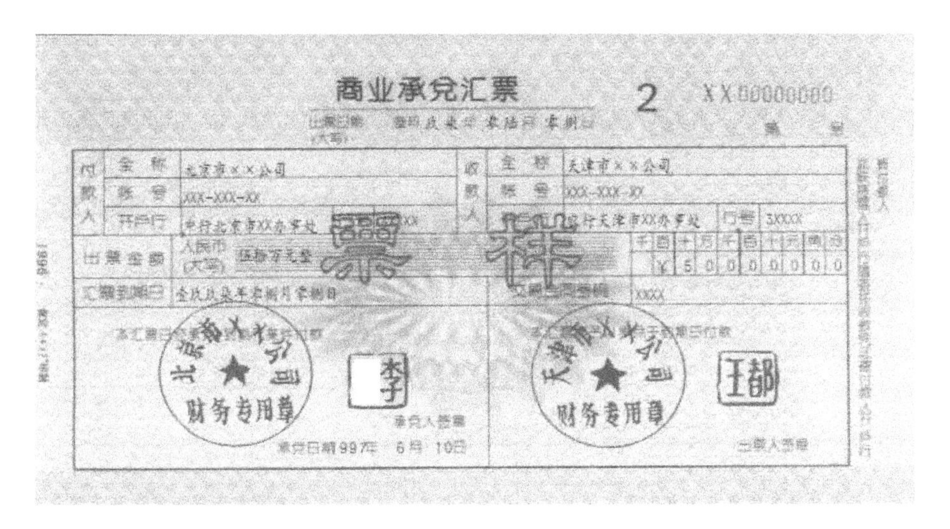

商业承兑汇票　2　XX00000000

付款人	全称	北京市××公司	收款人	全称	天津市××公司
	账号	XXX-XXX-XX		账号	XXX-XXX-XX
	开户行	中行北京市XX办事处		开户行	农行天津市XX办事处　行号 3XXXX
出票金额	人民币（大写）	伍拾万元整	¥ 5 0 0 0 0 0 0 0		
汇票到期日			交易合同号码		XXXX
本汇票已经承兑，到期无条件支付票款　承兑人签章　承兑日期1997年6月10日			本汇票请予以承兑于到期日付款　出票人签章		

此联持票人开户行随托收凭证寄付款人开户行作借方凭证附件

图 1-2　商业承兑汇票票样

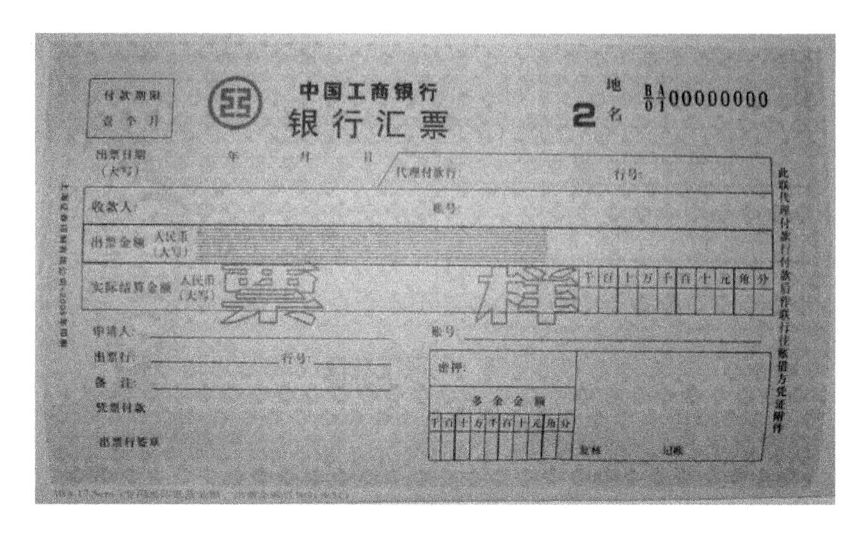
付款期限 壹个月

中国工商银行
银行汇票 2 地名 BA/01 00000000

出票日期(大写) 年 月 日
代理付款行: 行号:
收款人: 账号:
出票金额 人民币(大写)
实际结算金额 人民币(大写) 千 百 十 万 千 百 十 元 角 分
申请人: 账号:
出票行: 行号:
备 注:
凭票付款
出票行签章
密押:
多余金额
千 百 十 万 千 百 十 元 角 分
复核 记账
此联代理付款行付款后作联行往账借方凭证附件

票样

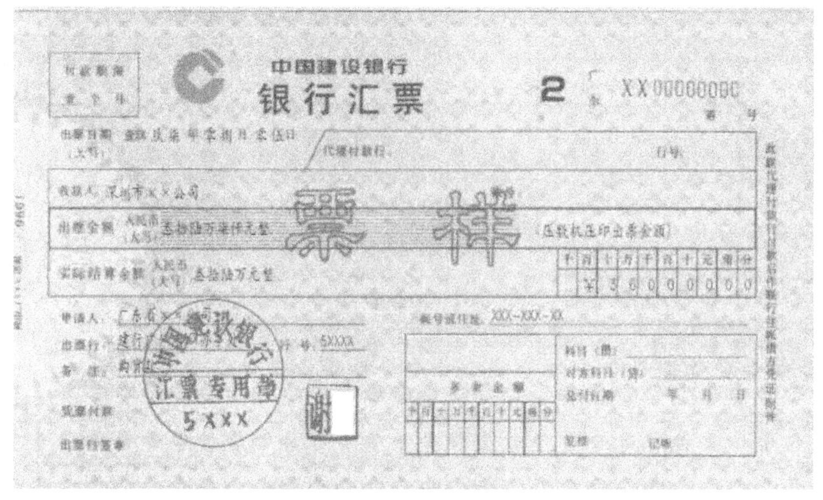
付款期限 壹个月

中国建设银行
银行汇票 2 广东 XX00000000
第 号

出票日期(大写)
代理付款行: 行号:
收款人: 深圳市××公司
出票金额 人民币(大写)
实际结算金额 人民币(大写)
千 百 十 万 千 百 十 元 角 分
¥ 3 6 0 0 0 0 0 0
申请人: 广东省××
出票行: 行号: 5XXXX
备 注:
凭票付款
出票行签章
账号或住址: XXX-XXX-XX
科目(借)
对方科目(贷)
多余金额
千 百 十 万 千 百 十 元 角 分
复核 记账
汇票专用章
5XXX

票样

图 1-3 银行汇票票样

2. 本票

本票是指出票人签发的,由自己在见票时无条件支付确定金额给收款人或持票人的票据。

根据出票人的不同,本票分为银行本票与商业本票,我国只允许银行本票。

以下是不定额本票和定额本票票样①:

① http://www.google.com.hk, 2010 年 11 月 27 日访问。

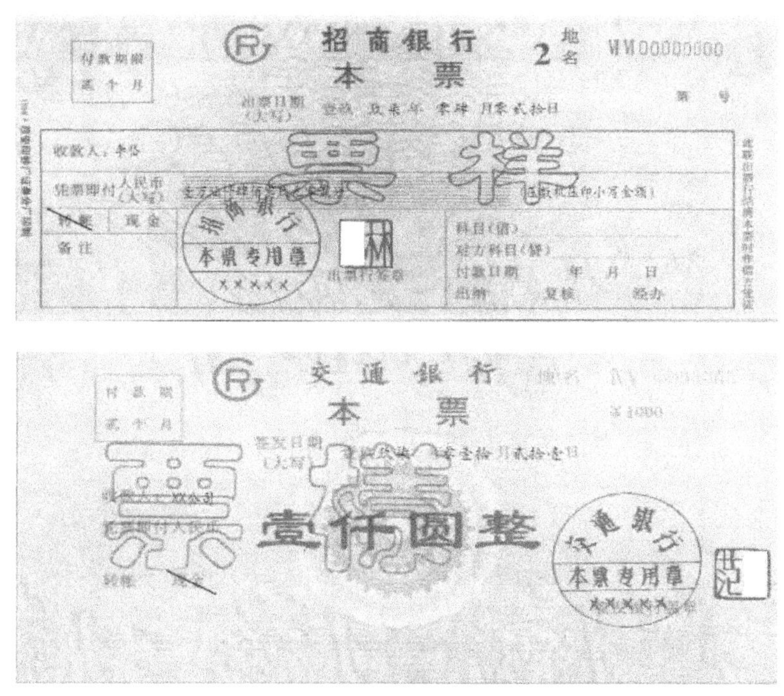
招商银行
本票
地名 2
付款期限
贰个月
出票日期(大写)
收款人:李强
凭票即付 人民币(大写)
转账 现金
备注
出票行签章
本票专用章
科目(借)
对方科目(贷)
付款日期 年 月 日
出纳 复核 经办
票样

交通银行
本票
付款期限
贰个月
签发日期(大写)
转账 现金
壹仟圆整
本票专用章
票样

图 1-4 银行本票票样

3. 支票

支票是出票人签发的,委托办理支票存款业务的银行或者其他金融机构在见票时无条件支付确定的金额给收款人或者持票人的票据。支票分为普通支票、转账支票与现金支票,普通支票可以转账支付,也可以支取现金。

以下是普通支票、转账支票与现金支票票样①:

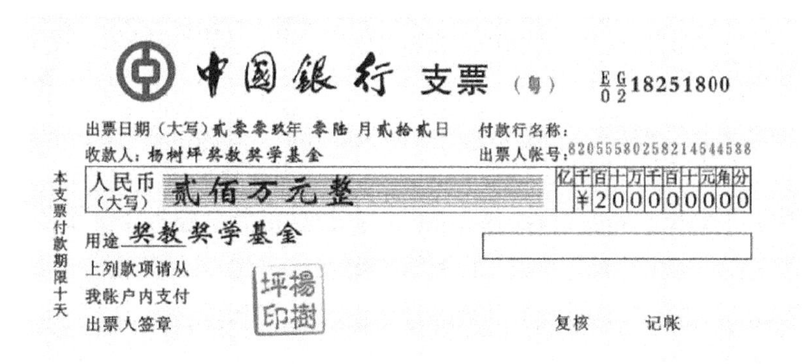
中国银行 支票 (粤) EG/02 18251800

出票日期(大写)贰零零玖年 零陆 月贰拾贰日 付款行名称:
收款人:杨树坪奖教奖学基金 出票人帐号:8205558025821454 4588

本支票付款期限十天

人民币(大写)	贰佰万元整	亿	千	百	十	万	千	百	十	元	角	分
			¥	2	0	0	0	0	0	0	0	0

用途 奖教奖学基金
上列款项请从
我帐户内支付
出票人签章 杨树坪印
复核 记账

图 1-5 普通支票票样

① http://www.google.com.hk, 2010 年 11 月 27 日访问。

图 1-6 转账支票票样

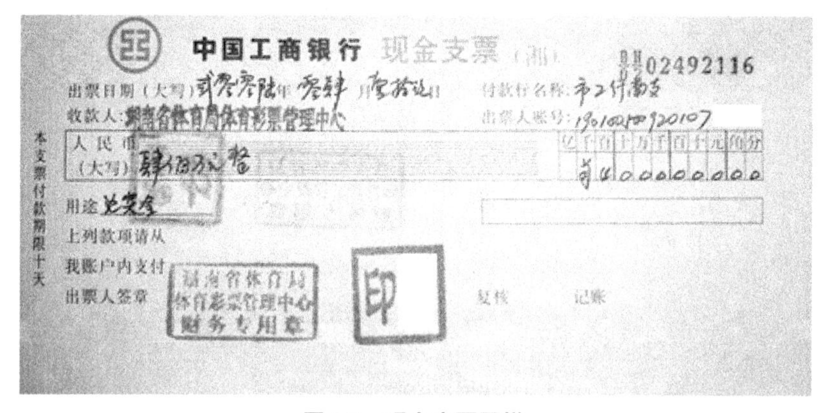

图 1-7 现金支票票样

(二) 根据票据付款日期的不同,分为即期票据与远期票据

即期票据又称见票即付的票据,是指从出票日开始起即可请求付款人付款的票据。出票人在票据上载明“见票即付”的票据、未记载到期日的票据,以及法律规定为见票即付的某些票据,都是即期票据。在我国银行汇票、本票、支票为即期票据。

远期票据是在票据上记载特定的日期为到期日(或称付款日期),在出票人出票后,持票人不能当时请求付款人付款,而是在到期日到来之时才可以请求付款的票据。远期票据包括定日付款的票据、出票后定期付款的票据、见票后定期付款的票据。在我国,商业汇票可以是远期票据。例如,某一张银行承兑汇票出票日期为 2010 年 3 月 10 日,汇票到期日栏内记载为 2010 年 8 月 10 日,则这张票据就是远期票据。

即期票据与远期票据具有不同的功能。即期票据主要体现票据的支付、汇总、结算功能,不具有信用功能。远期票据除了汇兑、支付等功能外,同时具有信用功能,而且信用功能是其最本质的功能。

（三）根据票据是否记载收款人姓名或名称，分为记名票据与无记名票据

记名票据是记载收款人姓名或名称的票据。在我国汇票、本票都必须签发记名票据，否则票据无效。无记名票据是出票时不记载收款人的票据，在我国，只有支票才可以签发无记名票据。

区分记名票据与无记名的法律意义是，记名票据必须背书转让，无记名票据可以用单纯交付方式转让。

（四）根据票据当事人的构成情况，分为一般票据与变式票据

汇票、支票基本当事人包括出票人、收款人和付款人。出票人是在票据格式凭证上记载有关事项、签发票据的人，收款人是出票人签发票据时在票据上记载的有权请求票据债务人支付票据记载金额的人，付款人是票据上记载的支付票据金额的人。当事人的法律地位是，收款人处于票据权利人地位，付款人和出票人则为票据义务人。

一般票据是指汇票或支票的三方基本当事人分别是三个不同的人。而变式票据则是指其中两个为同一人。例如，出票人同时记载自己为收款人，称为指己票据；出票人同时是付款人的，称为对己票据。在我国银行汇票属于法定变式汇票，是对己汇票，商业汇票可以是一般票据，也可以是变式汇票。实务中，银行承兑汇票通常是一般汇票，商业承兑汇票既有一般汇票，也有变式汇票中的对己汇票和指己汇票。至于支票，出票人可以记载自己为收款人，也可以记载他人为收款人或不记载收款人。出票人若不是银行或经营支票业务的金融机构，则不得记载自己为付款人。

（五）根据票据的签发、转让是否存在基础交易关系，分为真实票据与融资票据

真实票据是指票据签发、转让的各个环节中存在相应的商品服务等基础交易关系的票据，创设票据关系或转让票据权利的目的是为了支付、清偿基础交易关系中的债务[①]，例如甲乙签订了买卖合同，约定甲用票据付款，则甲为了支付买卖合同的价款而向乙签发票据，此类票据就属于真实票据。

融资票据又称空票，是当事人签发的、不以真实的商品或劳务等交易或经济往来为基础，而是仅作为融资工具而签发、流通的票据，融资票据的持票人因向票据的出票人或背书人提供资金而取得票据，即所谓票据的买卖。

例如，甲签发一张票据，以乙为收款人，票据金额为 100 万，以此为对价，乙向甲提供 98 万元的款项。再如，甲持有一张金额为 100 万元的票据，把这张票据以 98 万元的价格转让给乙。在上述事例中，甲乙之间签发或转让票据时并没有商品或服务等基础交易关系或经济往来，签发或转让票据的目的不是为了对

---

① 美国《统一商法典》第 3-102 条。

基础交易关系中产生的权利义务进行支付结算,即不是为了通过签发或转让票据去清偿、履行基础关系中的债权债务,而是为了直接融资的目的签发或转让票据,相当于票据收款人或受让人向出票人或转让人提供一定的资金,买入票据。票据本身成为买卖的标的。

《中华人民共和国票据法》(以下简称《票据法》)第10条第1款规定:“票据的签发、取得和转让,应当遵循诚实信用的原则,具有真实的交易关系和债权债务关系。”这一规定表明,我国现行票据制度实行的是真实票据原则,排除了融资票据。除了允许银行对票据进行贴现外,一般不允许当事人在没有真实基础交易关系的情况下从出票人或背书人处购买取得票据。

(六) 根据票据的载体,分为纸质票据与电子票据

纸质票据即是一般所说的票据。随着现代信息技术的发展,票据所代表的权利义务关系有时候不通过书面证券体现,而是依托于网上银行系统和网络技术,通过电子数据输入处理的方式体现,也就是电子票据。在我国目前推行的主要是电子商业汇票。电子商业汇票是指出票人依托电子商业汇票系统,以数据电文形式制作的,委托付款人在指定日期无条件支付确定金额给收款人或持票人的票据。①

我国票据结算实务中,票据类型及主要区别如下表:

表1-1 票据的种类及其主要区别

<table>
<tr><th colspan="3">票据种类</th><th>出票人</th><th>付款人</th><th>收款人或持票人</th><th>付款日期</th><th>付款方式</th></tr>
<tr><td rowspan="3">汇票</td><td>银行汇票</td><td></td><td>银行</td><td>签发汇票的出票银行</td><td>法人、非法人组织、自然人</td><td>即期</td><td>现金或转账</td></tr>
<tr><td rowspan="2">商业汇票</td><td>银行承兑汇票</td><td rowspan="2">银行以外的单位</td><td>承兑银行</td><td rowspan="2">法人、非法人组织</td><td rowspan="2">远期</td><td rowspan="2">转账</td></tr>
<tr><td>商业承兑汇票</td><td>银行以外的对票据承兑单位</td></tr>
<tr><td>本票</td><td colspan="2">银行本票</td><td>银行</td><td>签发本票的出票银行</td><td>法人、非法人组织、自然人</td><td>即期</td><td>现金或转账</td></tr>
<tr><td rowspan="3">支票</td><td colspan="2">普通支票</td><td rowspan="3">法人、自然人、非法人组织</td><td rowspan="3">出票人的开户银行或开立支票账户的其他金融机构</td><td rowspan="3">法人、非法人组织、自然人</td><td rowspan="3">即期</td><td rowspan="3">现金或转账</td></tr>
<tr><td colspan="2">现金支票</td></tr>
<tr><td colspan="2">转账支票</td></tr>
</table>

① 《电子商业汇票业务管理办法》,中国人民银行令[2009]第2号。

第二节　票据的特征与功能

一、票据的法律特征

问题引入　甲公司向乙公司购买汽车，价款20万，甲把自己手中的一张支票转让给乙公司支付车款。乙公司得知，甲公司的这张支票是长河公司签发给西耀公司的，中间转让了几次到了甲公司手中。乙公司不知道中间转让过程中进行了哪些交易，那么接受支票应当注意哪些问题以控制风险。

（一）票据是要式证券

所谓要式性是指票据的形式和记载事项必须按照票据法的规定进行，违反票据法的形式要件要求，将会导致票据无效或某个环节的票据行为无效。这将使持票人不能享有票据权利或票据权利存在瑕疵。票据的要式性体现在两个方面：

（1）用纸应当使用格式统一的格式凭证，不能自行绘制或印制。《票据法》第108条规定："汇票、本票、支票的格式应当统一。票据凭证的格式和印制管理办法，由中国人民银行规定。"

（2）所记载的事项必须符合票据法的规定。这里符合票据法规定除了《票据法》外，还包括《票据管理实施办法》。因为《票据法》第3条规定，票据活动应当遵守法律、行政法规，不得损害社会公共利益。而《票据管理实施办法》是由国务院批准，中国人民银行发布的，属于行政法规。记载事项符合票据法的规定，包括以下几层含义：一是票据法规定必须记载的事项，就全部必须记载，例如，《票据法》规定了汇票、本票、支票出票时必须记载的事项，如未记载任何一项，票据无效。二是票据上的相关记载事项，必须按票据法规定的方式和位置记载，才会发生效力，如果记载方式或位置不符合要求，则该事项不生效，如果该事项又是出票必须记载事项，则进而整个票据无效。例如，《票据法》及《票据管理实施办法》对出票人签章构成形式做了规定，如果出票人签章不符合该要求，则签章无效，进而票据无效。再如，《票据法》第42条规定："付款人承兑汇票的，应当在汇票正面记载'承兑'字样和承兑日期并签章……"如果付款人承兑签章在背面实施，则承兑签章不符合要求，承兑无效。三是票据法规定不得记载的事项，不得记载，否则将导致某个票据行为无效，例如，《票据法》第43条规定，承兑不得附条件，附有条件的视为拒绝承兑。因此，在票据使用实务中，收款人或持票人接受票据时，首先应当注意票据是否符合要式性要求。

(二) 票据是无因证券

票据的无因性是指票据关系一经形成,就与基础关系相分离,二者各自独立,基础关系是否存在,是否有效,原则上对票据关系不发生影响。票据一经生效,原则上票据关系与原因关系就相互分离,即原因关系有效与否、履行与否原则上对票据上的权利义务不构成影响,持票人行使权利,一般情况下不必证明原因关系,更不必证明原因关系的有效,除票据法明确规定的以外,票据债务人一般不得以原因关系不存在、无效等事由,拒绝履行其票据义务。因此,票据使用过程中,若有多个流转环节,持票人没有义务去审查之前各个流转环节交易的具体内容及合法性,只要自己取得票据的环节是合法的,则票据并不因为之前环节基础交易关系的无效而无效。有关票据无因性的问题,详见第三章第三节"票据关系的无因性——与基础关系的关系"。

(三) 票据是文义证券

票据是文义证券,是指票据行为的内容只能以票据上的文字记载为准,即使文字记载与实际情形不一致,仍以文字记载的内容确定其效力,不能以票据上文字记载以外的证据推翻文字记载的内容。

例如,持票人持有的一张支票上记载的出票日期是 2009 年 10 月 10 日,而实际出票日期是 2010 年 10 月 10 日,那么只能视为这张支票为 2009 年 10 月 10 日出票,即使出票人出具证明说明系笔误,也不能按 2010 年 10 月 10 日出票确定出票日期,即该证明在此没有意义,只能以票据记载的为准确定出票日期。

(四) 票据是流通证券

票据的流通性包括两层含义,一是除非法律另有规定,票据可由持票人按票据法规定的形式要求自由转让,不必通知票据债务人;二是随着票据的转让,原则上票据权利随之转移。

例如,甲签发一张票据给乙,付款人是丙,乙持有票据后打算转让该票据给丁,此时他不需要通知出票人甲和付款人丙。另外,票据代表权利,乙把票据转让给丁后,相应的权利也随之转让给丁,权利转让通过证券转让实现。

(五) 票据是设权证券

设权证券是指证券所代表的权利必须经过证券制作完成才产生,在证券做成之前,权利不存在。票据所代表的权利,也必须是在票据做成即出票行为有效完成后才产生,在出票行为完成之前,即使在合同中约定了制作票据的具体事宜,票据权利义务关系也不能产生。

例如,甲乙签订买卖合同,约定甲购买乙的材料,金额为 20 万,用支票付款。但合同签订之后,如果甲没有签发支票给乙,则票据权利义务关系没有产生,乙不得主张票据权利。

（六）票据是提示证券

提示证券是指以出示证券为行使权利要件的证券。票据权利人行使票据权利，必须向付款人或其他票据债务人出示票据提出相应的请求，债务人才有支付票据金额的义务，票据债务人没有主动履行的义务。如果权利人不向义务人提示票据要求支付票据金额，即使已到票据上记载的付款日期，债务人不承担迟延履行的责任。这是因为，票据是流通证券，付款人并不知道，也没有义务了解某一时刻票据由何人持有，只有持票人向付款人出示票据主张权利，票据债务人才有义务履行。

（七）票据是缴回证券

票据权利人实现了票据权利取得票据款项时，应将票据交给向自己付款的收款人或被追索人。《票据法》第 55 条规定："持票人获得付款的，应当在汇票上签收，并将汇票交给付款人……"《票据法》第 70 条第 2 款规定："被追索人清偿债务时，持票人应当交出汇票和有关拒绝证明，并出具所收到利息和费用的收据。"这是因为，票据是有价证券，票据代表权利，权利因票据债务人履行义务而消灭，则代表权利的凭证当然要交给债务人，以便消灭票据权利义务关系，或者向其他债务人主张权利。

二、票据的起源与发展

我国早在唐代就出现了具有现在票据特征雏形的法律文书。唐代信用业务发展的重要标志之一，是汇兑业务的产生，唐代的汇兑叫"飞钱"，又叫"便换"。各道的地方政府都在京城设有进奏院，各军、使也设有办事机构，专司同中央政府的联络。商人出卖货物后，如果不愿或不能携带现钱回家，就把钱交给本道的进奏院，进奏院开出一张票券，各持一半，商人回到本地后到相应的机关合券核对，如果无误，便可领回现款。给营汇兑的有各道的进奏院，还有政府机关，如户部、度支及盐铁等政府部门以及各军使驻京机构，商人也经营汇兑，他们在各道有联号或交易往来。那时的汇兑不收汇费，是平价汇兑，不过在变通不便的情况下，往往要一两个月才能合券付款，事实上已包含了利息收益。① 到了宋代，票据得到了进一步发展，出现了便钱、交子、关子、茶引、盐引等大量票据。宋代票据的发展，主要源于两种需要。一种需要是为了解决现钱携带不便，向一定的机构交纳现钱，该机构在收到现钱后发给汇兑者称为"便钱"的票据，商人持券到各地取款，另外，宋真宗年间，益州（今四川）豪门富户联合设立交子铺，交子铺收到入纳者的现钱后，收给"交子"，早期的"交子"由民办，后改为官办。另一种需要是为保证政府对茶盐等商品实行专卖，向商人发行交引类形式的票据。宋

① 袁远福、缪明杨：《中国金融简史》，中国金融出版社 2001 年版，第 29 页。

代盐、茶等实行国家专卖制度,商人到盐茶专卖机构交钱后领取称为“盐引”或“茶引”的文券,再凭盐引或茶引到盐场、茶场领取盐、茶经销。由于盐、茶均属专卖,利润较丰厚,所以盐引、茶引就成了一种商品,在交引铺中交易。宋代签发便钱、交引等票据证券的机构主要是“便钱务”“榷货务”等政府机构。史籍记载,当时的交引铺“屋宇雄状,门庭广阔,望之森然、每一交易,动辄千万,骇人闻见”①。后来由于一些富商大户的操纵以及交引铺的不善经营,造成票据流通使用市场发生混乱。南宋时期的东南会子,由于收行数量过剩,兑现市场又较为疲软,导致东南会子出现“楮贱如粪土”的现象,使东南会子走向崩溃。②

明朝后期,在我国出现另一种从事汇兑放款、存款的机构——钱庄,清朝初期得到初步发展。鸦片战争以后,中国的进出口贸易逐年增长,要求在融通资金、办理结算等方面提供更多的服务,钱庄就广泛使用庄票、汇票向进出口商人提供信贷。庄票是由钱庄签发的载有一定金额并由其负责兑现的一种票据,分即期和远期两种,庄票的信用很好,可代替现金在市面流通,19 世纪 50 年代洋行都愿意接受庄票作为结算工具。钱庄在口岸使用庄票,在口岸和内地之间则使用汇票。钱庄业务的发展,带来了钱庄款项划拨清算的一系列问题,为解决这一问题,钱庄业创造了汇划制度,就是票据清算。

在清代除了钱庄以外,还出现了另外一种经营票据汇兑业务的信用机构——票号,在当时,其地位超过钱庄。票号的主要业务是汇兑,发行类似今天汇票、本票的票券,习惯上对这类票券有多种名称,广泛流行的如汇券、汇兑票、汇兑信、汇条、期票等。票号在 19 世纪 50 年代以后开始迅速发展,20 世纪初期进入极盛时期,营业机构和汇兑区域遍及全国,有的票号远在日本、新加坡、俄罗斯设立了分号。随着战事不断和外国入侵、近代银行业的竞争以及清朝的灭亡,票号在 20 世纪 20 年代衰亡。

我国古代的票据在不同的阶段有不同的形态,往往是一个朝代灭亡后,当时出现的汇兑业务及票据随之消亡,尔后在新的朝代又重新开始,终未得到持续的、一贯的发展,也没有形成有关票据的完整的法律制度,票据运作在很大程度上依靠习惯来支撑。明清时期的钱庄、票号所发行的庄票、汇兑票、汇券等在运作上已经相当成熟,仅从票据业务的技术层面,并不落后于当时国外的票据。但是自 19 世纪中叶以后,中国社会经济发展远远落后于西方,并且战事不断,经营票据业务的机构遭到破坏。清朝灭亡以后,中国开始全面引入西方法律制度,古代的票据及相应的制度没有延续。

一般认为,西方票据起源于 12 世纪意大利地中海沿岸城市的兑换商发行的

---

① 袁远福、缪明杨:《中国金融简史》,中国金融出版社 2001 年版,第 32 页。

② 缪坤和:《试论宋代信用票据市场的构成》,载《思想战线》2002 年第 3 期。

兑换证书。当时商人之间异地贸易携带现金比较危险，且各国之间货币种类不同而需要兑换。于是出现了专门从事货币兑换业务的经营者。商人将现金交给当地的兑换商，兑换商发给兑换证书，商人持此兑换证书到兑换商在异地的分店兑换现金，兑换证书是现代本票的前身。汇款和兑换业务发展后，为扩大业务，兑换经营者相互建立业务往来，开始互相接受各地货币兑换经营者所签发的付款证书，相互代为付款，这是现代汇票的雏形。汇票、本票作为汇兑工具形成后，在交易中以交付票据代替现金支付的方式逐渐发展起来，支票雏形开始于14世纪以后的德国、荷兰等，17世纪中叶传到英国，当时在货币兑换者和金银匠中的金钱存借制度已有发展，商人们将一定的金钱存放在经营存借金钱业务的机构，并取得一张收据，需要取钱时凭收据即付。1742年英国法律禁止民营兑换机构和金银匠等发行见票即付的无记名证券，民营货币兑换商和金银匠等被迫改变方法，在接受存款时，开出存据给存款人，并附有白纸数张，以方便存款人填数取用，这种指示性付款书即为现代支票前身。

西方票据出现以后，得到了持续的发展，早期的票据主要是汇兑、支付的工具，16世纪以后，背书制度形成，票据成为流通证券，票据的信用功能开始成为核心的功能。

近些年来，随着电子信息技术的发展，票据已经开始从纸质票据向电子票据拓展。在我国，相继推出了支票影像交换系统和电子商业汇票。在以往的操作中，支票只能在同一票据交换区域内流通（同城票交），也就是银行和银行之间通过互相交换支票达到清算的目的，因为交换的是实物，受到路程和支票有效期限（10个自然日）等的限制，所以范围局限于一定的地域内。2007年中国人民银行建成全国支票影像交换系统，全国支票影像交换系统是中国现代化支付系统的组成部分，综合运用影像技术、支付密码等技术，将纸质支票转化为影像和电子信息，实现纸质支票截留，利用信息网络技术将支票影像和电子清算信息传递至出票人开户行进行提示付款，从而实现支票全国通用。支票影像交换系统使支票的使用范围由同一城市扩大到了全国，大大降低了异地资金支付的成本，促进了跨区域经济活动的发展，对于促进信用支付工具使用，促进社会信用发展具有重要作用。① 2009年10月16日，中国人民银行颁布了《电子商业汇票业务管理办法》，同年10月28日，由中国人民银行建设并管理的电子商业汇票系统（Electronic Commercial Draft System，ECDS）正式建成运行，我国票据市场开始了电子化进程。经过几年的发展，电子票据规模不断扩大。2016年9月，中国人民银行下发了《关于规范和促进电子商业汇票业务发展的通知》，要求自2017

① 中国人民银行办公厅关于印发《全国支票影像交换系统业务处理及系统运行有关管理规定》，银办发[2006]255号。

年1月1日起,单张出票金额在300万元以上的商业汇票应全部通过电票办理;自2018年1月1日起,原则上单张出票金额在100万元以上的商业汇票应全部通过电票办理。这一文件被认为是近年来票据市场的最重大文件,意味着电票时代来临。电子票据借助网络技术和网上银行系统,以电子数据输入代替纸质票据书写,实现了票据的无纸化,是票据发展历程中的巨大变革,电子票据的出现,给票据法理论与实务带来了许多新的课题。

中外票据产生和发展的历程表明:票据的产生最初源于商业活动中异地货币汇兑的需求,但票据的产生和发展,必须依托于专门从事货币汇兑等业务的金融机构的出现和发展,票据的使用流通,无法离开这些金融机构而进行,直到今天,票据能否在社会生活中广泛运用,仍然取决于银行等金融机构开展票据业务的程度。此外,从汇票、本票等票据出现之日起,对于普通商人而言是解决商品交易中的汇兑问题,对于银行或其他金融机构而言,票据开立、承兑、贴现、付款等是一种纯粹的金融业务,银行家的目的是通过从事票据业务获得汇费、利息等收益,对于导致票据产生的交易并不感兴趣。①

三、票据的功能

问题引入 两名同学在争论,甲说,随着电子支付业务的发展,票据基本上没什么用了,乙说,你说的不对,票据还有其他作用呢!

(一) 汇兑功能

汇兑功能是指票据在异地之间使用从而代替货币兑换支取的功能。该功能是票据最早的功能。当时商人之间异地贸易携带现金比较危险,且各国之间货币种类不同而需要兑换。汇款和兑换业务发展后,为扩大业务,汇款和货币兑换经营者相互建立业务往来,开始互相接受各地货币兑换经营者签发的付款证书,相互代为付款,这是现代汇票的雏形。此阶段的票据仅有汇兑功能。汇兑功能在汇票和本票中比较明显。

例如,甲公司与乙公司签订买卖合同,甲公司在北京是合同中的买方,乙公司在西安,是卖方,货款是100万。甲公司可以向北京的某家银行申请签发银行汇票,甲公司先向该银行交存款项100万,该银行签发银行汇票,成为出票人,把票据交付给甲公司,甲公司派人持银行汇票到西安,确定货物无误后把汇票转让给乙公司,而北京的银行与西安的银行之间存在代理付款等关系,乙公司持该汇

① 〔英〕施米托夫:《国际贸易法文选——流通票据法中的严格法与衡平法》,赵秀文译,中国大百科全书出版社1993年版,第65页。

票可到西安的一家银行提示付款,获得款项,这样汇票就起到了异地之间交易时款项汇兑结算的作用。①

随着电子支付技术和相关业务的发展,票据的汇兑功能在很大程度上被电子汇兑业务所取得,汇兑功能的重要性呈现下降趋势。

(二) 支付功能

支付功能是指代替现金支付的功能,该功能主要体现在支票上,汇票、本票也同时有此功能。使用支票代替现金支付有很多优点,例如安全、不易出差错、省去点钞的成本等。此外,一张支票可以在不同的交易环节使用,节约了现金支取,提高了交易效率。支票的支付功能虽然也受到了电子支付业务的冲击,但现阶段仍然是交易中主要的支付方式之一。

(三) 信用功能

票据的信用功能主要体现在远期汇票和本票上。票据的汇兑功能克服了金钱支付在空间上的不便和障碍,信用功能则解决了金钱支付在时间上的障碍。在交易过程中债务人签发远期票据时,自己或付款人在票据到期日到来之时,方履行付款义务,同样持票人在票据到期日到来之时,才可以行使付款请求权,这样票据所表现的除了付款关系外,还包括一定期限的信用关系。基础交易关系中的债务人以提供将来付款的权利凭证为条件,获得货物或接受服务,这样实际上是把以后可取得的金钱作为现在的金钱使用,持票人接受这种将来可以获得金钱的票据,现在就履行基础交易关系中的交货义务,相当于为出票人提供了一定期限的信用贷款,票据则是表现这种信用关系的工具。

例如,2010 年 11 月 9 日甲乙公司签订一买卖合同,约定甲购买乙的货物,价款为 500 万,交货日期为合同签订后 15 日内。由于甲公司近 3 个月内流动资金不足,无法用现金或支票、银行汇票等方式付款。而到银行贷款支付货款又有条件限制、并且成本也高。但是,当 3 个月之后,甲公司的业务收入即能到账,可以支付该货款,乙公司一方面想卖出货物,另一方面又不想接受无任何保障地先交货 3 个月后再付款的条件。于是双方约定通过银行承兑汇票的方式付款。甲公司于是和其开户行提出办理银行承兑汇票事宜。甲公司与丙银行签订了银行汇票承兑协议,其中约定,在到期日到来之前,甲公司应把与票据金额相同的款项交入丙银行。之后,甲公司签发了银行承兑汇票,出票人是甲公司,付款人是甲公司开户行丙银行,出票日期为 2010 年 11 月 9 日,到期日是 2011 年 2 月 9 日,收款人是乙公司,金额是 500 万元。丙银行对该汇票进行了承兑。收款人乙公司于当日取得该汇票,但由于到期日未到,无权请求付款。只有到期日到来

① 银行汇票实务操作与此有细节上的差别,此处为说明汇兑功能而举例。

时,即2011年2月9日后,才有权请求承兑人丙银行付款,承兑人应承担付款责任。此时,甲公司应当按照承兑协议,把相应款项缴入丙银行。这样,实际上就是,甲公司签订合同时没有资金付款,但通过银行承兑票据的形式,使乙公司接受3个月以后才可请求付款的条件,这相当于乙公司为甲公司提供了3个月信用期限,克服了因甲公司一时资金短缺而不能达成交易的问题。同时,乙公司接受3个月后才可请求付款的远期票据并向甲公司提供这种信用期限,是以银行信用为保障的,承兑银行到期后向乙公司承担付款责任,因此,乙公司也乐于接受。

(四) 融资功能

随着银行、金融业的发展,在现代,尤其是20世纪以来,票据作为一种融资工具日益得到发展。从西方发达国家票据融资的方式来看,20世纪六七十年代在英美等发达国家出现了与商品劳务交易无联系的、独立的融资性商业票据。在我国,在票据制度中规定的票据的贴现、转贴现,实际上也是利用票据融资的主要体现。例如,某公司持有一张票据,出票日为2010年10月12日,到期日为2011年3月12日,在此之前,需要资金,而到期日到来之前又不能提示付款。此时,可以把该票据转让给具有法定贴现资格的银行或其他金融机构,接受票据的银行或金融机构向该公司支付票据金额扣除利息后的资金,这就是票据的贴现。持票人通过贴现融资。

按照《票据法》《支付结算办法》《商业汇票承兑、贴现与再贴现管理暂行办法》的规定,进行票据贴现的主体仅限于银行、城市信用社等金融机构,贴现的金融机构只能对具有真实商品交易的票据进行贴现。但是,近些年来,实践中一直存在银行以外的个人或机构进行票据贴现的现象,监管机构及司法机关对此态度并不明确,往往在个案中有不一样的处理。2016年12月中国人民银行发布了《票据交易管理办法》,从监管部门的角度确认了银行以外的特定组织从事包括票据贴现在内的票据交易行为的合法性。

(五) 结算功能

随着票据的不断发展,交易方式的现代化与通讯技术的发展,各国为简便手续、保证安全,广泛设立票据结算中心,实行票据交换制度,大量的票据通过某个交换场所进行集中处理、交换,从而达到简化手续,提高效率的目的。票据具有了结算功能。

票据的功能是多方面的,随着票据制度的不断发展,票据的新功能不断被发掘出来,在现代社会中,信用功能与融资功能已经成为票据最重要的功能。

第三节 票据与相关概念的关系

一、票据与货币的关系

问题引入 甲公司购买乙公司的产品,甲公司说,用票据付款还是用现金付款?乙公司问,给我票据和给我货币有什么不同?

由于票据在商品交易过程中可以充当支付工具,因此票据在一定范围内具有代替货币的职能,票据的使用,可以减少流通中的现金,提高货币流通的周转速度,因而在西方发达的经济中得到广泛应用。由于票据可以充当支付手段和流通手段,是一种信用支付工具,票据的使用在一定条件下可以导致社会信用总规模的变化,因此在票据使用过程中应当注意避免信用过度而导致的金融风险。

票据和货币尽管在职能上存在共同点,但在法律意义上并不相同。

1. 票据是请求义务人支付货币的有价证券,其权利义务指向的标的是货币,但票据并非货币,票据权利是一种请求权,而不是货币所有权,票据权利人对票据上记载的货币不享有所有权,在票据款项交付以前,该货币的所有权仍属于票据债务人。

2. 票据与货币在效力上的另外一个重要不同点是,票据关系与原因关系虽然是独立的,但不是绝对独立的,票据义务人在一定条件下可以抗辩,拒绝履行支付货币的义务。货币是国家强制流通的,货币不能因取得原因的非法而丧失其流通职能,即使是贪污、盗窃的货币,该货币仍然可以同其他货币具有一样的职能和效力,只不过相应的责任人有义务返还相同数量的货币而已。

3. 票据与票据权利尽管原则上不得分离,但在特殊情况下可以通过司法程序予以分离,例如票据的除权判决。而货币用纸和其所代表的价值则绝对不能分离,货币丧失,货币所代表的财产价值绝对丧失。

二、票据与商品交易

问题引入 小王说,在商品交易中,可以用票据付款。但票据是一种有价证券,那么,能不能没有商品交易,直接买卖票据呢?

票据作为有价证券和票据作为商品交易中的结算工具在职能上存在一定的差异,作为有价证券的票据和作为支付、结算工具的票据,其主要不同在于是否允许通过签发、转让无商品交易的票据实现融资。但不论票据融资功能还是汇兑、支付功能的实现,都有赖于票据在现实社会中的广泛运用,而这又存在共同的目标和制度安排,有价证券的其他特性,作为支付结算工具的票据也是不可或缺的。另外,即使对票据作为有价证券在无商品交易的情况下签发转让用以融资,也不排除在流通过程中作为支付、结算的工具使用。不同国家对票据主要功能的认识不同,在制度选择上,有所不同。在我国,票据是对经济往来或交易中形成的债权债务关系进行支付结算的工具。

票据作为法律认可的一种经济往来中形成的债权债务进行支付结算的工具,意味着票据签发、转让的各个环节中伴随着相应的基础交易关系,票据当事人在经济往来过程中先形成了债权债务关系,然后创设票据关系或转让票据权利,用来支付、清偿基础交易关系中的债务,据此而形成的票据在理论中称为“真实票据”。票据的这一法律属性在制度安排上的体现包括以下几个方面:

1. 不允许通过签发无商品交易的票据直接进行融资,持票人转让票据也须以真实的商品交易为基础,一般不允许在没有商品交易或其他原因关系的情况下把票据的标的加以转让。

2. 票据流通使用过程中当事人之间既存在票据关系,也同时存在实质交易的债权债务关系。在没有真实交易关系的情况下签发或转让票据,尽管并不会导致全部票据关系无效,但在无商品交易的情况下,接受票据的直接前后手之间,其票据权利的取得及行使会受到影响。

3. 专门从事票据业务的金融机构,只能对真实票据予以承兑和贴现。金融机构在进行承兑或贴现时,应对该票据的使用是否存在真实的商品交易关系进行必要的审查。违反此项义务进行贴现或承兑,不仅要受到监管部门的处罚,还有可能被视为因重大过失取得票据而不享有票据权利或违反票据法的规定而承担赔偿责任。

三、票据与信用

问题引入 李某向王某签发一张支票用以支付货款,但王某到银行请求付款时被拒绝,原因是李某的支票存款账户上没钱,这张支票是空头支票。律师说,你以后接受票据的时候要考虑一下这张票据信用程度的高低。

票据的基础是信用。信用在社会生活中的意义是指能够履行与他人的约定而取得的信任,在经济学范畴中,信用是指以偿还为条件的价值的暂时让渡,表现形式为商品赊销或货币资金的借贷。任何债权债务关系都是以信用为基础的,在商业交易中,信用无处不在,通常表现为出于对对方能够履行合同的信任

而先行付款或先行提供商品或服务。在远距离、长时间的交易中,信用的作用愈益显著。交易活动中有义务支付款项的一方通过签发或转让票据清偿债务时,交易对方是基于相信该票据所代表的请求权能够实现的信任,即相信票据能够获得付款而接受票据,这样当事人之间的商业信用“物化”在票据上,形成商业信用的票据化。

信用是票据使用流通的基础,票据所代表的信用越强,票据也越容易被人们接受和使用。票据具有的流通职能和纸币的流通职能有着相同的依据,纸币作为一种价值符号,其本身不具备价值或可以忽略不计,但能被社会普遍接受,是因为纸币有国家信用这一基础。票据作为一种书面法律文书,书面用纸本身也不具备价值,但因为其有着特定的商业信用或银行信用基础,代表着货币资金的请求权。人们接受票据,其目的不是票据纸张本身,而是票据所代表的货币资金,这些货币资金能否偿付最终依赖于票据信用是否可靠。因此,信用程度的高低,决定着票据使用流通的程度,进而决定着票据在社会经济生活中作用发挥的程度。在我国票据使用实践中,银行承兑汇票的使用比例大大高于商业承兑汇票,其根本原因就是我国目前的商业信用总体低下,银行信用高于普通的商业信用。

在信用票据化的情况下,票据债务人信用程度的高低决定着票据信用的高低,对一张特定的票据而言,随着背书转让后承担着票据义务的人增加,票据信用基础不断扩大,票据信用由直接进行交易的当事人之间的信用,扩展为一定范围的社会信用,票据信用也相应提高,因此,随着票据背书转让的次数越多,票据的信用程度越高。

票据以信用为基础,同时票据又具有信用工具的职能,即前面所说的信用功能。

第二章　票据法概述

本章导读　世界上票据立法主要有两大体系：大陆法系国家大多以日内瓦公约为蓝本，英美法系国家票据法大多是在英国1882年《票据法》的基础上发展起来的。此外，还有专门适用于国际票据的联合国《国际汇票本票公约》。我国《票据法》在基本制度上与大陆法系国家相近，但在立法体例上有所区别。

第一节　票据法的概念与特征

一、票据法的概念

票据法是调整票据关系以及由票据关系派生的相关权利义务关系的法律规范。广义的票据法包括一切涉及票据关系及派生关系的法律、法规，狭义的票据法仅指以国家立法机关通过的以票据命名的专门立法，在我国即为《中华人民共和国票据法》。

二、票据法的特征

（一）严格性

票据法的严格性称票据严格主义，是指票据法中的大多数规范都是有明确的形式要件或程序要件规定的强制性规范，这些规范一般都明确、具体，有特定要求，不得由当事人任意创设或更改。如票据的种类、格式、各种票据行为的要件、当事人的权利义务及其行使方式等。虽然各国在票据法严格性程度掌握上有所不同，但相对于其他私法规范而言，票据法的严格性程度较强。

（二）技术性

技术性是商法规范的一个特征，在票据法中体现最为突出。票据法中的规范以技术性规范为主，不少条文都是为了方便使用、明确具体操作、使用规则的法律规范。例如关于票据格式、记载事项、各种票据行为及票据权利的行使程序、时间等，都是技术性规范。

（三）闭合性

由票据法所调整的对象及票据的特征所决定，票据法调整的主要是一种体现在票据上的抽象的金钱支付关系,因而有一整套自成体系的规则制度和理论,在制度适用上,与物权法、合同法等调整实质交易关系的法律制度牵连较少。票据业务及票据纠纷的处理,适用票据法的规则,即使没有相应的具体规则,通常也是从票据法本身原则或条文解释来解决,而不宜援引其他法律规则来解决。

(四)严密的逻辑性

就票据法规则体系自身而言,前后关联、体系严密,逻辑关联性强。一个规则的理解适用,通常需要以其他几个规则的理解和掌握为前提,一个规则中,往往包含其他规则所确定的概念、要件等。

第二节 国外票据法的体系

国外票据法的立法例,主要包括三个体系:

一、日内瓦公约体系

20世纪初期,各国票据立法差异较大,1930年在当时国际联盟的主持下,于瑞士日内瓦召开了国际票据法统一会议,通过了《统一汇票本票法公约》和《解决汇票与本票若干法律冲突的公约》《汇票与本票印花税公约》,1931年又通过了《统一支票法公约》《解决支票法律冲突的公约》《支票印花税公约》。日内瓦公约的成员国包括几乎所有的欧洲大陆国家和一些拉美国家。公约生效后,绝大多数成员国纷纷以日内瓦公约为蓝本修改本国的票据法,使票据法在大陆法系国家基本统一,形成票据立法中的日内瓦公约体系。日内瓦公约体系票据立法体例的基本特点是实行分离主义,即将汇票和本票规定在一起,称为《汇票本票法》或《票据法》,而将支票以另外的法律专门规定,称为《支票法》,其原因除了法律传统方面的因素外,更主要的是认为汇票与本票是信用证券,称为票据,而支票则是支付证券,是一个独立的种类。①《统一汇票本票法公约》包括本文11条和两个附件。附件1是统一汇票本票规则的具体条文,共2编,12章,78条。其主要内容包括:第1编,汇票(1—12章,1—74条);第2编,本票(75—78条)。该公约主要内容有:汇票的开立和格式,背书,承兑,担保,到期日,付款,拒绝承兑或拒绝付款的追索权,为维护信誉而参加,成套汇票和副本,更改,诉讼时效;一般规定。如,汇票应包含下列内容:票据主文中列有“汇票”一词,并以开立票据所使用的文字说明之;无条件支付一定金额的命令;付款人(受票人)的姓名;付款日期的记载;付款地的记载;受款人或其指定人的姓名;开立汇票的

---

① 德国新《票据法》于1933年制定,规定了汇票与本票;法国于1935年修改票据法,在商法典中规定了《汇票与本票法》;《日本商法典》也规定了票据法,调整汇票和本票。

日期和地点的记载;开立汇票的人(出票人)的签名。该公约对本票也作了详细的规定。《统一支票法公约》包括本文11条和两个附件。附件1是统一支票规则的具体条文,共9章,57条。第1章,支票的开立和格式(第1—13条);第2章,转让(第14—24条);第3章,担保(第25—27条);第4章,提示与付款(第28—36条);第5章,划线支票与转账支票(第37—39条);第6章,拒绝付款的追索权(第40—48条);第7章,成套支票(第49—50条);第8章,更改(第51—52条);第9章,诉讼时效(第52—57条)。公约规定,支票应包含下列内容:票据主文中列有"支票"一词,并以开立票据所使用的文字说明之;无条件支付一定金额的命令;付款人(受票人)的姓名;付款地的记载;开立支票的日期和地点的记载;开立支票的人(出票人)的签名。

二、英美法体系

英美法系国家没有加入日内瓦公约,保留了自己的法律传统。到目前为止,有关汇票、支票、本票的法律在英国、美国和其他普通法国家也是统一的。此项统一建立在英国1882年《票据法》[①]的基础上,尽管文字上的统一已不存在,但普通法系的流通票据法仍然以英国1882年《票据法》中的各种概念为依据,并且此项统一与建立在日内瓦公约基础上的统一同等重要。[②] 英美法系票据立法体例的特点是合并主义,即将汇票、本票、支票规定在一部法律中。英国1882年《票据法》,将汇票、本票、支票均纳入其中,1959年虽然又制定《支票法》,但该法是对《票据法》有关规定的补充,而不是单独的支票法。美国《统一商法典》第三编名称为"票据",规定了汇票、本票、支票和存款单。英国1882年《票据法》的主要内容包括:第一部分,绪论(第1—2节),包括法的名称和一些定义解释。第二部分汇票(第3—72节),其中第3—21节是汇票的要件、类型、记载事项及承兑、付款期限等方面的形式要求的规定,第22—26节是当事人能力方面的规定,第27—30节是汇票对价的规定,第31—38节是汇票转让的规定,第39—52节是持票人一般责任的规定,第53—58节是各方当事人责任的规定,第59—64是汇票责任解除的规定,第65—68节是参加承兑和参加付款的规定,第69—70节是票据丧失救济的规定,第71节成套汇票,第72节法律冲突。第三部分,银行客户与支票(第73—82节)。第四部分,本票(第83—89节)。第五部分,补充规定(第90—100节)。

三、联合国统一票据法体系

日内瓦公约体系与英美法体系的对峙,成为在国际贸易中使用票据的障碍,

---

① 也称为《汇票法》。

② 〔英〕施米托夫:《国际贸易法文选》,赵秀文译,中国大百科全书出版社1993年版,第69页。

在联合国国际贸易法委员会的主持下，1988年12月联合国第43次大会通过了《国际汇票本票公约》，并定于1990年6月30日前开放签字，公约旨在消除国际支付所用票据中现有的重大不一致和不确定之处。公约只适用于载有“国际汇票（贸易法委会公约）”或“国际本票（贸易法委会公约）”标题并在文内有上述字样的国际汇票和国际本票，不适用于支票。公约所规定的国际汇票要求至少列明下列两处地点，且至少有两处地点位于不同国家：出票地、出票人签名旁示地、付款人姓名旁示地、收款人姓名旁示地、付款地。而且出票地和付款地必须位于缔约国的境内，对于国际本票也有类似的要求。从目前的情况看，签字的国家不是很多，我国没有签字。公约共9章，90条。其主要内容包括：第1章，适用范围和票据格式；第2章，解释；第3章，转让；第4章，权利和责任；第5章，提示、不获承兑或不获付款而遭退票和追索；第6章，解除责任；第7章，丧失票据；第8章，期限（时效）；第9章，最后条款。同时，对“受保护的持票人”“保证人”“当事人”“到期”“签字”“伪造签字”“货币”等均作出规定。

联合国《国际汇票本票法公约》是票据法国际性发展的体现，在一定程度上协调了日内瓦公约体系和英美法体系的冲突。但是，它也不具备日内瓦统一票据法那样的完全统一法的意义，因为该公约的制定固然是因两法系的差异而引起，但在起草过程中，参与起草的各方人士认识到，现阶段要起草一部同时能为日内瓦法系和英美法系国家所接受并能够将之采纳成国内立法的统一票据法律，仍然十分困难。所以，公约的目标定位和实际结果都仅仅是解决国际贸易中汇票本票使用上的不便。因而，该公约的适用范围仅限于“国际票据”，公约并不是同时适用缔约国国内的票据法规范，这与日内瓦统一票据法不仅适用于缔约国之间，而且作为适用于缔约国国内的票据法规范有很大的区别。况且公约在票据抗辩领域，作为两法系调和的产物，除个别问题体现出一定的进步，整体上并没有什么超越。①

第三节　我国票据立法概况

一、民国时期及我国台湾地区的票据法

新中国成立前我国第一部票据法是在1929年国民政府时期制定的，该法在祖国大陆沿用到1949年被废止，1949年后在台湾地区继续适用，后经多次修改，目前台湾地区适用的版本是1987年修订后的“票据法”。台湾地区适用的“票据法”共5章，146条。第一章是通则，规定票据类型，票据责任，票据签名，

① 董惠江：《票据法的坚守与发展》，载《中国法学》2010年第3期。

票据行为的独立性、要式性,票据抗辩,善意取得,票据伪造、变造、票据丧失的救济,票据权利的行使,票据时效,利益返还请求权等。第二章是汇票,规定出票、背书、承兑、参加承兑、保证、付款、到期日、追索权、复本、誊本。第三章是本票。第四章是支票。第五章附则。[①]

二、新中国时期的票据立法

新中国成立后的票据立法是20世纪80年代随着我国改革开放的启动和票据业务的推出而开始的。1984年中国人民银行发布《商业汇票承兑、贴现暂行办法》,允许企业签发银行承兑的商业汇票。1988年上海市政府发布《上海市票据暂行规定》,这是第一个地方法规性质的票据立法,基本上恢复了正规的票据制度,在新中国票据立法史上是一个里程碑。[②] 1988年12月,中国人民银行颁布《银行结算办法》,规定可以使用银行汇票、商业汇票、银行本票、支票进行结算,这实际上是第一个全国性的票据法规。1995年5月10日制定,第八届全国人大常委会第十三次会议通过《中华人民共和国票据法》,1996年1月1日起施行。这是新中国成立后第一部票据法,共包括7章,111条。2004年进行了修改,删除了原第75条关于本票出票人资格由中国人民银行审定的规定。在立法体例上,我国《票据法》与我国台湾地区票据法相同,即采取合并主义,将汇票、本票、支票统一规定在要据法中,但在内容上,与日内瓦公约体系更为接近。在结构上,专门规定了“总则”一章,将各种票据的共同适用的规范集中统一规定。另外,专门规定了“法律责任”一章。在立法原则上,原则上不允许签发融资票据,除贴现外,也不允许任意转让票据进行融资。

除了《票据法》以外,在我国还有一些行政法规、部门规章、司法解释,也是票据法律制度的组成部分。例如中国人民银行发布的经国务院批准的《票据管理实施办法》,中国人民银行颁布的《支付结算办法》《票据交易管理办法》,最高人民法院发布的《关于审理票据纠纷案件若干问题的规定》(以下简称《票据法司法解释》)等。我国现行主要票据法律法规名录见表2-1。

表2-1 我国现行主要票据法律法规名录

性质	名称	制定机关	颁布时间或最后修改时间
法律	《中华人民共和国票据法》	全国人大常委会	1995年5月10日颁布,2004年修改
行政法规	《票据实施管理办法》	国务院批准、中国人民银行发布	1997年8月21日

① 陈国义:《票据法——案例式》,新学林出版股份有限公司2008年版,第459页以下。

② 谢怀拭:《票据法概论》(增订版),法律出版社2006年版,第11页。

（续表）

性质	名称	制定机关	颁布时间或最后修改时间
部门规章	《商业汇票承兑、贴现与再贴现管理暂行办法》	中国人民银行	1997年5月22日
	《支付结算办法》	中国人民银行	1997年9月19日
	《支付结算会计核算手续》	中国人民银行	1997年9月19日
	中国人民银行《关于切实加强商业汇票承兑贴现和再贴现业务管理的通知》	中国人民银行	2001年7月24日
	《关于商业银行跨行银行承兑汇票查询、查复业务处理问题的通知》	中国人民银行	2002年3月5日
	中国人民银行《关于完善票据业务制度有关问题的通知》	中国人民银行	2005年9月5日
	《电子商业汇票业务管理办法》	中国人民银行	2009年10月16日
	《关于规范和促进电子商业汇票业务发展的通知》	中国人民银行	2016年9月7日
	《票据交易管理办法》	中国人民银行	2016年12月6日
部门规范性文件	《全国支票影像交换系统业务处理办法（试行）》	中国人民银行办公厅	2009年11月9日
	《全国支票影像交换系统运行管理办法（试行）》	中国人民银行办公厅	2009年11月9日
地方政府规章	《上海市票据暂行规定》	上海市人民政府	1988年6月8日
司法解释	最高人民法院《关于审理票据纠纷案件若干问题的规定》	最高人民法院	2000年11月14日

第三章　票据法的调整对象

本章导读　票据法调整的对象包括两类法律关系，一类是基于票据上记载、体现在票据上的权利义务关系，称为票据关系，这种关系的主要内容是持票人有权凭票要求票据上的义务人支付票据记载的金额。票据关系的核心特征是其无因性。另一类是由票据法直接规定的、不体现在票据上的法律关系。这类关系由票据关系派生，是为了满足票据流通使用的程序要求或者平衡当事人之间的权利义务而规定的。

第一节　票据关系

票据使用流转过程中，当事人之间存在多种法律关系。这些法律关系有的属于票据法调整，包括票据关系与票据关系所派生的法律关系①，有的不属于票据法调整，例如作为票据关系产生的交易合同关系、银行与客户之间的委托开户、结算关系等。不属于票据法调整的关系由其他相关法律调整，例如基础交易关系由合同法调整等。

一、票据关系的含义与特征

问题引入　甲公司与乙公司签订买卖合同，甲公司购买乙公司的货物，甲公司向乙公司签发银行承兑汇票付款，付款人（承兑人）为某工商银行，工商银行和甲公司签了汇票承兑协议后，在票据承兑人签章处签章，对该汇票进行了承兑，甲公司将汇票交给乙公司。后来乙公司把票据转让给丙公司，用以购买丙公司的汽车。丙公司收到票据后委托自己的开户银行向付款银行请求付款。此时，因乙公司未向甲公司交付货物，甲公司要求乙公司和丙公司返还票据。在上述情形中，存在若干法律关系，哪些是票据关系呢？

---

① 票据关系派生的法律关系在票据法理论中通称为票据法票据法规定的非票据关系。笔者认为，这种表述是一种归纳式的表述，可以在司法实践中使用。但在理论上，如果把票据法调整的这部分内容表述为“票据法调整的非票据关系”，则存在同义反复的问题。

票据关系是指当事人之间基于票据行为或其他合法事由而发生的,体现在票据上的债权债务关系,也称票据上的关系。票据关系是票据法规定的各种法律关系中最基本、最核心的法律关系。票据关系通常基于票据行为而发生,在特殊情况下也可依法定事由使某一当事人与其他当事人之间存在票据关系,例如依继承、公司合并、破产等原因取得票据的当事人,虽然不是基于票据行为而取得,仍与票据上的其他当事人存在票据关系。

票据关系具有以下特征:

1. 票据关系是体现在票据上的一种权利义务关系。

这种法律关系的权利人、义务人、权利义务的内容都体现在票据所记载的内容上面,而不能体现在票据以外的其他载体上面。一张票据上面记载了收款人、付款人、出票人、金额,出票日期等。按照票据上的记载,收款人是权利人,可以向付款人请求付款,付款人和出票人是义务人,收款人可以请求其付款,支付款项的数额按票据记载的数额确定。具体可以从以下两个方面理解:

(1) 只有票据有效做成后,票据关系才会形成,票据没有签发之前,票据关系不能产生。这就是前面所说的票据是设权证券的意思。

(2) 票据关系当事人、权利义务内容只能体现在票据上,不能体现在其他载体上,在其他载体上记载票据权利义务内容的,不产生效力。这与合同等基础权利义务关系不同,合同等基础权利义务关系,可以用书面方式确立,也可以以口头形式确立,可以在不同的载体上体现。合同权利义务关系内容的确定,其载体并非具有唯一性。

例如,甲乙双方签订的合同条款中没有约定一方付款义务是在交货后7日内,但卖方提供的其他证据证明买方承诺过交货后7日内付款,则该项义务仍可以确定。而甲向乙签发票据付款时,签章错误,于是甲在另外一张纸上记载乙是票据收款人,并进行签章。此时,由于票据上的签章错误,票据无效,虽然另外在其他地方记载了乙为票据权利人,也不产生效力。

2. 票据关系产生、变更的直接依据通常是由当事人以一定的形式在票据上所实施的法律行为,这种行为称为票据行为。比如在票据上记载相应事项签字开出票据、在票据上签字转让票据、在票据上签字对票据承兑等。

票据行为的实施虽然有各种原因,比如交易合同等。但是这些原因并不直接导致票据关系的产生,产生变更票据关系的直接依据是票据行为。例如甲乙双方签订了买卖合同,为支付价款约定用票据支付。因此买卖关系是引发票据签发或转让的原因,但仅有双方当事人之间合同约定货物买卖的价款和用票据支付问题,而没有实际实施签发或转让票据的行为时,则他们之间存在合同权利义务关系,不存在票据关系。反之,没有约定签发、转让票据而实际上实施了票据行为,在该当事人之间就形成了票据关系。

3. 票据关系是一种抽象的金钱支付权利义务关系。

这种关系是最初由出票人签发票据、收款人取得票据这种票据授受的程序而产生,至于当事人之所以授受票据的原因或实质关系,不属于票据关系的范围,也不是票据法规定的事项。授受票据的原因或前提是在票据授受之前就存在,而票据关系则是发生在票据授受之后。票据关系产生后也是基于持票人转让票据、受让人接受票据等授受的程序而发生变化,至于转让票据的实质关系,也不属于票据关系。票据关系的这一特点,决定了在同一张票据上,可能随着流转环节的增加,不同环节的当事人使用票据的目的不同,原因关系不同,但票据权利义务的内容始终相同。

例如,一张支票从甲出票开始,经历了如下流转:甲—乙—丙—丁—戊。甲向乙签发票据是基于买卖合同,乙向丙转让票据是因为乙在丙处用餐,丙向丁转让票据用来付房屋租金,丁向戊转让票据是为了支付医疗费。在上述环节中,每个环节当事人签发转让的目的用途不同、基础法律关系的内容不同,但票据关系的内容与这些基础法律关系的内容无关,票据关系的内容是持票人基于票据的记载向付款人和其他票据债务人请求支付金额的权利,这种权利义务关系不反映具体的交易内容,并不因基础法律关系的变化而变化,因而是一种抽象的金钱支付权利义务关系。

4. 在票据关系中,原则上持有票据的人才能行使票据权利,只有在票据上签名的人才承担票据义务,因此,票据关系是持有票据的债权人与在票据上签名的债务人之间的关系。

二、票据关系的当事人

问题引入 A公司给B公司开出一张转账支票,付款人为A公司的开户银行C银行,B公司把票据背书转让给D公司,D公司持该支票到自己的开户银行E银行委托收款,E银行向C银行提示付款,C银行向E银行付款,E银行又把该款项划入D的账户,以上当事人中,哪些是票据关系当事人?

(一)法律地位

票据关系的当事人是票据关系中承受权利义务的主体。

票据关系的当事人分别处于票据权利人与票据义务人的地位,最初的权利人是出票时的收款人,以后通过转让票据而取得票据的持票人成为票据权利人,这种票据权利人行使的是付款请求权或追索权。此外,因履行了受追索义务而取得票据的人也是票据权利人,这种权利人只能向其前手行使追索权。票据上的义务人即票据债务人,是因实施一定票据行为而在票据上签名的当事人,票据债务人分为第一债务人和第二债务人，前者主要指有付款义务的人，如汇票的承兑人，银行汇票与本票的出票人、支票的保付人等。后者主要指有担保付款义务的人，包括票据的出票人及持票人的所有前手、票据保证人等。在票据使用过程中，接受委托代收款项的人、代理付款人，不是承担票据义务的主体，不属于票据关系当事人。

（二）类型和名称

票据关系的当事人分为基本当事人与非基本当事人。在票据签发时就存在的当事人为基本当事人，在汇票与支票中包括出票人、收款人（或持票人）、付款人，在本票中是出票人和收款人。需要说明的是，在我国，银行汇票出票人与付款人为同一当事人，因此基本当事人只有两个，即出票人与收款人，这种票据属于变式汇票，称为对已汇票。非基本当事人是票据签发、票据关系产生后通过其他各种票据行为而加入到票据关系之中成为票据当事人的人，例如背书人、被背书人、保证人、承兑人等。

票据上的当事人在各种票据行为中都有特定名称。如出票行为中有出票人、付款人、收款人等。有时同一当事人在不同行为中具有双重身份因而名称不同，例如汇票中的付款人在承兑后成为承兑人，背书中前次背书的被背书人在后次背书中是背书人等。票据上多数当事人之间，依其持有票据顺序的先后，分为前手和后手。例如A签发票据交付给B，B背书转让给C，C转让给D，则C是A、B的后手，A、B是C的前手，D是A、B、C的后手，A、B、C是D的前手。其中，某一对前后手之间没有其他前后手的，称为直接前后手，例如，B是C的直接前手，C是B的直接后手。票据关系当事人的示例图如下：

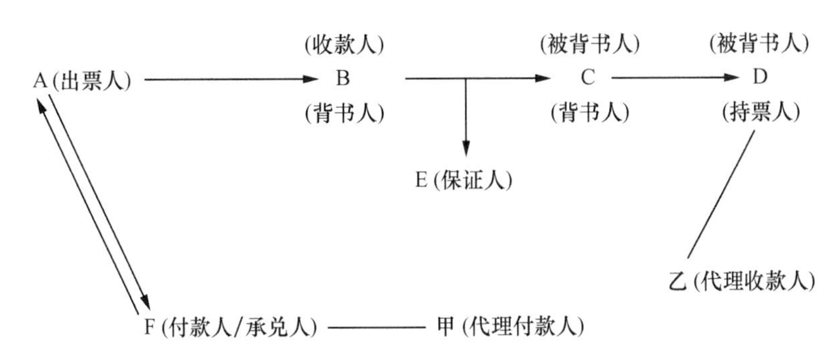

图3-1　票据关系当事人示意图

在图3-1中，甲、乙分别是代理付款人和代理收款人，并非票据关系当事人。

（三）当事人的范围

在我国现行票据制度中，票据当事人的范围有一定限制，银行汇票的出票人与付款人是同一银行，至于收款人或持票人不存在范围限制。商业汇票的当事人包括出票人、付款人、收款人、持票人、保证人等,都必须是法人或非法人组织,不包括自然人,其中银行承兑汇票的付款人是银行。本票的当事人签发人为银行。支票的当事人除付款人应当是银行或办理支票业务的其他金融机构外,其他当事人的范围未加限制。

三、票据关系的内容

问题引入 票据关系中的权利义务是什么?

票据关系的内容是票据权利与票据义务。根据《票据法》第4条的规定,票据权利是持票人向票据债务人请求支付票据金额的权利,包括对付款人的付款请求权和对前手的追索权。票据义务是在票据上签名的票据债务人,如出票人、背书人、承兑人、保证人等对票据权利人所承担的一种支付一定金额或担保支付一定金额的义务,在我国票据法中也称为票据责任。票据权利义务关系是一种纯粹的、抽象的金钱支付关系,它本身并不反映当事人之间的实质交易关系或票据用途。同一张票据可以用做不同用途,背后存在不同的实质交易关系,但票据上所代表的权利义务关系即一定数量的金钱给付关系则是不变的。

四、票据关系的类型

根据票据行为的不同,票据关系主要分为以下几种主要类型:

(1) 基于出票行为而产生的票据关系,包括收款人或持票人向付款人请求承兑或请求付款的关系,出票人向收款人或持票人担保承兑和担保付款的关系。

(2) 由汇票承兑或支票保付行为而产生的持票人与承兑人之间的关系、持票人与保付人之间的关系,具体地说,是持票人请求承兑人或保付人无条件支付票据金额的关系。

(3) 基于背书行为而发生的背书人与被背书人、前手与后手的关系,即背书人向被背书人及其后手所承担的担保承兑与担保付款的关系,后手在不获承兑或不获付款时,有权向前手进行追索。

(4) 基于保证行为而发生的保证人与持票人、保证人与被保证人及其前手的关系,此种关系又分为两个方面,一是持票人在票据到期后得不到款项或到期前不能获得承兑的,要求保证人与被保证人承担连带清偿责任的权利义务关系;二是保证人接受追索,承担了保证债务后向被保证人及其前手进行追索的权利义务关系。

(5) 因付款行为而导致的票据当事人之间权利义务关系的消灭。此种关系具有特殊性,前四种情形是因票据行为而在当事人之间形成票据权利义务关系,付款行为则是票据义务的履行,其后果一般是票据当事人之间权利义务关系的消灭。

第二节　票据关系派生的非票据关系

一、票据关系派生的非票据关系的含义

问题引入　除了票据关系之外,还有哪些关系是票据法的调整范围?

票据关系派生的非票据关系,也称为票据法规定的非票据关系,是指并非基于票据行为产生,不是体现在票据上而是由票据法直接规定的权利义务关系。这类关系的共同特点是,并非体现在票据上的权利义务关系,不包括票据权利人的付款请求权与追索权,因而不是票据关系。但这类关系是票据关系的权利义务产生、行使变更、消灭过程中所引发的,为平衡当事人之间的权利义务或作为票据使用必要程序的法律关系。此种关系由票据法直接规定,其他法律一般不作规定,因此也属于票据法调整的法律关系。主要包括票据返还请求权、利益偿还请求权、回单签发请求权、票据交付请求权、票据使用损害赔偿关系。

二、利益偿还请求权关系

问题引入　甲签发一张支票给乙,用以购买产品,乙把支票背书转让给A,购买A的汽车,A交付了汽车。A持有该支票后忘记了请求付款,后因超过时效丧失了票据权利,付款人拒绝付款,甲因A丧失票据权利无须承担被追索的义务。此时A已经交付汽车给乙,乙交付产品给甲,甲实际没有付出款项就获得了产品,而A则交付了汽车无从获得款项,此时有无救济的途径?

(一) 概念与性质

利益偿还请求权关系是因某种原因而丧失票据权利的人与因此而得到额外利益的人之间存在的返还额外利益的关系。从权利的角度讲,称为利益偿还请求权,即持票人的票据权利因时效届满或欠缺保全手续而丧失的,该持票人要求出票人或承兑人在其因此而所受的利益范围内予以一定金额的制度。

利益偿还请求权关系的当事人是票据关系的当事人,但利益偿还请求权关系本身并非票据关系,因为持票人已经失去了票据权利。此种关系又不同于票据基础关系,基础关系是在票据关系形成以前就存在的,一般属于民法或商法其

他领域调整的权利义务关系[1],票据法不加调整。而利益偿还请求权关系事先并不存在,只是在持票人丧失了票据权利以后才存在,是以票据关系曾经产生然后消灭为前提条件的,因此属于因票据关系非正常消灭而派生的权利,由票据法直接规定予以调整,不由其他法律部门调整。

例如,甲向乙签发一张支票给乙,乙背书转让给A,支票付款人为丙,由于A在票据时效期间内未行使权利,票据权利丧失,无法向A请求付款,这样甲在A账户上的款项没有划出,而甲却得到了乙交付的货物,甲获得了额外利益,A与甲之间没有任何受民法调整的权利义务关系,但甲与A之间存在利益偿还请求关系。

可见,利益偿还请求既不是票据权利,也不是民法中规定的民事权利,而是"票据法上的权利",是基于衡平观念,由票据法特别规定的请求权。[2] 规定利益偿还请求权关系,是为了平衡当事人之间的权利义务关系,纠正一方失去权利而受损失,另一方却额外获得利益所产生的利益失衡现象。

(二)利益偿还请求权的要件

利益偿还请求权的行使,需要一定的条件:

(1)票据关系有效、票据权利曾经存在过。如果票据关系没有形成或持票人从来就没有取得票据或票据权利,那么就不可能产生利益偿还请求权关系。

(2)票据权利因时效超过或欠缺保全手续而丧失。并非任何导致票据权利丧失的情形都能成立利益偿还请求权,只是持票人因时效超过或保全手续欠缺的原因而丧失票据权利时才可成立利益偿还请求权。因为如果是由于其他原因丧失票据权利,则还可能有其他人享有票据权利,出票人或承兑人是否获得额外利益不能确定。

(3)出票人或承兑人因此而获得额外利益,这里所谓的额外利益是指取得对价或资金后本来需要付出的利益由于持票人权利的丧失而无须付出,从而获益。例如汇票出票人已经取得对价,但还没有向付款人提供资金,由于票据权利的消灭而无须提供;或承兑人已经从出票人处收到出票人提供的资金,但因持票人票据权利的消灭而免除了付款义务。又如支票的出票人因持票人票据权利的消灭而使自己在银行的支票存款账户上的金额无须划出。

(4)出票人或承兑人向持票人返还的金额,以所受利益范围为限。利益偿还请求关系是为了平衡当事人之间的权利义务而设定的,如果利益偿还请求权对持票人的救济效果与票据权利相同甚至超过票据权利,则不符合这一制度的宗旨,将使票据时效和保全手续的规定毫无意义,因此,通过利益偿还请求关系

---

① 有些情况下原因关系并非民事关系而是行政关系如税收。

② 施文森:《票据法新论》,三民书局1987年版,第95页。

得到的救济程度不得优于通过票据权利得到的救济，在制度表现上就是出票人或承兑人向持票人返还的金额，以所受利益范围为限。

例如，甲向乙签发金额为100万的票据用以购买货物，货物价值100万，乙向甲交付了价值为70万的货物，后乙将该票据背书转让给A，A因超过票据时效而丧失了票据权利，甲在银行账上的相应款项因A不能行使票据权利而未划出去。甲因此获益。A可向甲行使利益偿还请求权，但是甲只收到了70万的货物，因此甲获得的额外利益是70万，只承担向A返还70万利益金额的义务。

（三）时效

利益请求返还权的时效起算问题，《票据法》及《票据法司法解释》没有明确规定。我们认为，利益返还请求权的时效期间应适用《民法通则》的规定，但时效期间的起算日期应当从因欠缺保全手续或票据权利时效超过而丧失对出票人或承兑人的票据权利之日起计算。

我国《票据法》第18条规定："持票人因超过票据权利时效或者因票据记载事项欠缺而丧失票据权利的，仍享有民事权利，可以请求出票人或者承兑人返还其与未支付的票据金额相当的利益"，这是有关利益返还请求权的规定。这一规定在两个方面存在问题：一是把保全手续欠缺表述为记载事项欠缺，因为记载事项欠缺的票据无效或某一票据行为无效，持票人就不会取得票据权利，谈不上丧失，不能适用利益偿还请求权制度。二是把出票人、承兑人应在所受利益范围内返还，规定为"返还与未支付的票据金额相当的利益"。在我国票据付款都是足额付款，要么已付，要么未付，不存在部分付款，因此未支付的票据金额就是全部票据金额，这样就会出现出票人或承兑人向利益偿还请求权人返还的利益大于其所额外获得的利益，持票人丧失票据权利后毫无损失，而出票人或承兑人却因持票人丧失票据权利而遭受损失的不合理现象。

三、票据返还请求权关系

问题引入　华夏公司签发一张汇票给康元公司，用以购买产品，承兑人为汇通银行。康元公司后来没有交付产品，但是持有票据要求承兑人汇通银行付款，此时华夏银行和汇通银行说不得付款，同时要求康元公司返还票据，汇通银行已经承兑，左右为难，此事是否属于票据法调整，如何处理？

（一）概念

票据返还请求权关系是指出票人或原持票人与其后手持票人之间基于某种理由要求返还票据的关系，从提出返还要求的一方当事人的角度，又称票据返还请求权。这一关系并非主张票据权利,因此不是票据关系,但这种关系是由于票据关系当事人对持票人能否行使票据权利所引发的争议,是票据关系所派生的权利义务纠纷,属于票据法调整的范畴,其他法律不加规定。我国票据法没有明确规定票据返还请求权制度,在最高人民法院发布《票据法司法解释》等中规定了相关制度。

(二) 类型

票据返还请求关系主要包括两种情形:一是出票人或票据的真正权利人否认持票人享有票据权利而要求返还票据的关系,例如持票人以偷盗、欺诈、胁迫等手段取得票据,或持票人因拾得而取得票据,再如持票人因恶意或重大过失从无权利人手中取得票据,出票人或真正权利人要求其返还票据。二是出票人或前手持票人基于基础关系的抗辩事由要求其直接后手返还票据的关系,例如甲向乙签发一张票据用以支付购买乙方货物的货款,但乙未按合同规定的期限交出货物,或甲与乙之间的买卖行为违法,或甲与乙之间的买卖关系是虚构的,甲可以以此为由要求乙返还票据,基于基础关系中抗辩事由要求返还票据的关系,只能在直接当事人之间进行。

(三) 要件

行使票据返还请求权的要件如下:(1) 主张权利的一方是出票人或持票人的前手。(2) 被请求的一方是现持票人。(3) 现持票人不享有票据权利或作为请求返还票据一方的直接后手未履行原因关系的对价义务。(4) 主张权利的一方与被请求返还的一方之间不存在其他票据权利人。因为,出票人或某一原持票人主张返还票据,现持票人虽然不享有票据权利,但是如果票据流转过程中,在出票人或原持票人之后、现持票人之前还有其他票据权利人,票据被无权利人取得或现持票人没有支付对价,受损失的是出票人或原持票人之后的其他票据权利人,那么有权行使票据返还请求权的当事人应当是该人,而不是出票人或原持票人。例如:A 向 B 签发票据,B 未履行原因关系的义务,在 B 请求付款人付款之前,A 有权向 B 行使票据返还请求权。如果 B 把票据背书转让给 C,C 被 D 欺诈把票据背书转让给 D,D 无权利,但有权请求返还的是 C,而不是 A 或 B。(5) 付款人未付款,如果付款人已经付款,无法返还,只可能行使票据损害赔偿请求权。

(四) 票据返还请求权与付款请求权的冲突解决

若持票人行使付款请求权,而出票人或持票人的前手行使票据返还请求权,应当先解决票据返还请求权纠纷,确定票据返还请求权是否成立,然后根据这一结果,解决付款请求权的问题。

四、票据交付请求权关系

票据交付请求权关系是票据债务人履行了票据义务后要求持票人交付票据的关系，包括付款人支付票据款项后，要求持票人交付票据给付款人，被追索人承担了票据责任后，要求持票人交付票据和拒绝证明等。我国《票据法》等55条、第70条第2款分别规定了这两种票据交付请求关系。票据交付请求权关系是票据正常使用流通以及行使权利在程序上的必要制度，因而是票据关系派生的非票据关系。因为付款人一旦付了款，通常票据权利已经实现，票据义务已经履行，票据关系消灭，就要求在程序上由付款人收回该票据，予以注销，不再流通使用。被追索人承担了票据债务以后，享有向其前手再追索的权利，行使再追索也要以持有票据为条件，这就必须赋予首先承担了被追索义务的一方当事人要求行使追索权的一方交付票据的权利。应当说明，作为票据关系派生的非票据关系，票据交付请求权并不包括基础关系中的债权人要求债务人向其签发票据或向其转让票据的请求关系。这种请求权实际上是履行基础关系中的义务的请求权，不受票据法调整。

例如，甲与乙签订合同约定购买乙的汽车，价款28万元，汽车交付后之3日内甲向乙签发一张金额为28万元的转账支票，乙交付了汽车后，甲并未签发支票交付给乙，乙起诉甲要求甲向其交付金额为28万元的转账支票。乙的这种请求权是基于双方之间的买卖合同关系要求债务人履行合同义务，并非票据法规定的非票据关系。

五、回单签发请求权关系

回单是我国票据法规定的持票人因向付款人提示票据而将票据交给付款人时，付款人签发给持票人的一种凭证，用以证明收到票据。回单有两种：一种是持票人向付款人提示承兑时，付款人向持票人签发的收到汇票的回单。回单上应当证明汇票提示承兑日期并签章。另外一种是贷记支票付款程序中的回单。贷记支票付款程序是由支票出票人持支票向其开户银行提示付款，该银行以进账单按票据交换的规定向收款人的开户银行进行交换并付款的程序。

出票人向其开户银行指示付款，将支票交给其开户银行后，开户银行（付款人）签发后给出票人的第一联进账单就是支票贷记付款程序中的回单。该回单同汇票中的回单具有相同的作用，属于证明付款人收到票据的凭证。

交付票据的一方当事人请求付款人签发回单的关系并非票据关系，而是票据法规定的非票据关系。

六、票据使用损害赔偿关系

问题引入 甲公司作为申请人,申请开元银行签发一张银行汇票,收款人为乙公司,乙公司丢失了该汇票,被王某捡到,王某伪造了乙公司的背书把票据转让给自己。但在伪造背书时把背书人和被背书人位置填反,造成背书不连续,王某向自己的开户银行(银行汇票代理付款人)提示付款时,代理付款人支付了款项。后乙公司以票据权利人的身份要求代理付款人承担责任,按照票面金额及利息支付相应金额。乙公司行使的是何种权利?

(一) 含义

票据使用造成他人损失有两种情形。一种是以非法手段取得票据或实施票据伪造、变造等违法行为,受损失的一方要求实施违法行为的一方赔偿的关系。以上非法行为属于侵权行为,此种损害赔偿关系属于侵权行为法调整的领域,当事人依据侵权行为法的规定即可得到救济。

另一种是违反票据法的形式要件或程序规定实施某种行为,给当事人造成损失或导致当事人票据权利丧失,受损失的一方当事人要求实施该行为的一方承担赔偿责任的关系。这也是票据关系派生的非票据关系。当事人违反票据法规定的形式要件程序实施某种行为,除了导致票据关系的产生、变更或消灭,影响票据权利义务的存在与变更外,还可能出现虽不承担票据责任,但仍给有关当事人造成损失的后果。在此情况下,当事人所承担的责任并不属于一般意义的侵权责任,而是由票据法直接规定的民事责任,属于违反法定要件造成他人损失而依票据法的规定产生的损害赔偿关系。例如,付款人拒绝付款并拒绝出具退票理由书或拒绝证书,导致持票人无法行使追索权,持票人要求付款人承担赔偿责任等。

(二) 特点

(1) 此种关系主张权利的一方可能是票据权利人,也可能是票据债务人,被请求的一方可能是票据权利人,也可能是票据债务人,还有可能是票据关系当事人以外的人,但至少其中一方是票据关系当事人。

(2) 请求权的性质是赔偿请求权,而不是履行票据义务。

(3) 赔偿请求权的行使事由有多种,构成要件在票据法中规定的也各不相同。

(三) 主要情形

根据我国《票据法》及《票据法司法解释》的规定,票据损害赔偿关系的主要情形如下:

(1) 付款人及其代理付款人错误付款的赔偿责任。《票据法》第 57 条第 2 款规定:“付款人及其代理付款人以恶意或者有重大过失付款的,应当自行承担责任。”此种责任是票据关系义务履行所派生的,属于票据法规定的损害赔偿责任。

(2) 付款人或承兑人拒绝出具拒绝证明的赔偿责任。《票据法》第 62 条第 2 款规定:“持票人提示承兑或者提示付款被拒绝的,承兑人或者付款人必须出具拒绝证明,或者出具退票理由书。未出具拒绝证明或者退票理由书的,应当承担由此产生的民事责任。”

(3) 持票人未按规定期限通知追索的赔偿责任。《票据法》第 66 条第 2 款规定:“未按照前款规定期限通知的,持票人仍可以行使追索权。因延期通知给其前手或者出票人造成损失的,由没有按照规定期限通知的汇票当事人,承担对该损失的赔偿责任,但是所赔偿的金额以汇票金额为限。”

(4) 金融机构工作人员违反票据法规定实施票据行为的赔偿责任。《票据法》第 104 条规定:“金融机构工作人员在票据业务中玩忽职守,对违反本法规定的票据予以承兑、付款或者保证的,给予处分;造成重大损失,构成犯罪的,依法追究刑事责任。由于金融机构工作人员因前款行为给当事人造成损失的,由该金融机构和直接责任人员依法承担赔偿责任。”

(5)《票据法》第 105 条第 2 款规定:“票据的付款人故意压票,拖延支付,给持票人造成损失的,依法承担赔偿责任。”

(6)《票据法》第 106 条规定:“依照本法规定承担赔偿责任以外的其他违反本法规定的行为,给他人造成损失的,应当依法承担民事责任。”

(7)《票据法司法解释》第 61 条规定:“票据保证无效的,票据的保证人应当承担与其过错相应的民事责任。”

(8) 出票人对越权补充的责任。《票据法司法解释》第 61 条规定:“对票据未记载事项或者未完全记载事项作补充记载,补充事项超出授权范围的,出票人对补充后的票据应当承担票据责任。给他人造成损失的,出票人还应当承担相应的民事责任。”

(9) 签发空头支票的赔偿责任。《票据法司法解释》第 73 条规定:“因出票人签发空头支票、与其预留本名的签名式样或者印鉴不符的支票给他人造成损失的,支票的出票人和背书人应当依法承担民事责任。”

(10) 伪造、变造票据者的民事赔偿责任。《票据法司法解释》第 67 条规定:“依照票据法第 14 条、第 103 条、第 104 条的规定,伪造、变造票据者除应当依法承担刑事、行政责任外,给他人造成损失的,还应当承担民事赔偿责任。被伪造签章者不承担票据责任。”

(11) 未按法定形式出票或签章的赔偿责任。《票据法司法解释》第 76 条规定:“依照票据法第 107 条的规定,由于出票人制作票据,或者其他票据债务人未按照法定条件在票据上签章,给他人造成损失的,除应当按照所记载事项承担票据责任外,还应当承担相应的民事责任。”①

此外《票据法司法解释》第 72 条规定了错误申请票据保全的赔偿责任。但本书认为,此种责任并非基于票据关系派生,且救济权的基础在于侵权责任法或民事诉讼法,并不是票据法调整的非票据关系。

七、不属于票据法调整的法律关系

另外在票据使用过程中,除了基础关系不属于票据法调整外,有时会发生以下几种关系,就总体而言,这些关系是票据关系产生之前就确立的。或者说虽然是票据关系产生之后形成的,但并非票据关系所派生的,因而不属于票据法调整的范围,而属于支付结算制度、合同法、代理法等相关制度调整。

(一) 委托收款关系

票据委托收款关系是指票据持票人委托其开户银行代收票据款项所形成的法律关系。

(二) 代理付款关系

票据代理付款关系是票据付款人委托其代理人向持票人或代收银行付款所形成的法律关系。票据代理付款关系在性质上属于付款人与代理付款人之间的代理关系。票据代理付款关系的当事人是出票人和经办票据代理付款业务的银行等金融机构。代理付款关系分为两种:一是银行汇票和银行本票的代理付款关系,付款人与代理付款人都是银行;另一种是商业承兑汇票的代理付款关系,代理付款人是付款人的开户银行。代收银行与付款银行或代理付款银行之间在票据款项的代收、付款或代付过程中款项划转与资金清算的法律关系,由支付结算制度调整,不属于票据法的调整范围。

(三) 申请出票关系

申请出票关系是指银行汇票、本票的申请人向银行申请签发票据时与出票人之间办理款项结算产生的法律关系。申请出票关系的当事人一方是申请人,另一方是出票人,申请人并不是票据关系当事人,申请出票关系由结算制度及银行法、合同法的相关领域调整,票据法不加调整。申请出票关系中申请人的基本义务是将款项交存到银行,银行的基本义务是签发银行汇票或本票,在超过付款提示期间或因其他原因申请人要求退款时,申请人持票据可以要求退款,银行汇

---

① 说明:我国《票据法》2004 年修改后,原条文第 76 条及以下各条序号均前移一位。《票据法司法解释》引用《票据法》条文序号应发生相应变化,但最高人民法院对此未正式公布调整。所以《票据法司法解释》第 67 条所引用的《票据法》第 103 条、第 104 条,第 76 条所引用的《票据法》第 107 条,分别应当是修改后《票据法》的第 102 条、第 103 条和第 106 条。

票付款后,出票人应将多余款项退还申请人。

但是,票据结算的工具是票据,票据法与票据支付结算制度中的某些内容,在一定情形下成为票据关系与票据结算关系共同适用的规则。

第三节　票据关系的无因性——与基础关系的关系

一、基础关系的概念和类型

问题引入　甲公司以乙银行为付款人签发了一张支票给小王,小李问,甲为什么给你签发支票而不给别人,甲为什么以乙银行为付款人而不以其他银行为付款人？小王回答,这是因为我们在签发票据之前存在基础关系。

基础关系是作为票据关系当事人之间之所以签发、转让票据的实质原因或以某一人为票据付款人的实质原因的法律关系,即原因关系与资金关系,也包括票据预约。基础关系不属于票据法调整的范围,而是属于合同法等相关法律调整。

(一) 原因关系

原因关系又称票据原因,是指票据出票人与收款人之间或其他直接前手与后手之间之所以签发或转让票据的原因法律关系。

例如,A 向 B 购买房屋,他们之间存在买卖合同关系,为了支付房款,A 签发票据给 B,创设了票据关系,A 是出票人(票据债务人),B 是收款人(票据权利人),C 是付款人(票据债务人),A 之所以签发票据给 B,是因为 A 与 B 之间存在房屋买卖关系,签发票据的目的是为了支付房屋买卖合同中的房款,此时 A 与 B 之间的房屋卖关系即是该出票行为的原因关系。

在一张票据上,票据关系有多个环节时,在不同环节的票据当事人之间可能存在许多不同的原因关系。例如,在前述票据中,B 为支付租金,将票据背书转让给 D,则 B 与 D 作为票据关系的直接前后手当事人,他们转让受让票据的原因关系是二人之间的租赁关系。

原因关系可以是有对价的,也可以是无对价的,不论有无对价,在同一票据上的多个前后手之间,不同环节的票据当事人之间的原因关系并无法律上的必然联系,即每一对授受票据的直接当事人之间的原因关系都是各自独立的法律关系。

(二) 资金关系

资金关系是出票人与付款人之间的基础关系,是指出票人之所以记载某一

特定当事人为票据付款人的前提或原因的法律关系。资金关系只存在于汇票与支票之中,一般包括:

(1) 出票人在付款人处开立了账户,在付款人处存有资金,出票人与付款人之间的账户存款关系即为票据资金关系,这在支票中比较普遍。

(2) 出票人与付款人有信用合同,付款人同意为出票人垫付款项,信用合同关系即为资金关系。

(3) 付款人对出票人负有债务,以支付票款作为清偿方式等。

例如,丙欠甲1万元,甲准备购买乙1万元的货物,签发以乙为收款人,丙为付款人的票据,丙与甲之间的债务关系就是该票据的资金关系,当丙履行票据义务向出票人乙支付款项后,丙欠甲的债务即告清偿。

(4) 出票人与付款人之间签订有专门业务合同,例如承兑协议等,即为银行承兑汇票的资金关系。根据该协议,出票人以某一特定银行为付款人,付款人对该汇票进行承兑。

(5) 出票人与付款人之间其他款项结算的合同等。

(三) 票据预约

这是授受票据的当事人,在签发票据前,就票据的种类、金额、到期日等事项达成的协议。票据预约属于以授受票据有关事项为内容的合同,其本身不是票据关系。

票据基础关系具体示例说明如下:

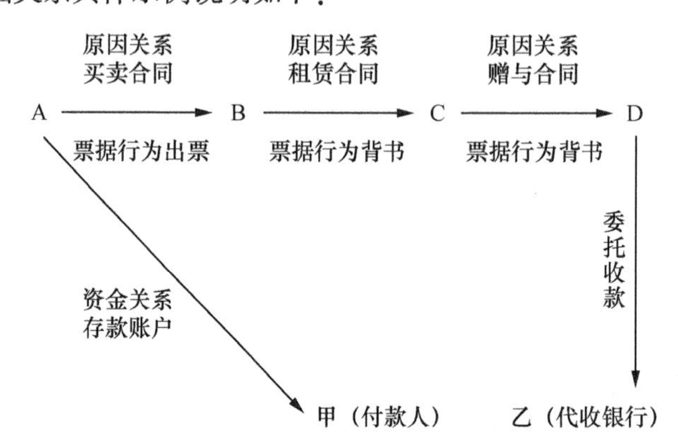

图3-2 票据基础关系示例图

说明:在图3-2中,A向B出票,建立了票据关系,A与B之间的原因关系是买卖合同,A与甲之间的资金关系是A在甲开立存款账户建立的存款账户关系;B为支付租金向C背书转让票据,B与C之间的租赁合同是该背书行为的原因关系;C向D捐助款项,把票据背书转让给D,赠与关系是该背书行为的原因关系。D委托乙银行收款,他们之间存在委托收款关系,但是乙不是票据关系当事人,所以,委托收款关系不是票据基础关系。

二、票据关系与基础关系的关系——票据关系的无因性原则

问题引入 亮嘉公司和环宇公司签订了烟草买卖合同,亮嘉公司为支付货款,签发一张票据给环宇公司,环宇公司为购买汽车,把该支票背书转让给洁和公司,后因环宇公司未取得烟草专卖许可,亮嘉公司和环宇公司的烟草买卖合同被确认无效,那么,洁和公司还能享有票据权利吗?

(一) 票据无因性的含义与制度依据

票据关系与票据基础关系的关系实行票据无因性规则。票据的无因性是指基于票据行为的票据关系一经形成,就与基础关系相分离,二者各自独立,基础关系是否存在,是否有效,原则上对票据关系不发生影响。

票据无因性原则的立法依据在于降低持票人的风险,保障票据的流通。若实行有因性原则,票据的基础关系的效力与票据关系效力相联系,那么持票人在取得票据时就不仅要考虑票据是否有效、取得票据的票据行为是否有效,还要了解导致票据关系产生的基础关系是否存在是否有效。而在票据流通过程中,每一环节的当事人是不同的。这样,持票人必须要充分确保前面各个环节的票据当事人之间存在真实、合法的交易关系才能使自己取得票据权利,而持票人在事实上不可能了解各个前手之间交易关系的情况,在法律上也无权强行要求各个前手向其提供他们基础交易关系的合同及履行情况。即使持票人有可能了解各个前手之间的基础交易关系,必然要花费大量的人力、物力去对每一环节的基础交易关系进行调查,这将极大增加持票人的成本,势必导致人们不愿意使用票据,从根本上使票据失去流通性,票据制度存在的意义大打折扣。

实行票据无因性原则,将基础关系与票据关系的效力分开,持票人在取得票据时只要保证自身合法取得票据,无须过问或调查各个前手之间基础交易关系的情形,即可取得票据权利,从而使持票人的风险大大降低,其权利原则上不受前手之间基础关系效力的影响,使持票人通过票据签发转让实现交易目的时,处于比其他债权转让完成交易更有利的地位,这样人们就愿意使用票据,从而实现票据的功能。在这一意义上,票据无因性制度是票据法的支柱。世界各国及地区的票据法和国际统一的票据法,无不贯穿着票据无因性原则。

(二) 票据无因性制度的内容

(1) 就原因关系而言,票据一经生效,原则上票据关系与原因关系就相互分离,即原因关系有效与否原则上对票据上的权利义务不构成影响,票据权利人一般只要持有票据即可行使权利,不必证明原因关系,更不必证明原因关系的有效,除票据法明确规定的以外,票据债务人一般不得以原因关系不存在、无效等

事由,否认其票据义务,反过来票据关系的存在也不能当然表明原因关系的存在或履行,也不能表明原因关系的有效。

例如:A 签发票据给 B,B 转让给 C,C 向 A 行使追索权时,A 不能以他与 B 的原因关系无效或 B 未履行原因关系的义务加以拒绝,C 向付款人请求付款时,无须证明他与 B 之间的原因关系。反过来,C 取得票据后,也不能当然说明他已履行了与 B 之间原因关系的义务或该原因关系有效。

(2) 就资金关系而言,资金关系是否存在,是否有效对票据关系不发生影响。首先,出票人与付款人是否存在资金关系,不影响持票人的权利,持票人的付款请求权来自票据,与出票人是否向付款人提供资金并无关系,即使出票人在不存在资金关系的情况下签发票据,票据仍有效;其次,出票人不得以已供给资金于付款人为由而拒绝承担票据义务;再次,付款人即使与出票人存在资金关系,也无必须付款的义务,如付款人已经承兑,即使没有资金关系也应承担票据的付款义务。

(3) 就票据预约而言,即使票据预约的当事人违反预约签发票据,其票据仍有效,票据权利义务仍以票据文义确定。

在以上情形中,对于基础关系的纠纷,如未履行原因关系的义务,作为原因关系的交易是否合法、有资金关系而不付款、违反预约等,属于其他有关原因关系的相关法律如合同法、税法、银行法等调整的内容,票据法不加调整。

三、无因性原则的例外

票据的无因性有一定的例外,即票据关系与基础关系在例外情况下具有牵连性,票据关系与原因关系的牵连性主要表现在:

1. 如果原因关系与票据关系当事人范围是一致的,即授受票据的直接前后手当事人之间,如持票人向其直接前手主张票据权利时,直接前手可用原因关系对抗票据关系。

直接前手用原因关系对抗票据关系具体包括以下几个方面:

(1) 直接前手以原因关系中后手没有履行相应义务为由,拒绝承担票据义务。

例如:A 向 B 购买一批货物,签发汇票给 B,B 背书转让给 C,C 转让给 D,A 与 B,B 与 C,C 与 D,分别属于直接当事人,当 D 向 B 行使追索权,B 偿付款项后取得票据,向 A 进行追索,A 则可以 B 未交付货物(未履行原因关系的义务)为理由拒绝受追索。

(2) 直接前手以原因关系中合同无效或后手存在欺诈、胁迫等事由为由,拒绝承担票据义务,同时可以主张票据返还请求权。

例如:A 向 B 购买一批货物,签发汇票给 B,但实际上 B 是欺诈了 A,并没有货物交付。B背书转让给C,C转让给D,A与B,B与C,C与D,分别属于直接当事人,当D向B行使追索权,B偿付款项后取得票据,向A进行追索时,A则可以B是以欺诈签订合同为由拒绝受追索。

我国《票据法》第13条第2款规定:"票据债务人可以对不履行约定义务的与自己有直接债权债务关系的持票人,进行抗辩。"这里所指的持票人与票据债务人的"直接债权债权关系"不是指任何存在于票据债务人与该持票人之间的债权债务关系,而是仅指作为票据关系基础关系的债权债务关系。换句话说,票据债务人是只能以持票人未履行作为票据基础关系的约定义务对持票人加以抗辩,不得以持票人未履行其与票据债务人的任何约定义务包括基础关系以外的义务加以抗辩。

例如,A与B签订买卖合同,为支付货款,A向B签发一张汇票,B按合同约定交付了货物,但B与A同时存在租赁关系,B未向A交租金,此时B主张票据权利时,A不得以B未付租金为由进行抗辩。再如A是出票人,B是承兑人,C为收款人,B与C在此之前存在借贷关系,贷款到期时,C未向B清偿借款,当C要求B支付票据款项时,B不得以C未清偿借款为由拒绝承担票据责任。

因为,在票据法理论中,作为无因性原则的例外,原因关系与票据关系在一定场合存在牵连,即票据授受的直接当事人之间,可用原因关系对抗票据关系,至于基础关系以外的其他债权债务关系,与票据关系没有任何联系,两种完全没有联系的法律关系不存在抗辩问题。至于持票人向票据债务人主张票据权利时,持票人未履行基础关系以外的其他约定义务,票据债务人在符合抵销权要件的前提下,可以行使抵销权。

2. 持票人取得票据时如无对价,则不得优于前手的权利。

所谓不得优于前手的权利,应当从以下两个方面理解:

(1) 持票人取得票据无对价,所受到的保护程度不能超过其前手,换句话说,前手若无权利时,持票人也不得享有票据权利,前手的票据权利受到一定的限制或抗辩时,持票人也受到相同的抗辩或限制。例如A出票给B,B是基于赠与关系将票据转让给C,则C的权利不得优于B的权利,简单地讲,就是A可基于原因关系对抗B,就能以同样的理由对抗C。

(2) 这里的前手应当理解为直接前手,而不包括间接前手。

3. 票据关系与资金关系的牵连表现在,当出票人成为持票人,并向付款人或承兑人请求付款时,如他与付款人或承兑人无资金关系,则付款人或承兑人可以此为由加以拒绝。

四、我国票据法相关规定的理解与适用

问题引入 大麦公司为了逃避债务,签发一张金额为120万元的汇票给自己的关联公司河源公司,并虚构了买卖合同。河源公司把该票据背书转让给长花公司,用以购买其钢材。大麦公司的行为违反了《票据法》第10条的规定,该票据还有效吗?

我国《票据法》通过若干条款规定了基础关系。《票据法》第10条第1款规定:“票据的签发、取得和转让,应当遵循诚实信用的原则,具有真实的交易关系和债权债务关系。”第21条第1款规定:“汇票的出票人必须与付款人具有真实的委托付款关系,并且具有支付汇票金额的可靠资金来源。”第82条第2款规定:“开立支票存款账户和领用支票,应当有可靠的资信,并存入一定的资金。”

(一)《票据法》第10条规定的适用

1. 理论与实践中的意见

理论中对票据无因性原则的含义以及应当把无因性原则作为票据制度的基本规则基本上不存在争议。存在争议的是对《票据法》第10条的规定如何理解与适用的问题。

第一,该条规定是否与票据无因性原理相冲突,如何理解该条的性质?

无因性规则是否适用于直接前后手,持票人基于他人签发或转让票据而取得票据,如果没有真实的交易关系和债权债务关系,该持票人是否可以取得票据权利?

对于第10条第1款的性质,理论中有学者认为,该条规定把基础关系和票据关系的效力联系在一起,导致真实交易关系是出票行为、票据权利转让行为的有效要件的结论,是对无因性的否定,应当予以纠正。[①] 对于无因性是否适用于直接前后手之间,通说认为,无因性规则适用于整个票据关系,例外的是,票据关系直接前后手之间,票据债务人可用原因关系对抗票据关系。

在司法实践中,对于上述问题因地域、时间不同而存在不同的认识与处理。一种认识是当事人之间没有基础交易关系转让票据的行为无效。例如,在抚顺石油化工公司销售公司上海经营部与上海侨胞生活服务中心、中国银行上海市市西支行票据纠纷案中,争议焦点是以现金换取支票的行为是否有效,产生的损失如何承担?法院认为,上海经营部与服务中心以现金换取支票的行为,违反了国家金融法规,应确认为无效民事行为。对此,双方均有过错,双方因此而取得

① 谢怀栻:《票据法概论》(增订版),法律出版社2006年版,第47页。

的财产,应予返还,并各自承担相应损失。在辽阳市辽阳县山龙实业经贸有限公司诉沈阳市沈阳商业城银行承兑汇票纠纷中,争议焦点是,银行承兑汇票出票人与持票人之间没有商品交易关系,出票人以换取现金拆借给他人为目的向持票人交付票据,票据行为是否有效,出票人有无权利要求返还票据?法院认为,以没有真实商品交易的银行承兑汇票进行资金拆借,违反金融法规,系违法行为,属无效的民事行为。被告系商业企业,非金融机构,没有贴现法定资格,贴现行为不受法律保护。在北京欣南荣商贸有限公司与北京腾龙信达投资顾问有限公司票据纠纷案中,争议焦点包括支票换现金的行为是否有效等。法院认为,所谓"支票换现金"是企业因无法从自己的账户中一次性提取大量现金,而有时又需要使用现金,故而将账户中的资金以转账方式支付给收款公司,再由收款公司将相应金额的现金交付给企业。"支票换现金"的行为后果是使出票企业的资产形式发生了变化,即由银行存款转化为现金,而付款企业则相反,因此这种交易行为不同于企业间拆借资金,并不以占有、使用对方资金为目的,而是对自有资金形式的转化。不违反国家法律、行政法规的禁止性规定,应认定有效为宜。[①] 上述三个判例虽然案件事实细节不同,但有一个核心的事实是相同的,即在没有真实基础交易关系的情形下,签发票据换取现金。而且都是换取现金的数量小于票据金额数量,接受票据的一方(持票人)存在差额利润。对此不同的法院作出结论相反的判决。关键在于对于以票据换取现金的法律效力理解不同。

在最高人民法院审理终审的汕头经济特区龙信商贸发展公司与中国工商银行荆州分行营业部汇票承兑纠纷案中,争议焦点是,票据背书转让后,被背书人龙信公司不能证明与其前手存在真实的交易关系,是否享有票据权利?一审法院湖北省高级人民法院和二审最高人民法院都认为,根据《票据法》第10条"票据的签发、取得和转让,应当遵循诚实信用的原则,具有真实的交易关系和债权债务关系。票据的取得,必须给付对价,即应当给付票据双方当事人认可的相应的代价"的规定,持票人汕头龙信公司始终不能提供从和联房产公司取得票据时,其与和联房产公司之间具有真实的商品交易和债权债务关系的有关证据。根据汕头龙信公司不能就其主张提供证据加以证实的事实,应当认定汕头龙信公司与和联房产公司在汇票背书转让时无相应的对价,汕头龙信公司所取得的两张银行承兑汇票不符合票据法的规定。故汕头龙信公司不能享有该两张银行

---

① 上海市第一中级人民法院民事判决书(2000)沪一中经终字第1332号;中国银行上海市市西支行与抚顺石油化工公司销售公司上海经营部、上海侨胞生活服务中心票据追索权纠纷案;辽宁省辽阳市中级人民法院民事判决书(1996)辽经初字第90号。案件来源:金塞波、冯守尊:《票据法案例精选》,法律出版社2008年版,第27页。北京市第一中级人民法院民事判决书(2009)一中民终字第10725号。案件来源:www.110.com,2016年12月16日访问。

承兑汇票的权利。[①] 但近年来,最高人民法院审理的风神轮胎股份有限公司与中信银行股份有限公司天津分行、河北宝硕股份有限公司借款担保合同纠纷案,贵州贵志房地产开发有限公司与袁博、化州市正元实业有限公司、广西北部湾银行股份有限公司南宁票据纠纷申请再审案,大连大显控股股份有限公司、俞陈与大连大显控股股份有限公司、俞陈票据追索权纠纷再审案中,法院均认为,根据《票据法》第10条"票据的签发、取得和转让,应当遵循诚实信用的原则,具有真实的交易关系和债权债务关系"的规定,票据行为应有真实的票据原因关系,即真实的交易关系。但该条规定应属管理性法条,基础关系欠缺并不导致票据行为无效。[②] 但同一时期,最高人民法院也有不同裁决,在安阳市铁路器材有限责任公司、邯郸市团亿物资有限公司与安阳市铁路器材有限责任公司、邯郸市团亿物资有限公司等票据返还请求权纠纷、返还原物纠纷申请再审中,法院认为,清远公司在背书人栏中加盖公章后未填写被背书人将票据交付后手。安阳铁路公司从王兵手中取得案涉票据,并按王兵的指令向"刘桂云"的账户汇款600余万元。安阳铁路公司获得该票据后,在票据粘单第一手空白被背书人栏中填写上自己的名称并加盖公司公章。根据《票据法》第10条的规定,票据的签发、取得和转让,应当遵循诚实信用的原则,具有真实的交易关系和债权债务关系。从案涉票据文字显示,清远公司为背书人,安阳铁路公司为被背书人,但安阳铁路公司并非从清远公司处获得该票据,其与清远公司没有真实的交易关系,不能依据票据记载的背书转让合法取得该票据。王兵系安阳铁路公司的职工,王兵称因金贝特公司欠其债务而以案涉票据抵债,王兵取得该票据后交付安阳铁路公司。安阳铁路公司通过支付对价600余万元从王兵处取得案涉汇票的行为,实质上是一种票据买卖或贴现,根据相关法律规定,该票据买卖和票据贴现行为属非法。安阳铁路公司对于案涉票据的持有不具有合法的根据。[③]

第二,何为真实的交易关系和债权债务关系?签发票据直接融资或转让票据融资,是否属于没有真实交易关系和债权债务关系,是否违反本条规定,产生何种后果?

一般而言,真实的交易关系是票据关系之外的商品或服务等实质交易关系,票据关系是为了履行实质交易关系而创设的。没有真实的交易关系和债权债务关系通常指虚构但实际上并不存在的交易关系。但是对于签发票据直接融资或

---

① 最高人民法院(1998)经终字第123号民事判决书,案件来源:China-lawedu. com, 2016年12月16日访问。

② 最高人民法院 (2007)民二终字第36号民事判决书。载《最高人民法院公报》2008年第2期。最高人民法院(2014)民申字第1405号民事裁定书;(2016)最高法民申1068号民事裁定书。案件来源:中国裁判文书网,wenshu. court. gov. cn,2016年12月30日访问。

③ 最高人民法院(2014)民申字第2060号民事裁定书。案件来源:中国裁判文书网,wenshu. court. gov. cn,2016年12月30日访问。

转让票据融资,是否属于没有真实交易关系和债权债务关系则有不同的认识。多数认为,我国票据法确立的是真实票据原则,签发票据直接融资或转让票据融资属于我国《票据法》第10条禁止的行为,因而属于没有真实交易关系而签发或转让票据。但也有理解为,签发或转让票据融资,也存在基础交易关系,该基础交易关系实质上类似于贷款,也有认为票据买卖本身就是真实交易关系,不属于没有真实交易关系。

第三,本条规定的原因关系的真实性,是否包含合法性要求,基于违法的原因关系而取得票据时,票据无因性如何适用?

通说认为,基于票据无因性,基础关系是否合法、是否有效,并不影响票据关系的效力,因此第10条所规定的内容不包括对票据原因关系合法性的要求。另外一种意见认为,坚持票据无因性并不意味者无视合法性要求,无因性在一定情形下应当予以否认,违反法律、行政法规强制性规定的票据行为和取得票据的行为,不具有票据法上的效力。票据当事人利用票据关系无因性,割断其与票据基础关系的联系,或遮盖其无实质性权利存在的地位,以及达到其他非法目的的,该行为不具有票据法上的效力。

2.《票据法》第10条第1款的性质、含义及其适用

就前面提到的主要争鸣问题,应当作如下理解:

(1)《票据法》第10条第1款的规定的直接目的其实质意义并不是否定票据的无因性,而是限定票据的性质为真实票据以及对票据欺诈效力的否定。无因性是相对的,无因性原则上适用于票据整体,但在直接前后手之间属于适用无因性规则的例外情形。

结合《票据法》第12条、第13条的规定看,第10条的规定应当理解为两层含义:一是对票据欺诈的效力否定,是对直接当事人之间取得票据手段合法性的要求。二是《票据法》第10条第1款的规定确立了我国票据的基本属性是真实票据而不能是融资票据。真实票据是以实际存在的商品或劳务等交易为基础而签发或使用的票据,与此相对应,融资票据又称空票,是当事人签发的、不以真实的商品或劳务等交易为基础,而是仅作为融资工具在市场上流通的票据,融资票据的持票人因向票据的出票人或背书人提供资金而取得票据,即所谓票据的买卖或票据交易。我国现行票据法实行的是真实票据原则,排除了融资票据。不允许直接签发票据融资,除贴现外,也不允许转让票据融资,即票据只能是基础交易关系支付结算的工具,原则上不得把票据直接进行买卖。这是我国票据法制定时在真实票据和融资票据的定位上作出的选择。

(2)直接前后手之间没有基础交易关系不应当绝对地按照无因性原则处理。

《票据法》第13条第2款规定:“票据债务人可以对不履行约定义务的与自

己有直接债权债务关系的持票人,进行抗辩。”理论中称之为直接前后手基于原因关系的抗辩。问题是,这一理论并未能说明当直接前后手之间没有基础关系而进行票据转让时,持票人是否能够取得票据权利?即此时只是持票人向其直接前手行使权利时直接前手有权抗辩,还是持票人根本不能取得票据权利?无权向任何债务人行使?笔者认为,按照相对无因性的理论,直接前后手之间原则上不适用无因性规则,也就是说,不应当绝对地说按照无因性规则直接前后手之间没有基础交易关系时不影响票据行为的效力。至于直接前后手之间没有真实的交易关系时转让票据后手是否能够取得票据权利,应当结合其交易的合法性确定。

(3) 不应简单地把《票据法》第 10 条的规定理解为管理性规定。无因性规则不能适用于基于虚假交易关系取得票据的直接当事人之间。

从《票据法》第 10 条的规定本身来看,涉及的是票据取得与基础交易关系的问题,涉及的是私权领域的问题,并不属于管理性规定的内容。我国在确立无因性原则时,不能片面、机械地去理解无因性的纯粹性,不能把无因性绝对化。如果把《票据法》第 10 条的规定直接定位为管理性法条,相当于实行了绝对无因性的做法。持票人即使是为了损害他人利益或达到非法目的基于虚假交易关系取得票据,仍享有票据权利。这显然是不能成立的,也并非票据无因性规则的立法目的所在。《票据法》第 10 条第 1 款规定的目的之一在于防止利用票据进行欺诈活动,当事人之间虚构虚假的交易关系实施票据行为,损害他人利益的,不应以票据无因性为由确认其享有票据权利。虚构交易关系实施票据行为,必然有其不法目的或原因,例如为了转移资产、逃避债务而虚构交易关系签发票据或转让票据,为了获得银行对汇票的承兑或贴现从银行套取资金而虚构交易关系等。基于虚构交易关系取得票据的,持票人对不法目的是明知的,甚至通常是与前手串通的。这实际是持票人与出票人或背书人以欺诈的手段损害他人权益或规避法律规定获得不法利益,受损害的不是实施该票据行为的任何一方,而是其他票据债务人、票据受让人或票据关系以外的当事人。票据无因性的目的是保护票据正常流通过程中善意持票人的利益,降低票据受让人的法律风险,而不是为恶意损害他人利益的人提供避风港。而在直接前后手恶意串通虚构交易损害他人利益或规避法律规定的情况下,如果仍把虚构交易作为直接前手对持票人主张权利时的抗辩事由,仍确认持票人享有票据权利,显然没有任何意义。所以,无因性规不应当适用于虚构交易关系取得票据的当事人。

(4) 票据买卖交易标的是票据本身,属于没有基础交易关系的票据转让行为,但仍然是真实的交易关系。

《票据法》第 10 条第 1 款所规定的真实的交易关系本意应当是指票据关系之外的基础交易关系,即票据作为支付结算工具时,当事人之间的商品或服务等交易关系。当事人之间进行票据买卖融资,即以融资为目的进行票据转让,此时票据不是用作支付工具,而是作为交易标的本身,因此,从理论上讲,属于不具有基础交易关系的票据交易。但由于我国对票据交易的司法政策随着时代的发展产生了变化。近几年来,对通过票据融资的合法性及效力趋向于宽松化的认定,在司法实践中,有的把票据买卖也理解为具有基础交易关系,即融资活动,进而肯定其效力。同时避免了与《票据法》第10条第1款的冲突。例如,在最高人民法院审理的中国银行股份有限公司长治市分行与长治煤炭运销公路经销有限公司票据纠纷再审案中,法院认为,贴现系指商业汇票的持票人在汇票到期日前,为了取得资金贴付一定利息将票据权利转让给金融机构的票据行为,是金融机构向持票人融通资金的一种方式。由此可见,票据贴现实质是金融机构与持票人之间融通资金买卖票据的交易关系,这是贴现人与持票人之间形成的票据基础关系。①

(5)不具有基础关系情形下进行票据买卖交易的效力。

近几年来,很多非银行机构和个人通过签发票据或贴现票据融资。除具有贴现资格的金融机构外,当事人违反票据法中对真实票据的要求,签发票据融资或者转让票据融资,产生何种效力?

① 在2015年最高人民法院关于民间借贷司法解释出台以前,企业间的借贷行为一直被认为是违法行为,票据贴现是专属于银行的业务,个人以及企业之间的贴现属于非法贴现,非法从事金融业务,银行以外的主体不具有接受贴现的主体资格。而发行或转让票据融资虽然完全等同于借款,但也是一种融资形式。在银行业务中也把贴现比照贷款业务处理。因此,虽然司法实践中有不同判决,但是,认定违反《票据法》第10条规定,非银行机构个人进行票据融资的行为无效,当事人不能取得票据权利的做法,更加符合法律规定及当时的立法目的。

② 2015年9月最高人民法院《关于审理民间借贷案件适用法律若干问题的规定》出台后,基本上全面肯定了企业之间、企业和个人之间、个人之间民间借贷的合法性。并且专门规定了通过出借票据的方式提供借款的问题。虽然通过借出票据的方式向他人提供借款和签发、转让票据向他人融资存在差别(借用票据不违反《票据法》第10条的规定,属于基础交易关系为借款的票据转让),但是,持票人向银行以外的人融资属于民间借贷,其本身是合法的,当这种民间借贷不以日后还款为形式,而以先行转让票据为形式时,虽然可能不符合《票据法》第10条第1款的规定,但如果仍坚持违反该规定其行为无效,各自返还,就与允许民间借贷的制度和司法政策相冲突。并且当事人也很容易规避,不以贴现转让形式,而以票据质押形式进行融资即可。这样,坚持以违反第10条

① 中华人民共和国最高人民法院(2013)民提字第89号民事判决书。案件来源:中国裁判文书网,wenshu. court. gov. cn,2016年12月30日访问。

规定认定民间票据融资行为无效的做法,就失去了意义和基础。因此,应当认定,民间融资中的票据转让活动,虽是一种没有基础交易关系的票据交易行为,但属于民间融资的一种形式,此种交易仍属于真实合法的交易,如果没有其他违法情形,应当适用无因性规则确认其效力,不应以没有基础关系否认其票据转让行为的效力。如前所述,司法实践中,把这种行为解释为一种民间借贷,是一种提前支付对价(票据权利)的民间融资,也属于存在基础交易关系的票据行为,这种处理也具有实践意义上的合理性。

③ 长期以来,我国法律制度上只允许银行进行票据贴现业务,但在实践中存在许多银行外的机构或个人从事票据交易买卖业务,以票据的买卖获得差价利润。那么,银行外机构或个人,以从事票据买卖为业务的,是否合法?是否产生票据转让的效力?是否构成非法经营?在理论与实践中仍无定论,实践中往往根据个案确定,主要考虑因素有进行票据交易活动时取得票据和卖出票据的手段、规模与风险程度、产生的后果等因素。2016 年 12 月中国人民银行发布了《票据交易管理办法》,从监管层面上确认了银行外的某些主体从事票据交易的合法性。由于在票据交易市场进行交易的票据,大多是没有基础交易关系的票据,就具体票据当事人之间行为的效力,如属于一般性的民间票据融资,应按照前面所述确认有效处理。如果属于职业性的票据交易行为,其应当限于符合在国家法律法规准入条件的主体进行。

(二)《票据法》第 21 条第 1 款和第 82 条的适用

《票据法》第 21 条第 1 款和第 82 条规定的是汇票和支票的资金关系,要求出票人与付款人之间必须具有真实的资金关系,并且信用足额。虽然在票据法中规定了上述内容,但是这些内容属于资金关系的内容,不属于票据关系和票据关系派生的非票据关系,因而不属于票据法的调整。即使不具备《票据法》第 21 条第 1 款和第 82 条规定的条件而出票,也不能影响票据行为的效力。至于违反上述两条规定出票的后果,一方面属于违反管理性规定,由出票人承担相应的行政或刑事责任,另一方面,如果出票人或付款人违反了资金关系中约定的义务,按照相关法律规定或合同约定,承担违约责任。

第四节　票 据 纠 纷

一、票据纠纷的类型

票据法调整的法律关系纠纷称为票据纠纷。票据纠纷是法院在审理案件过程中对各种纠纷在案由上进行划分而形成的一个概念,其目的在于处理此类案件时主要适用票据法的规定,从而使案件处理的法律适用相对明确。票据使用流通过程中产生纠纷的情形很多,但并非所有涉及票据的纠纷都是票据纠纷。

只有涉及票据权利与票据法规定的非票据权利时,才属于票据纠纷,虽因票据的使用引起,但争议的权利并非票据法规定的,而是由其他法律规定时,就不属于票据纠纷。票据纠纷包括两大类型:

一是在前面所述的票据使用中涉及的法律关系中,当事人之间票据关系的纠纷当然属于票据纠纷,票据关系包括的票据权利与票据义务(责任)是票据法的主要内容,因票据权利不能实现当事人行使付款请求权或追索权是票据纠纷的最主要的形态,具体可分为票据付款请求权纠纷和票据追索权纠纷。在票据关系的纠纷中,主张权利的一方行使的是票据权利,被请求的一方则以前者为无权利人或具有其他抗辩事由予以抗辩。

二是票据关系派生的非票据关系所包含的权利也是由票据法规定的,当事人之间因此种权利的确认及行使产生的纠纷也属于票据纠纷。在这种纠纷中,当事人主张的权利并非票据权利,而是为平衡当事人权利义务或保障票据使用必要程序而由票据法直接规定由一方当事人享有的权利。被请求的一方进行抗辩时不是否认主张权利一方的票据权利,而是以某种事实不存在或提出请求的一方不具备票据法规定的要件或存在自身难以控制的因素加以抗辩。

根据最高人民法院《民事案件案由规定》,票据纠纷的具体类型包括以下几种:票据付款请求权纠纷;票据追索权纠纷;票据返还请求权纠纷;票据损害责任纠纷;票据利益返还请求权纠纷;汇票回单签发请求权纠纷;票据保证纠纷;确认票据无效纠纷;票据代理纠纷;票据回购纠纷。

在实践中当事人提出的诉讼请求与上述案由不完全对应,例如确认票据权利请求、否认票据权利请求等,并与返还票据请求或票据损害赔偿请求相结合。笔者认为,确认票据权利的纠纷或否认票据权利的纠纷应当作为独立的案由。在现行规定下,如果单独提起确认票据权利或否认票据权利之诉的,应当作为票据权利纠纷处理。如果结合返还票据或赔偿损失请求的,应按照最终目的是返还票据、赔偿损失,列为票据法规定的非票据权利纠纷。在返还票据和票据赔偿纠纷中,若当事人提起返还票据请求,而返还票据又不可能时,司法实践中普遍直接转化为票据损害赔偿纠纷处理。①

---

① 最高人民法院(2013)民提字第89号院民事判决书。在中国银行股份有限公司长治市分行与长治煤炭运销公路经销有限公司票据纠纷再审一案中,最高人民法院认为,煤运公司诉请依法确认其是涉案汇票的权利人,并要求长治中行依法向其返还该汇票,其诉请内容包括确认之诉和给付之诉。本案所涉票据在诉讼数月前已经贴现完成,在此情况下,煤运公司关于要求长治中行返还票据的诉请已无法实现,解决相关争议的办法只能是损害赔偿问题。票据损害赔偿请求权是普通的民事债权和票据权利都具有的侵权救济方式,本案在确定票据返还已不可能的情况下,应根据煤运公司的实际损失和综合考虑当事人的过错情况,确定其应承担的相关民事责任。案件来源:中国裁判文书网,wenshu. court. gov. cn,2017年2月20日访问。

另外,按照《民事诉讼法》和《票据法》等规定,票据丧失时当事人申请公示催告、并请求作出除权判决、异议人申报权利,以及除权判决作出后利害关系人请求撤销除权判决的纠纷,也属于票据纠纷。

二、票据权利纠纷的举证责任

问题引入 票据纠纷中,持票人应尽到哪些举证责任

一般来讲,票据纠纷的举证责任仍然适用"谁主张、谁举证"的原则,在具体适用上,票据纠纷举证责任的承担主要如下:

票据权利纠纷中主张权利的一方首先有义务提供讼争票据。这是因为票据是有价证券,非经法定程序(公示催告程序及除权判决),权利与证券不分离,行使权利以持有票据为必要条件。在主张权利的一方持有票据的前提下,举证责任的承担在各国票据法中不完全相同。在英美票据法中,持有票据的人并不一定是票据法意义上的"持票人",持有票据的人主张票据时,首先要证明自己符合成为票据法规定的"持票人"的条件①,在此情况下,法律对任何持票人均推定其为正当持票人,其权利不受前手权利缺陷或他人权利的约束,如果对持票人作为正当持票人的地位发生争议,证明持票人不符合票据法规定的正当持票人的条件的,举证责任由提出主张的一方承担,但是,如果该当事人已经证明票据的签发、承兑或转让有涉及诈骗、胁迫或其他不法行为的,则举证责任发生转移,持票人只有证明在欺诈或其他非法行为发生之后,他善意地取得了票据并支付了对价,才能确认其正当持票人的地位。② 联合国《国际汇票本票公约》在认定成为"持票人"的条件上与英美法不同,但在证明成为"受保护的持票人"的规则上则与英美法相同③。日内瓦《统一汇票本票法公约》《统一支票法公约》(以下统称日内瓦公约),则将持有票据的统称为持票人,在持票人是票据上记载的收款人或连续背书的被背书人时,推定其为票据权利人,对方若要否认其为票据权利人,必须提出反证。另外,在英美票据法中,如"持票人"不是"正当持票人"时,被请求履行票据义务的一方或其他人主张对票据的权利的,在举证证明抗辩事由存在的情况下,可以对抗持票人,而一旦确认"持票人"是"正当持票人",任何人都不能影响正当持票人的权利,不再存在举证问题。在日内瓦公约中,如持票人是不连续背书的被背书人,必经举证证明自己享有合法权利,否则被请求一方

① 〔英〕杜德莱·理查逊:《流通票据及票据法规入门》,李广英、马卫英译,复旦大学出版社 1990 年版,第 37 页。

② 英国《票据法》第 30 条。

③ 联合国《国际汇票本票公约》第 15 条、第 32 条。

无须举证即可抗辩。对于收款人或连续背书的被背书人是持票人的，被请求的一方在有相反证据表明持票人为无权利人或自己与持票人存在抗辩事由的，可以抗辩。此外，在日内瓦公约中，持票人行使追索权的，还需以拒绝证书证明出现了行使追索权的原因。

依我国票据法及最高法院司法解释的规定，票据权利纠纷的举证责任承担原则是：

(1) 谁主张、谁举证。起诉一方有责任提供讼争票据。

(2) 当事人以背书的连续证明其票据权利，非经背书转让，而以其他合法方式取得票据的，依法举证，证明其票据权利，否则票据债务人可以抗辩，这一点和日内瓦公约相同。

(3) 票据的出票、承兑、背书转让、交付涉嫌偷盗、欺诈、胁迫、恐吓、暴力等非法行为的，持票人对持票的合法性应当负举证责任①。这一规定虽然表面上与英国法相似，但并未明确"涉嫌"票据出票、背书、承兑等有非法行为由谁举证，如果由被请求履行义务的一方举证或由有关司法部门通知，则与英国法相近，如果仅由被请求履行义务的一方声称有非法行为就认为是"涉嫌"有票据违法行为，那么实际上是一旦有人声称有非法事由，就推定持票人持票不合法，除非持票人对合法性加以举证证明，这与英国法大相径庭。

(4) 票据债务人以基础关系进行抗辩的，持票人对已经履行了基础关系的约定义务承担举证责任。

(5) 因行使追索权而提起诉讼时，应举证证明出现行使追索权的原因。

三、票据法规定的非票据关系纠纷的举证责任

利益返还请求权纠纷的举证责任，应当由提出请求的一方举证证明，具备行使此种权利的条件，但出票人或承兑人提出未获额外利益时，应当举证。

票据返还请求权的纠纷，应当由提供请求的一方举证证明对方不具有合法持票资格，但持票人在形式上不是收款人或连续背书的被背书人时，应由持票人对其持票的合法性举证。

票据交付请求权应由请求的一方举证证明已经履行了票据义务，回单签发请求权纠纷应由提出请求的一方证明已将票据交给付款人。

票据损害赔偿纠纷的举证责任，提出主张的一方应对被请求的一方所实施的违反票据法规定的程序要件承担举证责任，但在票据行为形式上存在瑕疵时，与该行为相关的人进行抗辩时，应就抗辩理由承担举证责任。

---

① 最高人民法院《关于审理票据纠纷案件若干问题的规定》第9条。

第四章　票据权利与票据义务

本章导读　票据权利包括付款请求权和追索权两个层次，第一顺序不能实现时，可以行使第二顺序的权利。票据义务在我国也称票据责任，是偿付票据金额的义务。承担票据责任的人既包括付款人，也包括不能获得付款时的出票人、背书人、保证人等被追索权人。仅持有票据并不一定享有票据权利，还需要具备其他的要件，承担票据责任也需要一定的要件。

第一节　票 据 权 利

一、票据权利的概念与特征

问题引入　小赵欠小王 1000 元，小赵给小王签发了一张金额为 1000 元的支票还款，小王不知道，持有主张支票所拥有的票据权利和 1000 元借款债权相比，有什么特点？

票据权利是持票人向票据债务人请求支付一定票据金额的权利，包括付款请求权和追索权。付款请求权是持票人请求票据付款人或承兑人支付票据金额的权利。追索权是持票人行使付款请求权不能实现或出现法律规定的影响付款请求权实现的事由时，向其前手要求清偿票据金额及其利息和相关费用的权利。

票据权利具有以下特征：

(1) 票据权利是体现在票据上的权利，是一种证券权利，此种权利只能依票据上的记载事项而确定，不能体现在票据记载事记以外。

(2) 票据权利是一方当事人单独享有而不承担票据义务的权利，票据权利原则上只能由持票人享有，持票人持有票据时是票据关系中单方享有权利的人，与此相对应，出票人以及其他票据债务人包括背书人、保证人、承兑人等则是单方承担票据义务的人，票据权利的这一特征与双务合同关系中双方当事人互有权利义务有所不同。

(3) 票据权利是一种抽象的、纯粹的金钱债权。一方面票据权利是依票据文义记载的金钱支付关系中的权利,此种金钱支付关系是抽象的,不代表任何具体的实质交易,同一张票据,实质交易关系可能有多种,但票据上所体现的票据权利并不因此而有所不同,是始终一致的。由于票据权利是一种抽象的、纯粹的金钱债权,因此对票据权利的行使可以附期限、但不得附条件。另一方面,票据权利是一种金钱债权,其标的只能是一定数量的货币,而不能以其他标的替代履行。

(4) 票据权利是单一性的权利。就同一票据而言,不能同时存在两个以上的票据权利。

(5) 票据权利是具有双重请求权的权利,包括付款请求权与追索权。付款请求权是持票人向票据付款人请求支付票据金额的权利,追索权是持票人到期行使付款请求权被拒绝或因法定原因而使付款请求权的实现出现障碍时,向其前手请求偿还票据金额及其利息和相关费用的权利。

(6) 票据权利包含的双重权利,存在行使顺序的先后,其中付款请求权是第一顺序的权利,也就是首先要行使的权利,追索权是第二顺序的权利,是持票人行使付款请求权被拒绝或出现法定事由使付款请求权的行使面临障碍时才可以行使的权利。

二、付款请求权和追索权的区别

问题引入　建元公司签发一张支票给大荔公司,大荔公司把支票背书转让给力泰公司,力泰公司向银行请求付款时,银行因建元公司账户存款不足而拒绝付款,力泰公司咨询律师怎么办,律师说,不能基于付款请求权起诉银行,只能基于追索权起诉建元公司和大荔公司。

票据付款请求权和追索权是票据权利中两层权利,二者除了行使顺序不同外,还存在以下区别:

1. 行使对象不同,付款请求权的行使对象是票据上记载的付款人或承兑人,对本票或银行汇票而言出票人与付款人是同一当事人。而追索权的行使对象则是持票人的前手及其保证人,包括出票人、背书人、保证人等。

2. 行使主体不同。付款请求权的行使主体是最后合法持票人(包括委托收款),追索权的行使主体既包括最后合法持票人,也包括承担了被追索义务后取得票据向其前手进行再追索的票据当事人。

3. 行使条件不同。付款请求权的行使条件是持票人享有票据权利且已经到了票据上记载的付款日期(到期日)。追索权的行使条件是持票人到期不能获得付款或出现了阻碍付款请求权实现的其他法定情形,并且持票人取得了相应的证明。

4. 权利性质不同。对于未经承兑的汇票和支票而言,付款请求权只是一种程序意义的权利,持票人可以请求付款,但付款人并不对持票人承担必须付款的义务,付款人拒绝付款,持票人只能向前手进行追索。因此,有学者把未经承兑的汇票付款人和支票上记载的付款人称为关系主体而不是义务主体。[①] 只有经过承兑或保付以后,汇票或支票的付款人才承担必须付款的义务,付款请求权才成为现实的权利,付款人拒绝付款的,持票人可以起诉付款人强制要求付款。

三、票据权利的取得要件

问题引入 持票人一定有票据权利吗?

票据权利是证券权利,一般情况下,取得和行使票据权利,以持有票据为前提。在我国《票据法》及日内瓦公约中,持票人是指事实上持有票据的人,持票人并不必然是票据权利人,票据的取得并不完全等同于票据权利的取得,有些情形下,虽然持票人持有票据,但并不能够享有票据权利,只有持有票据并具备相应的法律要件,才能取得票据权利。

取得票据的方式有各种不同的划分,其中就票据权利取得要件而言,最有意义的分类可划分为以下两种基本类型,即以票据行为取得票据和以票据行为以外的法律事实取得票据。

(一) 票据权利取得的一般要件

票据权利取得的一般要件,是各种取得票据的方式中均须具备的要件,包括以下几个方面:

(1) 持有票据。票据是设权证券,取得权利以持有证券为必要,权利体现在证券上,离开证券原则上无从取得和行使权利,作为例外情形,持票人遗失票据,须依法院的除权判决,才可使权利与证券分离。如果出票人约定签发票据给收款人,并填写了相关内容,但是所记载的收款人未持有票据时,不能取得票据权利。

(2) 票据有效。票据是要式证券,这一特征决定了票据上的绝对必要记载事项如不符合票据法的要求,就不能产生有效的票据,实际上是一张废纸,不论以何种方式取得此种"票据",都不可能取得票据权利。

(3) 手段合法。持票人不得用非法手段或基于非法目的取得票据。所谓以

① 王小能:《票据法教程》(第2版),北京大学出版社2001年版,第23页。

非法的手段取得票据，是指以法律所禁止的行为取得票据。我国《票据法》第12条第1款明确规定："以欺诈、偷盗或者胁迫等手段取得票据的……不得享有票据权利。"通过非法手段取得票据，有时在形式上表现为票据行为，如欺诈、胁迫他人签发、转让票据等，有时也表现为非票据行为，如偷盗、抢夺等。需要说明的是，以串通、合谋等手段取得票据，以损害他人利益或骗取他人财产的，也属于以非法手段或非法目的取得票据。至于取得票据或目的不合法，持票人不能取得票据权利，是否与票据的无因性原则不符，存在争议。通说认为，这是无因性原则的例外，因为无因性原则的目的是为了保障票据流通和合法持票人的利益，而不是鼓励非法行为。

（二）以票据行为取得票据时票据权利取得的特殊要件

以票据行为取得票据时，是指基于出票行为或背书行为取得票据。除具备一般要件外，还应具备相应的特殊要件，此种特殊要件总体上讲是指某一特定票据行为的有效要件，包括形式要件和实质要件。这一问题将在第五章具体阐述。

基于票据行为取得票据时，持票人基于出票或背书取得票据，即使他与出票人或背书人存在真实、合法的原因关系，也必须票据上记载的权利人与持票人相一致，持票人才能取得票据权利。如果票据上记载的权利人与持票人并非同一人，票据上记载的权利人与持票人存在合同关系，约定持票人为实际权利人，票据权利人也只能以票据上记载的人来确定，持票人不能取得票据权利，持票人与记名权利人的关系，基于合同关系解决。在司法实践中，有判例对持有票据但票据上未记载其为收款人或持票人的当事人，不予确认其票据权利。①

（三）以票据行为以外的事实行为取得票据时票据权利取得的特殊要件

以票据行为以外的事实取得票据，持票人取得票据权利，同样需要具备票据权利取得的一般要件，同时也有其特殊要件，这些特殊要件主要是：

（1）基于事实行为取得票据。出票和背书都是以创设和转让票据权利为目的的，在票据上实施的法律行为。而事实行为则是在票据以外发生的客观事实，导致票据被某人占有，但并非直接以创设或转让票据权利为目的。例如，基于继承取得票据、基于拾得取得票据、基于公司合并或破产取得票据等。

（2）该事实涉及持票人的权利义务，例如，继承对于继承人、追索票据债务对于承担了清偿义务的被追索人、破产对于破产债权人等。法律规定或司法机关裁判确定持票人有权持有该票据并享有权利，如果持票人基于某种事实持有票据，但该事实并不能产生其有权持票的法律后果，则持票人不能取得票据权

---

① 广东省深圳市中级人民法院（2007）深中法字民二终字第40号民事判决书，蔡素芬诉湛江市住宅建筑工程公司深圳分公司及湛江市住宅建筑工程公司票据纠纷案。载邓基联主编：《深圳法院精选案例评析》（总第七卷），人民法院出版社2010年版，第103页。

利,例如某人拾得票据,拾得行为固然不违法,但并不能成为其有权持有票据的依据,故拾得票据的人不能取得票据权利。

(四)“支付对价”对票据权利的影响

我国《票据法》第10条第2款规定:“票据的取得,必须给付对价,即应当给付票据双方当事人认可的相对应的代价。”《票据法》第11条第1款规定,“因税收、继承、赠与可以依法无偿取得票据的,不受给付对价的限制……”我国《票据法》在体例和基本内容上与日内瓦公约体系相近,但《票据法》中出现的“对价”的概念则在日内瓦公约体系中不存在。

1. 对价与票据权利取得的关系

我们认为,基于票据无因性规则,对于《票据法》第10条第2款的适用,应当进行限缩解释,是否给付对价,在一定条件下对票据权利产生影响,但给付对价并非票据权利取得的一般要件。因为:

(1) 票据的无因性是保障票据流通、促进票据功能发挥,使票据在社会经济生活中有其存在价值的支柱,任何与票据无因性根本抵触的制度都违背票据制度的宗旨。《票据法》第10条第2款中所规定的对价,实际上是实质交易关系或其他原因关系中的对待给付。以支付原因关系中的对应代价作为票据权利取得的一般要件,从根本上违背了票据无因性的基本原理。就我国《票据法》第10条第2款的规定而言,其实是第10条第1款“票据的签发取得和转让,应当具有真实的交易关系和债务关系”这一规定的具体化和进一步发挥,是否定或动摇票据无因性的体现。这一规定不仅被众多学者批评,而且也不被司法实践确认。①

(2) 以“给付对价”作为票据权利取得的一般要件不具有可操作性和现实意义。因为即便当事人授受票据时存在对价关系,也可能约定先交付票据后给付对价,甚至在持票人实现了票据权利获得付款后给付对价。如果严格按照《票据法》第10条第2款的规定操作,必将导致无论交易关系中有何约定,凡使用票据的,持票人必须先给付对价才能取得票据或票据权利的局面,而这在现实生活中是荒谬的,法律不应作这样的强制性规定。

(3) 即使是把给付对价解释为“存在对价关系”,例如存在有偿合同等,支付对价也不能成为票据权利取得的一般要件。《票据法》第11条规定,因税收、继承、赠与可以依法无偿取得票据的,不受给付对价的限制。有人解释为这是对价原则的例外。但是,在现实生活中,只要签发、转让票据的一方是有权签发票据的人或合法票据权利人以合法手段、目的,签发、转让票据,无对价向持票人签

① 最高人民法院《关于中国农业银行武汉市分行硚口区支行与中国工商银行大理市支行、云南省大理物资贸易中心银行承兑汇票纠纷一案的请示答复》。

发、转让票据,其原因关系只能解释为赠与,此时并不存在赠与之外的一般无对价取得票据的情形。也就是说,赠与关系是合法无对价签发转让票据的唯一情形,而不是例外情况,可见,在具体制度的操作性上,给付对价是不能作为票据权利取得的一般要件的。

2. 无对价关系取得票据对票据权利的影响

(1) 根据《票据法》第 11 条的规定,无对价取得票据的,所享有的权利不得优于前手的权利。因此对价的有无,虽然不是取得票据权利的要件,但成为限制持票人行使票据权利或导致其权利不完整的要素。这里所谓不得由于其前手的权利是指持票人的权利受保护的程度不能比前手持有票据时受到的保护更为优越,具体来说就是,若前手持有票据时没有票据权利,该持票人持有票据也没有权利,前手持有票据向其他票据债务人主张权利时,哪些债务人可以抗辩前手,也就可以同样的理由对该持票人进行抗辩。需要说明的是,这里的"前手",是指无对价取得票据的持票人的直接前手,而不包括间接前手,也就是说,无对价取得票据的,所享有的权利不得优于其直接前手的权利。因为,持票人的票据及其权利来自于直接前手,若直接前手持有票据时权利是完整的,可以对任何债务人行使,无人能够行使抗辩权,即使间接前手持有票据时无权利或权利存在瑕疵,该持票人即使从直接前手无偿取得票据,也拥有完整的票据权利,不受间接前手票据权利瑕疵的影响。这里通过下面的关系图加以举例说明:

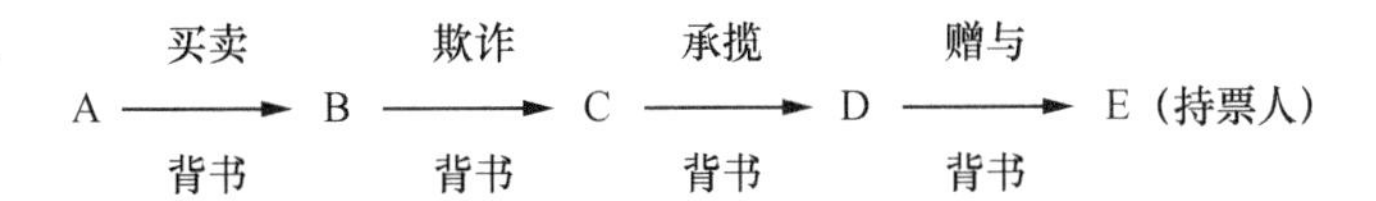

图 4-1　票据流通示意与对价关系示意图

在图 4-1 中,A 出票给 B 购买货物,B 被 C 欺诈把该票据背书转让 C,C 为支付加工费把票据转让给 D,D 对 C 的欺诈行为不知情,接受了票据,并出于赠与目的把票据背书转让 E。在这里持票人 E 的间接前手 C 以非法手段取得票据,因此 C 持有票据时不享有票据权利。C 把票据背书转让给 D,D 支付了对价并且是善意的,因此取得票据权利,属于原始取得。持票人 E 的直接前手是 D,D 是合法票据权利人,E 的票据来源于 D,虽然 E 是无偿取得,但 E 从票据权利人处合法受让票据,当然取得票据权利,并不因为间接前手不享有票据权利而受影响。

(2) 对价虽不是票据权利取得的一般要件,但可以成为某些情形下取得票据时票据权利取得的特殊要件,即适用善意取得时,要求持票人支付对价作为要件之一。

四、票据权利的善意取得

问题引入 李某诈骗春露公司,春露公司把其持有的票据背书转让给李某,李某把票据再次背书转让给繁美公司,购买繁美公司的产品,繁美公司也对李某欺诈的事实不知情,繁美公司能否取得票据权利?

(一) 票据权利善意取得的概念

票据权利善意取得是指持票人从无权利人处取得票据,若为善意,则取得票据权利,若主观上具有恶意或重大过失,则不享有票据权利。《票据法》第 12 条规定:"以欺诈、偷盗或者胁迫等手段取得票据的,或者明知有前列情形,出于恶意取得票据的,不得享有票据权利。持票人因重大过失取得不符合本法规定的票据的,也不得享有票据权利。"这一规定实际上从反面确认了票据权利善意取得制度。

(二) 票据权利善意取得的构成要件

(1) 受让人从无权利人处受让票据。如果转让人本身就是合法票据权利人,有权处分该票据,则根本就不存在受让人对转让人无权利状态是善意与恶意的问题。善意取得票据权利制度中的无权利人指基于盗窃、欺诈、胁迫等法律强行禁止的非法手段而持有票据的人或拾得票据的人,或基于无行为能力或限制行为能力人的签章或伪造的签章而不能取得票据权利的人。此外,无权利人还应当包括依原持票人的意志占有票据但不享有票据权利、无处分权而又不属于票据代理人的持票。

(2) 受让人按照票据法规定的转让方式取得票据。票据流通转让的方式一般有两种,即背书转让和单纯交付转让。背书转让适用于记名式票据,单纯交付转让适用于无记名式票据和空白背书票据。依我国《票据法》第 22 条、第 76 条、第 85 条的规定,汇票、本票都是记名式的,支票可以是记名式的,也可以是不记名的,因此,汇票、本票只能依背书转让。这些规定表明,在我国,汇票、本票、记名式支票要适用善意取得制度,必须以完全背书的方式进行转让,而不记名支票要适用善意取得制度,则可以采用背书方式,也可以采用单纯交付方式。并且对于汇票、本票和记名支票而言,转让方必须在形式上是合法持票人,即转让方必须持有连续背书票据,如果转让方持有不连续背书,则需另行证明其权利的合法性。按我国票据法的规定,背书转让的票据,必须连续。因此受让人在接受票据时,如背书不连续,则转让方在形式上并不能证明其权利的合法性。在此情况下,受让方仍受让票据,不能构成善意取得。

(3) 受让人对无权处分行为是善意的或无重大过失,即受让人在从无权利人处取得票据时,主观上对转让人为无权利人不知情、也没有重大过失。作为确定恶意的标准是“明知”,即只要受让人明知转让人为无权利人,均为恶意。另一方面,受让人在取得票据时虽无恶意,但存在重大过失,也不得享有票据的权利。理论上一般认为,票据取得人只要尽一般人起码的注意,稍加分析即能发现无权处分的情形,但取得人没有注意到,即为重大过失。

(4) 受让人支付了对价。转让人为无权利人,若受让人未支付对价或无对价取得票据,则不得优于转让人的权利,故未支付对价或无对价从无权利人手中取得票据时,不构成善意取得。

(5) 转让方向受让方背书时,其签章签的是其真实姓名或名称。如所签章是伪造的,则适用票据伪造的规定,受让人无论对票据伪造是否知情,都不能取得票据权利。

(三) 票据权利善意取得的效力

票据权利的善意取得产生以下效力:

(1) 首先原权利人(或原持票人)丧失票据权利,无论丧失票据的原因如何,不得向善意取得人请求返还票据,只能要求加害人承担侵权责任。

(2) 善意取得人取得的票据权利属于原始取得,一般不受转让人权利存在瑕疵的影响,票据债务人不得以转让人为无权利人为理由对善意取得人加以抗辩。

(3) 原权利人持有的记名票据因被盗窃或遗失后,善意第三人取得票据权利,原权利人虽不再享有该票据上的权利,但他也无须对善意第三人及其后手承担担保付款的责任,即善意取得人及其后手无权向原权利人追索。因为构成善意取得的前提条件是背书连续,在原权利人票据被盗或遗失时,连续背书的构成必然是以伪造原权利人的签章为前提的,也就是说,善意第三人在形式上的间接前手(原权利人)的背书是被伪造的(直接前手是无处分权人)。根据《票据法》第14条关于票据伪造效力的规定,被伪造人因未在票据上签名,故不承担票据责任。

(4) 若原权利人因受欺诈、胁迫而将票据背书转让给无权利人,无权利人取得票据后又转让给善意第三人,由于原权利人已经在票据上签章,按票据法上外观主义原则,原权利人只能以背书的票据行为欠缺实质要件而对抗无权利人,但不能以此为由对抗善意第三人,即善意取得人在被拒绝付款或被拒绝承兑时,原权利人不能免除受追索的义务。

(5) 无权利人基于原权利人自己的意志占有票据,但未取得票据权利或未经授权的情况下将该无记名票据转让给第三人。例如:票据权利人或出票人将票据交与某人保管,而保管人将票据转让他人,或原持票人将票据交与某人办理某项特定业务,而该人将票据转让等。在实践中出现以上情形的,通常是使用无记名支票时,被委托的人未在票据上表示代理关系而又越权处分票据的状态。

对此情形,若转让人以原权利人的名义转让,且原权利人的签章是真实的,即使该签章未经原权利人同意而由印章的保管人盖上,原权利人也不得以此为由对抗善意取得该票据的人,而应当对其后手承担担保付款的责任;若转让人是以自己的名义转让的该票据,由于转让人在形式上并不是票据权利人,故以其名义转让票据构成背书不连续,无从适用善意取得,原权利人有权要求返还票据。

(四) 票据权利善意取得的适用范围

(1) 票据权利善意取得只适用于持票人转让票据的场合,不适用于出票取得票据的情形,因为出票人谈不上是无权利人。

(2) 非依票据行为取得的票据,如继承、公司合并、破产、税收等。由于这些方式取得的票据不属于票据流通的范围,欠缺交易性与流通性,故不能适用善意取得票据权利的制度。

(3) 超过付款提示期间的票据或出票人禁止背书的票据。上述情形的票据已丧失流通性,且从票据外观可以得知,故不适用善意取得制度。

(4) 从无行为能力人或限制行为能力人处取得票据的。无行为能力人和限制行为能力人在一切票据上的签章均无效,这是法律为保护无行为能力人和限制行为能力人的利益、规范票据关系的特别规定,因此受让人从无行为能力人或限制行为能力人处取得票据的,无论是否善意,均不享有票据权利。

(5) 基于伪造签章取得的票据。后手应当对直接前手背书签章的真实性负责,直接前手背书签章为伪造的签章时,后手应当承担相应的风险,不得主张善意取得。

五、英美法系票据权利取得与持票人制度

与我国及大陆法系票据法中持票人只是事实上占有票据的人这一含义不同,在英美国家票据法中有,并非任何实际持有票据的人都是法律意义上的持票人。票据法意义上的持票人是拥有票据的收款人或被背书人或拥有来人票据的票据持有人,拥有一定的权利。“持票人”“对价持票人”“正当持票人”的概念,三者的关系在外延上是一个由大到小的关系,其构成要件不同,权利受保护的程度也不同。

在英国法中同大陆法系相同,在英国票据法中票据也分记名票据与来人票据(也称无记名票据)。记名票据是记载某个特定的人为票据收款人的票据。无记名票据是不载明特定的收款人只在票据上写明向持票人付款的票据。构成记名票据持票人的要件是票据持有人是票据记载的收款人或被背书人,且出票人、背书人的签字都必须是真实的,如果出票或背书的签字有伪造的情形,在伪造签字之后任何持有票据的人都不属于法律意义上的持票人。构成来人票据持票人的要件是持有来人汇票且不存在伪造出票人签字的情形,至于有伪造背书

签字的,不影响成为来人汇票的持票人。持票人享有以下权利:有权凭该票据以自己的名义起诉;即使该持票人对票据的权利存在缺陷,如果他将票据转让给正当持票人,后者取得对该票据的完整权利;即使持票人不是正当持票人,只要付款人向持票人付了款,付款人的票据责任即告解除,也就是说,承兑人或付款人不承担审查持票人是否真正所有人的责任。成为持票人是拥有完整的票据权利的必要条件,但持票人并不一定是票据的真正所有人,当持票人与票据真正所有人不一致时,真正所有人有权要求返还票据。①

对价持票人规定在英国《票据法》第 27 条,根据该条规定,对价持票人不仅是本人对汇票付过对价的持票人,也可以是任何一个持票人,不论他付过对价与否,只要某一前手持票人付过对价即可,他必须是持票人,对价持票人拥有持票人可以享有的一切权利。对价持票人自己未向其直接前手支付对价的,不能向其直接前手主张权利,但可以向其他取得对价的前手主张权利,对价持票人受前手转让人权利缺陷的约束。对于流通票据来说,对价不足并不影响一个人对汇票拥有的权利。不论是否自己支付过对价,对价持票人的权利均不能优于其前手转让人的权利,受其前手转让人权利缺陷的约束。在举证责任上,法律推定每一个持票人在其获得票据时,都已经支付了对价,但这一推定可以基于当事人的反证而推翻。要想证明持票人取得票据没有支付对价,必须由提出这一主张的人举证证明。②

正当持票人规定在英国《票据法》第 29 条,正当持票人是对价持票人的一种特殊类型,是针对票据流通转让中取得票据的一方当事人而言的,构成正当持票人的要件是:首先必须是持票人;其次票据记载事项必须是完全的,如果取得票据时票面记载事项不完全,即使取得人有权将票据记载事项补齐,也不能成为正当持票人;票据上没有载明"不可转让"等字样;取得票据时没有超过到期日;如果该票据曾被拒绝承兑或拒绝付款,持票人取得票据时对该事实不知情;持票人自己向转让给他票据的前手支付了对价;如果转让给他票据的前手权利有缺陷,持票人对此在主观上是善意的,即对前手权利的缺陷不知情。正当持票人对票据具有完全的无可争议的权利,不受任何前手权利缺陷的约束,也不受任何影响各个前手的其他权益的约束,正当持票人被视为票据的真正所有人,即使票据存在原来的真正所有人,也不影响正当持票人对票据的权利。一个从正当持票人手中取得票据的人,只要该持票人不是实施诈骗等违法行为的当事人,即使明知该票据流通使用过程中发生过诈骗等非法行为,也不影响其相当于正式持票

---

① 〔英〕杜德莱·理查逊:《流通票据及票据法规入门》,李广英、马卫英译,复旦大学出版社 1990 年版,第 37 页。

② 英国 1882 年《票据法》第 27 条。

人的全部权利。认定正当持票人的证明规则与对价的证明规则相同,法律对任何持票人均推定其为正当持票人,如果对持票人作为正当持票人的地位发生争议,证明持票人不符合上述全部要件的,举证责任由对持票人提起诉讼的一方当事人承担。但是,如果该当事人已经证明票据的承兑、签发或以后的转让有涉及诈骗、胁迫或其他不法行为的,则举证责任发生转移,持票人只有在证明了在欺诈或其他非法行为发生之后,他已经善意地支付了对价,才能确认其正当持票人的地位。①

可见英国票据法中的支付对价并非取得票据权利的一般要件,而只是成为正当持票人的要件,而正当持票人只是前手权利存在缺陷时才有意义,类似于日内瓦公约体系中的善意取得人,不是正当持票人也有可能成为完全的票据权利人。正如英国票据法学家杜德莱·理查逊所指出的:"受让人通常要付给转让人对价,但也不能因此得出这样的结论:如果未对一张流通票据付过对价,受让人就不能获得权利,只不过受让人可能得不到流通票据全部特征的有利条件罢了。只有在前手具有完善的权利时他的权利才是完善的。""一个人并非必经完全满足正当持票人(第 29 条)的要求才能取得完好的权利,只要没有由前手造成的不合格性,没有权利缺陷或其他权益,那么汇票的持票人无疑是真正的所有人。只有在没有权利、权利有缺陷或受其他权益约束时,第 29 条的规定才是重要的。"

美国《统一商法典》同样规定了持票人、正当持票人的概念、权利、构成要件。该法典第 3-301 条规定:票据持有人不论是否所有人,都可以将票据转让或流通,且除第 3-603 条对付款或清偿另有规定外,可以以其自己的名义解除票据责任或请求付款。第 3-302 条规定,正当持票人是按下列规定取得票据的持票人:具有对价;善意;对票据逾期或曾被拒绝承兑或付款,或对任何人就票据提出抗辩或权利主张均不知情。第 3-305 条规定:正当持票人的权利不受任何人对该票据的权利主张的影响,也不受持票人没有与之发生关系的任何人对该票据的所有抗辩的影响。对非正当持票人的权利,尽管美国《统一商法典》规定了比英国票据法更多的限制和抗辩,但同英国票据法一样,并不是因不存在对价而根本否定非正当持票人的权利。② 从美国《统一商法典》对正当持票人的规定可以看出,美国法与英国法关于正当持票人的含义、构成要件是大致相同的,正当持票人的权利只有在其他人对票据有权利主张或抗辩时才有意义,如果取得票据时转让方的权利是完整的,在票据上不存在抗辩事由,持票人即使无对价取得票据,不能成为正当持票人,只是一个普通持票人,也同样可能享有票据权利。

---

① 〔英〕杜德莱·理查逊:《流通票据及票据法规入门》,李广英、马卫英译,复旦大学出版社 1990 年版,第 20、87 页。

② 美国《统一商法典》第 3-301 条、第 2-302 条、第 3-305 条。

六、票据权利的行使

问题引入　甲公司购买乙公司的货物，向乙公司签发一张票据，乙公司为了支付租金，将票据转让给丙公司，丙公司持有票据拥有票据权利，同时基于原因关系（租赁合同），有权收取租金，两种权利如何行使？

票据权利的行使是指票据权利人要求票据义务人履行票据义务的行为，包括付款请求权的行使与追索权的行使。票据权利的行使有两个特点：一是必须提示票据，即向票据债务人出示票据，把票据交给债务人；二是行使票据权利有一定的时间要求。

（一）付款请求权的行使要件与方式

1. 行使付款请求权的要件

概括地讲，行使付款请求权的前提条件是享有票据权利。在一般情况下，行使付款请求权以持有票据为必要条件，但在特殊情况下，通过法院的特定司法程序作出判决，也可以使权利与票据相分离，从而在未持有票据的情况下也可行使票据权利。例如，票据丧失后，失票人通过公示催告程序请求法院作出除权判决，从而在未持有票据的情况下行使付款请求权。

另外一个条件是票据已到到期日，尽管票据法未禁止期前请求付款，但在到期日到来之前，任何一个票据债务人都可以以票据到期日未到而进行物的抗辩，所以，票据到期日已到也属于行使付款请求权的要件之一。

2. 行使付款请求权的方式

行使请求权的方式是提示票据，即进行付款提示行为，付款提示是持票人或其代理人向付款人或其代理人出示票据要求付款的行为。有关票据付款的具体程序、方式和后果，在“汇票”章“付款”一节中介绍。

（二）追索权的行使要件与方式

如同付款请求权一样，行使追索权也须以持有票据并取得票据权利为前提条件，在此前提下，就行使追索权而言，其具体要件包括实质要件与形式要件两个方面。

实质要件，又称为行使追索权的原因，即到期不获付款或期前不获承兑或出现其他法定事由。形式要件，即完成了保全追索权的手续。具备了行使追索权的原因，并不能当然地行使追索权，只有具备了追索权的形式要件，追索权不至丧失，才可行使追索权，行使追索权的形式要件包括两个方面：一是按期提示票据，票据提示是持票人在票据法规定的提示期间内向付款人出示票据以请求承兑或请求付款的行为，包括承兑提示与付款提示。承兑提示适用于远期汇票的追索权保全,付款提示适用于一切票据。二是提供拒绝证明或其他有关证明。有关追索权行使要件和程序的具体内容,在“汇票”章“追索权”一节中介绍。

(三) 票据权利行使与原因关系中权利行使的关系

在票据关系的直接前后手之间,存在票据关系与票据原因关系两类不同的法律关系,也就是说,出现两种不同性质的债权债务关系并列的情况,且票据原因债权关系先于票据债权而形成。票据债权与原因关系在权利行使上的关系如下:

(1) 原因关系债务人为履行债务向持票人签发或转让票据后,持票人票据权利未丧失时,若没有行使票据权利,暂时阻却其行使原因关系的债权。

例如,A 为了购买钢材向 B 签发票据,B 为了支付租金把票据转让给 C,C 取得票据后,若没有行使票据权利,暂时不能基于租赁合同再向 B 要求偿付租金。因为,租赁合同是 B 与 C 之间的原因债权关系,从租赁合同权利义务关系角度看,B 向 C 转让票据,就是双方认可的履行租赁合同中支付租金义务的一种方式,这种方式下权利的实现,需要 C 去行使票据权利来完成,如果 C 没有行使票据权利,则不能确定 B 的这种支付方式无法实现原因关系债权,即在 B 已经交付权利凭证的情况下,不能认定原因关系中 B 没有履行支付租金的义务,因此,C 在此情形下再次要求 B 履行原因关系债务时,B 有权拒绝。

(2) 当持票人行使票据权利请求付款人付款,付款人支付了票据款项后,票据权利实现,原因关系中债务人的债务同时消灭。

(3) 持票人行使付款请求权被拒绝或请求承兑被拒绝或具备其他追索原因时,持票人一方面享有追索权,另一方面对其直接前手的原因关系债权并不因之丧失,持票人既可以选择行使票据追索权,也可以选择行使原因关系债权。

当票据的签发或转让是为了履行原因关系债务时,持票人行使第一顺序票据权利没有实现时或因拒绝承兑没有实现付款请求权的信用基础时,说明原因关系中债权实现也同时受阻,以票据方式支付原因关系中的债务没有实现,则因原因关系债权仍然存在,因此应当允许持票人就行使票据追索权还是向其直接前手行使原因关系的债权进行选择。

(4) 当持票人怠于行使票据权利或因其他事由而使票据权利丧失的,持票人享有利益返还请求权。

如果其持票人的直接前手(原因关系债务人)是出票人,则只要原因关系债权未超过时效,持票人仍可向出票人选择行使原因关系债权或利益返还请求权,但是如果因为上述情形使原因关系中债务人履行债务的期限超过合同约定期限的,债务人并不承担违约责任。

如果持票人的直接前手(原因关系债务人)是背书人(前手持票人),则当持票人怠于行使票据权利或因其他事由而使票据权利丧失时,持票人只能向出票人或承兑人行使利益返还请求权,至于他与直接前手的原因关系的债权视为消灭。例如A出票给B,B背书转让给C购买C的货物,C为了支付租金将票据转让给D,D持票时票据权利超过时效,可以向A行使利益返还请求权,但不得选择再向C要求履行支付租金的义务。因为票据权利丧失是由持票人造成的,由此带来的不利影响或风险应由持票人本人承担。若允许持票人向其直接前手选择行使原因关系债权,就使持票人的直接前手向其再前手支付了对价(交货)取得了票据,但如再用现金向其后手支付了对价(租金),票据没有起到支付的作用,持票人的直接前手产生了双重支付对价的问题,其损失不得不由直接前手向出票人或承兑人主张利益返还请求权,而如果利益返还请求权行使时实际无法得到清偿(如出票人破产、下落不明等),则持票人的直接前手遭到损失。由于持票人的行为导致的风险由其原因关系债务人承担,这对原因关系债务人不公平。因此,在此情形下,持票人只能行使利益返还请求权,无权再要求直接前手承担原因关系中的债务。比如上述示例中D持有票据后,忘记了行使票据权利而导致时效超过,无权再向C要求偿付租金,而只能向A主张利益返还请求权。

至于持票人的直接前手(原因关系债务人)是出票人时,持票人无论行使利益返还请求权,还是行使原因关系的债权,都不会发生出票人双重支付的问题,因此,应当允许选择行使。

(5) 当持票人在行使票据权利之前表示放弃其原因关系债权时,原因关系的债务人(即票据关系中持票人的直接前手)可以请求持票人返还票据,或者持票人向其行使追索权时以原因关系债权已消灭进行抗辩。但放弃原因关系债权并不当然导致票据权利的丧失,持票人虽表示放弃其原因债权,只要原因关系债务人不行使票据返还请求权,持票人仍可向承兑人或付款人行使票据付款请求权,在遭到拒绝后,仍可向其他票据债务人行使追索权,此时的结果相当于未放弃票据权利,但原因关系的债务人对其直接后手不承担担保付款的责任。

七、票据时效

票据时效是票据权利行使的时效期间。根据《票据法》第17条及《票据法司法解释》第18条的规定,票据权利在下列期限内不行使而消灭:

1. 持票人对于出票人、承兑人的权利,自到期日起2年。见票即付的汇票、本票,自出票日起2年。

对照我国实务中的票据类型,银行汇票是见票即付的汇票,银行汇票和本票对出票人的权利自出票日起2年,商业汇票的时效期间包括对出票人的权利和对承兑人的权利,都是自到期日起2年。

2. 持票人对支票出票人的权利,自出票日起6个月。

支票付款人不是必须承担付款义务的当事人,不存在持票人对支票付款人权利时效期间的问题。

3. 持票人对于前手的追索权,自被拒绝承兑或被拒绝付款之日起6个月,但对出票人的权利除外,即持票人对汇票本票出票人的追索权为前面所说的2年,对支票出票人的追索权为出票日起6个月。

这里存在一个问题,就支票而言,《票据法》规定持票人对出票人的权利和对其他被追索人的时效期限都是6个月,但起算时间不同,对支票出票人的时效期间,从出票日起算。对其他被追索人,从被拒绝承兑和拒绝付款时起算,而提示付款是在出票以后,因此拒绝付款的日期一般晚于出票日期。而《票据法司法解释》第18条规定:"票据法第十七条第一款第(三)、(四)项规定的持票人对前手的追索权,不包括对票据出票人的追索权。"也就是说,对支票出票人的追索权时效期限仍然从出票日起算6个月。这样就会出现持票人对出票人的追索权先于对背书人的追索权消灭的现象。而出票人是承担最终被追索义务的人,这一规定会造成背书人无法对出票人进行再追索的问题。

4. 持票人对于前手的再追索权,自清偿日或被提起诉讼之日起3个月,但对出票人的权利除外,即持票人对汇票本票出票人的再追索权为前面所说的2年,对支票出票人的再追索权为出票日起6个月。

票据时效因出现时效中断事由而中断,但当票据债务人为多个时,时效中断只对发生中断事由的当事人有效。

上述期限计算,适用《民法通则》关于计算期间的规定,即按照公历年、月、日计算。按照日、月、年计算期间的,开始的当天不算入,从下一天开始计算。期间的最后一天是星期日或者其他法定休假日的,以休假日的次日为期间的最后一天。

按月计算期限的,按到期月的对日计算,无对日的,月末为到期日。

第二节　票据责任(票据义务)

一、票据责任的含义

票据责任则是票据义务的同义语,是指"票据债务人向持票人支付票据金额的义务",与票据权利相对应。在涉及票据关系当事人承担的票据义务时,"票据责任"与"票据义务"是同义语。因此,票据责任作为我国票据法理论与立法中使用的术语,并不是通常意义上法律责任的一种。通常意义上的法律责任,包括行政责任、刑事责任与民事责任,均是行为人违反法定或约定义务所承担的不利后果。票据的使用,可能在当事人之间产生票据责任(义务),也可能产生民事赔偿责任或刑事责任,票据责任(义务)属于票据关系的范畴,由票据法予以调整。票据使用过程中出现的赔偿责任,包括两大类,一类是票据关系派生的非票据责任,即票据损害赔偿责任,例如,持票人迟延通知的赔偿责任、付款人或承兑人未出具拒绝证明或退票理由书的民事责任、代理付款人错误付款的责任等,也属于票据法调整的范畴。另一类是与票据关系无关或并非票据关系派生,普通的侵权或违法行为导致的赔偿责任,由其他法律调整。

二、票据责任的特点

问题引入 票据责任是赔偿责任吗?与票据损害赔偿有何不同?

1. 票据责任是当事人基于票据行为而产生的一种义务,票据行为是一种法律行为,义务是行为人基于其意思表示所设定的,一般不具有赔偿的属性。①

而票据损害赔偿责任并非当事人基于其意思表示承担或预期设定的一种义务,而是法律强制规定由行为人承担的不利后果。

2. 票据责任是体现在票据上的一种义务,票据是设权证券、文义证券,票据责任以票据的有效性为基本前提,票据无效时不存在票据责任。另外,票据责任的内容,如付款的金额、时间、地点等只能以票据上的文字记载为依据确定,除了不获付款时票面金额的利息与追索费用以外,票据责任不能从票据文字记载以外的事实或行为而确定。

票据使用中的赔偿责任的承担并非必须依票据上的文字记载为依据确定,也不以票据的有效为前提,而是根据行为人在票据上或票据外实施的某种违反法律规定的行为,由相关法律制度直接予以规定。例如伪造人的民事赔偿责任、拒绝出具退票理由书的赔偿责任,未按法定条件签章给他人造成损失的赔偿责任等。

3. 承担票据责任的主体只能是票据当事人,具体地说只有票据债务人才可能承担票据责任。

承担票据使用中赔偿责任的主体不限于票据债务人,还包括其他人,只要在票据使用、流通过程中因其行为违反法律强制性规定而给他人造成损失的,都可能成为承担民事赔偿责任的主体。例如,出票人依其出票行为应承担票据责任,但如果出票人签发无可靠资金来源的汇票、本票或空头支票,骗取财物或资金时,除了承担票据责任以外,同时对因被骗而受损失的当事人承担民事赔偿责任。再如,金融机构的直接责任人员、代理付款人等不属于票据债务人,不存在

① 在不获付款情况下,除票据金额外,票据责任人应承担的迟延支付的利息和追索费用具有赔偿性。

承担票据责任的问题,但其在处理票据业务中的行为若违反了法律的相关规定、未尽到应当尽到的注意而给他人造成损害时,应存在承担票据使用过程中民事赔偿责任的问题。伪造人不是票据债务人,但要承担伪造票据的民事责任。

4. 与票据权利相对应,票据责任是一种抽象的金钱给付义务,是票据关系的内容,它不涉及导致票据签发或转让的具体交易形态或原因。

票据损害赔偿责任是各种民事赔偿责任中的组成部分之一,是行为人违反法律规定侵害了他人的某种具体权利而产生的赔偿责任,它与某种具体权利受侵害联系在一起,受侵害的权利可能是票据权利,也可能是其他与票据有联系的财产权利。例如,行为人盗窃他人票据并伪造背书予以转让,侵害的是原合法持票人的票据权利,使其票据权利不能行使而遭受损失。追索权人因迟延通知而使被追索人遭受损失的,侵害的是票据债务人应当享有的合法权利,但不是票据权利,故意签发与预留印鉴不符的支票或签发无可靠资金来源的票据骗取财物的,侵害的是他人的其他财产权利,以欺诈的手段骗取他人向自己出票,侵害的也是受害人的某种特定的财产权利,但不是票据权利。

5. 票据责任的承担者即票据债务人有顺序之分,第一顺序债务人是付款人或承兑人,票据权利人应首先向其请求履行票据付款义务,第一债务人履行了该项义务以后票据关系消灭。未承兑的商业汇票和支票的付款人虽是第一顺序债务人,但只是程序意义上的债务人,对持票人不承担必须付款的票据责任。第二顺序债务人是承担担保付款义务的债务人,包括出票人、背书人、保证人等。当持票人向第一顺序的债务人请求履行义务而被拒绝或因其他法定事由出现而请求第一债务人履行存在障碍时,第二顺序债务人才开始承担票据责任。第二顺序债务人承担了票据责任后并不绝对导致票据关系消灭,他有权向其前手或第一顺序债务人行使票据权利。例如背书人承担票据责任后,可以向其前手再追索,出票人因被追索而承担票据责任后,可以持票人的身份向承兑人行使请求付款的权利。

第一顺序的债务人中商业汇票的承兑人,银行汇票、本票的出票人(付款人),同时又是相关票据的主债务人,他们承担了票据责任后,票据关系即告消灭。

6. 票据责任的承担者即票据债务人具有身份上的相互转换性。除承兑人和保证人以外,背书人作为票据债务人是由原来的票据权利人的身份转换而成。另外,除了承兑人或付款人以外,其他票据债务人可以在一定情形下转换成为票据权利人,例如在回头背书的情况下,原来的票据债务人成为票据权利人,不再承担票据责任,再如,第二顺序票据债务人在承担了票据责任以后可以转换为票据权利人,向其前手或第一顺序债务人行使票据权利。

票据损害赔偿责任的承担者不具有身份上的互易性,负有民事赔偿责任的一方是基于某种违反法律规定的行为对主张权利的一方承担赔偿责任，他和主张权利的一方不存在身份转换的问题。

7. 票据责任是一种连带性的责任，除具有抗辩事由以外，所有的票据债务人均共同对票据权利人承担票据义务，而票据使用过程中的民事责任，原则上不是一种连带责任，行为人在票据使用过程中因自己的某种行为而给他人造成损失的，通常情况下只由行为人本人承担赔偿责任，其他人一般不对行为人的行为负责。

三、票据责任的承担要件

问题引入　甲签发一张支票给乙，但未记载收款人名称，乙把该票据未经背书单纯交付转让给丙，丙又单纯交付转让给丁，丁请求付款被拒绝，如果上述环节都无违法行为，甲、乙、丙谁应当承担票据责任？

票据义务（责任）的承担要件，主要如下：

（一）票据有效

票据有效是当事人之间存在票据关系的前提，若票据无效，票据上任何记载内容在票据法上都没有意义，不可能存在票据关系的当事人，也就不存在承担票据责任的当事人，因此，票据有效是任何人承担票据责任的前提条件。

（二）义务人在票据上签章

在一张有效的票据上，确定某一当事人是否承担票据责任的最基本的条件是当事人在票据上存在签章，只有在票据上签章，才可能承担票据责任，没有在票据上签章，就不承担票据责任。《票据法》第4条第1款规定："票据出票人制作票据，应当按照法定条件在票据上签章，并按照所记载的事项承担票据责任。"第3款规定："其他票据债务人在票据上签章的，按照票据所记载的事项承担票据责任。"

这是因为，票据是文义证券，只有票据债务人才承担票据责任，而签章是当事人在票据记载事项上表明某票据债务人身份体现其意思表示的唯一方式。

对于曾经持有票据后凭单纯交付转让的当事人而言，虽然曾经是持票人，但在转让时并未在票据上签章，从票据文义上不能反映其票据债务人的身份，因此在转让后就退出了票据关系，不再属于票据关系的当事人，不承担票据责任。

（三）签章有效

在票据上存在某一当事人的签章，是该当事人承担票据责任的必要条件，但并不是充分条件，虽然在票据上存在某人名义的签章，但只有依票据法的规定该签章属于有效的签章时，该当事人才承担票据责任，若签章无效，该当事人就不承担票据责任。签章无效的情形主要有如下几种:一是签章的形式要件不符合法定要求。我国《票据法》第7条规定:“票据上的签章,为签名、盖章或者签名加盖章。法人和其他使用票据的单位在票据上的签章为该法人或者单位的盖章加其法定代表人或者其授权代理人的签章。在票据上的签名为该当事人的本名。”本名是指符合法律、行政法规以及国家有关规定的身份证件上的姓名。不符合这一规定的签章属于无效签章。对各种票据签章的具体要求,将在票据行为一章介绍。二是签章人的行为能力存在欠缺而签章,该签章尽管在形式上可能符合法定要求,仍属无效签章。三是以某人名义进行的签章是伪造的签章,伪造的签章,不论形式上是否签合法定要求,均属无效签章。

票据法所规定的签章为在书面票据凭证上签章。随着电子商业汇票业务的发展,产生了电子商业汇票的签章问题。2009年,中国人民银行制定了《电子商业汇票业务管理办法》,其中对电子商业汇票的电子签章问题,在第14条规定:“票据当事人在电子商业汇票上的签章,为该当事人可靠的电子签名。电子签名所需的认证服务应由合法的电子认证服务提供者提供。可靠的电子签名必须符合《中华人民共和国电子签名法》第十三条第一款的规定。”《中华人民共和国电子签名法》第13条规定:“电子签名同时符合下列条件的,视为可靠的电子签名:(一)电子签名制作数据用于电子签名时,属于电子签名人专有;(二)签署时电子签名制作数据仅由电子签名人控制;(三)签署后对电子签名的任何改动能够被发现;(四)签署后对数据电文内容和形式的任何改动能够被发现。当事人也可以选择使用符合其约定的可靠条件的电子签名。”第14条规定:“可靠的电子签名与手写签名或者盖章具有同等的法律效力。”①

(四)持票人享有票据权利

某一当事人在票据上进行了有效的签章,一般情况下就可以确定他应当承担票据责任,但即使在票据上进行了有效的签章,也并不一定对任何持票人都要承担票据责任,而是只对合法取得票据的持票人承担票据责任,也就是说只对票据权利人承担票据责任。行为人虽然在票据上进行了有效签章,但如果持票人不具备取得票据权利的要件而不享有票据权利时,签章人纵然是票据债务人,也不对该持票人承担票据责任,甚至在某些情形下有权要求该持票人返还票据。

(五)义务人无抗辩权

某一持票人依法取得票据权利时,就可以要求在票据上签章的票据债务人承担票据责任,但即使是票据权利人,也并不一定对在票据上签章上的每一个票据债务人都可以要求其承担票据责任,在票据上签章的票据债务人,仅对那些不能向其行使抗辩权的票据权利人必须承担票据责任,有的持票人虽然享有票据

① 《电子商业汇票业务管理办法》第14条,中国人民银行令(2009)第2号。

权利,但某一在票据上签章的票据债务人对其可以行使抗辩权时,该签章人就可以不对该票据权利人承担票据责任。

(六) 持票人提示票据

票据是提示证券,票据责任的履行,以票据权利人主动向票据债务人提示票据要求履行为条件,持票人不向票据债务人提示票据要求履行的,即使票据已经到期,票据债务人也没有义务主动向票据权利人履行票据债务,同时也不承担迟延履行的赔偿责任或利息。这一规则是由票据本身的特性决定的,票据之所以是提示证券,是因为票据是文义证券,票据债务人以其在票据上的签章表明其身份,持票人从票据本身可以得知谁是票据债务人,而票据具有流通性,在提示付款前,持票人具有不固定性,票据债务人不易得知票据权利人是谁。因此,各国票据立法通常都规定,只有持票人提示票据时,票据债务人才有义务履行票据责任。

第五章　票 据 行 为

本章导读　票据权利义务关系的创设、变更、消灭等主要通过票据行为进行。票据行为是在票据上实施的票据法律行为,包括出票、承兑、背书、保证等,这些行为的效力是行为人通过票据行为自己创设票据义务,或把票据权利转让给他人。票据行为需要具备形式要件和实质要件并交付后才生效。但票据只要具备法定形式要件,就有效。一个有效的票据上有多个票据行为时,其中一个无效,一般不影响其他票据行为的效力。付款是履行票据义务的行为,属广义的票据行为。

第一节　票据行为概述

一、票据行为的含义

问题引入　绿岛公司向维达公司签发一张票据,同时在票据上记载“票据用途:货款”,付款人致远银行在承兑人栏内签章。维达公司与开开公司签订合同约定用该票据偿还欠款,之后,在票据背书人栏内签章,把票据交付给开开公司。开开公司向付款人提示付款,付款人支付了票据款项。这些行为中,哪些是票据行为?

广义的票据行为是依照票据法规定的形式要件加以实施,旨在产生、变更、消灭票据关系的法律行为。这一概念包括以下几层含义:

(一) 票据行为是一种法律行为

法律行为的特点是行为人通过意思表示实施,并且预期产生、变更、消灭某种权利义务关系。票据行为是一种法律行为,当事人通过一定的形式体现其意思表示。例如当事人签发票据这一行为是出票人意思表示的一种体现,这种意思表示的内容创设某种权利义务关系。不体现当事人意思表示的事实或行为,不属于法律行为,例如拾得票据。

(二) 票据行为的目的是创设、变更、消灭票据关系

票据行为所预期产生、变更、消灭的特定权利义务关系为意思表示的内容。

票据行为作为一种法律行为,预期所要创设、变更或消灭的权利义务关系不是其他的权利义务关系,而是票据关系,即票据权利义务。

例如出票行为的目的是为了赋予持票人付款请求权和追索权,并使出票人承担担保付款的义务。背书人背书转让票据的目的是使票据权利主体发生变更(权利转移),付款人支付票据款项是为了消灭票据权利义务关系。由于票据权利义务关系是体现在票据上的抽象的金钱支付关系,不代表基础关系中的具体交易内容,所以创设基础关系中交易内容或其他原因关系的法律行为,例如合同的签订等,不是票据行为。

(三) 票据行为是按照票据法规定的形式要求实施的法律行为

与其他法律行为不同,票据行为是一种要式法律行为,当事人必须按照票据法规定的形式要件加以实施,才可能发生预期所希望达到的法律后果。

例如,必须使用统一规定的票据格式凭证,必须按法定要求记载某些事项等。甚至每一事项记载位置都有严格规定。需要说明的是,虽然在票据上记载,但记载内容或意思表示内容不是创设、变更、消灭票据关系的,不属于票据行为。例如在票据上记载用途、合同号等。

狭义的票据行为是指当事人一方实施的,以承担票据义务为目的的法律行为。狭义票据行为除了以上要件外,还有两个方面:

(1) 该行为是当事人在票据上实施的,记载一定事项并签章,并把票据交付(或交还)给持票人的行为。

这种行为包括两个环节,一是行为人在票据上记载一定的事项并签章,二是行为人把票据交给持票人。例如,出票人填写有关事项并签章后,把票据交付给收款人,背书人记载有关事项并签章后,把票据交付给被背书人。承兑人在票据记载有关事项并签章后,把票据交还给持票人或出票人。

(2) 该行为是行为人单方承担票据义务为目的的行为。

票据行为人实施该行为预期产生的法律后果,是自己单方承担票据义务,成为票据关系中承担票据义务的当事人。票据行为有效完成后,行为人就成为票据关系的债务人,按记载事项承担票据责任。

例如,出票人签发汇票,目的是创设票据关系,使收款人成为票据权利人,自己承担担保承兑和担保付款的义务。付款人在票据承兑人签章处签章,目的是使自己承担到期付款的义务。

二、票据行为的类型

根据票据行为的含义,广义的票据行为是指能够引起票据法律关系发生、变更、消灭的一切法律行为,包括出票、背书、承兑、保证、保付、付款、参加承兑、参加付款、划线、变更、涂销等。

(一) 狭义的票据行为

狭义的票据行为是指以承担票据上债务为目的的要式法律行为,我国《票据法》规定的狭义票据行为,包括出票、背书、承兑、保证四种。其中出票、背书是汇票、本票、支票均可存在的票据行为,在我国,保证是只适用于汇票、本票的票据行为,支票上一般不存在保证行为。[①] 承兑适用于远期汇票,在我国,只有商业汇票才可以签发远期汇票,所以,承兑只适用于商业汇票。

出票、背书、承兑、保证这四种行为的共同特点是,都是在票据上记载一定事项并签章,其后果虽不完全相同,但共同之处是,行为人都基于自己的签章和其他记载事项,承担票据责任。实施了这四种行为的任何一种,行为人就为自己确定了票据义务,成为票据关系中承担票据义务的当事人。

(二) 付款行为

付款是支付票据款项,以消灭票据关系的法律行为,这种行为并不是行为人在票据上为自己创设票据债务,而是票据债务人履行票据债务。出票、承兑、背书、保证等票据行为都是使行为人成为票据债务人确立其票据义务的行为,而付款则是履行票据义务的行为,前者是在当事人之间形成票据权利义务关系,而后者则一般导致票据关系的消灭。另外,其他票据行为都是行为人在票据上记载相关事项并在签章后对持票人产生相应的义务,付款并不表现为付款人在票据上实施相关事项的记载行为,而是付款人支付款项后并收回票据。付款行为是票据使用流转过程中非常重要的环节,在正常情况下是最后一个环节。尽管付款行为在理论上不属于狭义的票据行为,但由于其特殊重要性,各国票据立法均把付款行为与出票、背书、承兑、保证等狭义票据行为并列,并加以详细规定。

(三) 参加承兑与参加付款

日内瓦公约规定了参加承兑、参加付款制度。

参加承兑是指付款人拒绝承兑时,参加承兑人在票据上记载“参加承兑”字样和签名、日期,付款人拒绝付款时,参加承兑人承担付款的义务。按照日内瓦公约的规定,凡持票人对可承兑的汇票在到期前的追索权者,在任何情况下均得参加承兑。如汇票表明已指定一人必要时在付款地承兑或付款,持票人在到期前不得对该在必要时的被参加人或其后手签名人行使追索权。如在其他情况下参加承兑,持票人得拒绝接受。但如同意接受,即丧失其在到期前对被参加承兑人及其后手签名人的追索权。参加承兑应在汇票上表明,由参加人签名,并应注明被参加人姓名,如无该项记载,应视出票人为被参加承兑人。参加承兑人对持票人和被参加承兑人的后手背书人承担的责任与被参加人承担的责任相同。

---

① 我国《票据法》第93条规定,出票、背书、付款、追索除另有规定外适用汇票的规定,但未规定汇票的保证制度适用于支票。

参加付款是付款人或承兑人拒绝付款时，为防止持票人行使追索权，而由付款人以外的第三人代为付款的行为，该代为付款之人即为参加付款人。凡持票人对汇票不论在到期日或到期前都有追索权者，在任何情况下，均得参加付款。参加付款须包括被参加人应付的全部金额，拒绝接受参加付款的持票人对任何因参加付款而不解除责任的人丧失追索权。参加付款须由记载在汇票上的收款事实所证明，并须注明被参加人姓名。如无该项记载，应视出票人为被参加付款人。参加付款人付款后，即免除被参加付款人后手的责任，同时取得向被参加付款人及其前手追索的权，但不得再将汇票背书。

三、票据行为的性质

票据行为属于法律行为，但在法律性质上具体属于何种法律行为，在理论中及各国立法上有分歧。

一种是契约行为说，认为票据是一种合同，票据债务人之所以负担票据上的债务，是因为他与票据债权人订立了契约，只有票据债务人将票据交付给债权人，而债权人又必须受领了该票据，才产生票据上的法律关系，所以票据本身就是契约①。

另一种是单方行为说，认为票据行为是一种单方法律行为，票据上的债务仅因债务人的单方行为而成立。因为票据为流通证券，持票人通常不特定，故当行为人在票据上签章时，对于不特定的持票人都是意思表示，持票人无须进行另外的承诺。②

在立法上，大陆法系国家多数确定为单方行为，英美法系国家认为是合同行为。承认票据行为是单方法律行为，有利于票据的流通与善意持票人的保护，在英美法学中虽采用契约行为说，但同时法律推定持票人为善意的并且推定为正当持票人，在票据上签名的人又推定其已经接受对价③，因而在实务中，两大法系在这一问题的法律调整上实际并无根本差别。

四、票据行为的法律特征

问题引入　辛某向曹某签发一张承兑人为光华银行的票据，该票据被吉某盗窃，并伪造了曹某的背书转让给刘某，刘某把票据背书转让给王某。吉某伪造票据背书，对其他票据行为有无影响？

① 沈达明：《美国银行业务法》，对外经济贸易大学出版社 1993 年版，第 3 页。
② 刘甲一：《票据法新论》，五南图书出版公司 1987 年版，第 121 页。
③ 英国《票据法》第 30 条。

(一) 票据行为的要式性

票据行为的要式性即票据行为必须具备法律规定的形式要件,否则不生效力。各种具体票据行为的要式性要求,将在本章下一节和各种票据行为中分别介绍。

(二) 票据行为的无因性

票据行为的无因性与票据关系的无因性含义相同,即票据行为的效力与基础关系的效力原则上相互分离,彼此独立。

(三) 票据行为的文义性

票据行为的文义性是指票据行为的内容完全以票据上的文字记载为准,即使文字记载与实际情形不一致,仍以文字记载的内容确定其效力,不允许当事人以票据上文字记载以外的证据推翻文字记载的内容。我国《票据法》第 4 条第 1 款和第 3 款规定:"票据出票人制作票据,应当按照法定条件在票据上签章,并按照所记载的事项承担票据责任……其他票据债务人在票据上签章的,按照票据所记载的事项承担票据责任。"这一规定表明,票据行为人承担票据责任的具体内容,例如金额、时间、地点等,只能按票据上记载的内容确定。

例如,A 出票给 B 支付货款 15 万元,但因疏忽记载金额为 1.5 万元,即使有其他证据表明实际应记载的是 15 万元,也不得改变票据记载的效力,则 A 及付款人只承担 1.5 万元的票据责任。至于 A 与 B 之间的货款差额,只能依合同关系解决,另行支付,当然也包括另行开出一张金额为 13.5 万元的票据进行支付。

(四) 票据行为的独立性

票据行为的独立性是指票据上存在若干个票据行为时,各个票据行为原则上各自独立发生效力,互不影响。一个票据行为无效,不影响其他票据行为的效力。票据行为的独立性是为了保障票据流通性而在票据法中特有的制度,其目的是降低持票人的风险。

1. 票据行为独立性的制度体现

一般认为,票据行为独立性在制度方面的体现主要有以下几个方面:

(1) 票据上有无行为能力或限制行为能力人的签章时,其签章无效,但不影响其他签章的效力。《票据法》第 6 条规定了这一制度。具体内容可以从以下几个方面理解:

① 无行为能力人或限制行为能力人在票据上签章的,该签章无效,签章人并不因其在票据上签章而承担票据义务,任何人都不能对该无行能力人或限制行为能力人主张票据权利。

② 无行为能力人或限制行为能力人在票据上的签章无效,相应的那个票据行为也无效,持票人基于无行为能力人或限制行为能力人的出票或背书签章取得票据时,不论持票人是否对签章人为无行为能力人或限制行为能力人具有恶

意,持票人均不能取得票据权利。

③ 票据上如果还有其他人的签章,即使无民事行为能力人或限制行为能力人的签章无效,并不影响有行为能力人在票据上签章的效力,其他人的签章仍然可以有效。在票据行为有效其他要件具备时,基于有效签章实施的相应的那些票据行为依然是有效的,从该票据行为取得票据的人享有票据权利。

④ 有效签章人基于其签章仍然要对票据权利人承担票据义务。

(2) 票据上存在伪造签章的,伪造的签章无效,但并不影响票据上其他真实签章的效力。《票据法》第 14 条第 2 款规定了这一制度。具体内容可以从以下几个方面理解:

① 伪造人在票据上签章的,该签章无效,伪造人由于没有在票据上签署自己的姓名或名称,并不因其在票据上伪造他人签章而承担票据义务,但要承担其他法律责任。

② 票据上伪造的签章无效,相应的那个票据行为也无效,持票人基于伪造人的出票或背书签章取得票据时,不论持票人是否对该签章系伪造签章具有恶意,持票人均不能取得票据权利。

③ 票据上如果还有其他人的签章,即使伪造的签章无效,并不影响真实签章人在票据上签章的效力,真实签章仍然可以有效。在票据行为有效的其他要件具备时,基于真实签章实施的相应的那些票据行为依然是有效的,从该票据行为取得票据的人享有票据权利。

④ 真实签章人基于其签章仍然要对据权利人承担票据义务。

(3) 票据存在保证行为时,被保证的债务因欠缺实质要件而无效,不影响保证行为的效力,保证人对持票人承担票据责任。我国《票据法》第 49 条规定:"保证人对合法取得汇票的持票人所享有的汇票权利,承担保证责任。但是,被保证人的债务因汇票记载事项欠缺而无效的除外。"也就是说,除了因记载事项欠缺而导致被保证的票拒债务无效外,其他情况下,即使被保证的票据债务无效,票据保证行为也不因被保证的票据债务无效而无效,即保证行为仍然可以有效,这是票据保证与民法中保证的重大区别。

2. 票据行为独立性制度适用中需要探讨的问题

关于票据行为独立性的制度适用,有两个问题需要探讨:

(1) 票据行为独立性的适用,是否以无效票据行为欠缺实质要件而无效但形式上有效为前提。

我国票据法理论中通说认为,票据行为独立性制度的适用,是以相关的票据行为在形式上为有效行为为前提的,也就是说,一个票据行为实质上的无效而非形式要件上的无效,才不影响其他票据行为的效力,如果一个票据行为在形式上无效,就不适用票据行为独立性制度。[①] 而《票据法司法解释》第46条规定:“票据的背书人、承兑人、保证人在票据上的签章不符合票据法以及《票据管理实施办法》规定的,或者无民事行为能力人、限制民事行为能力人在票据上签章的,其签章无效,但不影响人民法院对票据上其他签章效力的认定。”显然,与理论中的通说不一致。

我们认为,一个票据行为因欠缺形式要件而无效,是否影响其他票据行为的效力,要根据无效票据行为的种类而定,不能笼统地说票据行为独立性制度只能适用于票据行为实质上无效的情形。

就出票行为而言,出票行为因欠缺形式要件而无效时,票据也无效,在该票据上不可能存在有效的票据行为,票据行为独立性制度不能适用。

就承兑行为和保证行为本身而言,这两种票据行为并不是其他票据行为赖以产生的前提,不论票据上是否存在承兑行为或保证行为,都不影响其他票据行为的效力,因此,承兑行为因欠缺形式要件而无效,或者保证行为本身因欠缺形式要件而无效,都不妨碍票据行为独立性的适用,不影响其他票据行为的效力。理论中票据行为独立性制度的适用以相关的票据行为在形式上为有效行为为前提的,并非指承兑和保证。

就保证行为与被保证的票据债务而言,被保证的票据行为因形式要件的欠缺而无效,保证行为是否当然无效,日内瓦公约体系对此作了明确的规定,被保证人的债务因方式的欠缺而无效时,票据保证人不承担票据义务。[②] 我国票据法理论中也普遍认为,被保证的票据债务因形式要件上的欠缺而无效时,票据保证无效。[③]

因为票据保证行为是对被保证的某一票据行为所进行的担保,从保证的性质来讲本身具有从属性,从属于被保证的债务,票据法之所以特别规定票据保证行为赖以发生的票据行为在实质上无效,保证行为效力不受影响,是因为被保证的票据债务在实质上无效,票据受让人有时不容易察觉,为保护善意持票人的合法权益、维护票据的流通性,有必要排除保证行为的从属性而适用票据行为的独立性,使票据保证责任成为一种独立的责任。但如果被保证的票据债务因该票据行为在形式要件上的欠缺而无效,任何人从外观上就可以得知被保证票据债务的无效,此时不存在持票人不知道被保证的票据债务无效的问题,应由接受票据的一方当事人承担该票据行为无效的风险,没有必要排除保证行为的从属性,这也体现了形式要件在票据行为中的重要性。我国《票据法》第49条规定:“保

① 赵新华:《票据法》,人民法院出版社1999年版,第46页;谢怀拭:《票据法概论》(增订版),法律出版社2006年版,第54页。

② 日内瓦《统一汇票本票法公约》第31条。

③ 谢怀拭:《票据法概论》(增订版),法律出版社2006年版,第178页。

证人对合法取得汇票的持票人所享有的汇票权利,承担保证责任,但是,被保证人的债务因汇票记载事项欠缺而无效的除外。"这一规定与理论中的通说一致。但是,《票据法司法解释》第46条规定:"票据的背书人、承兑人、保证人在票据上的签章不符合票据法以及《票据管理实施办法》规定的,其签章无效,但不影响人民法院对其他签章效力的认定。"按照这一规定,如果承兑人或背书人的签章无效,而承兑人或背书人是被保证人时,即使承兑行为或背书行为因欠缺形式要件而无效,只要保证人签章符合法定要件,票据保证行为仍有可能有效,保证人仍有可能承担保证责任。这就与前述理论中关于被保证的票据债务在形式要件上欠缺而无效时,对保证行为效力产生影响的理解不尽一致。

基于前述理由,仍应采取被保证的票据债务因欠缺形式要件而无效时,限制票据行为独立性制度的适用、票据保证也无效的做法。

就背书行为而言,前一背书行为因欠缺形式要件而无效,是否影响在此之后的背书行为的效力,也就是说在背书行为因欠缺形式要件而无效的情况下,票据行为独立性制度是否能够适用?背书行为的主要形式要件就是背书人的签章,背书行为欠缺形式要件而无效,实际上主要就是没有背书签章或背书签章不符合法定形式而无效。《票据法司法解释》第16条规定,持有背书不连续的票据,债务人可以抗辩,第46条又规定,背书签章不符合规定而无效时,不影响其他签章效力的认定。我们认为,根据上述司法解释的规定,前一背书因欠缺形式要件而无效时,对此后背书行为的效力构成影响,影响的程度是后面的背书不具有权利证明的效力,持票人需要举证,法院确认其为合法持票人后,该持票人仍可向其他背书人主张票据权利。

(2)除了无行为能力或伪造等情形的签章无效等原因,其他实质要件欠缺导致票据行为无效时,票据行为独立性是否适用?

票据行为因实质要件的欠缺而无效,不仅限于上述签章无效的情形,还包括以非法手段取得票据,如欺诈、胁迫等,在此情形下,一个票据行为无效,其他票据行为并不因之而无效。因此,理论中通常所说的票据行为独立性的几个方面的制度体现,是列举而已,并不能代表票据行为独立性制度的全部。[①]

第二节　票据行为的有效要件

一、票据有效与票据行为有效的关系

问题引入　一张支票经过多次背书,最后持票人是小何,该支票上金额数

---

① 汪世虎:《票据法律制度比较研究》,法律出版社2004年版,第88页。

字和中文大写不一致,有人说,这张支票无效。另一张支票也经过多次背书,最后持票人是小李,该支票是出票人被第一个持票人欺诈而签发的,有人告诉小李,这张支票的出票行为无效,但这张支票有效。这对于小何和小李的后果有无不同?

(一) 票据有效与票据行为有效的关系

票据有效是指票据本身符合法定要件,在客观上可以作为一种有价证券而存在,换句话说,有效的票据是一张有价证券,而无效的票据是一张无用的纸张。票据行为有效是指当事人在票据上实施的行为符合法律规定的要件而可以形成当事人预期希望产生的票据权利义务关系。两者关系如下:

(1) 前者所反映的是某种书面文件在物质形式上是否属于票据法上的有价证券——票据,后者所反映的是当事人在票据上的行为能否在他们之间产生相应的效力。

(2) 票据有效是各当事人之间产生票据关系的必要条件,如果票据无效,则各当事人之间均不能形成票据权利义务关系,当事人在票据上实施的任何行为,均不能产生预期的票据法上的约束力,更谈不上票据行为的有效性。

(3) 票据有效并不意味着当事人所实施的票据行为必然有效。一个人持有有效的票据,并不表明在票据上的各个票据行为当然有效,也就是说,持有有效票据的人并不一定享有票据权利,要享有票据权利,还必须具备相应的票据行为有效的条件。

例如,A 签发一张票据给 B,该票据符合票据法规定的形式要件,之后 B 把票据背书转让给 C,C 又转让给 D,D 是以欺诈的手段骗取 C 的信任取得票据的,则该票据有效,但 C 向 D 的背书行为因意思表示不真实而无效。

(4) 反之,一个人因相应某一票据行为无效而不能取得票据权利,也并不意味着他持有的票据是一张无效的票据。在一张票据上存在多个票据行为的情况下,某一特定票据行为无效,持票人不能取得票据权利,只要票据本身有效,其他人持有票据时,仍然可能成为票据权利人。

(二) 票据有效要件与票据行为有效要件不完全相同

票据有效与否所反映的是某一书面文件在“物质”形式上能否成为票据法所调整的有价证券——票据,因此,票据有效的要件只是票据外观形式上的要求,而不包括实质内容与意思表示等外观上无法观察到的因素。只要出票人在票据格式用纸上记载法定事项就“制作”成有效的票据,这个制作过程就是出票符合法定形式要件,具体如下:

(1) 使用统一印制的票据凭证的格式用纸。虽然从理论上讲,票据格式用纸并不统一要求,票据发展的早期就是如此。但现代社会中许多国家都对票据凭证格式及其印制作了限定性的要求。我国《票据法》第108条规定:“汇票、本票、支票的格式应当统一。票据凭证的格式和印制管理办法,由中国人民银行规定。”可见,在我国,当事人必须使用中国人民银行规定的并统一印制的票据凭证格式用纸,不得自行选用其他的用纸或格式凭证,否则,即使记载事项齐备,也不能构成有效的票据。

(2) 出票时绝对必要记载事项符合票据法的规定,出票行为的绝对必要记载事项既是出票行为的有效要件,又是票据有效的要件。绝对必要记载符合票据法的规定包含两层含义。一是不得有遗漏、欠缺的事项,二是相关事项的具体记载要求要符合票据法的规定。例如签章的形式要求、金额的书写要求等。

(3) 依我国《票据法》第9条的规定,票据上的金额、收款人名称、日期不得更改,更改的票据无效。因此,在我国,票据有效还需要具备第三个要件,即票据上的金额、收款人名称、日期未作更改。这里所说的日期应当理解为出票日期,因为到期日本身是相对必要事项,不应因更改到期日而使票据无效。

具备上述条件的情况下即可构成有效的票据,票据有效的效力是,能够在票据上创设票据行为人与持票人之间的票据权利义务关系。

票据上某一票据行为的有效要件,除了形式上的要求以外,还有实质要件的要求。而且不同类型的票据行为,形式要件的要求各不相同。

(三) 出票有效与票据行为有效的关系

统一的票据凭证格式用纸及符合票据法规定的绝对必要记载事项既是票据有效的要件,又是出票行为有效要件的组成部分,因此出票行为有效,票据必然有效。

但是,出票行为作为一种票据行为,其有效要件除了统一的票据凭证格式用纸与必要记载事项以外,还需要具备其他要件,例如交付、实质要件等。所以出票行为无效,票据并不一定无效。

当出票行为因票据凭证格式或记载事项不符合法律规定而无效时,票据也无效,当出票行为因其他要件不具备而无效时,虽然出票行为无效,但票据仍有效。此时的法律后果就是票据上的其他票据行为仍然可以发生效力,在相关当事人之间形成票据权利义务关系。

例如,小李持有的票据,出票人使用了统一规定的票据格式凭证,记载事项符合票据法的要求,具备了出票行为的形式要件,所以该支票有效。但是,出票人是受欺诈而出票的,不符合出票行为的实质要件,因此该出票行为无效。此时,从出票人手中取得票据的第一个持票人,因出票行为无效而不能取得票据权利。但他把票据进行了背书转让,经过多次背书,最后受让人为小李,根据票据行为独立性规则,在票据有效的前提下,虽然出票行为因出票人受欺诈而无效,但其他票据行为仍然有效,小李仍然可以其前手基于有效的背书行为取得票据权利。[1]

二、票据行为的有效要件

问题引入　某公司因被欺诈,把票据转让给他人,票据行为是否有效?某公司为了逃避债务,签发票据给其子公司,该票据行为是否有效?某人为了支付赌债,把票据背书转让给他人,该票据行为是否有效?

票据行为是一种要式法律行为,理论中一般认为,票据行为的有效要件包括实质要件与形式要件。实质要件是指票据行为应具备的一般民事法律行为的有效要件。一般民事法律行为的有效要件包括权利行为与行为能力、意思表示真实、内容合法三个方面。

(一)票据行为有效的实质要件

1. 票据行为人具有行为能力

票据行为能力是当事人以独立的意思实施票据行为的资格。票据行为能力原则上适用民法关于权利能力与行为能力的规定。有行为能力的自然人就有票据行为能力,可以实施有效的票据行为。票据行为人不具有行为能力的,所实施的票据行为无效,我国《票据法》第6条规定:“无民事行为能力人或者限制民事行为能力人在票据上签章的,其签章无效……”因此,基于无行为能力人和限制行为能力人的签章取得票据的,不能取得票据权利。

但与民法中区分无行为能力与限制行为能力人不同的是,在我国的票据关系中,限制行为能力人与无行为能力人的地位是一样的,所为的票据行为无效。法人或非法人组织的权利能力受其章程所订的目的范围的限制,但这一规则不适用于票据行为,由于票据是无因证券,法人的票据权利能力不受其章程所订目的或范围的限制,即法人或非法人组织存在期间,不存在因超越其权利能力范围而使票据行为无效的问题。

之所以规定无行为能力人和限制行为能力人的签章无效,是因为,从票据关系的角度讲,票据行为是单方承担义务的行为,为了体现对无行为能力和限制行

[1] 票据出票记载事项中出票人签章是伪造的签章或者是无行为能力人的签章时,票据是否有效?在立法例上有不同做法。依日内瓦《统一汇票本票法公约》及我国《票据法》第6条、第14条的规定,票据上有伪造签章或无行为能力人的签章的,其签章无效,但不影响其他签章的效力。可见,在日内瓦公约体系及我国票据法中,只要出票人的签章形式要求符合票据法的规定,即使该签章是伪造的签章票据或无行为能力人的签章,虽然出票行为无效,但票据仍然有效,在其他当事人之间可以产生票据权利义务关系。英国1882年《票据法》第24条则规定,如果出票人的签章是伪造的,则不能构成有效的票据,无人能基于此种“票据”拥有向任何当事人行使付款之权,但当汇票被承兑时,持票人拥有向承兑人请求付款的权利。

为能力人的保护,规定其不具备实施票据行为的能力。

但是,无行为能力和限制行为能力人不具备票据行为能力,其实施的票据行为无效,并不影响其成为票据权利人。

2. 意思表示真实

意思表示真实作为票据行为的实质要件,是指当事人实施票据行为的意思表示应当真实,票据法不保护不真实、虚伪的意思表示。

在法律行为中,意思表示不真实或不自由的情形包括以下几种:(1) 一方以欺诈、胁迫的手段或乘人之危,使对方在违背真实意志的情况下所实施的行为;(2) 行为人对行为内容有重大误解的;(3) 显失公平的;(4) 虚伪的意思表示。

一方以欺诈、胁迫的手段或乘人之危使对方实施票据行为,实际上就是以非法手段取得票据,该票据行为因意思表示不真实而无效,持票人当然不能享有票据权利。应当说明,虽然票据关系与原因关系是不同的法律关系,原因关系中的行为与票据行为是不同性质的法律行为,但就意思表示是否真实而言,二者实际上是重合的,一方当事人在原因关系中采用欺诈、胁迫等非法手段,使对方当事人在违背真实意志的情况下与之实施原因关系中的行为,如签订合同等,受欺诈、胁迫的一方基于该原因关系而实施票据行为的,同时构成一方以欺诈、胁迫等非法手段使对方在违背真实意志的情况下实施票据行为,该票据行为无效。

票据行为人在被欺诈、胁迫等意思表示不真实的情形下实施的票据行为无效,基于该行为取得票据的持票人不能取得票据权利,但是如果票据流转到第三人手中,实施票据行为的当事人不得以自己票据行为无效为由对抗善意第三人。

对于重大误解和显失公平而言,尽管与行为人内心意思表示不一致,但是由于票据是文义证券,所谓的误解是对原因关系的误解,对于票据上记载的事项不存在误解问题,显失公平也是实质交易关系是否公平的问题,至于票据行为本身就是单方承担票据义务的行为,不存在票据行为显示公平的问题。行为人发生重大误解或显示公平的,不得主张票据行为无效。但可以原因关系应撤销为由,对抗直接后手。

至于虚伪的意思表示,通常表现为以一个意思表示的内容掩盖另一目的,意思表示的内容与真正目的不一致。但这实际上是以何种标准认定原因关系的问题,而以何种标准认定原因关系的内容,属于原因关系是否合法的问题,此时票据行为的效力,实际上与其意思表示的内容无关,而是与其真正目的是否合法有关。

3. 目的的合法性

在票据法理论中,一般认为票据行为有效的实质要件包括票据能力和意思表示两个方面,而对合法性是否属于票据行为有效要件存在不同的理解。

票据行为是一种在票据上记载相关事项并交付票据的行为,因而是一种形式上的行为,其内容是单方承担金钱给付义务,票据行为并不创设也不改变基础交易关系中的权利义务,因此,从内容上讲,票据行为本身并无合法与不合法的问题。内容的合法与不合法,实际上是指作为其前提的原因关系的合法与不合法。而如果当事人为了履行不合法原因关系而签发、转让或取得票据,实际上是票据行为的目的不合法,比较极端的表现有:为支付赌债而签发票据,为走私贩毒或买卖法律禁止的流通物而签发或转让票据等,此外还包括违反法律或行政法规或有关部门规章的规定实施某种行为而签发或转让票据,如为了融资而虚构交易向他人签发票据,恶意串通逃避债务而签发或转让票据,恶意串通窃取他人财产而签发票据,某企业为向他人提供贷款而签发票据,某公司未经批准将划拨取得的土地使用权转让给他人而从他人处接受票据等。

票据行为具有无因性,一般情况下,原因关系内容合法性并非票据行为有效的实质要件,而为了这一内容实现而实施票据行为,亦即票据行为目的不合法时,票据行为不当然无效。

但是,如果认为合法性不是票据行为的有效要件,在目的违法的情况下票据行为仍有效,就只能认为持票人可以取得票据权利,但这在现实生活中有时是难以成立的,例如某甲向某乙购买毒品而签发或转让票据,如认为该票据行为有效,某乙可以取得票据权利,这显然是荒谬的。理论中还有一种解释就是认为在票据行为目的违法的情况下,票据行为仍有效,而基于违法目的所产生的票据行为的处理,应适用直接当事人之间的抗辩规则予以处理。[①]

这一解释同样不能解决问题,因为票据行为目的违法固然在直接当事人之间可以形成抗辩事由,即持票人向其直接前手主张票据权利时,直接前手可以以票据行为目的违法而加以抗辩,但如果仅限于此,就意味着该持票人可以向承兑人或持票人的间接前手、保证人等其他票据债务人主张权利,这在现实生活中是不可能得到认可的,试想一个贩卖毒品的人取得一张汇票后怎么可能仅受其直接前手抗辩而能对其他票据债务人主张权利呢?

可见,在票据行为目的违法,尤其是严重违法的情况下,基于违法原因关系而取得票据的人是不可能取得票据权利的,如果仍认为此时该票据行为有效,在现实生活中是无法成立的,所以就一个票据而言,票据行为绝对无因性也是不可取的。

在一定范围内,票据行为的目的合法也就是原因关系的合法性应当是该票据行为有效性的实质要件,票据行为目的不合法,该票据行为无效,基于该票据行为取得票据的人不能取得票据权利。当然在此情形下,票据行为无效仅意味着基于违法目的取得票据的人虽然持有票据但不能取得票据权利,并不意味着票据行为人不对任何人承担票据义务,这与票据行为在意思表示不真实的情况

---

① 王小能:《票据法教程》(第2版),北京大学出版社2001年版,第42页。

下,票据行为无效,但行为人仍应对善意第三人承担票据义务,道理是相同的。

本书认为,以下两类票据行为因目的违法将导致票据行为无效:

(1) 恶意串通,损害国家、集体或他人利益,为了实现这一非法目的而实施票据行为。这是因为,恶意串通行为,无论其内容如何,属于纯粹的目的违法行为,同时也是一种非法手段,无法区分其原因关系与票据关系。

(2) 某些违法行为由公法强行禁止、排除私法调整,为了实现这些违法交易而实施的票据行为。

原因关系违法,且该行为是国家法律强行禁止的行为,不仅不能产生私法上的效力,而且在后果上完全是公权介入,排除了私权处分的可能,例如走私、贩毒、非法集资等行为,往往导致国家强行干预否认其效力或收缴票据,甚至追究刑事责任,则违法行为将导致该票据行为无效,持票人向任何人都不得主张票据权利。

原因关系虽然违法,但仍可产生私法上的效力,或者虽然因行为的违法导致该原因关系在私法上无效,但是确认无效后的后果处理仍属于私权处分的范围,国家并不强行干预(例如,一个合同被确认无效后,一方是否要求赔偿损失或要求返还财产,国家并不干预,仍属于其私权可以处分的范围,即属于这种情况),则应当认为虽有违法行为,票据行为仍有效,仅在直接当事人之间可以进行抗辩。

(二) 票据行为有效的形式要件

票据行为的形式要件是指票据行为应具备的票据法所规定的要式性条件。一般认为,包括书面记载相关事项与交付两个方面。

票据行为的形式要件按其作用可以分为一切票据行为共同的形式要件和各个票据行为各自的形式要件,前面所述的票据有效的要件是一切票据行为共同的形式要件,在具备一切票据行为共同的形式要件的前提下,在票据上的各个票据行为还需具备自身的形式要件,该票据行为才有效。例如,在票据有效的情况下,持票人所实施的背书行为必须是背书人按票据法规定进行签章并交付票据后才有效。承兑人进行的承兑行为必须是依票据法的规定签章并不得附条件时才有效。当然出票行为的书面记载事项要件与票据有效要件是重合的。

1. 签发票据凭证格式应使用统一规定的凭证格式

我国《票据法》第 108 条规定:“汇票、本票、支票的格式应当统一。票据凭证的格式和印制管理办法,由中国人民银行规定。”中国人民银行发布的《支付结算办法》第 9 条规定:“票据和结算凭证是办理支付结算的工具。单位、个人和银行办理支付结算,必须使用按中国人民银行统一规定印制的票据凭证和统一规定的结算凭证。未使用按中国人民银行统一规定印制的票据,票据无效;未使用中国人民银行统一规定格式的结算凭证,银行不予受理。”中国人民银行是票据法授权的对票据凭证格式统一规定的单位,所以支付结算办法的上述规定,具有法律强制性。[①] 司法实践中,有的法院判决当事人签发的票据是已经由中国人民银行宣布停止使用的旧版票据的,票据无效。[②] 根据中国人民银行《关于启用2010版银行票据凭证的通知》,自2011年3月1日起一律使用新版票据。

2. 记载事项符合法定要求

票据上的记载事项,根据其效力分为以下几类:

(1) 绝对必要记载事项

此类事项是票据法规定必须记载,欠缺其中任何一项,或任何一项不按票据法规定的内容记载,将导致票据无效的事项,或者导致某一票据无效的事项。出票行为绝对必要记载事项不符合法定要求,则票据无效。其他票据行为绝对必要记载事项不符合法定要求,则该票据行为无效。例如,我国《票据法》第22条、第75条、第84条规定了汇票、本票、支票出票行为的绝对必要记载事项,违反这些规定的,票据无效。各国和地区对票据出票时绝对必要事项的范围及确定性的严格性程度不一,日内瓦公约要求票据上必须载明表明某种具体票据种类的字样,并以票据中所使用的文字表明该字样,联合国《国际汇票本票公约》也要求在票据上标明"国际汇票"或"国际本票"的字样,英美票据法则不作此项要求。日内瓦公约、联合国《国际汇票本票公约》和我国台湾地区票据法均要求票据必须载明出票日期,而英美法则不把出票日期的欠缺作为导致票据无效的事由。日内瓦公约以及联合国《国际汇票本票公约》要求汇票、本票记载收款人或收款人指定的人的姓名(或名称),即不允许签发无记名汇票、本票,英美票据法与我国台湾地区的票据法则允许不记载收款人名称而发行无记名汇票、本票。日内瓦公约及联合国《国际汇票本票公约》及英国票据法明确规定,汇票应记载付款人姓名或名称,但英国在实践掌握中相对宽松,只要能够合理确认就可以。美国票据法虽然也要求汇票应记载付款人,但无法确定是汇票还是本票时,持票人可任意视作两者之一,票据并不无效,我国台湾地区对付款人名称也不作为绝对必要记载事项。至于无条件支付的委托或承诺、确定的金额、出票人签章,则是各国及相关国际公约对票据形式要件的共同要求。[③] 总体而言,英美法系的票

---

① 曹守晔、金剑峰、乐沸涛主编:《票据纠纷典型案例评析》,人民法院出版社2004年版,第29页。

② 上海市第一中级人民法院2000年审理的上海甬达进出口贸易公司诉上海建中呢绒厂票据纠纷案。该案的案情是:出票人出具给收款人商业承兑汇票一张,后收款人该汇票背书转让给原告,因系老式汇票遭退票,上海市闵行区法院一审认为,原告人通过转让取得系争汇票是基于背书人欠其货款,故是合法取得票据,现要求出票人支付未能兑现的票据款并无不当。上海市第一中级人民法院二审认为,系争票据是国家银行明令停止使用的老式汇票,属废票,本案不属于票据法调整范围,上诉人与被上诉人之间无债权债务关系,故原审处理不当。案件来源:www.66law.cn,2011年1月3日访问。

③ 日内瓦《统一汇票本票法公约》第1条;《统一支票法公约》第1条;联合国《国际汇票本票公约》第1条、第3条;英国《票据法》第3条、第6条;美国《统一商法典》第3-104条、第3-114条、第3-118条。

据立法上，票据绝对必要记载事项的严格性程度要低于日内瓦公约及我国有关规定，在绝对必要记载事项的确定性上不求绝对，但求合理。① 我国《票据法》及相关制度对出票时的绝对必要记载事项的确定则比较严格。下面根据我国的相关规定，对出票时的绝对必要记载事项作一阐述。

① 表明票据种类的文字

《票据法》针对汇票、本票和支票分别有表明“汇票”“本票”“支票”字样的要求，从理论上讲，出票人应当在票据正面记载相应票据种类的文字。但实际上，由于我国使用的是中国人民银行统一规定印制的票据格式，各种票据的名称已经印制在相应票据的正面上方，因此只要当事人选择使用了某一种票据，则表明票据种类的文字无须出票人自己记载。

② 无条件支付的委托或无条件支付的承诺

各国票据法都把无条件支付的委托作为汇票和支票出票时的绝对必要记载事项，无条件支付的承诺为本票的绝对必要记载事项，我国票据法也不例外。关于无条件支付的委托或无条件付款的承诺的表述方式，票据法并无统一的要求。只要有足以表示对委托付款不附加条件的意思的文句即可，并不要求明确写明“无条件”的字样，并且法律对无条件支付委托或无条件承诺记载的要求，在适用上是一种反面的要求，即不允许在票据上记载有任何对委托付款或自己付款附加条件的文字，只要没有对付款附加条件，即使票据没有明文记载无条件付款的文句，也视为已经存在无条件支付的委托或无条件付款的承诺的意思，票据仍然有效。在我国的票据使用实践中，与表明票据种类的文字一样，无条件支付的委托或无条件付款的相应文句已经印制在统一的票据格式上，不需要出票人另行记载，在商业承兑汇票上，该文句是：“本汇票请予以承兑并到期日付款”，在银行承兑汇票上无条件支付的委托文句是：“本汇票请你行承兑，到期无条件付款。”支票上则表述为：“上列款项请从我账户内支付。”银行汇票和本票为自付票据，无条件付款的承诺的文句分别是“凭票付款”“凭票即付”。票据法对无条件支付的委托或无条件付款的承诺作为票据出票时必须记载的事项是因为，票据是无因证券，如果对付款附加条件，就会使票据权利的实现受到其他法律关系或事实的限制，使票据成为一种有因证券，从而破坏票据的信用与流通。无条件支付的委托或无条件付款的承诺文句虽然已在统一票据格式上印制，出票人不需另行记载，但出票人在票据上另行记载付款条件的，则视为欠缺无条件支付的委托或无条件付款的承诺文句，票据无效，理论中把这种记载事项称为有害记载事项。一般认为，签发票据的原因或用途、票据项下的交易合同号码或有关单证、无条件支付文句中所使用的礼貌用语等，不构成有条件支付。而以某一事实

① 郑孟状：《论英美法系中的票据内容确定性原则》，www.chinalawinfo.com，2010年12月9日访问。

的发生或票据到期日以外的其他时间的到来作为付款条件,例如:“货物不贬值时付款”“船舶到港后五日内付款”等,或者出票人将原因关系中的相应义务或条件作为票据付款条件加以记载,例如“收到货后付款”“持票人不违约时付款”等,就属于有条件付款。

③ 确定的金额

金额是出票时应记载的绝对必要记载事项。在我国确定的金额包括以下要求,一是只能记载一定数量的货币,而不能记载具有一定价值的其他财产,例如“价值50万元的房屋”,至于货币种类,可以是人民币,也可以是外币,票据金额是外币的,按照付款日的市场汇价,以人民币支付。二是金额的数量应当具体,不能使用笼统的或模糊的词汇,例如“1万元左右”“相当于500美元的人民币”等,也不能作选择性或概括性记载,例如“10万或20万”“20万及其他款项”等。三是票据金额应当以中文大写和数码同时记载,两者必须一致,并且未经更改,二者不一致的或经过更改的,票据无效。这一点国外票据立法不同,英国票据法中,文字与数码不一致时以文字为准。日内瓦公约及联合国《国际汇票本票公约》规定,文字与数码不一致时以文字为准,如有多次文字或数字记载的,以金额较小的为准。[①] 在澳大利亚的票据法中,票据金额的文字与数码记载不一致时,以较小数额者为票据金额。[②] 美国《统一商法典》则规定,手写条款的效力优于打字条款和印刷条款,打字条款的效力优于印刷条款。大写数字的效力优于小写数字,但大写数字含混不清时,以小写数字为准。[③]

在银行实务中,对票据金额记载有具体而细致的要求[④],违反银行结算制度中有关金额记载的规定,银行可以不予受理,但如果金额记载满足了票据法规定的条件,就不影响出票行为的效力,票据债务人应当按票据金额承担票据义务。

④ 收款人姓名或名称

日内瓦公约体系及我国不允许签发无记名汇票、本票,在英美法系国家,票

---

① 日内瓦《统一汇票本票法公约》第6条;日内瓦《统一支票法公约》第9条;联合国《国际汇票本票公约》第8条。

② Brian Conrick, *The Law of Negotiable in Australia*, 2nd. ed, Sydney, 1989, p. 24. 转引自郑孟状:《票据法研究》,北京大学出版社1999年版,第53页。

③ 美国《统一商法典》第3-118条。

④ 根据银行办理票据结算业务相关制度的规定,中文大写金额数字前应标明“人民币”字样,大写数字应紧接“人民币”字样填写,不得留有空白;中文大写数字金额应用正楷或行书填写;中文大写数字金额到“元”为止的,在“元”之后写“整”(或“正”)字,在“角”或“分”之后,不写“整”(或“正”)字,阿拉伯小写金额数字中有“0”时,中文大写应按照汉语语言规律、金额数字构成和防止涂改的要求进行书写,中文大写金额应写“零”字,阿拉伯数字中间连续有几个“0”时,中文大字金额中间只写一个“零”字;阿拉伯金额数字万位或元位是“0”,但千位、角位不是“0”时,中文大写金额可以只写一个“零”字,也可以不写“零”字。例如¥107000.53,应写成“人民币壹拾万柒仟元零伍角叁分”或“壹拾万零柒仟元伍角叁分”;阿拉伯金额数字角位是“0”,分位不是“0”时,中文大字金额“元”后应写成“零”字。票据上的金额可以是手写的也可以是打印的。

据可以不记载收款人姓名或名称,对此视为来人票据。在我国,收款人姓名或名称是汇票、本票的绝对必要记载事项,欠缺收款人名称的汇票、本票是无效票据,而在支票中,收款人名称允许在出票时空白,并由出票人授权持票人进行补记。

对于虚构收款人姓名或名称的,不存在出票人与收款人之间的票据授受行为,出票行为并未完成,应当认定出票行为无效。但虚构收款人的票据如在形式上符合票据法的记载要求,就具备了票据有效的要件,仍应确定票据有效。如果该票据流转到第三人手中,该第三人又具备取得票据权利的要件,则该第三人仍享有票据权利,在票据上签章的票据债务人仍应向持票人承担票据义务。

⑤ 付款人姓名或名称

付款人是商业汇票与支票出票时绝对必要记载事项之一,银行汇票和本票无须记载付款人。在我国,银行汇票与本票的付款人是出票银行,支票的付款人也是银行或其他金融机构。《票据法》没有对商业汇票的付款人范围进行限定,而且还规定了付款人逃匿、死亡作为行使追索权的原因,但依《支付结算办法》的规定,商业汇票的付款人同样不能包括自然人,当商业汇票记载的收款人为自然人时,虽然票据本身不无效,但银行作为代理付款人和委托收款人,不受理此项业务。另外,付款人可否为两个以上,在我国票据法没有明确规定。日内瓦公约与联合国《国际汇票本票公约》中未作规定,英国票据法规定付款人可以记载为两个以上,但只能是两个以上付款人承担连带责任,不允许记载二人以上依次为付款人或选择其一为付款,美国则允许票据上记载上两个以上付款人选择其一付款。

⑥ 出票人签章

出票人签章作为绝对必要记载事项具有特殊重要性。签章是各种票据行为共同的形式要件,是票据行为所必要的、最重要的条件。票据上签章的法律意义是:第一,签章是确定当事人参加票据关系、承担票据义务的意思表示,只有在票据上签章的人才能成为票据关系中的债务人,承担票据义务。第二,签章是确认实际的票据行为人与票据上所载的人属于同一人,即进行票据行为人同一性判定的客观标准,可以依据票据签章的真实性,来确定应承担义务的票据行为人的真实性。第三,签章是确定票据行为是否有效的最具决定性的形式要件,某一票据行为,记载了其他事项,但未签章时,该记载无意义,不产生任何效力,如果已经进行了签章但其他事项未记载,则可以在以后补充完成有关记载事项,使票据关系产生或使某票据行为生效。

对票据行为中签章的要求,许多国家票据制度与实务中关注的是在客观上能够确定票据行为人,进行票据行为同一性的判定,因此在签章形式上并不要求绝对采用一种形式,当事人用本名、艺名、笔名、化名签章均可,公司可以用其正式名称、营业名称或缩写签章。

在我国,则对票据上的签章规定了非常严格细致的形式要求,根据《票据法》《票据管理实施办法》《支付结算办法》以及《票据法司法解释》等规定,对票据上签章的要求如下:

自然人在票据上的签名为该当事人的本名,本名是指符合法律、行政法规以及国家有关规定的身份证件上的姓名。

法人和其他使用票据的单位在票据上的签章为该法人或者单位的盖章加其法定代表人或者其授权代理人的签章。

银行汇票的出票人的签章和银行承兑汇票的承兑人的签章,为该银行汇票专用章加其法定代表人或者授权的代理人的签名或者盖章;银行本票上的出票人的签章,为该银行的本票专用章加其法定代表人或者其授权的代理人的签名或者盖章。

商业汇票上出票人的签章,为该法人或者该单位的财务专用章或者公章加其法定代表人、单位负责人或者授权的代理人的签名或盖章。

支票上的出票人的签章,出票人为单位的,为该单位在银行预留签章一致的财务专用章或者公章加其法定代表人或者授权代理人的签名或者盖章,出票人为个人的,为与该个人在银行预留签章一致的签名或者盖章。此外还规定签发支票就使用炭素墨水或墨汁填写。

随着电子技术的发展,电子票据业务在我国开始推行,电子票据签章的要求,应符合电子签名法和电子票据有关规定的要求。

出票人签章中有几个问题需要探讨:

一是票据上涉及自然人签章的,除了要求用本名签章以外,自然人的签章是否必须由本人亲自签章。在我国票据上自然人的签章形式可以有两种:签名或盖章,签名是书写姓名,盖章是盖上刻有该自然人姓名的印章。使用盖章作为自然人签章方式的,在实践中除了本人亲自盖章以外,也允许授权他人加盖本人印章。以签名作为签章方式的,该签章是否必须由本人亲自进行,还是允许本人授权他人代签。理论中有学者认为签名应由行为人亲自进行①,在英美法等国家的票据法以及联合国《国际汇票本票公约》中均允许行为人授权他人在票据上代签行为人的名字,被签署其姓名的人对该签名承担票据责任②,理论中称为票据代行。在我国,既然允许自然人的名章可以授权他人加盖,签名和盖章都是法律允许的签章形式,就应当允许行为人授权他人在票据上签名,这也符合某些情况下使用票据的需求。当然,如果实际签章的人未经他人授权以他人名义在票据上签字或以他人名义加盖印章,则构成票据伪造。至于以他人名义在票据上

① 赵新华:《票据法》,人民法院出版社1999年版,第53页。

② 联合国《国际汇票本票公约》第36条第2款。

签名或盖章是否存在他人授权,应由实际进行签章的人承担举证责任。

二是签字是否必须以手写的方式在票据上进行。联合国《国际汇票本票公约》第5条规定,签名可以包括手写签字、真迹电报或任何其他方式作出的相同认证。在国外,随着签字机的问世,允许使用签字机在票据上签字,我国现阶段票据使用实务中签字一般都是以手写的方式进行。但从发展的眼光看,随着技术的进发,只要能够在技术上作出相同认证的,也不应排除以其他方式进行签字,不过打印、印刷的姓名不能成为有效的签字。至于签字机签字,原则上应当允许。因为签字机是一种签字工具,签字机签字在外表形式上都具备签发人亲手书写的印象①,而印章也是一种签章工具,因此使用印章进行签章和使用签字机签字在性质上具有相同之处,况且使用印章在外表形式上不能反映签发人手写笔迹的印象,既然允许使用印章,那么使用签字机签字也应当允许。

三是同一票据行为可否由两个或两个以上的当事人签章。英美票据法及联合国《国际汇票本票公约》均允许二个以上出票人共同签发票据或出票人向两个以上收款人签发。② 我国《票据法》允许票据保证行为的保证人为二人以上,对出票人、背书人、承兑人可否为二人以上,未作明确规定。从理论上讲,票据可由多人共同签发,共同签章之人为共同出票人,对票据债务承担连带责任。

四是出票人为单位的既盖公章、又盖财务专用章或其他印章同时加其法定代表人或负责人或授权的代理人的签章是否有效。由于公章和财务专用章都是票据法规定的签章形式,两者同时加盖不应影响签章的效力,公章或财务专用章加盖其一,又盖了该单位的其他章的,如合同专用章,则不影响同一性认定,签章有效,加盖的其他印章不产生票据法上的效力。

五是支票出票人的签章与银行预留的签名式样或印签不一致的,签章无效,票据也无效,付款人在代理付款人处预留的印鉴对票据关系没有意义,仅仅是代理付款人是否受理代理付款的依据。

⑦ 出票日期

出票日期是票据上记载的签发票据的日期。在日内瓦公约及联合国《国际汇票本票公约》及我国《票据法》中都规定出票日期是绝对必要记载事项。出票日期的法律意义主要是:出票日期是确定某些法律事实的根据,如确定出票人签发票据时是否具有行为能力、是否具有代理权;出票日期是确定某些期限的起算点的根据,例如出票后定期付款的汇票出票日是确定到期日起算点的根据,见票即付的票据是确定提示期间与票据时效期间起算点的依据。如果有利息记载的,出票日也是确定利息起算日的依据。出票日期是确定某一日期的依据,例如

---

① 郑孟状:《票据法研究》,北京大学出版社1999年版,第125页。

② 美国《统一商法典》第3-503条和联合国《国际汇票本票公约》第10条。

我国《票据法》第 47 条规定,保证人未记载保证日期的,以出票日期为保证日期。

出票日期的记载,应当遵循以下规则:

其一,出票日期的记载应当完整、具体,一方面年月日应记载齐全,未记载任何一项的,票据无效。记载了年、月,但日的记载为“月初”“月中”“月底”字样的,有的国家规定可以推定为当月 1 日、15 日和末日,票据仍有效。我国对此未作规定。

其二,出票日期的记载应符合事实逻辑,如果出票日期晚于到期日的,该记载无效。

其三,出票日期记载的必须是日历上存在的日期,如果记载的日期是历法上没有的,如 2 月 30 日、9 月 31 日等,则该票据无效。依我国统一印制的票据格式,出票日期应以中文大写记载。记载的出票日期与实际签发日期不符的,不影响票据的有效性。

但是,出票记载的日期与实际出票日期不符尤其是当事人记载的出票日期晚于实际出票日期时,实际是以套取银行或其他付款人信用的方式,达到延缓支付票款的目的,特别是签发支票时,记载出票日期晚于实际出票日期实际上相当于签发了远期支票,把支票从支付工具转变为远期付款的票据,使支票成为延付债务的信用工具,混淆了支票与本票的性质和区别,因此在银行实务中一般认为,应严格禁止签发远期支票①,对于签发远期支票、远期银行汇票、本票的,接受远期票据的一方应承担其由此引发的不利后果。但基于票据的文义性,只要行使票据权利的日期不早于票据上记载的出票日期,应当认定票据有效。

我国《票据法》规定空白票据仅限于支票,且仅限于金额空白授权补记。因此按照票据法的规定,出票人未记载出票日期,而后来由持票人补记的票据的,因出票时欠缺绝对必要记载事项该票据无效。但在司法实践中,有判决认为认为事后补记出票日期的票据是有效票据。② 从保护票据流转中动态交易安全的角度考虑,这种处理有一定的合理性。

(2) 相对必要记载事项

相对必要记载事项是当事人在实施票据行为时需要予以确定的记载事项,通常需要记载,但是未加记载并不导致票据无效,而是通过法律的规定予以补

---

① 张维新:《票据结算实务》,海天出版社 2006 年版,第 236 页。

② 最高人民法院(2015)民二终字第 134 号民事判决书。在中信商业保理有限公司与国中医药有限责任公司票据纠纷一案中,最高人民法院认为,国中医药公司主张案涉汇票出票时未填写出票日期,出票日期为实际出票后倒签,但其未提供充分证据予以证明。同时,虽然出票日期属于汇票的绝对应记载事项,但按照票据法的基本原理,记载的出票日期可以与实际出票日不一致而事后予以补记。只要当事人在主张票据权利时,出票日期有所记载,票据就具有完整性。案件来源:中国裁判文书网,wenshu. court. gov. cn,2017 年 1 月 30 日访问。

充。每一种票据行为都有相对必要记载事项的规定。例如,出票时付款日期应予以记载,如果没有记载,票据法规定视为见票即付,背书时应记载背书日期,未记载的视为到期日前背书等。

(3) 任意记载事项

任意记载事项是能够在票据关系上产生相应效力,但实施票据行为可以不予记载、也可以记载的事项,如不记载,说明当事人对票据关系的权利义务没有特殊要求,即按照一般情况下必要记载事项确定票据行为的效力,如果加以记载,即说明当事人对票据关系的内容有特殊要求,除了必要记载事项外,另外还要按照当事人专门记载的内容确定相应的效力。任意记载事项是当事人专门记载的特殊内容,如无记载,无法由法律来补充确定。任意记载事项必须符合以下几个条件:一是不属于必要记载事项相的内容。二是该记载事项涉及票据关系权利义务,产生特殊的票据权利义务,如果与票据关系无关,则不属于任意记载事项。例如,出票人在票据上记载"不得转让"字样,即属于任意记载事项,事项可以不记载,如果不记载,该汇票就按通常情况下确定可以转让。但记载了该事项后,就不得转让,如果转让,受让人不得取得票据权利。如果在票据上记载用途为"货款",则不属于票据关系的内容,而是原因关系的内容,不属于任意记载事项。三是任意记载事项不得与绝对必要记载事项相冲突或者与票据法强制性规定相冲突,否则将导致票据无效或某一票据行为无效,例如我国《票据法》第22条关于付款条件的记载将导致票据无效的规定、第43条有关承兑记载条件的视为拒绝承兑的规定等。在我国票据法中规定的可以产生票据关系特殊效力的任意记载事项主要有:出票人记载不得转让、背书人记载不得转让、有关票据支付币种的记载、普通支票用于转账时在正面的注明等。在日内瓦《统一汇票本票法公约》中,见票即付或见票后定期付款的汇票,出票人可以记载利息,可以记载免于担保承兑。背书人可以记载不承担担保承兑和担保付款的责任等。①

除了以上三类记载事项外,当事人有时还在票据上记载其他事项。这些事项有以下几类:

一是不产生票据法上效力的事项,对票据权利义务关系不产生影响。例如我国《票据法》第24条规定:"汇票上可以记载本法规定事项以外的其他出票事项,但是该记载事项不具有汇票上的效力。"此类事项如票据上记载的用途、合同号等。《票据法》第33条第1款规定:"背书不得附有条件。背书时附有条件的,所附条件不具有汇票上的效力。"这些事项不具有票据关系的效力,但可以具有原因关系或资金关系等基础关系方面的效力。

---

① 日内瓦《统一汇票本票法公约》第5条、第9条、第15条。

二是该记载无效或视为无记载,不产生任何法律关系的效力,例如《票据法》第90条规定:“支票限于见票即付,不得另行记载付款日期。另行记载付款日期的,该记载无效。”再如,我国票据法没有规定出票人可以记载免除担保承兑和担保付款责任的事项,若出票人记载了免担保文句,视为无记载。

三是将导致票据无效的事项。例如,日内瓦《统一汇票本票法公约》第33条规定,在见票即付、见票后定期付款、出票后定期付款、定日付款之外,记载其他到期日的汇票或分期付款的汇票为无效汇票。根据我国票据法的规定,记载付款条件、对票据金额、收款人、出票日期变更记载等,将导致票据无效。

四是虽不导致票据无效,但导致某个票据行为无效的记载事项。例如,我国《票据法》第33条第2款规定:“将汇票金额的一部分转让的背书或者将汇票金额分别转让给二人以上的背书无效。”第43条规定:“……承兑附有条件的,视为拒绝承兑”;等等。

(三) 交付

1. 交付的含义与性质

票据法意义上的交付是指票据行为人基于其意志将票据交付持票人占有的行为。交付是票据行为的生效要件之一,当事人在票据上签章,记载了相关事项,但如未交付,票据行为还未完成,因而不生效,我国《票据法》第20条规定:“出票是指出票人签发票据并将其交付给收款人的票据行为。”这说明我国也把交付作为出票这一基本票据行为的要件之一。

交付是票据行为的有效要件,不仅出票、背书行为在记载有关事项并交付后才生效,而且承兑、保证行为在承兑人或保证人签章后将票据交还给持票人之前也不生效,只不过此时的交付具体表现为交还而已。交付究竟是票据行为有效要件中的哪一种要件,我国票据法理论中通说认为,交付是票据行为的形式要件,另一种意见认为,交付是与实质要件、形式要件并列的第三类要件①。本书同意后一种意见。所谓形式要件只能是人们从外观上可以得知有无或有关内容的要件,它是固定在某一物质形式上的,不论何人只要看到相应的载体就能得知该要件的状态,不存在看到相应的载体后还不知道其有无或如何构成的问题。而票据的交付是基于当事人的意志转移占有的行为,该行为不能固定在票据这一券面上,一个人持有一张要据,其他人从外观上无法直接认定持票人取得票据时是否有交付行为的存在,可见将交付作为形式要件并不恰当。

2. 欠缺交付的情形

欠缺交付有两种情形:一种是票据记载了相关事项,但仍在签章人手中,尚未转移占有;另一种是已经转移占有,持票人已经持有票据,但持票人并非基于

① 施文森:《票据法新论》,三民书局1987年版,第29页。

相对方的意志占有票据,而是基于相对方意志以外的原因占有票据,例如:从他人处盗窃票据、拾得票据等。需要指出,只要是基于相对方的意志实现了票据的转移占有,就构成交付,至于相对方的意志是否真实,在所不问,例如:收款人或被背书人以欺诈、胁迫的手段使出票人或背书人将票据交付给他,仍然属于交付,至于此时持票人不能取得票据权利是因为欠缺实质要件。

3. 欠缺交付的后果

由于交付在性质上并非完全意义的形式要件,也非实质要件,而是票据行为的一种独立的要件,因此欠缺交付的后果,与欠缺形式要件和欠缺实质要件的后果,既有共同之处,也有一定区别,具体如下:

(1) 票据记载事项完成但尚未转移占有的欠缺交付,其后果是票据行为未生效,票据上记载的收款人或背书人不享有票据权利,只有交付行为完成以后,票据行为才具备了全部有效要件,票据行为开始生效,实施票据行为的一方承担票据义务,相对方才可以对其主张票据权利。

(2) 持票人虽然持有票据,但并非基于他人交付而取得,而是出于出票人或原持票人意志以外的原因取得,持票人不能取得票据权利,未实施交付行为的出票人或其他在票据上签章的人,不向该持票人承担票据义务。即使该持票人是票据上记载的收款人或被背书人,出票人或背书人进行记载时是基于真实意志进行的记载,只要该收款人或被背书人并非基于出票人或背书人的交付,而是通过出票人或背书人意志以外的原因取得票据,该持票人仍不能取得票据权利。

例如:AB之间签订一买卖合同,A 准备向 B 签发票据,票据上的相关事项记载齐全,B 为收款人,A 进行了签章,但未向 B 交付票据,后来 A 认为向 C 购买货物价格更低,于是不履行与 B 签订的合同,并不打算把票据交付给 B,B 得知后未经 A 的许可到 A 的办公室拿走了该票据,此时 B 仍不得享有票据权利。当然 B 可以追究 A 的违约责任。

(3) 欠缺交付时票据行为不生效,但只要票据形式要件具备,票据就有效,某个票据行为因欠缺交付而无效,但票据若实际上经过流转而存在其他票据行为,其他票据行为仍然可以有效。

(4) 出票人或背书人(原持票人)已经记载完毕相关事项并签章,在未进行交付时客观上脱离了出票人或原持票人的占有,出票人或原持票人应当承担此风险。当该票据经过流转为善意持票人持有时,善意持票人可以取得票据权利。在一定条件下,出票人或原持票人还应对善意持票人承担票据责任。

例如,A 准备出票给 B,填写了相关事项,B 为收款人,A 进行了签章,但未向 B 交付票据,后来 A 认为向 C 购买货物价格更低,于是不履行与 B 签订的合同,并不打算把票据交付给 B,B 得知后款未经 A 的许可到 A 的办公室拿走了该票据,然后B为支付运输费向C背书转让了票据,C并不知前述情形,接受了票据,此时,B取得票据时虽然不能享有票据权利,但该票据已是有效票据,善意持票人仍可取得票据权利,并且A基于其在票据上的签章,应对C承担票据责任。

(5) 承兑人、保证人在票据上签章并记载相关事项,本来打算在交还票据前涂销其签章从而不承担承兑责任或保证责任,但在涂销前基于意志以外的原因丧失了票据的占有,当该票据为其他善意持票人持有时,只要该持票人具备取得票据权利的要件,承兑人或保证人仍应对该持票人承担票据义务。

第三节　票据行为的效力

在同时具备实质要件与形式要件并交付的情况下,票据行为有效,下面对票据行为有效与无效的后果进行阐述。

一、票据行为有效的效力

持票人取得票据权利,实施某个票据行为的当事人对持票人及其后手承担票据义务。具体而言,出票行为有效,票据关系产生,收款人取得票据权利,出票人对收款人及其后手合法持票人承担担保承兑或担保付款的义务,在本票则承担必须付款的义务。转让背书行为有效,被背书人取得票据权利,背书人的票据权利转移给被背书人成为票据债务人,背书人对被背书人及其合法持有票据的后手承担担保承兑或担保付款的义务。保证行为有效,保证人成为票据债务人,对票据权利人所享有的票据权利的实现承担保证责任,并且保证人与被保证人承担连带责任。承兑行为有效,使付款人成为必须履行票据义务的债务人,向票据权利人承担汇票到期时无条件付款的责任。

二、票据行为无效的后果

问题引入　张某被欺诈背书转让票据,该背书行为无效,那么,张某一定不承担票据责任吗?

在欠缺实质要件或形式要件的情况下,票据行为无效,票据行为无效的后果因不同的票据行为而有所不同:

1. 出票行为与背书行为既是出票人或背书人承担票据义务的行为,也是使收款人或持票人(被背书人)取得票据权利的行为,因此出票行为无效,收款人不能取得票据权利,出票人对收款人不承担票据义务,背书行为无效,被背书人不能取得票据权利,背书人对被背书人不承担票据义务。

2. 出票人或背书人对收款人或被背书人的后手是否承担责任应视情形而定,并非只要票据行为无效,出票人或背书人就一定不承担票据责任。

对于创设票据权利义务关系与转让票据权利的票据行为而言,票据行为无效的后果与一般民事行为无效的后果有所不同。一般的民事行为无效,预期约定取得权利的一方不能取得预期约定的权利,预期约定承担义务的一方不承担约定的义务,例如,合同无效,当事人一方不能享有合同规定的权利,另一方也不承担合同义务或违约责任。当然这并不表明不承担订立无效合同的责任。

而出票行为或背书行为的无效,虽然基于出票行为或背书行为而取得票据的人不能享有票据权利,出票人或背书人无须对收款人或被背书人承担票据义务,但是,这并不表明出票人或背书人对任何持票人都不承担票据义务。换言之,在出票行为或某个背书行为无效的情况下,其他持票人仍然有可能取得票据权利成为票据权利人,出票人或背书人仍然可能对该持票人承担担保付款或担保承兑的票据责任。在出票行为或背书行为无效的情况下,出票人或背书人是对所有的持票人不承担担保付款或担保承兑的义务,还是仅对直接基于该无效出票行为或无效背书行为取得票据的人不承担担保付款或担保承兑的责任,而对其他合法取得票据的人仍承担票据责任,取决于导致出票行为或背书行为无效的事由。

(1) 如果是基于书面格式、记载事项等形式要件的欠缺以及因签章被伪造或因欠缺票据能力这一实质要件的欠缺而导致出票行为或背书行为无效,出票人或背书人对任何持票人均不承担票据义务。

(2) 如果出票行为是基于意思表示不真实或不自由等实质要件的欠缺而无效,出票人或背书人仍应对善意取得票据的第三人及其后手承担担保付款或担保承兑的责任。

在理论中,有学者把票据行为的有效与行为人是否对善意第三人承担责任绝对联系在一起,认为只要行为人对善意第三人承担票据义务,该行为就属有效行为,一票据行为只要在形式上符合票据法的要求,就属有效行为,行为人应承担相应的票据义务,而不问其在为此行为时的意思表示是否真实,只有在直接当事人或非善意持票人主张权利的情况下,票据行为人才可以意思表示不真实为理由行使抗辨权。①

笔者认为,除了无权处分的情况下,一般应当将出票与背书的有效与否与基于该行为取得票据的人能否享有票据权利联系在一起,而不应把票据行为是否有效和行为人是否对善意第三人承担责任联系在一起。因为,出票或背书行为

① 王小能:《票据法教程》(第2版),北京大学出版社2001年版,第41页。

即使形式上符合票据法的要求,如在实质上是受他人欺诈、胁迫而在意思表示不真实的情况下作出的,该票据行为无效,基于欺诈、胁迫的手段而取得票据的人不能对任何人主张票据权利,但如果他把该票据转让后被善意受让人持有,善意受让人仍可被受欺诈而作出票据行为的人主张票据权利。但如果因此说被欺诈人所实施的票据行为有效,与法律规定不符,同时在理论上也无法解释为什么被欺诈人实施的票据行为有效而欺诈人又无票据权利。至于在被欺诈人实施的票据行为无效的情况下行为人对其他善取得票据的人承担票据义务,是因为基于票据行为独立性原理,一个票据行为无效,并不绝对导致其他票据行为无效,该第三人基于票据法承认的另一个票据行为取得了票据权利,而不是前一个票据行为(被欺诈实施的票据行为)本身有效。

3. 承兑无效或保证无效,因不同要件的欠缺,其后果不完全相同,但不影响持票人对其他票据债务人的权利。

承兑行为与保证行为只产生行为人单方承担票据义务的后果,并不能创设票据权利义务关系或转移票据权利义务,因此,承兑无效或保证无效,不影响持票人对其他票据债务人的权利。但是,承兑行为与保证行为,因不同要件的欠缺,其后果不完全相同:

(1) 因形式要件的欠缺而使承兑或保证无效的,行为人不对任何持票人承担必须付款的责任或票据保证责任。

(2) 因伪造签章而使承兑或保证行为无效的,承兑人或保证人同样不对任何持票人承担相应的票据义务。

(3) 实质要件中因欠缺票据能力而使承兑或保证无效的,承兑人或保证人也不对任何持票人承担必须付款的责任或保证责任。

(4) 因意思表示不真实而进行承兑或保证的,承兑人或保证人只能对导致其产生不真实意思表示的持票人主张承兑或保证无效,从而不向该持票人承担票据义务,但对于其他善意、合法地取得票据的持票人而言,该承兑或保证应视为有效,承兑人或保证人仍应对善意、合法取得票据的人承担票据义务。

例如,出票人 A 和收款人 B 虚构交易,骗取银行承兑,银行受欺诈对票据进行了承兑,当 B 持票请求承兑人付款时,承兑人可以拒绝。但是,若 B 把票据转让给 C,且 C 为善意时,承兑人不得以承兑受欺诈无效为由拒绝 C 的付款请求。

第四节　票据行为的代理

一、票据行为代理的概念

票据行为代理是指当事人委托代理人在票据上签章,由代理人代理其票据行为的制度。

二、票据行为代理的构成要件

《票据法》第5条规定,票据当事人可以委托其代理人在票据上签章,并应当在票据上表明其代理关系。根据这一规定,票据行为代理的成立,应当符合以下要件:

1. 在票据上表明代理关系。所谓在票据上表明代理关系,是通过一定的文字记载,表明签章人与委托人之间的代理与被代理的关系。表明代理关系的记载应包含以下含义:首先要求表明签章人的身份是代理人,是代他人实施票据代理行为。其次应载明被代理人的姓名或名称,而不能笼统地表明"代理他人"。因为票据是文义证券,不表明被代理人的姓名或名称,无法确定其票据责任。表明代理关系时,当然被代理人姓名或名称,仅由代理人记载明示即可,不必由被代理人签章。

2. 代理人在票据上签章。票据行为的代理,代理人除了填写有关事项外,还要以自己的名义签章,而不是以被代理人的名义签章。

3. 代理权限于委托代理。票据代理中,代理人必须有代理权。关于代理权的类型,应当限于委托代理,不包括法定代理。因为,法定代理是针对无行为能力或限制行为能力人而设定的,无行为能力或限制行为能力人的监护人是其法定代理人被代理人的监护人。票据行为是单方设定义务的行为,票据法规定无民事行为能力人和限制民事行为能力人在票据上的签章无效,法定代理人通过代理票据行为的方式,为被监护人单方设定义务,与票据法的规定存在价值冲突,同时也不利于被监护人的利益保护,并且一般情况下,监护人为被监护人设定义务的,其行为的后果由监护人承担责任,起不到票据代理的作用。我国《票据法》第5条规定,票据当事人可以委托其代理人在票据上签章,说明票据代理限于委托代理。

三、票据行为代理的后果

问题引入 票据代理人超越代理权限,被代理人就超越权限的部分是否应承担责任?

---

1. 有权代理的后果

票据代理人在授权范围内实施票据代理行为的,由被代理人承担票据责任,代理人不承担票据责任。

2. 无权代理的后果

根据我国票据法的规定,没有代理权而以代理人名义在票据上签章的,由签章人承担票据责任。这一规定说明,虽然在票据上表明了代理关系,但签章人实际上没有代理权,此时该票据行为的效力不受影响,只是由签章人承担票据责任,视为不存在票据代理,票据上记载的被代理人不承担票据责任。

3. 越权代理的后果

根据我国票据法的规定,代理人超越代理权限的,应当就其超越权限的部分承担票据责任。由签章人承担责任或就超越权限的部分承担责任。按照这一规定,未超越权限部分的票据责任,仍由被代理人承担。

第六章 票据抗辩

本章导读 票据上记载的债务人具备法律规定的事由时，可以对持票人进行抗辩，拒绝承担票据义务。票据抗辩根据不同的事由分为可以对抗一切持票人的抗辩和只能对抗特定持票人的抗辩两类，前者称为物的抗辩，后者称为人的抗辩。票据抗辩的主要特点是，在人的抗辩中，债务人对原持票人的抗辩事由将随着票据的转让而被“切断”，原则上不能用来对抗受让人。

第一节 票据抗辩概述

一、票据抗辩的概念

票据抗辩是指被请求承担票据责任的人对于持票人提出的主张权利的请求，基于某种法定事由而予以拒绝、不承担票据责任的行为，理论中也称为票据债务人的抗辩权。《票据法》第 13 条第 3 款规定：“本法所称抗辩，是指票据债务人根据本法规定对票据债权人拒绝履行义务的行为。”严格意义上讲，这里所指的票据债务人是指被请求承担票据债务的人，因为被请求承担票据债务的当事人进行抗辩时，所提出的抗辩理由就有自己不是票据债务人，不承担票据责任。这里所说的票据债权人是指主张票据权利的持票人，因持票人向他人主张票据权利时，他人所存在的抗辩理由可能是持票人为无权利人。此时不能称持票人为票据债权人。

二、票据抗辩的特征

与基础关系中债务人对债权人的抗辩制度不同，票据抗辩具有以下特点：

1. 抗辩事由不同，能够抗辩的对象不同。票据是流通证券，在票据流通过程中，可能存在多个环节，票据债务人进行抗辩时，抗辩事由不同，可以抗辩的对象也不同。例如，背书人的签章被伪造时，任何持票人要求其承担票据责任，签章人都可进行抗辩。而如果背书人的签章是真实签章，只是被直接后手欺诈而背书转让票据，则只有直接后手向其主张权利时，才可以抗辩。而当票据由善意第三人持有，向背书人主张权利时，该背书人不得抗辩。

2. 票据抗辩与债法中的抗辩制度相比,存在较多的限制。例如,原因关系中发生债权转让时,债务人对原权利人的抗辩事由可以继续对受让人进行抗辩,随着转让环节的增加,发生抗辩事由累积的结果,债务人抗辩成功的可能性增大,相应地受让方的风险越来越大。为了保障票据的流通性,降低持票人的法律风险,在票据法中对此进行了一定的限制。

3. 原因关系中,债权人转让权利时,需要通知债务人,才对债务人生效,如果未通知债务人,债务人可以进行抗辩。票据转让无需通知债务人,因此债务人不得以票据权利转让未通知债务人为由进行抗辩。

三、票据抗辩的类型

问题引入 晓明公司持有的两张银行承兑汇票,一张出票人为乐川公司,另一张出票人为奔腾公司,两张汇票都被拒绝付款,在向出票人追索时,乐川公司和奔腾公司也拒绝,乐川公司的理由是,晓明公司持有的票据还没有到付款日期,付款请求权行使不当,不能行使追索权,奔腾公司的理由是,自己出票给晓明公司购买钢材,但晓明公司违约,没有交付钢材,因此拒绝承担票据责任。两种抗辩有何区别?

一般认为,根据票据抗辩的事由对票据抗辩进行分类,可以分为物的抗辩与人的抗辩两大类型。

(一) 物的抗辩

物的抗辩又称绝对的抗辩或客观的抗辩,是指基于票据本身的内容即记载事项或票据的性质发生的抗辩,这种抗辩可以对抗一切持票人,同时不论持票人对抗辩事由是否为善意,均可进行抗辩,根据可以主张抗辩的人的范围,物的抗辩又可分两种:

1. 任何票据债务人可以对一切持票人行使的抗辩。构成此类抗辩的事由主要有:

(1) 因记载事项的欠缺而导致票据无效的抗辩。票据出票绝对应记载事项欠缺或不符合票据法规定的要求时,票据无效,在票据无效的情况下,不论该“票据”流转多少次,不产生任何票据法上的效力,从票据法的角度相当于一张废纸,不论何人持有该“票据”,也不论向何人主张权利,任何人都可进行抗辩。

例如,出票人签发汇票时金额记载为200—300万元,该票据经过多次背书转让,其间,A、B、C、D、E分别持有票据,最后持票人是甲,则无论持票人甲向谁主张票据权利,也无论A、B、C、D、E,甲哪一环节的持票人向包括出票人在内的所有前手主张票据权利,被请求履行票据义务的人都可以票据记载事项欠缺票据无效为由加以抗辩。

(2) 因票据上记载的到期日未到时或提示付款地与记载的付款地不符而进行的抗辩。在到期日未到时,即使持票人是权利人,任何票据债务人均可以此为由拒绝任何持票人行使权利,此外,持票人提示付款的地点与票据上记载的地点不符时,任何人均可对持票人行使物的抗辩。

(3) 票据关系已经消灭的抗辩。当票据关系因付款或抵销、免除而消灭,由付款人或持票人记载"注销"、收讫"等字样时,该"票据"不再是表现一定权利的有价证券,任何被请求履行票据义务的人都可以主张物的抗辩。

(4) 票据被法院作出除权判决而失效的抗辩。票据丧失后,失票人向法院提起公示催告程序,当法院依失票人的申请作出除权判决时,证券所代表的权利即与证券相分离,任何人均可以此为由进行抗辩,拒绝向持票人履行票据义务。

(5) 背书不连续的抗辩。《票据法司法解释》第16条规定:"票据债务人依照票据法第九条、第十七条、第十八条、第二十二条和第三十一条的规定,对持票人提出下列抗辩的,人民法院应予支持。……(四) 以背书方式取得但背书不连续的……"

背书不连续的事由体现在票据上,债务人可以对任何持有不连续背书票据的持票人进行抗辩。但是,这种抗辩与其他物的抗辩事由不同的是,在一定条件下,这种抗辩事由可以因持票人举证证明其是合法权利人而消灭。

2. 特定债务人可以对抗一切持票人的抗辩。这种抗辩实际上是某一被请求承担票据义务的人不对任何人承担票据义务的抗辩,包括:

(1) 无行为能力人及限制行为能力人的抗辩,依票据法规定,无行为能力人及限制行为能力人不具有票据行为能力,其签章无效,任何持票人请求无行为能力人或限制行为能力人承担票据责任时,该无行为能力人或限制行为能力人均可以其欠缺行为能力、签章无效为由主张抗辩。

(2) 被伪造人的抗辩,承担票据责任的前提条件是在票据上签章,当某人的签章是被伪造的签章时,实际上被伪造人并未实施票据行为,因此,被伪造人可以其签章系伪造的签章为由向任何持票人主张抗辩。

(3) 票据存在变造的,在变造前签章的人对变造后的记载事项产生的责任进行的抗辩。

(4) 无权代理或越权代理的抗辩。依我国《票据法》的规定,没有代理权而以代理人名义在票据上签章的,应当由签章人承担票据责任,代理人超越代理权的,应当就其超越权限的部分承担票据责任。可见,在上述情况下,票据上记载的债务人作为无权代理或越权代理的"被代理人",可以自己未进行授权或行为人超越权限范围为由,对任何持票人进行抗辩。

需要说明的是,上述四种物的抗辩是基于法律规定而产生物的抗辩效力。

在外观上,并不具有物的抗辩的特征。也就是说,人们接受票据时,从票据上有时不能反映签章人是否有行为能力、签章是否属于真实签章、签章人是否在权限范围内记载相关内容等。

(5) 时效超过的抗辩,票据时效对某个特定的票据债务人已经超过时,该票据债务人可以票据时效已经超过为由对任何持票人进行抗辩。但对其他债务人而言,仍应对持票人承担票据责任。

例如,一张汇票上,持票人在被拒绝承兑后1年行使追索权,此时,对于背书人的追索权已经丧失,无论此时票据流转到何人手里,向背书人行使追索权时,背书人都可以抗辩,拒绝承担票据责任。

(6) 保全手续欠缺的抗辩,在票据使用流通过程中,因保全手续的欠缺使某些特定的债务人免于承担票据责任时,该票据债务人可以此为由对任何持票人主张抗辩。

保全手续是行使票据权利前需要具备的一些程序要件方面的手续。例如,持票人只有按期提示票据不能获得承兑或不能获得付款,并做成拒绝证书时,才可以行使追索权,如果没有按期提示承兑或没有按期提示付款,则丧失对其前手的追索权。这就是保全手续欠缺而导致票据权利部分丧失。此时,持票人前手可以拒绝任何持票人的追索。

(二) 人的抗辩

人的抗辩又称相对的抗辩,是指票据债务人基于与特定的持票人之间的一定关系或因特定持票人自身的某种原因而产生的抗辩。这种抗辩事由来自于当事人之间的特定关系而不是票据本身,因此称为人的抗辩,人的抗辩的基本特点是仅能对特定的持票人主张而不能对任何持票人。根据可以主张抗辩的当事人的范围,人的抗辩也可分为两种:

第一,任何票据债务人可以对特定持票人主张的抗辩。构成此类抗辩的事由主要有:

(1) 票据权利人在实质上失去或欠缺受领资格的抗辩。例如,持票人因实施违法行为而被依法没收、扣押财产,票据也包括其中时,该持票人同样不得向票据债务人主张权利。

(2) 特定持票人不具备取得票据权利的要件,特定持票人不具备取得票据权利要件的情形主要有:以盗窃、欺诈、胁迫等非法手段取得票据、拾得票据,在票据行为中欠缺交付行为而取得票据,从无权利人手中取得票据又不具备善意取得的要件等,当持票人因实质原因不能取得票据权利时,任何债务人都可以对他进行抗辩。

(3) 出票人记载“不得转让”时的抗辩。出票人记载不得转让而收款人又将票据转让给他人的,除了收款人以外,其他任何人持票主张票据权利时,任何票据债务人都可以抗辩。

第二,特定票据债务人可以对抗特定持票人的抗辩。构成此类抗辩的事由主要有:

(1) 原因关系的抗辩。在票据关系与原因关系为相同的当事人时,即票据接受的直接前后手之间,票据债务人可以用原因关系中存在的抗辩事由对抗持票人主张票据权利。包括原因关系不存在,双方不具有真实交易关系和债权债务关系的抗辩;原因关系无效的抗辩,例如票据债务人可以作为原因关系的买卖合同无效,需要各自返还财产或不再继续履行为由拒绝向直接后手承担票据责任;原因关系中对方未支付对价或未履行原因关系中的其他义务所形成的抗辩,例如甲向乙购买货物,向乙签发票据,乙向甲主张票权利时,甲可以以乙未按合同规定交付货物为由进行抗辩。原因关系中的抗辩通常只能对抗直接当事人。

(2) 背书人记载不得转让时的抗辩。背书人记载不得转让时,该背书人对被背书人的后手不承担担保责任。

(3) 特约抗辩。指票据接受的直接当事人之间对于票据签发、转让、使用等存在特别约定,若持票人违背该约定时,该票据债务人可以以此为由向作为直接当事人的持票人主张抗辩。在我国,发生特约抗辩的情形多在空白支票的授权补记过程中,持票人违反出票人的授权进行补记,出票人对持票人主张的抗辩。

(三) 不承担票据责任的抗辩和不向某些持票人承担票据责任的抗辩

票据抗辩分为人的抗辩与物的抗辩,区分了对抗持票人的范围与抗辩事由产生的依据,但在以下几种抗辩事由中,归类与划分标准并不完全对应。主要是:其一,无行为能力的抗辩与伪造签章的抗辩,理论上因为票据债务人可以对抗一切持票人,一般将其列入物的抗辩之中。但这种抗辩发生的原因恰恰是缘于票据债务人自身的原因,而不是票据本身,至少不是票据记载形式本身。伪造签章的抗辩也是同一道理。其二,无权代理或越权代理的抗辩,被代理人可以对抗一切持票人,但抗辩原因恰恰是被代理人与行为人不存在授权或超越授权这种人的关系,而非票据本身的问题。其三,出票人禁止背书与背书人禁止背书的抗辩。无论是出票人禁止背书人还是背书人禁止背书,票据债务人只能对一部分持票人主张抗辩,而不能对所有持票人主张抗辩,从这一角度讲是人的抗辩,但禁止背书的抗辩事由则是由于在票据上记载了相关事项而发生的,这种抗辩来自于票据本身,从这一角度讲应属于物的抗辩。

因此,需要通过另外的划分标准对此问题加以弥补。可以把票据抗辩划分为不承担票据责任的抗辩和不向某些持票人承担票据责任的抗辩两大基本类型。

1. 不承担票据责任的抗辩

不承担票据责任的抗辩是持票人主张票据权利时对任何持票人不承担票据

责任的抗辩,包括相对不承担票据责任的抗辩和绝对不承担票据责任的抗辩,前者并不否认自己是票据债务人,只是在某一时间到来或某一地点或某一要件具备时才承担票据责任,在时间未至之时或地点不符时对任何人均不承担票据责任,后者则否认自己是票据债务人,不论现在或将来,不论在任何地点均不承担票据责任。绝对不承担票据责任的抗辩又包括基于票据记载内容或票据性质所产生的抗辩和基于票据法对票据债务人实质要件的规定所产生的抗辩。例如,票据无效的抗辩、无行为能力人的抗辩等。

2. 不向某些持票人承担票据责任的抗辩

这种抗辩不否认自己是票据债务人,但主张对某些持票人不承担票据责任,而有可能在其他人持有票据时承担票据责任,这一类型又包括无权抗辩和票据权利瑕疵的抗辩。前者是认为持票人没有票据权利,任何债务人都可主张,是基于持票人因各种原因不能取得票据权利的抗辩,后者则是不否认持票人的全部票据权利,只是主张不得对某个票据债务人主张票据权利的抗辩,直接当事人之间的抗辩、恶意抗辩、特约抗辩等均属于这种抗辩。以上类型划分如下表所示:

表 6-1 不承担票据责任的抗辩和不向某些持票人承担票据责任的抗辩

<table>
<tr><td rowspan="6">不承担票据责任的抗辩</td><td rowspan="2">绝对不承担票据责任的抗辩</td><td>出票为绝对记载事项欠缺或票据时效超过</td></tr>
<tr><td>被请求承担票据责任的人为无行为能力人、被伪造人</td></tr>
<tr><td rowspan="4">相对不承担票据责任的抗辩</td><td>票据未到到期日</td></tr>
<tr><td>提示地点不符</td></tr>
<tr><td>背书不连续</td></tr>
<tr><td>持票人不具备追索原因,直接行使追索权</td></tr>
<tr><td rowspan="11">不向某些持票人承担票据责任的抗辩</td><td rowspan="5">持票人无权的抗辩</td><td>背书行为欠缺形式要件</td></tr>
<tr><td>出票或背书行为欠缺实质要件</td></tr>
<tr><td>出票或背书欠缺交付</td></tr>
<tr><td>持票人从无权利人取得票据但不具备善意取要件</td></tr>
<tr><td>其他无权抗辩</td></tr>
<tr><td rowspan="4">持票人票据权利瑕疵的抗辩</td><td>对价抗辩</td></tr>
<tr><td>原因关系抗辩</td></tr>
<tr><td>恶意抗辩</td></tr>
<tr><td>特约抗辩</td></tr>
<tr><td rowspan="2">承兑行为、保证行为实质要件欠缺的抗辩</td><td>承兑行为因实质要件欠缺而无效</td></tr>
<tr><td>保证行为因实质要件欠缺而无效</td></tr>
</table>

第二节 票据抗辩的限制及其例外

一、票据抗辩的限制

问题引入 出票人甲向丙签发票据,乙银行进行了承兑,但甲未履行承兑协议,没有把款项交给乙。丙请求乙付款时,乙可否以甲未履行承兑协议,甲没有打入款项为由拒绝?

与债法中债务人的抗辩相比,票据抗辩的最大特点是票据抗辩的限制。票据抗辩的限制是指随着票据权利的转移,票据债务人对原持票人所存在的抗辩事由原则上并不及于票据权利的受让人,换句话说,票据债务人不得以对抗原持票人的抗辩事由对抗后手票据权利人,在理论中称为票据抗辩的切断。在民法的债务抗辩中,债务人对原债权人存在的抗辩事由可以用来对抗债权受让人,抗辩随债权的转移而扩及到新的债权人,不能被切断,而在票据法中,票据转让一次,票据债务人对原持票人(即让与人)的抗辩即被切断,债务人的抗辩权限制在他和原持票人之间,不能扩大到其他人。

票据抗辩限制制度并不是在任何抗辩中都存在,由于物的抗辩是随票据本身而发生并存在的,无论票据转让到何人手中,这种抗辩都要随票据而存在,并且物的抗辩事由在许多情况下都可以从票据外观上得知,持票人对此应当承担风险。因此,在物的抗辩中,并不存在票据抗辩限制的问题,票据抗辩的限制只存在于人的抗辩之中。依我国票据法的规定,票据抗辩限制的内容表现在以下两个方面:

(1) 票据债务人不得以自己与出票人之间的抗辩事由对抗持票人。这里所指的主要是,承兑人与出票人之间存在资金关系的抗辩事由时,承兑人不得以基于资金关系中的抗辩事由,对抗出票人成为持票人时,承兑人可以用资金关系的事由对抗出票人。

例如,甲公司签发银行承兑汇票,乙银行予以承兑,以丙为收款人,当甲未履行承兑协议,没有在到期日前把款项交给承兑人时,承兑人不得以此为由对抗丙,丙有权要求乙银行付款,当然票据若由甲持有,向承兑人主张票据权利时,承兑人乙可以以资金关系中的抗辩,对甲进行抗辩。

(2) 票据债务人不得以自己与持票人的前手之间的抗辩事由对抗持票人。这一点也是票据关系无因性的体现。当出票人或背书人对持票人的某个前手存在人的抗辩事由时,一般情况下不得以此为由对抗持票人,持票人向出票人行使票据权利时,出票人或背书人应当承担票据责任。

例如,出票人 A 签发票据给 B 购买货物,B 没有交货,此后 B 把票据背书转让给 C。A 与 B 存在原因关系,当 B 向 A 行使票据权利时,A 可以 B 未交货为由进行抗辩,拒绝承担票据责任。但是 B 已经把票据转让给 C,现在 C 为持票人,当 C 请求付款被拒绝,向 A 行使追索权时,A 不得以对抗 B 的事由对抗 C。这一点也适用于 A 被 B 欺诈、胁迫实施票据行为,A 与 B 之间的原因关系无效等情形。

二、票据抗辩限制的例外

问题引入 出票人甲向乙签发票据购买货物,但乙未交货,此后乙把票据背书转让给丙,丙受让票据时知道乙未向甲交货,丙请求付款人付款被拒绝,向甲行使追索权时,甲可否以乙未交货对抗乙,从而对丙进行抗辩?

票据抗辩限制的实质在于为保障票据的流通性而降低票据受让人的风险,加重票据债务人的风险,如果票据受让人存在某种情形而应当承担风险,仍然由票据债务人承担风险而利益明显失衡时,就不应当对票据债务人的抗辩权加以限制。这在理论中称为票据抗辩限制的反限制或票据抗辩限制的例外。在符合反限制的条件下,票据债务人可以用对抗原持票人的抗辩事由对抗持票人(票据受让人)。票据抗辩限制的例外有以下两个方面:

1. 持票人明知票据债务人与其前手存在抗辩事由而取得票据时,票据债务人就可以用对抗持票人前手的抗辩事由对抗持票人。

例如,A 为了购买钢材向 B 签发票据,B 没有向 A 交付货物,B 为支付租金将票据转让给 C,C 取得票据时,知道 B 没有向 A 交货。C 请求付款被拒绝,于是向 A 行使追索权,此时,因 B 未向 A 履行原因关系中的交货义务,若 B 向 A 行使追索权时,A 可以抗辩,本来 A 不得以此事由对抗 C,但是,C 是从 B 处取得票据时明知 B 未向 A 交货、A 对 B 存在原因关系的抗辩事由仍然受让票据,则 A 的抗辩就不再受只能对抗直接后手的限制,A 可以以对抗 B 的理由对 C 抗辩。

票据债务人以此为由对持票人主张的抗辩,在理论中称为“恶意抗辩”。此时票据债务人对持票人前手的抗辩并不因票据转移给持票人而切断。票据债务人对持票人主张恶意抗辩需要具备以下条件:

(1) 票据债务人与持票人之前手或出票人之间存在抗辩事由。

票据债务人与持票人的前手存在抗辩事由中,“前手”是指持票人的直接前手还是包括所有前手?我国《票据法》只使用了“前手”一词,从制度适用上只能理解为直接前手,因为持票人是从直接前手取得票据的,票据债务人对持票人的

间接前手存在抗辩事由,对直接前手并不一定存在抗辩事由。如下图所示:

A(出票)——B(背书)——C(背书)——D(背书)——E(持票人)

A 为出票人,B 为第一次背书人,为购买货物把票据背书转让给 C,C 为被背书人,C 为第二次背书人,为支付租金把票据背书转让给 D,D 为被背书人,D 为第三次背书人,为支付饭费把票据背书转让给 E,E 为最后持票人,当 C 未向 B 交货,B 对 C 存在原因关系的抗辩时,如 D 从 C 处取得票据时并不知道此种抗辩,且存在对价,则 A 对 D 不存在抗辩权,D 的票据权利是完整的,E 从 D 取得票据,是从享有完整票据权利的背书人手中合法取得票据,E 当然享有完整的票据权利,即使 E 从 D 处取得票据时明知 B 对 C 存在抗辩事由,因 E 的权利来自于 D 的转让,因此,B 对 E 不得主张抗辩。

(2) 持票人对存在此种抗辩事由主观上具有恶意,即明知。另外,持票人对票据债务人与持票人的直接前手存在抗辩事由明知的时间认定,应以取得票据时是否存在明知为标准确定。如在取得票据之后才得知有关抗辩事由的,并不构成恶意抗辩,换言之,此种情形下票据债务人不得以其与持票人的直接前手存在抗辩事由而对持票人进行抗辩。

票据债务人与出票人之间存在抗辩事由,是指出票人与承兑人之间的抗辩事由,即出票人持有票据时,承兑人基于与出票人之间的资金关系等事由对出票人进行抗辩,背书人、保证人本身就不对出票人承担票据责任,不存在对出票人进行抗辩的问题。所以只有从出票人手中取得票据的持票人也就是只有票据上的收款人取得票据时,明知承兑人与出票人存在抗辩事由而取得票据,承兑人才可对收款人主张恶意抗辩。至于从其他人手中取得票据的持票人,例如从某一背书人手中受让票据的持票人,取得票据时即使明知承兑人与出票人之间存在抗辩事由,承兑人也不得对该持票人主张恶意抗辩,否则就将资金关系的效力与票据关系相联系,违反了票据的无因性。

2. 持票人从其前手无对价取得票据的,票据债务人就可以用对抗持票人前手的抗辩事由对抗持票人。

票据债务人与持票人的前手存在抗辩事由,而持票人从其前手是无对价取得票据的,基于无对价取得票据的不得优于其前手的权利的规则,在此情况下,票据债务人对持票人前手的抗辩事由,也可用来对抗持票人。此时票据债务人对持票人前手的抗辩并不因票据转移给持票人而切断。

例如,A 为了购买钢材向 B 签发票据,B 没有向 A 交付货物,B 为赠与一笔钱把票据转让给 C,C 取得票据后,请求付款被拒绝,于是向 A 行使追索权,此时,因 B 未向 A 履行原因关系中的交货义务,若 B 向 A 行使追索权时,A 可以抗辩。本来 A 不得以此事由对抗 C,但是,C 是从 B 处无对价取得票据的,不得优于B的权利,所以,在此情形下A可以以对抗B的理由对C抗辩。

另外,在司法实践中,有判例认为,当持票人通过某些行为将自己置于出票人相同的地位时,不论持票人取得票据时,承兑人与出票人的抗辩事由是否发生,只要持票人行使票据权利时,承兑人与出票人的抗辩事由发生,承兑人即可以此为由对抗持票人。①

① 参见最高人民法院(2000)经终字第72号民事判决书,青岛澳柯玛集团销售公司与中国银行利津支行票据兑付纠纷案,载《最高人民法院公报》2000年第6期。该案的基本情况是,利津公司向澳柯玛公司购买产品,向澳柯玛公司签发银行承兑汇票,中国银行利津支行对汇票予以承兑。利津公司与利津支行签订的承兑协议约定:利津公司应于汇票到期前7日将应付票据款项足额交付到中国银行利津支行,如到期之前不能足额交付,承兑银行对不足部分的票据转作逾期贷款。同时,利津公司、中国银行利津支行、澳柯玛公司又签订了一份保证协议,协议约定:澳柯玛公司为利津公司与中国银行利津支行签订的承兑协议承担连带保证责任,如果利津公司违约,中国银行利津支行有权直接向保证人追偿,如保证人未按期清偿,中国银行利津支行有权委托保证人的开户银行直接扣收其账户中的存款或直接扣收保证人的其他财产权利。此后,利津公司未按承兑的约定将票款交付到中国银行利津支行。票据到期后,澳柯玛公司持票要求承兑人利津支行付款时,中国银行利津支行以"与澳柯玛公司有约定的债权债务关系,澳柯玛公司违约为由"拒付。澳柯玛公司认为,澳柯玛公司与中国银行利津支行的债权关系是对利津公司与中国银行利津支行的承兑协议中规定的转作逾期贷款的保证,而不是票据保证,对承兑协议的贷款保证与票据保证是两个法律关系,承兑人的抗辩没有依据。最高人民法院认为,澳柯玛公司签订承兑保证协议,将自己置于与出票人承担相同债务的一种连带债务人的地位上。因此中国银行利津支行与澳柯玛公司存在基础关系,当出票人利津公司未履行资金关系的义务时,承兑人可以以资金关系行使对澳柯玛公司的抗辩权。

第七章　票据记载事项瑕疵或变更

本章导读　票据伪造、变造属于票据记载事项瑕疵，属于违法行为，行为人应受行政、刑事制裁，并承担民事责任，但因伪造人未在票据上签署自己的姓名，故不承担票据责任。伪造的签章无效，但不影响真实签章的效力。基于伪造签章取得票据的，不享有票据权利。票据被变造的，在票据上签字的债务人，按照变造前签章与变造后签章各自承担不同的票据责任。更改、涂销应符合法律规定的要件。

票据记载事项变更是指相对于原有状态而言，票据上的记载事项由于人为原因发生了改变，包括票据伪造、变造、更改、涂销等。其中伪造、变造也称为票据瑕疵。

第一节　票据伪造

一、票据伪造与相关概念

问题引入　得力公司通过扫描，仿制了一张银行承兑汇票，交给了开元公司，开元公司把票据背书转让给讯大公司，讯大公司又背书转让给致远公司，致远公司请求付款时因该票据是“克隆”票据被拒付。致远公司可以获得怎样的救济？

（一）票据伪造与票据凭证格式伪造

广义的票据伪造包括两种类型，一是指以行使票据权利或获取其他非法利益为目的，假冒他人名义或虚构某个名义在票据上签章的行为。二是以获取非法利益为目的，违反票据印制管理规定，仿制票据凭证格式和相关记载事项的行为。二者都是一种违法行为，都有可能构成犯罪。[①] 在票据法理论中所说的票据伪造，通常指的是前一种含义，而在实践中，形成票据纠纷的票据伪造，既有前

① 刘华：《票据犯罪研究》，中国检察出版社 2001 年版，第 121 页。

一种类型的伪造,也有后一种类型的伪造。二者在构成要件和法律后果上有所不同。前一种伪造也称为票据签章的伪造,后一种票据伪造也称为票据凭证格式伪造。考虑到理论中的通常说法,以下如果没有专门指出的话,所提到的“票据伪造”一词,都是指票据签章的伪造。

票据伪造应具备以下几个要件:

(1) 伪造人所使用的票据凭证格式是真实的统一印制的票据凭证,如果伪造人并非在统一印制的真实的票据格式上伪造签章,而是伪造、仿制“假票据”又在上面仿造签章和相关事项,那么就构成票据凭证格式的伪造。由于这种伪造签章或相关事项不是在真实的凭证上进行,因而从根本意义上说不能形成有效的票据。

(2) 假冒他人签章或虚构某人的签章。票据伪造是指行为人对他人签章的假冒或虚构一个签章,包括伪造出票签章、伪造背书签章、伪造承兑签章、伪造保证签章。而不是对其他事项的假冒,对其他事项的虚假记载或不当记载称为变造。

(3) 伪造的签章在外观形式上符合票据法规定的要件。虽然在真实的票据格式上伪造签章,但如果签章形式不符合票据法的规定,在外观形式上就不符合票据有效要件,是无效的票据,不产生票据关系的效力,票据法中有关票据上伪造签章无效,不影响其他真实签章效力的规定,也不适用于这种情形。

(4) 被伪造人对伪造的事实不知情,如果一人以他人名义在票据上签章,被使用其姓名或名称的人已经授权他人以自己的名义在票据上签章或被伪造人已经知道他人使用自己的名义在票据上签章而不作反对的表示,应视为票据代行,由被使用其姓名或名称的人承担票据责任。例如《美国统一商法典》第 3-404 条规定,被伪造人在某种情况下不应否认应负票据上的责任,如被伪造人曾向持票人或持票人的前手声称票据上的签名确系其本人的签名。

票据凭证格式的伪造构成要件如下:

(1) 仿造真实票据凭证制作虚假凭证。仿造真实票据凭证制作,既包括对记载事项完全的某张特定的票据进行克隆、模仿,制作出一张假票据,也包括违反票据印制有关规定,模仿中国人民银行规定的票据凭证格式制作空白票据凭证格式。根据我国票据法的规定,票据凭证格式应当统一,票据凭证格式及印制,由中国人民银行规定。如果行为人违反规定,模仿统一规定的格式,印制空白票据凭证,也属于仿造票据凭证。

(2) 在仿制的票据凭证上同时仿制其他记载事项。仿制的记载事项既包括虚构、假冒的内容,例如虚构付款人、收款人,假冒他人签章等,也包括反映的是真票据上的信息但该信息是对真票据内容的模仿而不是基于当事人的意思表示所实施,例如,行为人签发或持有某张票据,同时仿照这张票据复制一张内容相同的假票据。①

(3) 仿造人仿造票据凭证是以获取非法利益为目的。如果仿造票据凭证不是为了获取非法利益,而是供研究学习或观赏使用,则不构成伪造票据凭证格式。

伪造票据凭证格式的后果是,由于凭证是虚假的,不符合票据有效要式要求,伪造的票据无效,不能创设票据关系。伪造人应当承担民事赔偿责任。票据法中有关票据上伪造签章无效,不影响其他真实签章效力的规定不适用于这种情形,在伪造的票据凭证上签章的各当事人,不承担票据责任。但应当根据各自有无过错,确定应否对受损失的持票人承担票据损害赔偿责任,同时,即使在票据上签章的其他当事人无过错,不具备承担票据损害赔偿责任的要件,在直接前后手之间,因转让的是无效的票据,说明原因关系的债权并未得到清偿,所以直接后手依然可以向直接前手主张原因关系的债权。

(二) 票据伪造与票据行为的无权代理

票据伪造与票据行为的无权代理都不能使被伪造人或被代理人承担票据责任,但二者是不同的概念,前者是以他人名义进行签章,伪造人并未在票据上显示其姓名或名称,故不承担票据责任,后者则由行为人承担票据责任。且票据伪造不得追认,无权代理可以追认。

(三) 票据伪造与票据代行

票据伪造与票据代行都是以他人名义在票据上签章,但前者是未经他人许可假冒他人名义在票据上签章或虚构他人名义在票据上签章,后者则是经他人授权,由行为人以他人名义在票据上签章,前者被伪造人不承担票据责任,后者显名人承担票据责任,代行人不承担责任,如果代行的行为未经本人的任何授权,且本人对代行人的签章行为善意且无重大过失,则构成票据伪造,按票据伪造的规则处理。不过,虽然代行人未经授权以他人名义在票据上签章,但具备表见代理的要件,第三人有正当理由认为行为人有代行权时,本人应承担票据责任。②

---

① 河南省高级人民法院(2002)豫法民二终字第026号民事判决书。中国农业银行偃师支行与洛阳市强胜实业有限公司、郑州中东石油化工有限公司、安阳市铁西区国林钢材经营处、洛阳市盛亚工贸有限公司、中国农业银行河南省分行直属支行票据损害赔偿纠纷案。案件来源:http://www.110.com,2011年1月6日访问。在该案中,出票人中东公司与钢材经营处签订了订货合同,签发了银行承兑汇票,收款人为钢材经营处,省直属农行对该汇票进行了承兑。钢材经营处把该汇票背书转让给安阳市兴运公司。中东公司与钢材经营处之间的订货合同并未实际履行。中东公司以该汇票为样本又伪造了1张同样内容的银行承兑汇票,并将该份伪造的汇票交给钢材经营处,由钢材经营处背书转让给后手,最后持票人请求付款被拒绝,遭受损失。

② 赵新华主编:《票据法问题研究》,法律出版社2002年版,第340页。

(四) 伪造的签章与未经授权的签章、虚构的签章

伪造的签章与未经授权的签章是何种关系,取决于法律对伪造签章的外延的规定。日内瓦公约并未严格区分伪造的签章与未经授权的签章,假冒他人名义签章以及未经授权以他人名义签章在处理上均按伪造签章处理。英国票据法规定了伪造的字和未经授权的签字,两种签字都是无效的,但伪造的签字不可以追认,而未经授权的签字可以追认。但是,假如一个人知道汇票上的签字是伪造他的签字,而他却以行动或保持沉默有意使别人相信这就是他的签字,那么法院将不允许他以后再申辩该签字是假的并由此而逃避他的责任,这就是英国法中的“禁止翻案”规则。[①] 美国《统一商法典》则把伪造的签名属于未经授权的签名一种,未经授权的签名对被签上姓名的本人无效,但对善意支付票据或以对价取得票据的人而言,有权主张该签名为未经授权的人自己的签名而生效,未经授权的签名可以追认。联合国《国际汇票本票公约》也未把未经授权的签名从伪造的签名中区分出来,并且规定,伪造的签名可以追认[②]。

伪造签章包括仿照、假冒他人名义签章与盗用他人印章在票据上签章,这一点并无分歧。至于虚构他人名义即以一个不存在的人的名义在票据上签章,是否属于票据伪造签章,在立法例上则有所不同,日内瓦公约体系中假冒他人的签字或以虚构的人的名义签字,都属于票据伪造,其签章均无效,英美票据法与联合国《国际汇票本票公约》则规定,行为人以假名或虚构的名称签字,视同其真实签名,为有效签名,不属于伪造签名,行为人以该签名承担票据责任。[③]

我国《票据法》并未区分伪造的签章和未经授权的签章,依一般理论,行为人未经他人许可以他人名义在票据上签章,均属于伪造签章,其签章无效,并且我国《票据法》对签章的形式要件有严格要求,以虚构的人的名义所进行的签章,也属于伪造的签章。至于伪造的签章是否可以追认,票据法未作明确规定,但从《票据法》把票据伪造作为一种应当追究刑事责任或行政责任的行为的规定来看,被伪造人不得追认。

---

① 〔英〕杜德莱·理查逊:《流通票据及票据法规入门》,李广英、马卫英译,复旦大学出版社 1990 年版,第 75 页。

② 日内瓦《统一汇票本票法公约》第 7 条;英国《票据法》第 24 条;美国《统一商法典》第 3-404 条;联合国《国际汇票本票公约》第 34 条。

③ 英国《票据法》第 23 条;美国《统一商法典》第 3-401 条。

二、票据伪造的法律后果

问题引入　赵某持有空白支票凭证，在上面伪造了张某的签字并填写了有关事项而把支票交给收款人王某，王某把票据背书转让给李某，李某又转让给魏某，魏某请求银行付款被拒绝，魏某向前手行使追索权，前手均拒绝，理由是这张支票出票人的签章是伪造的，票据无效，他们的说法正确吗？

票据伪造的法律后果，在各国立法例上存在较大差别，现分述如下：

（一）我国及日内瓦公约体系

我国《票据法》及理论中关于票据伪造的法律后果与日内瓦公约体系基本相同，主要表现在以下几个方面：

1. 对伪造人，伪造人不是以自己的名义在票据上签名，即不是以自己的名义实施票据行为，所以不承担票据责任，但应当承担其他法律责任。

2. 对被伪造人，被伪造人自己并未在票据上签章，故该签章无效，被伪造人不承担票据责任，一般也不承担其他法律责任。但对于盗用他人印章或未经授权以他人印章在票据上签章时，被伪造人应否承担票据责任，需要具体分析：

一是盗用他人印章或未经授权以他人印章在票据上签章时，其签章形式是真实的，但并非基于被伪造人的意思所为。从理论上讲，未经许可而使用他人印章在票据上以他人名义签章属于票据伪造，被伪造人不应承担票据责任。但在实践中，未经他人许可而使用他人印章进行签章的情形有所不同，其效力应有所区别。未经他人许可而使用他人印章大体上分为两种类型，一种是行为人以盗窃或其他非法手段取得他人的印章，并以该印章在票据上签章，由于该印章在形式上真实的，并不是仿冒的，因此，在被盗用人能够举证证明印章系被盗用时，确认为票据伪造，被盗用单位不承担票据责任，否则应推定为经授权所为或成立票据签章的表见代行，被印章所有人应当对善意取得票据的人承担票据责任。

二是行为人基于职务行为占有单位的印章或印章所有人基于票据签章以外的目的授权他人持有印章，而占有印章的人未经许可以该印章在票据上签章，在此情形下，一般应确认签章的有效性，善意接受票据的人取得票据权利，印章所有人应对该持票人及其后手承担票据责任，在此将排除票据伪造规则的适用，因为印章所有人应当对其授权他人占有印章的行为承担相应的风险。

三是单位工作人员在合法使用的印章外另行刻制印章从事票据行为，以下几种情形下，单位应承担票据责任或票据损害赔偿责任：（1）单位法定代表人或负责人自己或授权他人在正式备案的印章外另行刻制单位印章，该印章虽然不是备案印章，也应当视为单位真实签章，该单位应当基于该签章承担票据责任，该签章不符合票据法规定要件导致票据无效的,该单位承担票据损害赔偿责任。(2) 单位工作人员在备案章之外使用了多个不同的印章实施票据行为,并且该单位已经在之前的业务中予以认可,则该单位不得主张未经备案的印章为伪造签章。(3) 单位的其他工作人员通过私刻印章从事票据欺诈活动,但利用了单位的场所或设备,具有从事单位业务活动的外观的,善意相对人有理由认可其构成表见代理,该单位应当对伪造签章行为承担责任。

3. 对真实签章人,票据上有伪造的签章时,依票据行为独立性原则,票据本身并不无效,票据上的真实签章依然有效,真实签章人仍要承担票据责任。[①]

4. 对持票人,持票人从伪造人手中取得票据的,票据行为无效,持票人不得享有票据权利,虽有伪造签章,但也有真实签章时,如果持票人是从真实签章人手中取得票据,在具备票据权利取得的其他要件的情况下,持票人仍可取得票据权利,尽管在此之前有伪造行为,持票人仍可向所有进行真实签章的人主张票据权利。

5. 对于付款人和代理付款人而言,对伪造票据进行付款的,是否承担赔偿责任,应根据付款人或代理付款人是否尽到审查义务、有无恶意或无重大过失等情形而定。这一问题将在"汇票"一章中"付款"一节阐述。

6. 票据伪造是一种违法行为,伪造人应当承担赔偿责任、行政责任,构成犯罪的承担刑事责任。

(二) 英美法系

1. 英国法

依英国票据法的规定,票据伪造的效力如下:

总的原则是,伪造的签字和未经授权的签字是无效的,不能基于此种签字而

① 河南省新乡市中级人民法院(2010)新民三终字第5号民事判决书。新乡市仝源化工有限公司上诉石家庄桥西糖烟酒食品股份有限公司、庐江县百大电器有限公司票据纠纷案。案件来源:http://www.110.com,2011年1月6日访问。该案的基本案情是:金源公司作为出票人向仝源公司出具了一份银行承兑汇票,仝源公司在该承兑汇票背书人处加盖了仝源公司的财务专用章和其法定代表人的印章,之后,经过百大公司、新飞公司、新乡市第三建筑公司、石家庄食品公司依次连续背书,最后中国长城葡萄酒有限公司取得票据。仝源公司于2008年6月26日以其银行承兑汇票遗失为由,向法院申请公示催告,公告期间,无人申报权利。2008年10月14日,法院作出银行承兑汇票无效的除权判决。之后,仝源公司依据该民事判决书在从承兑人处支取了票款。期间,长城葡萄酒公司作为持票人,于2008年9月7日向付款人收款,付款人以该汇票已被法院冻结为由拒付,长城葡萄酒有限公司随即向石家庄食品公司追偿,石家庄食品公司长城葡萄酒有限公司支付了10万元,收回了该汇票,并向仝源公司行使追索权。仝源公司以该汇票系其遗失,其与百大公司无贸易关系,百大公司的印章的真实性值得怀疑为由,要求驳回石家庄食品公司的诉讼请求。法院判决认为,我国票据法规定"持票人以背书的连续,证明其汇票权利";"票据上有伪造、变造的签章的,不影响票据上其他真实签章的效力"。石家庄食品公司作为汇票的持票人,所持该汇票背书连续,向该汇票的债务人之一仝源公司行使票据追索权,诉讼请求理由正当,至于百大公司印章的真伪并不影响石家庄食品公司作为持票人享有票据权利,因仝源公司已丧失了对该银行承兑汇票的权利,故除权判决应予撤销。仝源公司偿付应石家庄食品公司10万元。

取得保有票据之权,或解除汇票责任之权,也不能向票据上任何人行使当事人要求付款的权利,法律另有规定的除外,具体来讲,包括以下内容:

(1) 出票人签字被伪造时,被伪造人不承担票据责任,“占有”票据的人不能成为持票人,即使以后的背书是真实的,“占有”票据的人也没有请求付款的权利,付款人向该人付款而给出票人造成损失时,应承担相应的赔偿责任。例外情况是,出票人的签字是伪造的,但各个背书人的签字是真实签字,而承兑人又对该票据进行了承兑时,占有票据的人有权要求承兑人付款,即他拥有正当持票人对承兑人的权利,承兑人付款后无权借记出票人账户,只能向伪造人追偿。其依据有二:一是承兑人应对出票人签字的真实性负责,二是即使出票人签字被伪造,但背书人的签字真实时,最后占有票据的人与承兑人之间的“链条”仍然是连接的,承兑人仍然栓在持票人手里。

(2) 出票人的签字被伪造,但各个背书人的签字真实时,占有票据的人仍有权对全体背书人行使相当于正式持票人的权利,即有权要求全体背书人偿付票据款项,最后承担风险的是从伪造人手中取得票据的人,他只能向伪造人追偿。

(3) 记名票据的背书被伪造时,伪造的签字无效,被伪造人不承担票据责任,在伪造签字后的各次背书都不能产生权利转移的效力,票据权利人仍然是原合法持票人,他有权要求最后占有票据的人返还票据,即使中间存在真实背书,最后占有票据的人也不是“持票人”,不享有票据权利,无权请求付款人付款,付款人向该占有票据的人付款,不能解除其责任,即使付款人已经承兑,也不例外。其依据是,在存在伪造背书的情况下,最后占有票据的人与伪造前签字的人以及承兑人的“链条”中断。

(4) 记名票据的背书被伪造时,占有票据的人有权向伪造背书后的全体真实签字的背书人索赔,但无权向伪造背书之前签字的人主张权利,其依据是,背书人应当对在他之前全体当事人签字的真实性负责,因而在其前手背书不真实时,背书人应当对最后占有票据的人承担赔偿责任。背书人承担了赔偿责任之后,可以继续向前手背书人追偿,直至伪造背书的被背书人,他无权再向前手追偿,只能向伪造人请求赔偿,其依据是风险应由受骗的一方当事人承担。

(5) 付款人对存在伪造出票或伪造背书的票据付款承担责任,即付款人对此类票据付款后,不能解除其票据责任,但也有例外,一是记名支票的付款银行善意地并按业务常规凭票付款,该银行没有义务来证明收款人的背书或其任一后手的背书是真实的或经过授权的,即使存在伪造的背书或未经授权背书的情形,付款银行仍被认为是凭票正式付款而解除责任。另一种情形是凡划线支票的付款银行善意地和无疏忽地凭普通划线付款给一家银行,凭特别划线付款给划线内的银行或其代收银行,该付款银行以及出票人,视为向真正权利人付款,从而解除责任。

(6) 来人汇票的伪造背书,对持票人的权利不产生影响,其依据是,来人汇票的背书不是必要的,背书即使是真的,也只是使有关当事人在汇票被退票时承担责任,而不是转让权利的必要手段。①

2. 美国法

美国《统一商法典》中有关票据伪造法律后果的规定是通过对未经授权的签名的一般规定以及转让人的担保义务与提示人的担保义务等内容来体现,概括如下:

(1) 出票有伪造但背书不存在伪造的情形

出票存在伪造时,被伪造人不承担票据责任,对于善意并支付了对价的持票人而言,该签名视为伪造人自己的签名,伪造人应对其承担票据责任。

若出票人的签字被伪造,但背书人的签字是真实的,最后持票人有权要求各个背书人承担票据责任,其依据是转让票据的人应对被转让人及其后手担保在此之前所有的签名都是真实的或经授权的签名。

持票人明知出票人签名是被伪造时,无权要求付款人或承兑人付款,若付款人或承兑人已经付款,有权要求持票人返还,依据是提示付款人应对承兑人或付款人担保他不知出票人的签字是伪造的签字。

持票人不知出票人的签字被伪造,有权要求付款人或承兑人付款,付款人可以拒绝付款,若付款人不知出票伪造的情形而付款,无权要求善意并支付对价的收取款项的人返还,若付款人已经进行了承兑,则应向该持票人承担付款责任。

在出票人签字被伪造而付款人或承兑人支付了票据款项时,原则上均无权借记出票人的账户,如付款人存在损失,只能向伪造人追偿。

(2) 出票人签章不存在伪造,但背书存在伪造的情形

伪造背书之后任何占有票据的人,都不能成为持票人,原合法持票人有权要求其返还票据。

被伪造人不承担票据责任,从伪造人及其后的真实签章的背书人取得票据的人,不享有票据权利,他无权要求付款人或承兑人付款,也无权要求在伪造人之前签章的人承担责任,但有权要求伪造人以及在伪造人之后签章的背书人承担赔偿责任,背书人承担了赔偿责任以后,可以向其前手背书人要求偿还,直至伪造人,若伪造人无法找到,风险由从伪造人手中取得票据的人承担。

付款人或承兑人对存在伪造的票据占有人付款的,不论该占有票据的人是从伪造人手中取得票据还是从其他真实签章的人手中取得票据,付款人或承兑人均构成侵占票据,应对原合法持票人承担再次付款的责任或赔偿损失。但付款人或承兑人有权要求占有票据取得款项的人返还,至于该占有票据的人是否

① 参见《流通票据与票据法规入门》,第 24 节、第 54 节、第 55 节、第 60 节、第 80 节。

明知有背书伪造的事实在所不问。其依据是该占有票据的人违反了提示人的所有权保证义务。

(3) 例外情形

不论是出票伪造还是背书伪造,任何人如果由于自己的疏忽导致票据的伪造签名,该人即无权以此种伪造来对抗善意支付票据的付款人及正当持票人(背书伪造中不存在正当持票人),换言之,在此情形下付款人付款的,可以借记出票人账户或向被伪造的背书人追偿。正当持票人持有票据时,可以向被伪造人主张票据权利。

如果银行向客户寄送对账单以及作为借汇账户的证明已善意付款的支票,支票客户(出票人)没有发现或怠于通知出票签章被伪造时,错误付款的损失由客户承担。①

从以上的介绍可以看出,我国及日内瓦公约体系与英国、美国的票据立法,对于票据伪造的后果的规定,既有共同之处,也有明显区别。

共同之处是:被伪造人原则上不承担票据责任及其他法律责任;持票人从伪造人手中取得票据的,不得享有票据权利;在票据上进行真实签章的人,或一部分在票据上有真实签章的人,应对善意取得票据的人承担相应的责任。持票人从真实签章的人手中取得票据,虽然其权利的性质以及完整性所有不同,但均可以向全部或部分真实签章人主张权利。

区别是:我国《票据法》、日内瓦公约体系以及《英国票据法》中伪造人不承担票据责任,美国则规定伪造人基于伪造的签章仍要承担票据责任;日内瓦公约体系中持票人从其他真实签章人手中取得票据时,仍确认其可以取得票据权利,有权向任何在票据上签章的当事人要求承担票据责任,不论票据上的伪造签章是出票伪造还是背书伪造;英美票据法中则区分出票伪造和背书伪造,效力不完全相同,在出票伪造的情形,除非持票人对伪造的事实明知,否则有权要求承兑人付款,在背书伪造的场合,不论伪造背书之后有无真实背书,持票人均不能取得票据权利,无权要求付款人付款,原合法持票人有权要求其返还票据,最后持票人只能要求伪造背书之后签章的背书人承担责任或向伪造人追偿,无权要求伪造背书之前签章的人承担;对于因存在票据伪造而错误付款的情形,日内瓦公约体系规定的付款人的审查义务是形式审查义务,在此前提下,以付款人免责为原则,不免责为例外,英美法系国家则以付款人承担责任为原则,免责为例外。

---

① 美国《银行业务法》第45—46、50—51条;美国《统一商法典》第3-404条、第3-417条、第3-418条、第3-419条、第3-406、第4-406条。

第二节 票据变造

一、票据变造的概念

我国《票据法》与我国台湾地区票据法均规定了票据变造与更改。变造是没有更改权限的人改变票据上签章以外的记载事项,更改则是有更改权限的人改变票据上的记载事项,变造是一种违法行为,除按票据法的规定承担责任外,还应承担民事责任、行政责任或刑事责任。

二、票据变造的法律后果

问题引入 支票的金额被变造了。该支票还有效吗?

根据我国《票据法》第 14 条的规定,票据上的记载事项应当真实,不得伪造、变造。伪造、变造票据上的签章和其他记载事项的,应当承担法律责任。票据上有伪造、变造的签章的,不影响票据上其他真实签章的效力。票据上其他记载事项被变造的,在变造之前签章的人,对原记载事项负责;在变造之后签章的人,对变造之后的记载事项负责;不能辨别是在票据被变造之前或者之后签章的,视同在变造之前签章。

这里包括以下几层意思:

1. 变造是在有效的票据上改变有关记载事项的行为,同时是无权变更的人实施的行为,因而是一种违法行为。应当承担法律责任。

2. 变造并不导致票据无效,票据债务人依然应当基于签章承担票据责任。我国《票据法》第 9 条第 2 款规定:"票据金额、日期、收款人名称不得更改,更改的票据无效。"如当事人对票据的金额、名称、出票日期进行了变造,其后果如何?在实践中,有判决认为,变造日期、金额并不影响票据的效力。[①] 也有判决认为,变造金额视同更改,更改金额的票据无效。[②] 前一理解符合法律文义解

---

① 北京市第一中级人民法院(2001)一中经终字第 1351 号民事判决书。中国工商银行北京市房山支行与洪昌平、中油北京销售有限公司票据损害赔偿纠纷案。案件来源:www.1000fl.com, 2011 年 1 月 8 日访问。

② 陕西省榆林市中级人民法院(2001)于中法经二终字第 54 号民事判决书。榆林市人民政府招待所与中国工商银行榆林市分行榆阳区支行票据损害赔偿纠纷案。案件来源:北大法律信息网,2011 年 1 月 9 日访问。该案的案情是:出票人招待所给华达电线销售处开出两张转账支票,在支票上只写了时间和小写金额,在小写金额前面填写了限制符号"¥",未写大写及收款单位名称。后发现两张转账支票出票时间和金额被变造,¥"符号涂去,票据金额增大,被告榆阳支行已经就变造后的支票向持票人付款,该款项从原告账上划出,形成损失。一审判决按照补充记载事项超出授权范围应由出票人承担责任的规定,驳回原告请求。二审判决认为,票据金额被改变,更改的票据无效,被告未能识别出变造的票据,属于重大过失,应承担责任。原告也有过错,也应承担一定责任。

释。但是,在逻辑上有一定问题,因为变造和更改都是改变记载事项,更改是原记载人更改,是有权更改,变造是他人更改,是无权更改,原记载人更改上述三项内容之一尚且导致票据无效,无权更改人更改上述三项内容之一却票据仍然有效,不合逻辑。后一理解与文义不符,但符合逻辑。

3. 票据被变造后,在变造之前签章的人,对原记载事项负责;在变造之后签章的人,对变造之后的记载事项负责。

例如,一支票出票人 A 出票时记载的金额为 1000 元,收款人 B 把支票背书装让给 C 时把金额变造为 1 万元。C 又背书转让给 D,D 请求付款被拒绝,向前手行使追索权时,A 属于变造前签章的人,承担 1000 元的责任,B、C 是变造后签章的人,承担 1 万元的责任。

4. 不能辨别是在票据被变造之前或者之后签章的,视同在变造之前签章。但国外有立法例规定,除有相反证据外,推定为在变造之后签章。[①]

票据变造的效力,在各国的规定是基本一致的。英国票据法有关变造效果的规定是,凡票据未经全体责任当事人的同意而作了重大变造,作出授权或同意该项变造的当事人及其后手背书人,应向持票人依变造后的事项承担责任,未作出同意重大变造的当事人不承担票据责任,如果重大变造在外观上不明显,则正当持票人可以将该汇票作为未经变造的票据运用,不仅可以要求作出重大变造的人及其后手按变造后的文义负责,而且可以要求未作出重大变造的人按变造前的文义负责。美国《统一商法典》对此问题的规定与英国票据法大体相同。[②]

第三节　更改与涂销

一、票据更改

问题引入　支票的金额被更改了。该支票还有效吗?

票据更改,则是我国台湾地区票据法与我国《票据法》特有的规定,它是指有权改变票据上记载事项的人对相关事项的改变。更改的规则是:

1. 更改应由原记载人更改。例如,出票人记载的事项由出票人更改,背书

---

① 我国《票据法》第 14 条第 3 款;台湾地区“票据法”第 16 条;日内瓦《统一汇票本票法公约》第 69 条;联合国《国际汇票本票公约》第 35 条。

② 英国《票据法》第 64 条;《流通票据与票据法规入门》,第 112 页;美国《统一商体典》第 3-407 条。

人记载的事项由背书人更改,其他人不得更改,否则即为变造。

2. 法律规定不得更改的事项,不得更改。例如,我国台湾地区“票据法”规定金额不得更改,我国《票据法》第9条规定规定金额、收款人名称、日期不得更改。这里的日期应解释为出票日期,因为到期日本身就不是绝对应记载事项,即使无记载,也不影响票据效力,记载不符合要求,只能视为该项无记载。所以更改到期日,并不导致票据无效。对于法律规定不得更改的事项予以更改的后果,台湾地区“票据法”未明确规定,我国《票据法》则规定导致票据无效。

3. 更改的方式是原记载人更改有关事项后,应在更改处签章。

4. 我国台湾地区“票据法”规定,更改应在交付前进行,我国《票据法》对此未作明确规定,对此应作相同的理解。因为票据一旦交付,票据已不在原记载人手中,无法直接更改,而持票人可能基于原有文义支付了对价或具有信赖利益,如果票据又流转到第三人手中,涉及第三人的权利内容以及背书人的责任,因此,原记载人就无权基于其单方意志索回票据进行更改。

5. 票据依法定形式更改后,更改前的记载事项失效,按照更改后的记载事项确定相应的法律后果。

二、票据涂销

问题引入 背书人准备把票据转让给甲,已经进行了背书,但后来改变主意涂掉自己的背书签章,可以吗?

(一) 涂销的概念

涂销是行为人涂去票据上记载事项的行为。我国票据法没有规定涂销,但在实务中有时存在这种行为。从某种意义上说,涂销是广义的票据更改。但与更改仍然有区别,主要是:

(1) 涂销是涂去票据上包括签章在内的某些记载内容,而更改则是对原有内容的改变,并不是单纯地涂去。另外,更改不包括签章的改变,而涂销包括涂去签章。

(2) 更改必须为原记载人,而涂销则不一定是原记载人,享有涂销权的人既包括原记载人,也包括票据权利人,不同的情形下,涂销人不同。

(3) 涂销人不需要在涂销的地方签章。

涂销与变造的区别是:

(1) 狭义的涂销是一种合法行为,是当事人处分自己的权利或对改变原有意思表示的行为。而变造则是一种非法行为,目的是取得非法利益。

(2) 变造的手段有时包括涂销,但此时变造人并无涂销权,因此无权涂销的人实施的涂销应当视为变造或伪造。

（二）拥有涂销权的主体

（1）原记载人。原记载人对已经记载的事项有权涂销。例如背书人对背书中的某些记载事项记载错误，决定涂销，或者决定改变，不愿转让票据，把背书涂销，或者把被背书人涂销。当然可以涂销的事项不能是票据有效的绝对必要记载事项，否则将导致票据无效。再如，承兑人记载了承兑事项，在把票据交还给持票人前，把承兑签章涂销。原记载人涂销的规则及效力，与更改相同。涂销后，视为被涂销的事项无记载。

（2）回头背书的被背书人。当背书人通过回头背书取得票据时，重新成为票据权利人，此时为了简化关系，可以把自己之前的背书和后手持票人的背书涂销。

第八章 票据丧失的救济措施

本章导读 票据丧失后，可以采取的救济措施包括挂失止付、公示催告和提起诉讼三种，三者各有不同的作用。

第一节 概 述

一、票据丧失的概念

问题引入 小王持有一张支票，但被他人盗窃，属于票据丧失吗?

票据是有价证券。一方面，行使权利原则上应以持有票据为条件，失去对票据的占有时，持票人无法正常行使权利，可能受损失；另一方面，实际占有票据的人有可能持票主张权利，这就需要通过专门的制度解决票据丧失以后如何救济的问题。

票据丧失是指失票人基于自己意志以外的原因失去对票据占有的事实状态。票据丧失不仅仅是失去对票据占有的一种事实，同时也是一个有特定构成要件的法律概念，具备相应的构成要件，才能获得法律的救济。票据丧失需要具备以下几个要件：(1) 失票人失去对票据的持有；(2) 失票人是因意志以外的原因丧失票据的占有，即在持票人没有任何意思表示的情况下失去了对票据的占有，如果票据的转移占有是基于持票人自己的意志，即使意思表示不真实，也不属于票据丧失，例如被欺诈而转让票据就不是票据丧失。(3) 无法恢复票据占有或无法确定他人是否已经占有票据或虽可确定票据已由他人占有，但实际占有人不能确定。例如票据灭失、毁损而无法恢复占有，票据丢失而不能确定是否已由他人占有，票据被盗、被抢而不能确定占有人的身份等。持票人失去对票据的占有，但是可以确定目前实际占有人的，不属于票据丧失，二者之间的纠纷可以适用票据返还请求权制度加以解决。

二、失票人的构成要件和范围

问题引入　小王持有的一张支票丢了，出票人可以失票人的身份提出公示催告请求吗？

票据丧失以后当事人往往通过一定的法律程序予以救济而预防损失发生，这就需要对失票人的范围在票据法上加以确定，在法律上确定失票人的意义在于，只有失票人才有权提起对票据丧失进行救济的公示催告或诉讼程序。理论中有学者认为，失票人应当是持有票据的权利人。票据权利人在违反自己的意思的状态下丧失票据占有，需要法律提供救济。①

《民事诉讼法》第218条规定："按照规定可以背书转让的票据持有人，因票据被盗、遗失或者灭失，可以向票据支付地的基层人民法院申请公示催告……"最高人民法院《关于适用〈中华人民共和国民事诉讼法〉的解释》（法释〔2015〕5号）第444条规定："民事诉讼法第218条规定的票据持有人，是指票据被盗、遗失或者灭失前的最后持有人。"

《票据法司法解释》第26条规定：可以申请公示催告的失票人，是指按照规定可以背书转让的票据在丧失票据占有以前的最后合法持票人。这里所说的最后合法持票人是不是仅指票据权利人，并未明确。司法实践中对最后持票人以及失票人的确认有不同的认识。例如，在忻州市北方洗煤厂与交口县鑫海实业有限公司票据纠纷案中，法院的审理存在不同的处理方式。②

① 曾世雄：《票据法论》，台湾三民书局1998年版，第207页。

② （2011）西民催字第27131号民事判决书；北京市西城区人民法院（2013）西民初字第3735号民事判决书；北京市第一中级人民法院（2013）一中民终字第11556号民事裁定书；北京市西城区人民法院（2014）西民初字第750号民事判决书；北京市第二中级人民法院在（2014）二中民终字第05398号民事判决书。案件来源：中国裁判文书网。该案的案情及过程是：涉案票据出票日期为2011年8月5日，出票人为中国诚通金属（集团）公司，付款行为民生银行北京魏公村支行；收款人为友发公司，出票金额为100万元；汇票到期日为2012年2月5日。该银行承兑汇票粘单连续记载的背书人与被背书人为：友发公司在背书人处签章，被背书人为上林公司；上林公司背书人处签章，被背书人为文丰公司；文丰公司在背书人处签章，被背书人为云鑫公司；云鑫公司在背书人处签章，被背书人为鑫磊公司；鑫磊司在背书人处签章，被背书人为鑫海公司。2011年10月26日，忻州市北方洗煤厂就涉案票据向北京市西城区人民法院申请公示催告。称2011年9月5日，因我厂财务人员工作失误，不慎遗失。并提交了文丰公司与云鑫公司、云鑫公司与鑫磊公司、鑫磊公司与洗煤厂之间依次的交易关系及票据转让证明。公告到期后，洗煤厂提交除权判决申请书，法院于2012年1月11日作出除权判决。2012年1月，鑫海公司持票向付款人提示付款被拒绝，付款人因票据已被公示催告除权拒绝。2012年1月31日鑫海公司以洗煤厂为被告向一审法院提起诉讼。请求确认交口公司对涉案票据享有票据权利；由洗煤厂向交口公司赔偿利息损失。北京市西城区人民法院于2013年7月26日作出（2013）西民初字第3735号民事判决书，判决驳回了鑫海公司的诉讼请求。理由是：虽然本案诉争汇票最后一手背书人为鑫磊公司，被背书人为鑫海公司，但洗煤厂

本书认为,失票人的确定,应从构成要件和范围两个方面分析:

（一）构成要件

1. 失票人必须是票据丧失以前的最后持票人,在票据丧失以前其他曾经持有票据的人,已经基于自己的意思表示将票据交付给后手,最后持票人丧失占有票据并不会使之前的前手持票人承担风险或受损失。

2. 失票人必须是票据丧失以前的以合法手段取得票据的持票人,简称为最后合法持票人,当最后持票人以非法手段取得票据时,不论是否丧失对票据的占

提交了证据能够证明鑫磊公司与北方洗煤厂之间存在交易关系,本案诉争汇票系鑫磊公司作为预付货款交付给北方洗煤厂,交付时该汇票没有记载被背书人,北方洗煤厂以合法方式取得该汇票,系该汇票合法的最后持票人。鑫海公司与鑫磊公司之间没有交易关系,鑫海公司并非直接从鑫磊公司获得该汇票,故鑫海公司应提交证据证明是以其他合法方式取得的汇票。在诉讼过程中,鑫海公司提供的证据仅能证明秦岭将汇票交付给秦卫华,秦卫华交付给民旺公司,民旺公司交付给高强铸造厂,高强铸造厂交付给鑫海公司,高强铸造厂与鑫海公司之间存在交易关系。但鑫海公司所述诉争汇票系北方洗煤厂交付秦岭一节,未能提供证据予以支持。鑫海公司虽然为记载在本案诉争汇票上的最后一手被背书人,但因其并非直接从上手背书人鑫磊公司处取得,且其未能提交充分证据证明是以其他合法方式取得的汇票,故对其诉讼请求该院不予支持。鑫海公司不服一审判决,向北京市第一中级人民法院提起上诉。经审理,北京市第一中级人民法院于 2013 年 11 月 11 日作出(2013)一中民终字第 11556 号民事裁定书。该裁定书认为:鑫海公司持有的涉案票据已经(2011)西民催字第 27131 号民事判决书作出除权判决,在除权判决未被撤销前,鑫海公司不享有票据权利;且根据票据所具有的文义性特点,洗煤厂并非涉案票据上所记载的适格票据当事人。因此裁定撤销了(2013)西民初字第 3735 号民事判决书,并裁定驳回了鑫海公司的起诉。鑫海公司认为,依据相关法律规定,洗煤厂无权申请公示催告。2013 年 12 月 25 日,鑫海公司再次向西城法院起诉,请求判令撤销北京市西城区人民法院(2011)西民催字第 27131 号除权判决。2014 年 3 月 21 日,北京市西城区人民法院(2014)西民初字第 750 号民事判决,票据作为文义证券,其所创设的一切权利和义务,应严格依票据上所记载的文字为准。一审法院通过对涉案票据记载内容的审查,显见洗煤厂并非涉案票据的票据关系当事人。因此,洗煤厂无法基于票据关系而依法享有相应的票据权利。洗煤厂虽向一审法院提交了相关证据可以佐证其实体权利的存在并取得了涉案票据,但洗煤厂因其自身原因未在涉案票据上签章背书所导致的无法取得票据权利的不利后果,应自行承担。鑫海公司系票据关系当事人,且为经连续背书而合法持有票据的最后一手被背书人。在持票人出具连续背书票据的情况下,应当推定票据处于正常的流转当中。该案中,鑫海公司已经提交了证据佐证了其取得票据已经支付对价,在洗煤厂未提交充分证据佐证交口公司取得票据系出于恶意的前提下,一审法院应当依法确认交口公司为涉案票据合法持票人。最后持有人"只能依据汇票的记载情况来确定,而不应当依据汇票物质形态上的占有情况来确定。根据票据的记载,在票据遗失时的最后一位票据权利人就是最后持有人;仅仅在实物形态上占有票据但依据票据的记载不享有票据权利的人不属于最后持有人。洗煤厂并非涉案票据之"最后持有人",故其作为申请人向一审法院提出公示催告申请于法无据。因此,一审法院已经作出的(2011)西民催字第 27131 号除权判决应予撤销。洗煤厂向北京市第二中级人民法院提起上诉。北京市第二中级人民法院在(2014)二中民终字第 05398 号民事判决书中认为,本案二审争议的焦点问题是洗煤厂申请公示催告是否符合法律规定。洗煤厂上诉主张其基于与涉案票据上的背书人鑫磊公司之间的煤炭交易合法取得涉案票据,未能将涉案票据填写完整前遗失了该票据,其作为丧失票据占有以前最后合法持票人申请公示催告符合法律规定。本案中,涉案票据为可以背书转让的汇票,鑫海公司为涉案票据载明的最后一手被背书人。诉讼中,鑫海公司提交了证据,用以证明其合法取得涉案票据,并已支付对价。故应当认定交口公司系涉案票据的最后合法持票人。洗煤厂虽然举证证明其曾经合法持有涉案票据,参与了涉案票据的流转过程,但其因自身原因未在涉案票据上签章背书,根据票据的文义性,洗煤厂不属于涉案票据的票据关系当事人,亦不享有该票据项下的票据权利。因此,洗煤厂并非涉案票据的最后持有人,其就涉案票据向一审法院申请公示催告,不符合有关公示催告的法律规定。一审法院撤销除权判决,驳回上诉,维持原判。

有，都不受保护，此时最后持票人之前的最后一个合法持票人为失票人。

3. 失票人是对票据丧失承担风险或可能遭受损失的人，并不一定是票据权利人。票据权利人失去票据固然可能受损失，即使不是票据权利人，但依权利人的意志实际占有票据而代权利人行使权利的人，例如委托收款的被背书人或票据质权人，在票据丧失后不仅票据权利人可能遭受损失，而且委托收款的被背书人或质押背书的被背书人也存在承担票据丧失的风险问题。前者是因票据丧失而使票据权利人的权利丧失时向票据权利人承担的赔偿责任，后者是票据质权的丧失以及可能向票据权利人承担的赔偿责任。此外，某些情况下，票据义务人也会因其持有票据期间丧失票据而受损失或承担风险，例如出票人在填写票据相关事项签章后、交付收款人前丧失了票据，出票人因此可能要向善意第三人承担票据责任或付款人基于该票据向提示付款人付款并从出票人账户划转款项，此时出票人将受损失并承担该风险，此时当事人虽然不是票据权利人，由于票据丧失可能使其受损失或承担风险，因而可以成为失票人。另外，在某些票据中既不是权利人也不是票据义务人，但票据丧失后会导致其损失的人，也可以成为失票人，例如银行汇票、本票的申请人。故此应对最后合法持票人作比较宽泛的理解，不应限定于票据要权利人。

4. 基于自己的意志外的原因失去了票据的占有，如系以自己的意志将票据交付给他人不能成为失票人。但如果票据权利人将票据交给他人保管、代收款项、质押时，保管人、代收人、质权人丧失票据的，票据权利人可以同时成为失票人。

（二）失票人的范围

基于以上要件分析，失票人的范围应当包括以下几个方面：

1. 票据丧失以前最后持有票据的票据权利人。

2. 票据丧失以前票据权利人将票据交付给其保管、代收款项、质押的保管人，委托收款的背书人，质权人。

3. 票据丧失以前依合法手段取得票据、但因欠缺其他要件而不享有票据权利的最后持票人，例如基于他人的伪造签章或从无行为能力人签章取得票据或取得票据的背书形式要件欠缺而不享有票据权利的持票人。因为上述当事人虽不享有票据权利，但存在因丧失票据而向以后取得票据的人承担责任的风险，对于这种风险进行控制，是其合法权利，应当保护。

4. 在交付票据以前丧失票据的出票人或背书人以及申请人。

5. 对票据付款后、尚未注销而丧失票据的付款人、承兑人。

第二节 挂失止付

一、挂失止付的概念

挂失止付是指失票人在票据丧失以后,告知付款人或代理付款人票据丧失的情形并请求付款人在法律规定的止付期间内暂时停止支付的救济方法。我国《票据法》第15条以及中国人民银行颁布的《支付结算办法》规定了挂失止付制度。

二、挂失止付的性质与作用

挂失止付本来是我国票据实务中形成的对票据丧失进行救济的习惯做法,《票据法》规定为一种可供当事人选择的救济方式。挂失止付是失票人向付款人或代理付款人单方面通知停止支付的救济方式。其作用在于防止票据金额被无权利人冒领。挂失止付手续简便,仅依失票人通知即可,能够在最短的时间内控制损失的发生,有其特有的优越性。但挂失止付毕竟不是通过司法机关对票据丧失进行救济的方式、不能确定究竟谁有权行使票据权利,因此只能发生付款人暂时停止支付的效力,并不能彻底解决票据丧失后的法律后果,也不能从根本上控制风险或损失。因此,挂失止付的救济方式往往与其他救济方式结合在一起进行救济。

三、挂失止付票据的适用范围

问题引入 小王持有的一张银行汇票丢失了,可以挂失止付吗?

我国《票据法》第15条第1款规定:"票据丧失,失票人可以及时通知票据的付款人挂失止付,但是,未记载付款人或者无法确定付款人及其代理付款人的票据除外。"也就是说,未记载付款人或者无法确定付款人及代理付款人的票据不可以采取挂失止付方式。挂失止付通知是失票人向付款人或代理付款人作出的,当票据上未记载付款人或付款人不确定时,票据无效,不存在挂失止付的问题,这一规定没有适用的意义,当票据的代理付款人不确定时,仅向付款人作出通知,因付款人也无法得知提示付款人向哪个代理付款人提示付款,挂失止付通知又不可能向所有可能存在的代理付款人发出,因此,挂失止付的救济方式不能适用于代理付款人不确定的票据,只能适用于代理付款人确定的票据。

《支付结算办法》第48条规定,已承兑的商业汇票、支票、填明的现金字样和代理付款人的银行汇票以及填明“现金”字样的银行本票丧失,可以由失票人通知付款人或者代理付款人挂失止付。未填“现金”字样和代理付款人的银行汇票以及未填“现金”字样的银行本票丧失,不得挂失止付。《支付结算办法》虽未直接规定尚未承兑的商业汇票不得挂失止付,但在解释上也可以推知,未承兑的商业汇票,银行不予挂失止付。

《支付结算办法》上述规定的依据是,在我国票据实务中,按照《支付结算办法》的规定,代理付款人只能受理在本行开立存款账户的持票人为单位直接提交的银行汇票,也就是说,转账银行汇票的持票人是单位的,只能以其开户银行为代理付款人,而转账银行汇票可以背书转让,当票据丧失后,并不知道票据转让与否以及转让给何人,代理付款人不确定。另外,转账银行汇票的持票人是个人的,可以选择任何一家机构提示付款,代理付款人仍不确定的,不可以挂失止付。现金银行汇票只能由个人使用,且在申请开立时必须填写代理付款人名称,并且按照支付结算办法的规定,现金银行汇票不得背书转让,代理付款人可以确定,至于现金银行本票只能由个人使用,不得背书转让,个人持票人支取现金的,只能向出票银行要求付款,不存在确定代理付款人的问题,因此,只要标明“现金”字样,就可以挂失止付。支票的付款人都是确定的,即出票人的开户银行,且不存在代理付款人,可以挂失止付。《支付结算办法》之所以规定已承兑的商业汇票才可以挂失止付,是因为,在实践中商业汇票中的银行承兑汇票在未承兑时,银行是不会给予付款的,商业汇票中的商业承兑汇票,都需要通过代理付款人即付款人的开户银行付款,而付款人未承兑的,代理付款人也不会予以付款,故没有必要挂失止付。但是未承兑的商业汇票,可以确定代理付款人,从理论上讲应该可以挂失止付。

四、挂失止付的程序

根据《票据管理实施办法》和《支付结算办法》的规定,失票人通知票据的付款人或者代理付款人挂失止付时,应当填写挂失止付通知书并签章。挂失止付通知书应当记载下列事项:(1) 票据丧失的时间和事由;(2) 票据种类、号码、金额、出票日期、付款日期、付款人名称、收款人名称;(3) 挂失止付人的名称、营业场所或者住所以及联系方法。付款人或者代理付款人收到挂失止付通知书,应当立即暂停支付。付款人或者代理付款人自收到挂失止付通知书之日起 12 日内没有收到人民法院的止付通知书的,自第 13 日起,挂失止付通知书失效。付款人或者代理付款人在收到挂失止付通知书前,已经依法向持票人付款的,不再接受挂失止付。

《支付结算会计核算手续》规定了挂失止付的具体程序:

（一）银行汇票挂失止付手续

填明“现金”字样及代理付款行的汇票丧失，失票人到代理付款行或出票行挂失时，应当提交三联“挂失止付通知书”，分别作如下处理：

1. 代理付款行接到失票人提交的挂失止付通知书，应审查挂失止付通知书填写是否符合要求，是否属本行代理付款的现金汇票，并查对确未付款的，方可受理。在第一联挂失止付通知书上加盖业务公章作为受理回单，第二、三联于登记汇票挂失登记薄（格式可由人民银行当地分行规定）后专夹保管，凭以掌握止付。如失票人委托代理付款行通知出票行挂失的，代理付款行应即向出票行发出挂失通知，采用电报通知的，凭第三联拍发电报，出票行接到代理付款行发来的挂失通知，应抽出原专夹保管的汇票卡片和多余款收账通知核对无误后，一并另行保管，凭以控制付款或退款。

2. 出票行接到失票人提交的挂失止付通知书，应审查挂失止付通知书填写是否符合要求，并查对汇出汇款账和汇票卡片系属指定代理付款行支取现金的汇票，并确未注销时方可受理。在第一联挂失止付通知书上加盖业务公章作为受理回单，第二、三联于登记汇票挂失登记簿后，与原汇票卡片和多余款收账通知一并另行保管，凭以控制付款或退款。如失票人委托出票行通知代理付款行挂失的，应即向代理付款行发出挂失通知，采取电报通知的凭第三联拍发电报。代理付款行接到出票行发来的挂失通知，查对确未付款后，挂失止付通知专夹保管，凭以掌握止付。

（二）商业汇票挂失的处理手续

已承兑的银行承兑汇票丧失，失票人到承兑银行挂失时，应当提交三联挂失止付通知书。承兑银行接到挂失止付通知书，应从专夹中抽出第一联汇票卡片和承兑协议副本，核对相符确未付款的，方可受理。在第一联挂失止付通知书上加盖业务公章作为受理回单，第二、三联于登记汇票挂失登记簿后，与第一联汇票卡片一并另行保管，凭以控制付款。

商业承兑汇票丧失，由失票人向承兑人挂失。

（三）本票的挂失止付

确系填明“现金”字样的本票丧失，失票人到出票行挂失时，应提交第一、二联挂失止付通知书。出票行收到挂失止付通知书后应按规定审核，抽出原专夹保管的本票卡片或存根核对，确属本行签发并确未注销时，方可受理。第一联挂失止付通知书加盖业务公章作为受理回单交给失票人，第二联于登记本票挂失登记簿后，与原本票卡片或存根一并专夹保管，凭以控制付款或退款。

（四）支票挂失止付手续

支票丧失，失票人到付款行请求挂失时，应当提交第一、二联挂失止付通知书。付款行收到挂失止付通知书后，按规定审查无误并确未付款的，第一联挂失止付通知书加盖业务公章作为受理回单交给失票人，第二联于登记支票挂失登记簿后专夹保管，并在出票人账户账首明显处用红笔注明“×年×月×日第×号支票挂失止付”字样，凭以掌握止付。

五、挂失止付的法律效力

1. 付款人或代理付款人承担暂时停止支付的义务。付款人或代理付款人在收到挂失止付通知后应在12日内停止向提示付款人付款，若付款人在此期间内付款，应对由此发生的损失承担责任。自收到挂失止付通知的，自第13日起，挂失止付通知失效①，付款人或代理付款人按正常操作程序善意付款的，免除其错误付款的责任。

2. 挂失止付不产生使票据失效或禁止转让的效力，不能排除票据被他人善意取得时他人享有票据权利。

3. 失票人在挂失止付期满后，未经法定程序，无权要求付款人或代理付款人付款。

4. 挂失止付通知前，付款人或代理付款人已经基于善意向提示付款人付款的，付款人不对失票人承担责任，风险由失票人承担。

第三节　公示催告

一、公示催告的概念

公示催告是指票据等有价证券丧失后，依据申请人的申请，人民法院以公告的形式，告知利害关系人在一定期限内申报权利，否则将由法院依申请人申请作出除权判决，确认票据失去效力，使票据与权利分离，使丧失票据的人行使票据权利的救济方法。公示催告制度的理论基础是无权推定论，即票据是有价证券，权利和证券原则上不得分离，持票人丧失票据后因未持有票据，就首先推定其不享有票据权利，因而在不持有票据的情况下不能行使票据权利，只有通过特定的司法程序，法院判决权利与证券相分离时，才可以行使票据权利。

二、公示催告的性质及其作用

公示催告是大陆法系国家在民事诉讼程序与票据法中规定的对包括票据在内的有价证券丧失所能采取的一种救济方式。大陆法系之所以采用公示催告方式而未采用提起诉讼的方式，是因为依大陆法系票据法的理论与制度，即使存在

---

① 《票据管理实施办法》第20条。

伪造背书,在第三人具备善意取得条件的情况下,将确认第三人取得票据权利而原合法持票人失去票据权利,付款人向善意第三人付款的或善意向无权利人付款的,不承担风险,无须向原合法持票人再次付款。这样,失票人丧失票据,付款人向失票人付款后,第三人善意取得票据,再持票向承兑人请求付款时,一般都应支持第三人的诉讼请求而判令承兑人再次付款,承兑人二次付款的情形可能经常出现,承兑人付款后还需通过一定的方式和时间来变现失票人所提供的担保而获得赔偿,这实际上并不具有效率。我国《民事诉讼法》及《票据法》都规定了票据丧失后的公示催告制度。

公示催告程序是一种独立的救济方式,并不以挂失止付为前提条件,即使是有些不得挂失止付的票据,也可以以公示催告的方式进行救济。

公示催告是通过司法程序对丧失票据所采取的救济措施,它不仅具有暂时停止支付、防止票据款项被冒领的作用,而且还具有查找利害关系人、进而为确认票据与权利相分离创造条件的作用,是一种彻底解决票据丧失后可能产生的法律后果的一种救济方式。但公示催告程序周期较长、需要一定的成本,并且由于票据流通范围很广,持票人或付款人、代理付款人难以注意到收受的票据是否已被公示催告,承担较大风险。另外,银行汇票的代理付款人遍及全国各地,公示催告的止付通知书无法一一送达,使公示催告难以实行①,因此,公示催告方式也有其局限性。

三、公示催告程序的受理条件

1. 提出申请公示催告的人是法律意义上的失票人。

2. 申请公示催告的票据是法律规定可以适用于公示催告程序的票据。我国《民事诉讼法》规定,可以背书转让的票据丧失,失票人可以向法院申请公示催告。这一规定把公示催告的救济方式限制在一个狭窄的范围之内,不利于失票人风险的控制与失票人合法利益的保护。因为有些票据即使是法律规定不转让的,失票后仍可能出现损失。例如超过付款提示期间的票据,失票人失票后为他人拾得时,通过伪造背书而请求付款等。更为现实的问题是,法律规定不得转让的票据,失票人失去票据后,如不允许以公示催告的方式加以救济,而又无力提供担保提起诉讼时,实际上就无法行使其票据权利。

根据《票据法司法解释》的规定,对公示催告程序所适用的票据,比《民事诉讼法》的规定有所扩大。按该司法解释,出票人已经签章的授权补记的支票丧失后,失票人可以向法院申请公示催告。超过付款提示期间的票据丧失后,失票人可以向法院申请公示催告。

---

① 周正庆:《关于〈中华人民共和国票据法(草案)〉的说明》。

3. 申请人应提出书面申请,并在申请书中填明票据金额、出票人、付款人、背书人等主要内容,不过对于未记载金额的空白支票的丧失,可以不填金额。

四、公示催告及相关程序

问题引入　何某持有的一张票据丢失了,他准备提起公示催告申请,但他不清楚票据公示催告程序如何进行。

公示催告的程序主要如下:

1. 申请人提出书面申请,公示催告申请书应当载明下列内容:(1) 票面金额;(2) 出票人、持票人、背书人;(3) 申请的理由、事实;(4) 通知票据付款人或者代理付款人挂失止付的时间;(5) 付款人或者代理付款人的名称、通信地址、电话号码等。

2. 法院进行审查, 人民法院收到公示催告的申请后,应当立即审查,并决定是否受理。人民法院应结合票据存根、丧失票据的复印件、出票人关于签发票据的证明、申请人合法取得票据的证明、银行挂失止付通知书、报案证明等证据,决定是否受理。经审查认为符合受理条件的,通知予以受理,并同时通知支付人停止支付;认为不符合受理条件的,7 日内裁定驳回申请。公示催告申请人撤回申请,应在公示催告前提出;公示催告期间申请撤回的,人民法院可以径行裁定终结公示催告程序。

3. 法院决定受理公示催告申请,应当同时通知付款人及代理付款人停止支付,并自立案之日起 3 日内发出公告。

人民法院通知支付人停止支付,应当符合有关财产保全的规定。支付人收到停止支付通知后拒不止付的,除可依照民事诉讼法规定采取强制措施外,在判决后,支付人仍应承担付款义务。

公告,应当写明下列内容:(1) 公示催告申请人的姓名或者名称;(2) 票据的种类、号码、票面金额、出票人、背书人、持票人、付款期限等事项以及其他可以申请公示催告的权利凭证的种类、号码、权利范围、权利人、义务人、行权日期等事项;(3) 申报权利的期间;(4) 在公示催告期间转让票据等权利凭证,利害关系人不申报的法律后果。公告应当在有关报纸或者其他媒体上刊登,并于同日公布于人民法院公告栏内。人民法院所在地有证券交易所的,还应当同日在该交易所公布。根据最高人民法院《关于人民法院发布公示催告程序中公告有关问题的通知》(法〔2016〕109 号)的有关规定,各金融机构应在办理票据(含纸票)贴现、转贴现、质押等业务时,通过查询电票系统以及中国法院网、法院公告网、人民法院报网站等方式,及时掌握票据是否被挂失止付或公示催告等信息;

公告期间不得少于60日,且公示催告期间届满日不得早于票据付款日后15日。

4. 利害关系人申报权利,人民法院应当通知其向法院出示票据,并通知公示催告申请人在指定的期间查看该票据。人民法院收到利害关系人的申报后,应当裁定终结公示催告程序,并通知申请人和支付人。申请人或者申报人可以向人民法院起诉。确认票据权利的归属。公示催告申请人申请公示催告的票据与利害关系人出示的票据不一致的,应当裁定驳回利害关系人的申报。

5. 在申报权利的期间无人申报权利,或者申报被驳回的,申请人应当自公示催告期间届满之日起1个月内申请作出判决。逾期不申请判决的,终结公示催告程序。裁定终结公示催告程序的,应当通知申请人和支付人。判决公告之日起,公示催告申请人有权依据判决向付款人请求付款。

6. 公告期间届满后,在法院作出除权判决之前,利害关系人申报权利且不属于应驳回申报情形的,即使申请人已经申请除权判决的,法院也不再作出除权判决,而是裁定终结公示催告程序,申请人或利害关系人可依普通诉讼程序提起诉讼,确认票据权利的归属;

7. 利害关系人因正当理由不能在判决前向法院申报权利的,自知道或应当知道判决公告之日起1年内,可以向作出判决的法院起诉,此时,法院应按普通程序审理该案件。正当理由包括:(1) 因发生意外事件或者不可抗力致使利害关系人无法知道公告事实的;(2) 利害关系人因被限制人身自由而无法知道公告事实,或者虽然知道公告事实,但无法自己或者委托他人代为申报权利的;(3) 不属于法定申请公示催告情形的;(4) 未予公告或者未按法定方式公告的;(5) 其他导致利害关系人在判决作出前未能向人民法院申报权利的客观事由。此时,涉及两个方面之救济内容:一是行使票据权利的票据权益争议之诉,二是撤销除权判决的撤销之诉。如果利害关系人对除权判决认定的事实提出异议,其有权向法院起诉请求确认其为票据权利人并撤销除权判决。利害关系人只诉请确认其为票据权利人而未请求撤销除权判决的,法院应当在判决书写明:确认利害关系人为票据权利人的判决作出后除权判决即被撤销。[1] 在实践中,有法院的处理方法是,原告一方当事人应先或同时请求撤销除权判决才可请求确认票据权利[2]。笔者认为,为避免累诉,也应当允许同时提出撤销除权判决和确认票据权利归属、请求赔偿损失等请求。

---

① 杨临萍:《最高人民法院第八次民事商事审判工作会议纪要〈关于当前商事审判工作中的若干具体问题〉》。

② 前述洗煤厂与鑫海公司票据纠纷中,法院要求原告先起诉撤销除权判决。在没有撤销除权判决之前主张权利按驳回起诉处理。

五、公示催告程序与除权判决的效力

问题引入　马福公司丢失了一张无记名支票，向法院提起公示催告申请，在此公示催告期间，康乐公司把该支票背书转让给某典当行，典当行不知道该票据是被公示催告的票据而接受了该票据，问：该背书行为转让有效吗？

1. 停止止付的效力。公示催告程序开始，法院发出止付通知之日起，直至法院允许解付之日止，付款人或代理付款人不得向提示付款人支付票款，否则就对由此造成的损失自行承担责任。

2. 排除善意取得的效力。根据《民事诉讼法》第220条以及《票据法司法解释》第34条的规定，在公示催告期间，以公示催告的票据转让质押的行为无效，接受该票据的人向法院主张票据权利的，不予支持，但公示催告期满以后法院作出除权判决以前取得票据的除外。依上述规定，持票人在公示催告期间取得票据的，即使是善意的、不知该票据已被公示催告，仍不能享有票据权利，在公示催告期间届满以后法院作出除权判决以前取得的，仍可能构成善意取得，从而否认申请人的票据权利。

3. 票据失效与恢复权利的效力。除权判决产生两个方面的效力，一是票据失去效力，不再代表权利，二是失票人在未持有票据的情况下恢复其权利，凭法院判决向付款人及代理人请求付款或行使追索权。

4. 中止票据时效的效力。公示催告程序开始后，若申请人是票据权利人，因票据丧失无法行使票据权利，若申报人是权利人，也因法院发出止付通知而无法行使权利，因而公示催告程序产生中止时效的效力。中止事由自公示催告终结法院发出允许解付的通知之日起或除权判决生效之日起消除，票据时效继续计算，若一方当事人起诉的，或依法院除权判决请求付款的，票据时效中断。

六、伪报票据丧失请求作出除权判决的责任

《票据法司法解释》第39条规定："对于伪报票据丧失的当事人，人民法院在查明事实，裁定终结公示催告或者诉讼程序后，可以参照民事诉讼法第一百零二条的规定，追究伪报人的法律责任。"[①]《民事诉讼法》第111条规定的是妨碍民事诉讼的司法强制措施及刑事责任，并未规定伪报票据丧失的民事责任。不过，在司法实践中，有判决确认伪报票据丧失恶意申请公示催告取得除权判决，

① 2012年《民事诉讼法》修改后对应条文为第111条。

应当就票据权利人的损失承担赔偿责任。①

第四节 补发票据或先行付款诉讼

一、概念与作用

补发票据或先行付款诉讼救济方式是指失票人丧失票据以后,直接向法院提起诉讼,要求补发票据或支付款项的救济方式。

诉讼救济方式本来是英美票据法规定的对票据丧失的救济措施。依英国《票据法》的规定,凡汇票到期前被丧失,原持票人可以向出票人申请按照原文义另行补发,如果出票人有要求,则应向其提供担保。如出票人在上述情况下拒绝补发,则可以强制其补发。如果持票人在丧失汇票后对票据债务人提起诉讼,不论该票据是否到期,只要失票人提供一份适当的担保,法院可以判令汇票的丧失视为不能成立,失票人可以起诉债务人要求承担清偿票款的责任。② 美国《统一商法典》也规定,即使票据所有人失去票据,不论是由于毁损、被窃还是由于其他原因,他仍可以保留以自己名义进行诉讼的权利,并在适当证明其票据权利、其无法出示票据的原因以及票据的条款后,可以从任何对票据承担责任的人那里取得票据价值。法院可以要求权利主张人向被告担供担保,以便再次发生对票据的权利主张时,用以补偿被告损失。③

诉讼救济方式的理论基础是有权推定论,即假定失票人并不因丧失票据而失去票据权利,故赋予失票人以有条件的权利,使失票人可以提供担保来实现自己的权利。英美法系之所以采用提起诉讼方式而未采用公示催告方式,是因为原则上不承认伪造背书以后任何取得票据的当事人的票据权利,原合法持票人可以向实际占有票据的人请求返还票据,不论票据转让过多少次,付款人对实际

---

① 最高人民法院(2015)民申字第1775号民事裁定书。最高人民法院(2014)民申字第1800号民事裁定书。案件来源:中国裁判文书网,wenshu. court. gov. cn,2017年1月9日访问。在天津丰宇正泰金属材料贸易有限公司、山西西山煤电股份有限公司与天津丰宇正泰金属材料贸易有限公司、山西西山煤电股份有限公司票据损害责任纠纷申请再审案中,最高人民法院认为关于丰宇公司应否承担赔偿责任。丰宇公司在将其所持有的汇票用于民间贴现后,伪称票据丢失向张家口市桥东区人民法院申请公示催告并取得案涉汇票除权判决,属于恶意转嫁风险。丰宇公司的行为致使西山煤电公司不能在票据有效期内行使票据权利、实现票据利益,侵害了持票人的票据权利,给持票人造成了损失,丰宇公司应对此承担赔偿责任。在岚县高家坡煤矿有限公司与岚县鑫三顺洗煤有限公司、程贵生票据损害责任纠纷申请再审案中,法院认为,鑫三顺公司法定代表人程贵生是在知道汇票贴现被骗之后,恶意伪报被盗,通过申请公示催告和申请法院作出除权判决,转嫁自身被骗的损失,侵犯了票据持有人高家坡公司的合法权益。最后持票人高家坡公司在取得票据合法、所持有的票据无瑕疵的情况下遭到拒付进而受到损失,原因是鑫三顺公司恶意申请公示催告及除权判决,鑫三顺公司应当承担相应的损害赔偿责任。此损害赔偿诉求系基于侵权责任提起,应适用《中华人民共和国民法通则》规定的诉讼时效。

② 英国《票据法》第69条、第70条。

③ 美国《统一商法典》第3-804条。

占有票据的人付款,要对原合法持票人承担再次付款的责任,而在票据丧失以后,在记名票据,拾得票据的人或通过盗窃等非法手段取得票据的人只有通过伪造背书,才能使票据在形式上表现为正常的转让,因此,承兑人(付款人)向失票人付款后,将来第三人再持票向承兑人请求付款时,也往往因存在伪造背书而驳回第三人的请求,承兑人二次付款的情形是例外情况。

我国《票据法》第15条以及《票据法司法解释》在采用公示催告方式的同时,也把直接提起诉讼作为救济方式之一。直接提起诉讼作为一种对失票人的救济措施,其作用是在失去票据占有而他人又没有取得票据权利的情形,失票人可以及时得到票据款项,在一定程度上可以克服公示催告程序的局限性,尤其是在票据已经绝对灭失的情况下更是如此。但此种方式的不足在于,票据由第三人善意取得的情况下,将来就该票据的票据权利归属一般都要产生又一次诉讼,这样就使票据权利的最终确定比通过公示催告程序解决更加耗费时间,同时在此情况下,因失票人丧失票据而导致票据债务人承担诉讼过程的时间成本。

二、适用条件

适用诉讼方式对票据丧失进行救济,需要具备以下条件:

1. 失票人丧失票据,但票据权利时效期间未超过。

2. 失票人向出票人提出补发票据的要求或付款的要求,在提供担保的情况下被拒绝。

3. 失票人应向法院说明曾经持有票据的情形及丧失票据的情形。

4. 失票人提起诉讼时,被告为与失票人具有票据债务关系的出票人、拒绝付款的票据承兑人或银行汇票和本票的付款人。

在失票人选择提起诉讼的方式救济时,出票人或承兑人、银行汇票和本票的付款人,除了不得以未持有票据进行抗辩外,基于其他人的抗辩和物的抗辩事由对失票人享有的抗辩权依然可以行使,因为不能因失票人失去票据反而取得不受抗辩的权利,比不丧失票据的情形处于更加有利的地位。

第九章　汇　　票

本章导读 票据使用流转环节主要包括出票、背书、承兑、保证、付款、追索六个方面。前四个环节是票据行为，出票主要是创设票据关系，出票人承担担保承兑和担保付款的责任。背书包括转让背书与非转让背书，转让背书的主要作用是转让票据权利，同时背书人承担担保承兑与担保付款的义务，另外，持有连续背书的持票人，推定他是权利人，不必另行举证。非转让背书包括设定质押的背书和委托收款背书。承兑的作用是确定付款人到期无条件付款的责任，在未承兑前，汇票付款人没有对持票人必须付款的义务。票据保证是在票据上记载一定事项为某个票据债务人履行票据债务提供担保，票据关系中，保证人与被保证人地位相同。付款是履行票据义务的行为，付款有一定的程序。付款人在付款前应对票据及相关事项进行审查。付款人及代理付款人因未尽到审查义务或以恶意及其他重大过失错误付款的，应承担赔偿损失的责任。追索权是持票人不能获得付款或不能获得承兑时向前手要求清偿票据金额及相关费用的权利，追索权的行使，需要具备追索原因并取得拒绝证明或其他有关证明。本章主要介绍汇票基本流转使用环节的形式要件和效力。另外，我国的汇票分为银行汇票和商业汇票，二者特点不同。商业汇票是典型的票据，票据法中规定的汇票制度，主要与商业汇票的特点相吻合。银行汇票是变式汇票，某些制度不适用于银行汇票。

第一节　汇票的类型及其使用实务概述

一、汇票的特点及类型划分

根据我国《票据法》第19条的规定，汇票是出票人签发的，委托付款人在见票时或者在指定日期无条件支付确定的金额给收款人或者持票人的票据。汇票分为商业汇票和银行汇票。

汇票有以下特点：

1. 汇票的基本当事人有三个,即出票人、收款人、付款人,在特殊情况下,出票人与收款人或者出票人与付款人是同一人。

2. 汇票可以是远期票据,也可以是即期票据。在指定日期付款的是远期票据,见票时付款的是即期票据。所谓见票时付款就是从出票日起,持票人即可选择一个时间向付款人提示付款,付款人见到票据的时间即为到期日,而不是指定出票日以后的某一个时间为到期日。

3. 汇票中的远期汇票有承兑制度。

4. 汇票既可以是一种支付工具,同时远期汇票也具有信用功能和融资功能。

二、商业汇票

问题引入 小王是公司销售代表,客户说准备用一张商业汇票付款,但小王不知道商业汇票如何使用,如何收款。

(一) 商业汇票的概念和特点

商业汇票是由银行以外的其他单位签发的汇票。根据《支付结算办法》及中国人民银行发布的其他相关规章制度,我国票据实务中的商业汇票具有以下特征:

1. 商业汇票的出票人是银行以外的组织。票据法没有限定商业汇票的具体出票人范围。

但经国务院批准,由中国人民银行发布的《票据管理实施办法》第 8 条规定商业汇票的出票人为银行以外的企业和其他组织。另外,向银行申请办理汇票承兑的商业汇票出票人,必须在银行开立存款账户,银行才受理承兑事宜。

2. 商业汇票的付款人(承兑人)可以是银行,也可以是其他单位。付款人为银行的,称为银行承兑汇票,付款人为银行以外的单位的,称为商业承兑汇票。

3. 商业汇票可以签发远期汇票,也可以签发即期票据。签发远期票据的,可以贴现。

4. 商业汇票的基本当事人包括出票人、收款人、付款人。票据法没有限定商业汇票持票人的范围。按照《支付结算办法》第 74 条的规定,在银行开立存款账户的法人以及其他组织之间,才能使用商业汇票。因此,实务中商业汇票的当事人限于法人和非法人组织,不包括自然人。银行承兑汇票通常是基础关系交易双方分别为出票人和收款人,出票人的开户银行或其他与出票人签订承兑协议等银行为承兑人(付款人)。持票人可通过自己的开户银行或直接向承兑人请求付款。商业承兑汇票有三种情况,一是基础关系交易双方分别为出票人和收款人,付款人(承兑人)为第三方。二是基础关系交易双方分别为出票人和收款人,付款人(承兑人)为出票人,称为对己汇票。三是基础关系交易双方分别为出票人和付款人(承兑人),收款人为出票人,称为指己汇票。

5. 商业汇票的支付方式都是转账支付。例如商业承兑汇票的持票人一般以自己的开户银行作为代收银行,向付款人的开户银行提示票据,付款人的开户银行是代理付款人。代理付款人得到付款人同意付款的确认后,将付款人在该行账户上的款项划入代收银行的账上,代收银行将该该款项划入持票人账户。

(二) 银行承兑汇票的使用流程

银行承兑汇票使用流程主要有以下环节[①]:

1. 银行承兑汇票的出票人出票并申请承兑,银行审批同意后,出票人交存一定比例的保证金,办理相关担保手续;

2. 银行与银行承兑汇票的出票人签订相关合同;

3. 银行承兑汇票的出票人签发票据,银行加盖汇票专用章,交付给出票人;

4. 银行承兑汇票到期前,督促出票人将足以支付汇票金额的资金存入银行账户;

5. 银行承兑汇票到期前,持票人将银行承兑汇票送交其开户银行办理托收;

6. 托收银行将银行承兑汇票和委托收款凭证传递给承兑银行;

7. 划转银行承兑汇票款项。

上述流程见图 9-1:

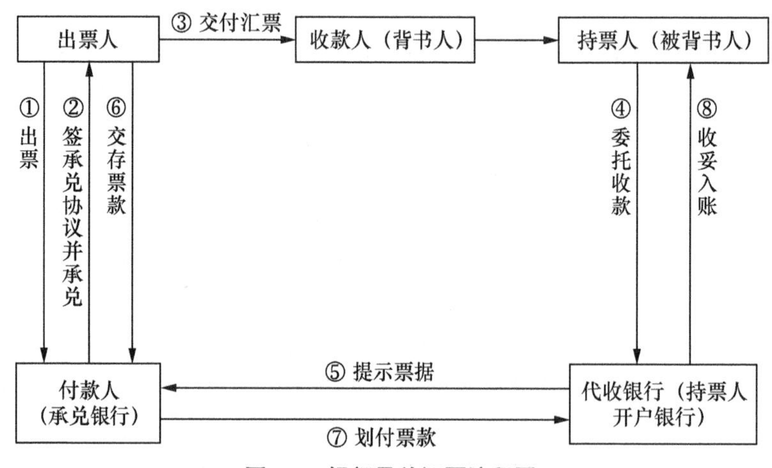

图 9-1 银行承兑汇票流程图

① 金融一网(www.138jr.com),2011 年 1 月 20 日访问。

（三）商业承兑汇票的使用流程

商业承兑汇票的主要使用流程如下：

1. 签发汇票。商业承兑汇票可以是普通汇票，也可以是变式汇票，即由付款人签发并承兑，或由收款人签发交由付款人承兑。商业承兑汇票一式三联，第一联为卡片，由承兑人（付款单位）留存；第二联为商业承兑汇票，由收款人开户银行随结算凭证寄付款人开户银行作付出传票附件；第三联为存根联，由签发人存查。

2. 承兑。商业承兑汇票由付款人承兑。付款人承兑时，无须填写承兑协议，也不通过银行办理，因而也就无须向银行支付手续费，只需在商业承兑汇票的第二联正面签署"承兑"字样并加盖印签后，交给收款人。由收款人签发的商业承兑汇票，应先交付款单位承兑，再交收款单位专类保管。

3. 持票人应在提示付款期限内通过开户银行委托收款或直接向付款人提示付款。对异地委托收款的，持票人可匡算邮程，提前通过开户银行委托收款。持票人超过提示付款期限提示付款的，持票人开户银行不予受理。

4. 商业承兑汇票的付款人开户银行收到通过委托收款寄来的商业承兑汇票，将商业承兑汇票留存，并及时通知付款人。

5. 付款人收到开户银行的付款通知，应在当日通知银行付款。付款人在接到通知日的次日起3日内（遇法定休假日顺延，下同）未通知银行付款的，视同付款人承诺付款，银行应于付款人接到通知日的次日起第4日（法定休假日顺延，下同）上午开始营业时，将票款划给持票人。

6. 付款人提前收到由其承兑的商业汇票，应通知银行于汇票到期日付款。付款人在接到通知日的次日起3日内未通知银行付款，付款人接到通知日的次日起第4日在汇票到期日之前的，银行应于汇票到期日将票款划给持票人。

7. 银行在办理划款时，付款人存款账户不足支付的，应填制付款人未付票款通知书，连同商业承兑汇票邮寄持票人开户银行转交持票人。

8. 付款人存在合法抗辩事由拒绝支付的，应自接到通知日的次日起3日内，做成拒绝付款证明送交开户银行，银行将拒绝付款证明和商业承兑汇票邮寄持票人开户银行转交持票人。

上述流程见图9-2：

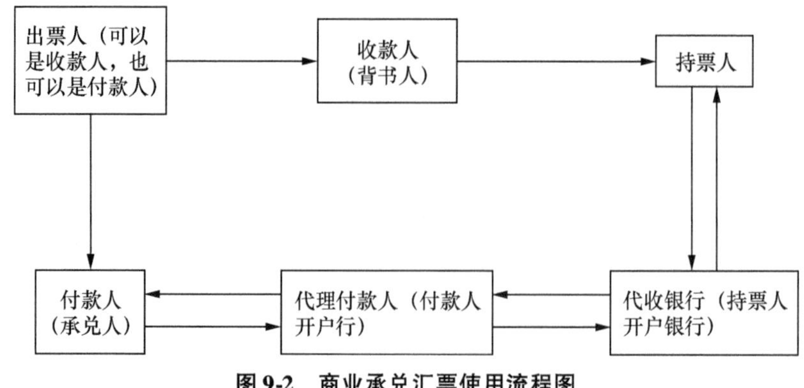

图 9-2 商业承兑汇票使用流程图

三、电子商业汇票

问题引入 小李说,我公司用了电子商业汇票。小张问:电子商业汇票和纸质汇票相比,在使用流程上有什么不同?

(一) 电子商业汇票的概念和特点

电子商业汇票是指出票人依托电子商业汇票系统,以数据电文形式制作的,委托付款人在指定日期无条件支付确定的金额给收款人或者持票人的票据。

1. 按承兑人的不同,电子商业汇票分为电子银行承兑汇票和电子商业承兑汇票。电子银行承兑汇票由银行或财务公司承兑;电子商业承兑汇票由银行、财务公司以外的法人或其他组织承兑。电子商业汇票的付款人为承兑人。

2. 与纸质商业汇票相比,电子商业汇票最主要的特征是商业汇票的电子化与无纸化,出票、流转、兑付等均以电子化方式进行,没有实物形式的商业汇票。具体有以下特点:

(1) 以数据电文形式代替实物票据。

(2) 以电子签名取代实体签章。

(3) 以网络传输代替人工传递,以计算机录入代替手工书写。电子商业汇票通过电子化的手段完成票据流转,主要的流转节点包括客户、开户行或开户财务公司、人民银行电子商业汇票系统。每一个流转行为一般包括行为申请和行为回复两个动作。行为回复包括签收(同意行为申请)和驳回(拒绝行为申请)两种。系统同时支持申请方发起撤销操作,申请方的撤销操作和接收方的回复操作按照时间优先、先到先得的原则进行处理。

(4) 电子商业汇票系统以数字证书和电子签名作为识别是否票据当事人真

实意思表示的依据。如A的电子签名为A,A将其数字证书交由B管理,B代表A作出票据行为并使用A的数字证书制作出电子签名A,此时系统认定该票据行为由A作出,由此产生的票据权利和义务由A承担。这就是票据行为的代为,此时票据行为真实有效,A与B之间的纠纷由它们按照民事法律制度的规定去解决。

3.《支付结算办法》规定,纸质票据的最长付款期限为6个月。《电子商业汇票业务管理办法》规定电子商业汇票的最长付款期限延长为1年。

4. 电子商业汇票有如下优点:

(1) 电子商业汇票不易丢失、损坏和遭抢劫。

(2) 容易辨别真假,不易遭受假票、克隆票诈骗。电子商业汇票在电子商业汇票系统集中登记处理,一张票只会存在一份;同时,接入行、接入财务公司与电子商业汇票系统保持一致,对客户提供准确的票据信息与服务。票据仅以电子化形式存在,可杜绝克隆、假票、票据丢失、票据污损造成的损失。

(3) 电子商业汇票系统采用《中华人民共和国电子签名法》认可的电子签名机制替代纸质签章,提高了签名的准确性,避免了伪造公章或专用章等造成的损失。

(4) 只有票据权利人才有权对票据进行操作,系统对每次票据行为的权利人进行检查和验证。

5. 电子商业汇票面临的风险基本上等同于电子商业汇票系统所面临的信息技术的安全风险问题,比如说数据文件丢失、系统运行瘫痪、网络遭遇攻击,各种病毒入侵等。

(二) 电子商业汇票的使用范围

票据当事人办理电子商业汇票业务应具备以下条件:在银行开立人民币银行结算账户或在财务公司开立账户;具有中华人民共和国组织机构代码;具有数字证书,能够出具电子签名;除接入行、接入财务公司以外的票据当事人应与接入行、接入财务公司签订《电子商业汇票业务服务协议》。自2016年9月1日起,除银行业金融机构和财务公司以外的、作为银行间债券市场交易主体的其他金融机构可以通过银行业金融机构代理加入电票系统,开展电票转贴现(含买断式和回购式)、提示付款等规定业务。

(三) 电子商业汇票业务运行机制及主要流程

电子商业汇票通过电子商业汇票系统来使用流转。该系统是以中国人民银行组织创建的ECDS系统为基础,银行业金融机构和财务公司通过一定的接点连接到人民银行系统,由此而形成的全国汇票的电子交易平台。电子商业汇票的出票、承兑、背书、保证、提示付款和追索等业务,必须通过电子商业汇票系统办理。电子商业汇票业务主体的类别分为:(1) 直接接入电子商业汇票系统的金融机构(以下简称接入机构);(2) 通过接入机构办理电子商业汇票业务的金融机构(以下简称被代理机构);(3) 金融机构以外的法人及其他组织。票据当事人办理电子商业汇票业务应具备中华人民共和国组织机构代码。被代理机构、金融机构以外的法人及其他组织办理电子商业汇票业务,应在接入机构开立账户。接入机构提供电子商业汇票业务服务,应对客户基本信息的真实性负审核责任,并依据本办法及相关规定,与客户签订电子商业汇票业务服务协议,明确双方的权利和义务。客户基本信息包括客户名称、账号、组织机构代码和业务主体类别等信息。直连接入电票系统的金融机构提供电票代理接入服务时,应对被代理机构基本信息及身份的真实性进行审核,且须通过大额支付系统向被代理机构进行核实确认(查询报文内容至少包括申请人全称、法定代表人姓名、营业执照编号、金融许可证编号、查询事项等),被代理机构应给予同意接入或不同意接入的明确答复。接入机构应按规定向客户和电子商业汇票系统转发电子商业汇票信息,并保证内部系统存储的电子商业汇票信息与电子商业汇票系统存储的相关信息相符。电子商业汇票系统运营者由中国人民银行指定和监管。

电子商业汇票的出票,必须满足以下几个条件:出票人和收款人都必须为除银行、财务公司以外的法人或其他组织;必须由收款人签收之后出票才完成;必须在提示付款期期末之前完成出票流程。出票流程分为出票信息登记、承兑、收票三个子流程。

1. 出票信息登记子流程是指出票人登录行内系统填写有关要素并加盖电子签名后,向电子商业汇票系统发出出票信息登记申请,电子商业汇票系统向出票人返回电子票据号码的过程。

2. 承兑子流程是指出票人登录行内系统填写有关要素并加盖电子签名后,向电子商业汇票系统发出提示承兑申请,电子商业汇票系统向承兑人转发;承兑人登录行内各级组织对该提示承兑申请进行签收,并将签收信息通过电子商业汇票系统反馈给出票人的过程。

3. 收票子流程是指出票人登录行内系统填写有关要素并加盖电子签名后,向电子商业汇票系统发出提示收票申请,电子商业汇票系统向收款人转发;收款人登录行内系统对该提示收票申请进行签收,并将签收信息通过电子商业汇票系统反馈给出票人的过程。收款人成功签收后,出票行为完成。

4. 电子商业汇票通过电子化的手段完成票据流转,主要的流转节点包括客户、开户行或开户财务公司、人民银行电子商业汇票系统。每一个流转行为一般包括行为申请和行为回复两个动作。行为回复包括签收(同意行为申请)和驳回(拒绝行为申请)两种。系统同时支持申请方发起撤销操作,申请方的撤销操作和接收方的回复操作按照时间优先、先到先得的原则进行处理。

5. 持票人在票据到期后提示付款的,承兑人应在收到提示付款请求的当日至迟次日(遇法定休假日、大额支付系统非营业日、电子商业汇票系统非营业日顺延)付款或拒绝付款。

6. 电子商业承兑汇票承兑人在票据到期后收到提示付款请求,且在收到该请求次日起第三日(遇法定休假日、大额支付系统非营业日、电子商业汇票系统非营业日顺延)仍未应答的,接入行、接入财务公司应按其与承兑人签订的《电子商业汇票业务服务协议》,进行如下处理:

(1) 承兑人账户余额在该日电子商业汇票系统营业截止日时足够支付票款的,视同承兑人同意付款,接入行、接入财务公司应扣划承兑人账户资金支付票款,并在下一日(遇法定休假日、大额支付系统非营业日、电子商业汇票系统非营业日顺延)电子商业汇票系统营业开始时代承兑人作出付款应答并代理签章;

(2) 承兑人账户余额在该日电子商业汇票系统营业截止日时不足以支付票款的,视同承兑人拒绝付款,接入行、接入财务公司应在下一日(遇法定休假日、大额支付系统非营业日、电子商业汇票系统非营业日顺延)电子商业汇票系统营业开始时代承兑人作出拒付应答并代理签章。

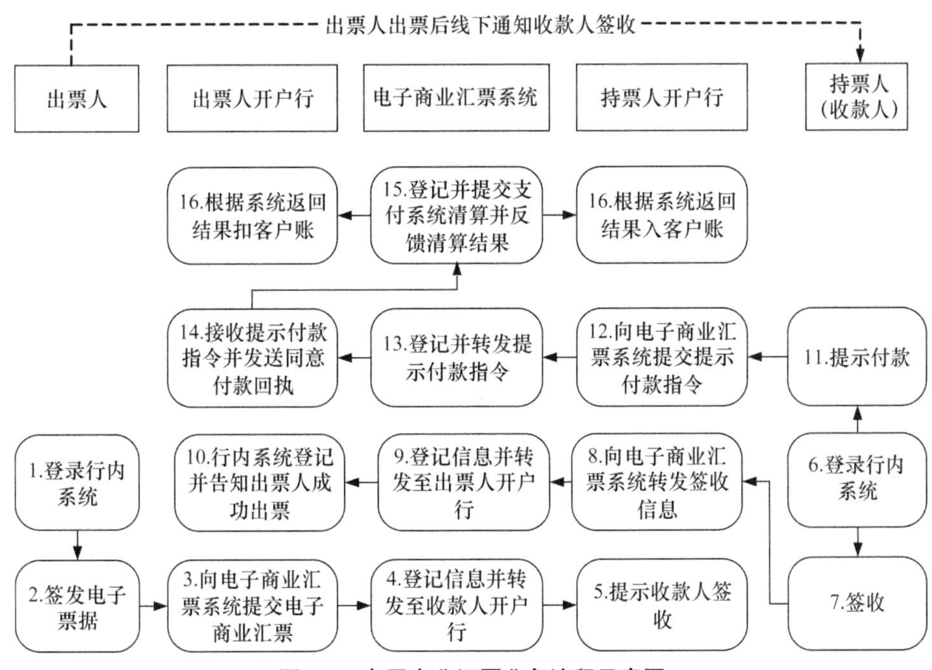

图 9-3 电子商业汇票业务流程示意图

(四) 票据行为生效要件的特殊规则

在电子商业汇票系统中,虽然说所有的票据信息都以报文的形式存在,但在进行票据行为的时候,发送方会将票据的相关信息从信息系统数据库当中提取出来,转换成平面文件呈现在票据行为人的操作界面。所以,即使是载体不同,电子商业汇票也完全可以具有同纸质商业汇票看起来一致的外观。由于没有纸质载体,电子商业汇票系统中所呈现的票面也不能打印,电子汇票的交付问题,成为其与纸票最大的形式要件上的区别。票据行为的做出,不再像纸票那样通过书面记载并交付之后就可以完成生效。在电子商业汇票系统中,当事人并不需要见面,所有信息都可以以报文的形式在电子商业汇票系统中查询和传递,所有的行为都可以通过指令的形式由系统来下达和完成。根据中国人民银行业务处理的规定,在电子商业汇票系统中,所有的业务都是通过异步操作来完成的。在系统设计上,成功运用任务池的概念。任务池接收来自于网银系统、人行ECDS、行内系统生成的所有需要人工介入的请求,比如说票据卖出请求、贴现赎回请求、质押申请、质押解除申请或者承兑申请等。任务池不停接收来自各方的新建任务请求,并从中挑选出来部分任务进行审批处理,然后将处理过后的情况重新归还到任务池。

对于当事人来说,一个票据行为往往要经过申请并收到回复才算完成。在当事人需要作出一项行为时,首先应当进入接入机构的系统界面,根据自己的操作权限下达相应的指令。商业汇票系统将指令组装成报文文件发送至核心系统,由操作人员定期进行处理,并经由商业汇票系统将处理结果转发给用户。用户只有登录系统界面,才能看到自己行为的处理结果。所以,由于异步操作,也由于电子商业汇票系统本身运行时间及业务处理时间的限制,电子商业汇票不可能像纸质票据那样实时交付实时生效。单纯作出行为的指令是没有法律上的意义的,只有等到系统作出的回应方可判断行为的效力。在纸质票据中,之所以把交付作为票据行为生效的形式要件,概因为只有交付才能实现票据行为权利义务转移之目的,后手才能真正取得票据的处分权。在电子商业汇票中,没有实物形式的载体可以交付,那么,交付应相当于后手取得票据的处分权之时。在技术层面上,票据行为的实现过程其实是前手在其所在计算机系统中对相关票据和行为信息进行修改并传送到其后手计算机系统中的过程。所以,只有人民银行ECDS系统中票据状态在前手指令下经过相应的电子信息记载,并将记载后的票据状态、处分权限等信息反馈给相对方(后手、收款人等)所在票据系统中,相对方只要登录自己的账户就能实现对票据的实际处分操作时算是交付。①

四、银行汇票

问题引入 公司派小毕带一张银行汇票去外地购买货物,小毕不清楚,银行汇票和商业汇票相比,有哪些不同?如何使用银行汇票?

(一) 银行汇票的特点

我国《票据法》对银行汇票的定义及相关内容未作具体规定,有关银行汇票

① 李蓓:《电子商业汇票法律问题研究》,北京工商大学2012年硕士学位论文。

具体制度的基本依据是中国人民银行颁布的《支付结算办法》及相关的规章。我国汇票制度中的银行汇票极具特殊性,与普通意义的汇票相比存在很大差异。[①]

1. 银行汇票是见票即付的汇票,即从签发票据之日即可提示付款,银行汇票不允许设定远期票据,因此,银行汇票的基本功能就是汇兑、结算,一般不具有信用功能与融资功能。

2. 银行汇票是对己汇票,即出票人与付款人为同一当事人,即出票银行。

3. 银行汇票的记载事项具有特殊性:(1) 记载有出票金额、实际结算金额和多余金额三个金额,出票金额是汇票金额,属于绝对应记载事项,出票时可以不填写实际结算金额和多余金额,但持票人提示付款时应填写实际结算金额和多余金额,持票人行使付款请求权时主张的金额不是以出票金额而是以实际结算金额为准,未填写实际结算金额和多余金额的,持票人不得提示付款,银行不予受理,此外,更改实际结算金额的,将导致银行汇票无效。(2) 因出票人是票据关系的付款人,故不再记载付款人名称,但在票据格式上有"代理付款行"一栏。但在实际结算制度中,分两种情况,转账银行汇票不得填写代理付款人名称,现金银行汇票则必须填写代理付款人名称。(3) 记载有"申请人"一项,申请人是向银行申请签发银行汇票,并将款项交存到出票银行的当事人。依票据法理论与我国《票据法》的规定,"申请人"不属于票据法规定的记载事项,不产生票据法上的效力。但在结算制度中,不填写申请人名称的,银行不予受理。

4. 银行汇票除出票人为银行外,收款人或持票人既可以是个人,也可以是单位。

5. 银行汇票分现金银行汇票与转账银行汇票两种,签发现金银行汇票,申请人和收款人必须均为个人,申请人或收款人为单位的,只能签发转账银行汇票。

6. 银行汇票的申请人不享有票据权利也不承担票据责任。申请人与出票人之间则存在委托汇款关系。就委托汇款关系而言,申请人的义务是将相应款项交存到出票银行,按照规定填写银行汇票申请书,向银行交纳相应的汇费。银行作为受托方的义务是按照《支付结算办法》的规定签发银行汇票。并将银行汇票和解讫通知交给申请人。申请人以自己为收款人时,同时成为票据权利人,可以把票据背书转让给基础交易关系的相对方,申请人也可以直接把基础关系的相对方记载为收款人。申请人的权利主要有两个方面,一是出票银行未尽到审核义务或未按照票据法的规定而付款的,在没有票据权利人的情况下,应对申请人的资金损失承担赔偿责任;二是在不需要办理汇兑时或无法办理时申请人有权要求出票银行退款或在汇兑完成后退回多余款项。申请人因银行汇票超过付款提示期限或其他原因要求退款时,应将银行汇票和解讫通知同时提交到出

---

① 胡德胜:《银行汇票制度完善研究》,郑州大学出版社 2004 年版,第 16 页。

票银行。申请人为单位的,应出具该单位的证明;申请人为个人的,应出具该本人的身份证件。对于代理付款银行查询的该张银行汇票,应在汇票提示付款期满后方能办理退款。出票银行对于转账银行汇票的退款,只能转入原申请人账户;对于符合规定填明"现金"字样银行汇票的退款,才能退付现金。申请人缺少解讫通知要求退款的,出票银行应于银行汇票提示付款期满1个月后办理。

7. 实践中使用银行汇票一般都是持往异地办理结算汇兑。收款人或持票人通常都是向代理付款人提示付款。

8.《支付结算办法》规定,只有申请人与收款人均为个人时,才可以签发现金银行汇票,并且现金银行汇票不得转让。

从以上可见,银行汇票具有一定的优点,首先是适用范围广,不论是单位还是个人,不论出票金额大小,不论是否已在银行开户,不论汇划款项是否属于商品交易,不论兑付地是同城还是异地,不论申请人是以转账方式还是以交付现金方式向出票行交存款项,申请人都可以向任何一家经中国人民银行批准的有权签发银行汇票的银行申请签发银行汇票,办理各种款项结算。其次是使用方便、灵活,人票可同行,票随人到,人到付款,持票人可以在众多的代理付款人中选择其一提示付款,充分发挥了银行在全国各地营业网点众多的优势,方便了持票人的结算。再次是持票人根据实际结算金额收取款项,多余款由出票银行自动退回给申请人,申请人可以通过此种方式控制不合理的预付款项和交易尾欠的发生。① 但是,银行汇票也有其自身的局限性,一方面是功能单一,仅具汇兑功能,不具有信用功能和融资功能,不能充分发挥票据的全部作用。另一方面,银行汇票的兑付地通常不在原签发行,而是异地另一家银行机构以代理付款人的身份付款,转账银行汇票更因为代理付款人与实际兑付地均不确定,遍及各地的本系统银行机构和跨系统签约银行均可受理,与方便当事人结算相伴而来的是给银行审核、验对凭证真伪和监控凭证流动方向和范围均造成了困难,容易为不法行为人冒领票据款项留下余地,申请人或银行的资金安全性保障存在不足,这是在银行汇票结算领域发生犯罪案件较多的主要原因。②

(二)银行汇票的使用流程

1. 申请人提出申请:填写"银行汇票申请书",第一联是申请人回单、第二联是银行借方凭证,第三联是贷方凭证。申请人在银行汇票申请书上填明收款人名称、汇票金额、申请人名称、申请日期等事项并在第二联上加盖预留银行的签章。

2. 出票银行受理银行汇票申请书,收妥款项后签发银行汇票,并用压数机压印出票金额,将银行汇票和解讫通知(二、三两联)一并交给申请人。

---

① 张维新:《票据结算实务》,海天出版社2006年版,第119页。

② 朱亚、李金泽主编:《票据结算与托收法律风险防范》,中信出版社2004年版,第55页。

3. 申请人将银行汇票和解讫通知一并交付给汇票上记明的收款人。

收款人受理银行汇票时,应审查下列事项:① 银行汇票和解讫通知是否齐全、汇票号码和记载内容是否一致;② 收款人是否确定为本单位或个人;③ 银行汇票是否在提示付款期限内;④ 必须记载的事项是否齐全;⑤ 出票人签章是否符合规定,是否有压数机压印的出票金额;⑥ 出票金额、出票日期、收款人名称是否更改,更改的其他记载事项是否由原记载人签章证明。

4. 收款人受理申请人交付的银行汇票时,应在出票金额以内根据实际需要的款项办理计算,并将实际结算金额和多余金额准确填入银行汇票和解讫通知。未填明实际结算金额和多余金额或实际结算金额超过出票金额的,银行不予受理。银行汇票的实际结算金额不得更改,更改实际结算金额的银行汇票无效。

5. 持票人向代理付款人提示付款。

6. 代理付款银行与出票银行清算票款。银行汇票的实际结算金额低于出票金额的,其多余金额由出票银行退交申请人。

上述流程可见下图所示:

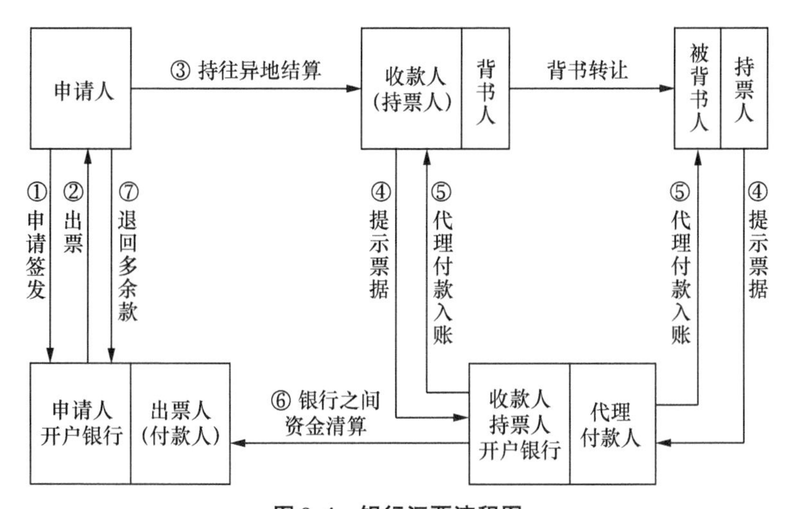

图 9-4　银行汇票流程图

(三) 解讫通知的性质与作用

“汇票”与“解讫通知”分属“票据”和“结算凭证”两个不同的范畴,性质和功能互不相同。解讫通知是银行汇票的第三联,是银行间往来的记账凭证,由出票行作为多余款贷方凭证,没有价值,不能转让。它也不是票据,单独持有解讫通知并不代表持有人享有票据权利。但在银行汇票使用流程中,有其特殊的作用。表现在持票人向代理付款人或出票银行请求付款时,不仅要提示银行汇票,而且还要提交解讫通知。解讫通知实际上成为行使付款请求权必须具备的形式要件,而代理付款人或出票银行在没有解讫通知的情况下向持票人付款,则是确定代理付款人或出票银行承担错误付款责任的重要标准。此外,由于缺少解讫通知时代理付款人一般不予付款,解讫通知又成为当事人办理汇兑结算时控制风险的手段。

(四)银行汇票代理付款人的法律地位与责任承担

银行汇票的出票银行,是票据关系中的出票人、同时也是付款人,在票据关系中承担向票据权利人直接的或最终的付款责任。持票人对出票银行请求付款的权利,并不因超过付款提示期间而丧失,只要在票据时效期间内出票银行均应向票据权利人承担票据责任。代理付款银行是付款人(出票人)的代理人,并不是票据关系当事人,不享有票据权利、也不承担票据责任。代理付款人付款后,有权要求出票银行结清垫付的款项。

我国《票据法》第57条第2款规定:“付款人及代理付款人以恶意或重大过失付款的,应当自行承担责任。”在司法实践中,对《票据法》第57条第2款的适用则普遍是:原告以出票银行和代理付款银行作为共同被告起诉时,法院根据出票银行与代理付款是否尽到审查义务、是否按正常的操作程序行事而确定其有无过错,并由存在恶意或重大过失的一方直接向受损失的当事人承担赔偿责任,而没有恶意或重大过失的一方则不承担责任。由于代理付款行是直接支付款项的一方,错误付款往往是代理付款人未尽到审查义务造成的。因此,在判例中,当原告以出票银行和代理付款银行作为共同被告起诉时,当法院认定出票银行履行了正常操作程序时,就直接判决出票银行不承担责任,代理付款银行直接向受损失的当事人赔偿。①

第二节 出 票

一、出票的概念与有效要件

问题引入 出票人与收款人串通,先签发票据,然后再质押该票据骗取他人资金。该出票行为是否有效?

出票是出票人签发票据并将其交付给收款人的票据行为。出票行为要符合形式要件和实质要件并交付方有效。

---

① 最高人民法院(2002)民二提字第2号民事判决书,河北省汽车贸易总公司汇明公司诉中国工商银行石家庄市桥西支行、中国工商银行东莞市虎门支行汇票解付侵权纠纷案;河南省高级人民法院(2002)豫法终字第22号民事判决书,河南省金瓷股份有限公司诉中国农业银行商丘市金港支行、珠海市吉大支行票据赔偿纠纷案;河北省高级人民法院(2000)冀经一终字第63号民事判决书,沧州市粮油购销公司与中国建设银行沧州市建设大街办事处、中国建设银行广州第一支行赔偿汇票款纠纷案等,都是按此原则处理。案件来源:王开定:《票据法新论与案例》,法律出版社2005年版,第422—424、431—434、442—445页。

出票行为的形式要件包括统一的书面格式用纸、绝对必要记载事项两个方面。绝对必要记载事项是《票据法》第 22 条规定的七项内容,已经在“票据行为”一章加以介绍。不符合《票据法》以及《票据管理实施办法》规定的绝对必要记载事项的,票据无效。例如,在票据上记载付款条件、金额书写大小写不一致、更改出票日期、绝对必要记载事项记载不全面或记载方式不符合规定等。

票据行为生效的实质要件也适用于出票行为,这里需要对《票据法》中对出票的有关规定加以说明:

(1) 资金关系不符合要求不影响出票行为的效力。

《票据法》第 21 条第 1 款规定:“汇票的出票人必须与付款人具有真实的委托付款关系,并且具有支付汇票金额的可靠资金来源。”这一规定是对票据基础关系中出票人与付款人之间资金关系真实性以及支付能力的要求。根据票据无因性规则,资金关系的存在与否,不影响票据关系的效力。即使出票人在没有真实委托付款关系或没有支付汇票金额的可靠资金来源的情况下签发汇票,只要票据形式要件合法、持票人取得票据的实质要件具备,出票行为仍有效,持票人仍可享有票据权利。

(2) 以非法目的出票的,出票行为无效,但不影响票据的效力。

《票据法》第 21 条第 2 款规定:“不得签发无对价的汇票用以骗取银行或者其他票据当事人的资金。”这一规定实际上是对出票人出票目的正当合法的要求,主要目的是防止出票人与收款人串通,通过签发无对价的票据,从承兑银行或其他承兑人套取资金。如果出票人与收款人串通,通过签发无对价票据骗取资金,属于票据行为目的严重违法,是国家法律强行禁止的行为,不能产生私法上的效力,出票行为无效,收款人不能取得票据权利。但如果该票据的形式要件合法,则票据仍有效,善意第三人取得票据,仍可享有票据权利。

二、出票时的相对必要记载事项

除了绝对必要记载事项外,出票时还需要记载某些事项,但如果不记载,由法律的规定予以补充,这些称为相对必要记载事项。主要有以下几项:

(一) 到期日

到期日即付款日期,是指当事人在出票时记载的一个日期,在该日期到来时,持票人方有权向付款人提示付款。因此,到期日实际上是持票人可以请求付款的第一日。到期日包括以下四种情况:

(1) 见票即付。是指持票人从出票日起即可以向付款人提示付款,持票人一经提示,提示日即为到期日,不再另行确定将来的一个日期为到期日,见票即付的票据属于即期票据。以下三种到期日的票据属于远期票据,只有到期日到来时,持票人才可以向付款人或承兑人提示付款。

(2) 定日付款。是指在票据上记载一个确定的日期为到期日,例如2008年8月8日。

(3) 出票后定期付款。是指在票据上记载以出票日为起算日,经过一定期限后的对应日为到期日。例如,一张票据的出票日期是2009年6月19日,在票据上记载,“出票后2个月付款”,则到期日为2009年8月19日。

(4) 见票后定期付款。是指在票据上记载以持票人提示承兑日为起算日,经过一定期限后的对应日为到期日。例如,在票据上记载,“见票后2个月付款”,持票人提示承兑、付款人承兑的时间是2010年7月8日,则到期日为2010年9月8日。持票人提示承兑时,付款人可能承兑,也可能拒绝承兑。根据我国《票据法》的规定,付款人承兑时,应记载付款日期,因此,若付款人承兑,到期日的起算,从承兑日计算。若付款人拒绝承兑,到期日的起算,应当以提示承兑日期起算。

到期日是出票时在票据上记载的事项,属于相对必要记载事项。汇票上没有记载到期日的,视为见票即付。

确定到期日的法律意义有以下几个方面:

第一,到期日是确定持票人有权行使付款请求权的起始日期,到期日到来之前,持票人无权要求付款人或持票人付款,持票人于到期日前提示付款的,即使他是票据权利人,付款人或承兑人也有权以付款日期未到而予以拒绝。

第二,到期日是计算付款提示期间的起始日期。例如,定日付款的汇票,付款提示期间是从到期日起10日内。

第三,到期日是计算票据时效期间的起始日期。根据我国《票据法》的规定,持票人对于出票人、承兑人的权利,自到期日起2年内不行使则消灭。

(二) 付款地

付款地是汇票上记载的支付票据金额的地点,如果汇票上未记载付款地,则以付款人或代理付款人的营业场所、住所或者经常居住地为付款地。

确定付款地的法律意义在于:第一,确定管辖,票据权利纠纷,由票据付款地或被告所在地人民法院管辖;第二,抗辩依据,付款人或代理付款人有若干营业场所时,持票人在票据上记载的付款地以外的其他营业场所提示请求付款的,付款人或代理付款人可以拒绝。

(三) 出票地

出票地是实施出票行为的地点。如果汇票上未记载出票地,则以出票人的营业场所、住所或者经常居住地为付款地。

确定出票地的法律意义在于,确定出票行为的准据法。我国《票据法》规定:票据债务人的民事行为能力,适用其本国法律。票据债务人的民事行为能力,依照其本国法律为无民事行为能力或者为限制民事行为能力而依照行为地法律为完全民事行为能力的,适用行为地法律。汇票、本票出票时的记载事项,适用出票地法律。

三、汇票记载事项及位置样式①

1. 银行汇票记载事项样式

××银行

付款期限
壹 个 月

银行汇票(卡片)　**1**　汇票号码

出票日期(大写)　年　月　日	代理付款行：　行号：
收款人：	账号：
出票金额 人民币(大写)	
实际结算金额 人民币(大写)	千 百 十 万 千 百 十 元 角 分

申 请 人：________　账号：________

出 票 行：______ 行号：______

备　　注：________

复核　经办　　　复核　记账

10 cm×17.5 cm(白纸黑油墨)

此联出票行结清汇票时作汇出汇款借方凭证

---

① 图中的各种票据样式是中国人民银行《关于调整票据、结算凭证种类和格式的通知》(银发(2004)235号)附式中的规定的格式。根据中国人民银行《关于启用2010版银行票据凭证的通知》,2010年新版票据格式与此相比有如下细节调整,具体要求如下:1. 关于新版票据凭证调整的防伪工艺,现金支票、转账支票、汇票、非清分机本票纸张使用新型专用水印纸;清分机支票、清分机本票纸张使用新型专用清分机纸;汇票、非清分机本票纸张中增加安全线;所有纸张中增加新型荧光纤维;所有票据凭证均采用双色底纹印刷。2. 关于新版票据凭证印制标准的调整:(1) 票据号码。所有票据的号码调整为16位,分上下两排。上排8位数字所赋信息相对固定,其中前3位为银行机构代码,第4位为预留号(暂定为0),第5、6位为省别地区代码(采用全国行政区划代码前两位,),第7位为票据种类(1为现金支票,2为转账支票,3为清分机支票,4为银行汇票,5为银行承兑汇票,6为商业承兑汇票,7为非清分机本票,8为清分机本票),第8位为印制识别码;第二排8位数字为流水号,仍采用现有的渗透性油墨印刷。(2) 支票。统一支票底纹颜色,不再按行别分色;现金支票的主题图案为梅花,转账支票、清分机支票主题图案为竹;支票号码前不再冠地名;现金支票上的"现金支票"字样改为黑色印刷。(3) 汇票。统一汇票(含华东三省一市银行汇票)底纹颜色,银行汇票、银行承兑汇票不再按行别分色;汇票主题图案为兰花;银行汇票号码前一律不再冠地名;银行承兑汇票左上角不再加印各行行徽;取消银行汇票、银行承兑汇票左上角无色荧光暗记。(4) 本票。本票主题图案为菊花;行名前不再加印统一徽记;号码前不再冠地名。(5) 所有票据小写金额栏分隔线由实线改为虚线。3. 关于新版票据凭证格式、要素内容的调整:(1) 支票。取消小写金额栏下方支付密码框,调整为密码和行号填写栏(现金支票只有密码栏);将"本支票付款期限10天"调整为"付款期限自出票之日起10天;存根联"附加信息"栏由三栏缩减为两栏,相应扩大收款人填写栏;背面缩小附加信息栏,背书栏由一栏调整为两栏;"附加信息"栏对应的背面位置加印温馨提示"根据《中华人民共和国票据法》等法律法规的规定,签发空头支票由中国人民银行处以票面金额5%但不低于1000元的罚款"。(2) 汇票。取消银行汇票收款人账号;小写金额栏增加亿元位;将左上角"付款期限壹个月"调整为"提示付款期限自出票之日起壹个月",并移至票据左边款处;印制企业名称改印在票据背面左边款;银行承兑汇票票面右下框增加密押栏。(3) 本票。增加小写金额栏;将左上角"付款期限贰个月"调整为"提示付款期限自出票之日起贰个月",并移至票据左边款处;印制企业名称改在票据背面左边款;金额栏右下方增加密押栏和行号填写栏。

××银行

付款期限
壹个月

银行汇票　　2　　汇票号码

此联代理付款行付款后作联行往账借方凭证附件

出票日期(大写)　年　月　日	代理付款行：　　行号：										
收款人：	账号：										
出票金额 人民币(大写)											
实际结算金额 人民币(大写)	千	百	十	万	千	百	十	元	角	分	

申请人：________________　账号：________________

出票行：________行号：________
备　注：________________
凭票付款

出票行签章

密押：										
多余金额										
千	百	十	万	千	百	十	元	角	分	复核　记账

10 cm×17.5 cm(专用水印纸蓝油墨,出票金额栏加红水纹)

粘　单

被背书人	被背书人
背书人签章 年　月　日	背书人签章 年　月　日

8 cm×15 cm(白纸黑油墨)

银行汇票第二联背面：

被背书人	被背书人	（贴粘单处）
背书人签章 年　月　日	背书人签章 年　月　日	
持票人向银行 提示付款签章：	身份证件名称：　　发证机关： 号码：	

××银行

银行汇票(解讫通知)　　**3**　　汇票号码

付款期限
壹 个 月

出票日期 (大写)　年　月　日	代理付款行：　　行号：
收款人：	账号：
出票金额 人民币 (大写)	
实际结算金额 人民币 (大写)	千 百 十 万 千 百 十 元 角 分

申请人：________　账号：________

出 票 行：________行号：________

备　　注：________

代理付款行签章

密押：	
多余金额	
千 百 十 万 千 百 十 元 角 分	
	复核　　记账

复核　　经办

此联代理付款行兑付后随报单寄出票行，由出票行作多余款贷方凭证

10 cm×17.5 cm(白纸红油墨,实际结算金额栏加红水纹)

××银行

付款期限 壹 个 月	银 行 汇 票(多余款收账通知)	4	汇票号码

出票日期(大写) 年 月 日	代理付款行:	行号:	此联出票行结清多余款后交申请人
收款人:	账号:		
出票金额 人民币(大写)			
实际结算金额 人民币(大写)	千百十万千百十元角分		
申请人:______	账号:______		
出 票 行:______ 行号:______ 备 注:______ 出票行签章 年 月 日	密押: 多余金额 千百十万千百十元角分	左列退回多余金额已收入你账户内。	

10 cm×17.5 cm(白纸紫油墨)

图 9-5 银行汇票四联样式

说明:银行签发银行汇票时,一共要填写标有“银行汇票”字样的四张凭证,银行汇票(卡片)1 是出票银行留存的,在结清汇票时作汇出汇款借方凭证。银行汇票 2 是票据法意义上的银行汇票,由代理付款行付款后作联行往账借方凭证附件,该汇票由出票人签发后交给申请人。银行汇票(解决通知)3 是解讫通知,由出票人与银行汇票 2 一道交给申请人。代理付款行兑行后随报单寄出票行,由出票行作多余款贷方凭证。银行汇票(多余款收账通知)4 是出票行结清多余款后交给申请人的通知。

2. 商业承兑汇票记载事项样式

商业承兑汇票(卡片) 1

出票日期(大写) 年 月 日 汇票号码

付款人	全 称		收款人	全 称		此联承兑人留存
	账 号			账 号		
	开户银行			开户银行		
出票金额		人民币(大写)		亿千百十万千百十元角分		
汇票到期日(大写)			付款人开户行	行号		
交易合同号码				地址		
出票人签章			备注:			

10 cm×17.5 cm(白纸黑油墨)

商业承兑汇票　　2

出票日期（大写）　年　月　日　　汇票号码

<table>
<tr><td rowspan="3">付款人</td><td>全　称</td><td colspan="2"></td><td rowspan="3">收款人</td><td>全　称</td><td colspan="11"></td></tr>
<tr><td>账　号</td><td colspan="2"></td><td>账　号</td><td colspan="11"></td></tr>
<tr><td>开户银行</td><td colspan="2"></td><td>开户银行</td><td colspan="11"></td></tr>
<tr><td colspan="2" rowspan="2">出票金额</td><td colspan="5" rowspan="2">人民币
（大写）</td><td>亿</td><td>千</td><td>百</td><td>十</td><td>万</td><td>千</td><td>百</td><td>十</td><td>元</td><td>角</td><td>分</td></tr>
<tr><td></td><td></td><td></td><td></td><td></td><td></td><td></td><td></td><td></td><td></td><td></td></tr>
<tr><td colspan="2">汇票到期日
（大写）</td><td colspan="2"></td><td rowspan="2">付款人
开户行</td><td>行号</td><td colspan="11"></td></tr>
<tr><td colspan="2">交易合同号码</td><td colspan="2"></td><td>地址</td><td colspan="11"></td></tr>
<tr><td colspan="4">本汇票已经承兑，到期无条件支付票款。
承兑人签章
承兑日期：　年　月　日</td><td colspan="13">本汇票请予以承兑于到期日付款。
出票人签章</td></tr>
</table>

此联持票人开户行随委托收款凭证寄付款人开户行作借方凭证附件

10 cm × 17.5 cm（专用水印纸蓝油墨，出票金额栏加红水纹）

商业承兑汇票第二联背面：

被背书人	被背书人	（贴粘单处）
背书人签章 年　月　日	背书人签章 年　月　日	

商业承兑汇票(存根)　　**3**

出票日期（大写）　　年　　月　　日　　　　汇票号码

付款人	全　称		收款人	全　称	
	账　号			账　号	
	开户银行			开户银行	
出票金额	人民币（大写）				亿 千 百 十 万 千 百 十 元 角 分
汇票到期日（大写）			付款人开户行	行号	
交易合同号码				地址	
备注：					

此联由出票人存查

10 cm×17.5 cm(白纸黑油墨)

图 9-6　商业承兑汇票三联样式

说明：商业承兑汇票一式三联，第一联为卡片，由承兑人留存，第二联为商业承兑汇票，由收款人开户银行随结算凭证寄付款人开户银行作付出传票附件，第三联为存根联，由签发人存查。

3. 银行承兑汇票记载事项样式

银行承兑汇票(卡片)　　**1**

出票日期（大写）　　年　　月　　日　　　　汇票号码

出票人全称		收款人	全　称	
出票人账号			账　号	
付款行全称			开户银行	
出票金额	人民币（大写）			亿 千 百 十 万 千 百 十 元 角 分
汇票到期日（大写）		付款行	行号	
承兑协议编号			地址	
本汇票请你行承兑，此项汇票款我单位按承兑协议于到期日前足额交存你行，到期请予以支付。 出票人签章		备注：		复核　　记账

此联承兑行留存备查，到期支付票款时作借方凭证附件

10 cm×17.5 cm(白纸黑油墨)

银行承兑汇票 2

出票日期（大写） 年 月 日 汇票号码

<table>
<tr><td>出票人全称</td><td></td><td rowspan="3">收款人</td><td>全 称</td><td colspan="11"></td><td rowspan="9">此联收款人开户行随托收凭证寄付款行作借方凭证附件</td></tr>
<tr><td>出票人账号</td><td></td><td>账 号</td><td colspan="11"></td></tr>
<tr><td>付款行全称</td><td></td><td>开户银行</td><td colspan="11"></td></tr>
<tr><td rowspan="2">出票金额</td><td colspan="3" rowspan="2">人民币
（大写）</td><td>亿</td><td>千</td><td>百</td><td>十</td><td>万</td><td>千</td><td>百</td><td>十</td><td>元</td><td>角</td><td>分</td></tr>
<tr><td></td><td></td><td></td><td></td><td></td><td></td><td></td><td></td><td></td><td></td><td></td></tr>
<tr><td>汇票到期日（大写）</td><td></td><td rowspan="2">付款行</td><td>行号</td><td colspan="11"></td></tr>
<tr><td>承兑协议编号</td><td></td><td>地址</td><td colspan="11"></td></tr>
<tr><td colspan="2" rowspan="2">本汇票请你行承兑，到期无条件付款。

出票人签章</td><td colspan="2">本汇票已经承兑，到期日由本行付款。
承兑行签章
承兑日期： 年 月 日</td><td colspan="11" rowspan="2">复核 记账</td></tr>
<tr><td colspan="2">备注：</td></tr>
</table>

10 cm×17.5 cm（专用水印纸蓝油墨，出票金额栏加红水纹）

银行承兑汇票第二联背面：

<table>
<tr><td>被背书人</td><td>被背书人</td><td rowspan="2">（贴粘单处）</td></tr>
<tr><td>背书人签章
年 月 日</td><td>背书人签章
年 月 日</td></tr>
</table>

银行承兑汇票(存根)　　**3**

出票日期（大写）　　年　　月　　日　　　　汇票号码

<table>
<tr><td>出票人全称</td><td></td><td rowspan="3">收款人</td><td>全　称</td><td colspan="11"></td></tr>
<tr><td>出票人账号</td><td></td><td>账　号</td><td colspan="11"></td></tr>
<tr><td>付款行全称</td><td></td><td>开户银行</td><td colspan="11"></td></tr>
<tr><td rowspan="2">出票金额</td><td colspan="3" rowspan="2">人民币
（大写）</td><td>亿</td><td>千</td><td>百</td><td>十</td><td>万</td><td>千</td><td>百</td><td>十</td><td>元</td><td>角</td><td>分</td></tr>
<tr><td></td><td></td><td></td><td></td><td></td><td></td><td></td><td></td><td></td><td></td><td></td></tr>
<tr><td>汇票到期日
（大写）</td><td></td><td rowspan="2">付款人
开户行</td><td>行号</td><td colspan="11"></td></tr>
<tr><td>交易合同号码</td><td></td><td>地址</td><td colspan="11"></td></tr>
<tr><td colspan="2"></td><td colspan="2">

备注：</td><td colspan="11"></td></tr>
</table>

此联由出票人存查

10 cm × 17.5 cm(白纸黑油墨)

图 9-7　银行承兑汇票三联样式

说明:银行承兑汇票采用一式三联凭证,第一联卡片联,此联承兑行留存备查,到期支付票款时作借方凭证附件;第二联银行承兑汇票正联,此联收款人开户行随委托收款结算凭证寄给付款行作借方凭证的附件,可用于背书转让;第三联作存根联,此联出票人存查。

四、出票的效力

问题引入　票据签发后,付款人必须向持票人付款吗?如果付款人不付款,谁来承担票据义务?

出票行为有效完成后,产生创设票据关系的效力,产生了票据关系的基本当事人,基本当事人依票据文义产生了相应的权利义务。具体包括以下几个方面:

(一)对出票人的效力

出票人在出票行为完成后要承担担保承兑和担保付款的义务,即存在收款人或持票人不能从付款人处获得承兑或者不能获得付款的事由时,收款人或持票人有权向持票人行使追索权。出票人应该自己承担偿付票据金额及相关费用和利息的义务。出票人的这种义务只在付款人没有承兑或不付款时才承担,故属于第二顺序的票据债务。出票人称为第二顺序债务人。但是,在出票人与付款人为同一人的汇票中,出票人为第一顺序债务人。

出票人担保承兑和担保付款的义务是票据法直接规定的法定义务。大陆法系国家的票据法大多不允许出票人以特别记载的方式免除其担保付款的责任。我国《票据法》对此没有明确规定,但在司法实践中以及理论中一般看法是,不允许出票人记载免除担保付款和担保承兑的内容,若出票人予以记载该内容,视为无记载。

（二）对收款人或持票人的效力

收款人取得票据后,即取得票据权利,包括付款请求权和追索权。收款人或持票人有权向付款人提示承兑或提示付款,当付款人或持票人不获付款或不获承兑时,有权向包括出票人在内的前手以及他们的保证人行使追索权。但在汇票关系中,收款人因出票行为享有的票据权利中,付款请求权在付款人承兑前只是一种形式上的权利,持票人可以请求付款,但付款人并不对持票人承担必须付款的义务,只有经过承兑以后,付款请求权才成为现实的权利。此外,收款人还有权转让票据。

（三）对付款人的效力

即使出票人和付款人之间存在资金关系,但由于出票行为是出票人单方行为,出票行为不能直接对付款人产生票据关系上的约束力。在票据关系中,出票对于付款人并不产生必须向持票人付款的义务,付款人是否向持票人付款由其自行决定,付款人拒绝付款时,持票人只能向前手和出票人追索,无权起诉付款人。至于付款人拒绝付款违反了与出票人之间资金关系的义务,是另外的法律关系。但付款人一经承兑,就应当对收款人或持票人承担必须付款的义务。这一点不仅在日内瓦公约中是如此,在英美国家的票据法中也有类似规定,例如,美国《统一商法典》第3-409条规定:“支票或其他汇票本身并不构成受票人手中掌管的用于付款之资金的让与。受票人在承兑前不对票据承担责任。”在我国,也应当做同样的理解。但是对于银行汇票,则有特殊性,银行汇票的出票人与付款人是同一人,并且是见票即付的汇票,没有承兑制度。当代理付款人不予付款时,持票人可要求出票人付款。

第三节 票据流通转让(背书)

一、票据权利转让的方式

问题引入 小赵持有一张汇票,能否不用背书方式转让?

票据权利的转让,应按一定的方式进行,只有按票据法规定的相应方式加以转让,才发生相应的效力。依票据的种类不同,票据权利转让的方式也有所不同。

(一)单纯交付方式

单纯交付方式转让是原持票人(转让人)以转让票据权利为目的将票据直接交付给受让人而不在票据上记载任何内容的转让方式。单纯交付只适用于无记名票据和空白背书票据。在我国汇票和本票必须是记名票据,不允许签发无记名汇票、本票。

(二)背书方式

背书方式转让是持票人以转让票据权利为目的通过背书行为将票据转让给受让人的转让方式。根据我国票据法的规定,汇票、本票必须用背书方式转让,无记名支票可以用单纯交付的方式转让。

(三)两种转让方式的比较

无记名票据和空白背书票据的单纯交付转让和任何票据的背书转让都能产生票据权利转让的效力,二者的差异是:

(1)适用范围不同,这在前面已经分析。

(2)单纯交付转让,转让人在交付票据以后就退出了票据关系,不再是票据关系当事人,不对受让人承担担保付款或担保承兑的票据责任,但转让人与受让人之间基于基础关系,转让人仍对受让人承担相应的责任,也就是说,受让人受让的票据存在权利瑕疵而无法实现时,受让人仍有权基于基础关系要求转让人承担相应的责任。例如支票持有人甲将一张支票以单纯交付的方式转让给乙,用于购买货物,由于该支票为空头支票被拒付,乙仍有权要求甲承担违约责任。背书转让的背书人在背书行为完成以后并不退出票据关系,而是成为新的票据债务人,与背书人的前手及出票人对被背书人及其后手承担担保付款或担保承兑的票据责任。

(3)单纯交付的方式比较便捷、灵活,使转让人不承担票据责任,对转让人有利,背书方式则以背书人签章的形式在票据外观上展现出票据经过哪些当事人,安全性程度高,并且背书人对被背书人及其后手承担担保付款和担保承兑的责任,有利于保护持票人的利益。由于单纯交付的方式无法查知票据经过了哪些当事人,安全性程度低,且最后持票人对各个环节的转让人均没有追索权,不利于持票人利益的保护。因此,票据权利转让实践中,受让人往往愿意采用背书转让方式,背书转让是票据权利转让的主要方式,背书制度则成为票据权利转让的基本制度。

应当说明的是,票据权利的转让与票据权利人的变更并非同一概念。票据权利的转让是通过票据转让实现的,所谓转让包括两个要素:一是存在转让方和受让方;二是转让方的意思表示,票据转让固然导致票据权利人的变更,但票据权利人的变更并非都是通过票据转让实现的,有些情况下,票据权利人的变更是基于法律规定而实现的,主要包括:(1) 依继承而取得票据;(2) 依公司、企业合并而取得票据;(3) 原持票人破产、债权人通过破产还债程序取得票据;(4) 司法机关或行政机关依法没收而取得票据。

二、背书的概念与分类

问题引入　何某持有三张票据,一张准备质押给银行以获得贷款,一张准备转让给材料供应方,还有一张准备委托自己的开户银行向付款人请求付款,那么,这三张汇票需要哪些不同的背书,格式是什么?

背书是收款人或持票人在票据背面或粘单上记载有关事项并签章后将票据交付给他人的票据行为。其中实施背书行为的称背书人,接受票据的称为被背书人。除法律另有规定或出票人专门记载禁止背书的外,被背书人受让票据后还可以再背书,第一次背书的被背书人在第二次背书中则成为背书人,以此类推,可以进行多次背书。背书中的一系列背书人与被背书人,依其持有票据的先后顺序,在先持有票据的称为前手,在后持有票据的称为后手。

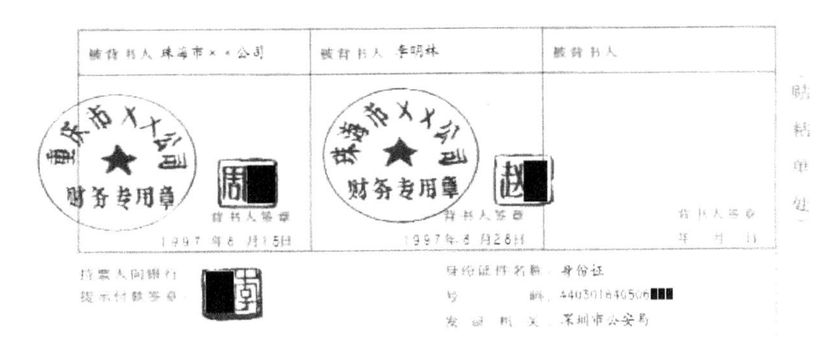

图 9-8　背书票样

背书的分类有不同的层次。

（一）第一层次是根据背书目的分为转让背书与非转让背书

转让背书是以转让票据权利为目的背书,在样式上表现为背书人签章和记载被背书人名称外,并没有其他特定目的的记载,非转让背书是不以转让票据权利为目的,而是以将票据权利授予他人行使或以票据设定质押为目的的背书。在样式上表现为除了背书人签章和记载被背书人名称外,还有其他特定目的的记载。

如下图所示:第一次背书和第二次背书为转让背书,第三次背书为非转让背书。

被背书人:B公司	被背书人:C公司	被背书人:D公司
背书人:A公司(签章) 背书日期:	背书人:B公司(签章) 背书日期:	背书人:C公司(签章) 质押 背书日期:

图9-9 转让背书与非转让背书格式

(二) 第二层次是对转让背书和非转让背书各自的划分

(1) 转让背书以效力内容的不同,分为一般转让背书和特殊转让背书。一般转让背书是指在背书效力上具备一般内容的背书,特殊转让背书是指在背书效力上与一般背书相比存在特殊性的背书。

转让背书以背书记载形式不同,又分为完全背书与空白背书,完全背书是背书时由背书人签章并记载被背书人姓名或名称的背书,空白背书是只由背书人签名,不记载被背书人姓名或名称的背书。

被背书人:B	被背书人:C	被背书人:D
背书人:A(签章) 背书日期:	背书人:B(签章) 背书日期:	背书人:C(签章) 背书日期:

图9-10 完全背书格式

被背书人:	被背书人:	被背书人:
背书人:A(签章) 背书日期:	背书人:B(签章) 背书日期:	背书人:C(签章) 背书日期:

图9-11 空白背书格式

(2) 非转让背书分为委托收款背书和设质背书。委托收款背书是指将票据权利授予他人行使的背书,背书人并不转让票据权利,而是委托被背书人收取款项,代背书人行使票据权利。设质背书是背书人为设定质权,将票据权利作为质押标的而向被背书人所作的背书,被背书人是票据质权人,被背书人只有在依法实现其质权时,才可行使票据权利。

被背书人:B公司
背书人:A公司(签章) 委托收款 背书日期:

图 9-12　委托收款背书格式

被背书人:D公司
背书人:C公司(签章) 质押 背书日期:

图 9-13　质押背书格式

(三) 第三层次是对特殊转让背书依其不同的效力进行的具体划分

(1) 无担保背书,是背书人在背书中记载不承担担保承兑或担保付款责任的背书。

(2) 禁止背书的背书,是背书人在背书时记载“不得转让”字样,即不允许背书人再次转让的背书。

(3) 回头背书,是指持票人以包括出票人在内的持票人的前手或承兑人、付款人为被背书人的背书。

(4) 期后背书,是指背书时间超过一定的期限所作的背书。在不同国家和地区的票据立法中,期后背书的含义有所不同,英美票据法与我国台湾地区票据法规定到期日以后的背书为期后背书,日内瓦公约规定的期后背书是指做成拒绝付款证书后或在规定的做成拒绝证书期限届满后所作的背书①,我国《票据法》第36条规定的期后背书是指超过付款提示期间的背书,被拒绝承兑、被拒

① 英国《票据法》第36条;美国《统一商法典》第3-302条;日内瓦《统一汇票本票法公约》第20条;我国台湾地区“票据法”第41条。

绝付款后的背书。特殊转让背书格式如下图所示:

被背书人:B	被背书人:C	被背书人:D	被背书人:E
背书人(签章):A 背书日期:	背书人(签章):B 不得转让 背书日期:	背书人(签章):C 背书日期:	背书人(签章):D 背书日期:

图 9-14 特殊转让背书格式 1:禁止再转让的背书

被背书人:B	被背书人:C	被背书人:D	被背书人:E
背书人(签章):A 背书日期:	背书人(签章):B 不担保 背书日期:	背书人(签章):C 背书日期:	背书人(签章):D 不担保 背书日期:

图 9-15 特殊转让背书格式 2:无担保背书

被背书人:B	被背书人:C	被背书人:D	被背书人:B
背书人(签章):A 不担保 背书日期:	背书人(签章):B 背书日期:	背书人(签章):C 背书日期:	背书人(签章):D 背书日期:

图 9-16 特殊转让背书格式 3:回头背书

被背书人:B	被背书人:C	被背书人:D	被背书人:E
背书人(签章):A 不得转让 背书日期:2010 年 3 月 10 日	背书人(签章):B 背书日期:2010 年 4 月 8 日	背书人(签章):C 背书日期:2010 年 5 月 9 日	背书人(签章):D 背书日期:2010 年 7 月 6 日①

图 9-17 特殊转让背书格式 4:期后背书

背书的种类,如下图所示:

① 如果票据到期日为 2010 年 5 月 20 日,在 2010 年 7 月 6 日背书超过了付款提示期间,属于期后背书。

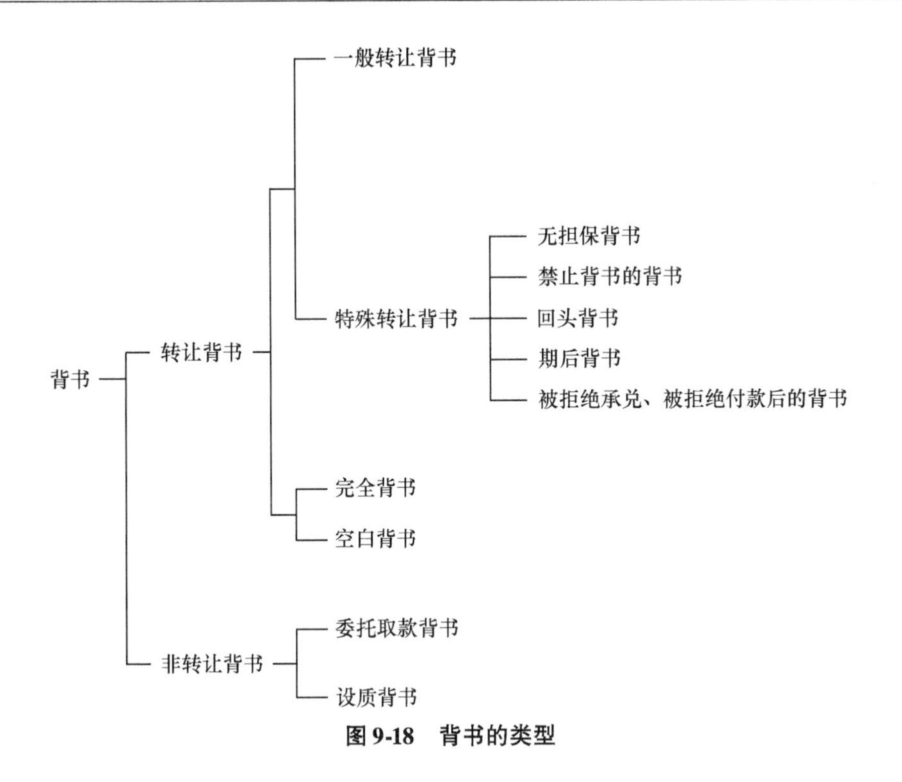

图 9-18　背书的类型

三、背书的法律特征

(1) 背书是一种以转让票据权利或把票据权利授予他人行使为目的的票据行为。如同其他票据行为一样,背书也需要具备实质要件和形式要件并交付后生效。

(2) 背书是收款人或持票人所实施的票据行为,收款人或持票人作为票据权利人,有权转让票据权利或将票据权利授予他人行使,其最主要的方式就是背书。

(3) 背书的对象称为被背书人,背书行为有效完成后,被背书人就取得了票据权利或取得了代背书人行使票据权利的资格。

(4) 背书是一种要式法律行为,背书记载事项以及相应的位置,都应按照法律规定和票据格式进行,否则将影响背书的效力。

(5) 背书可以多次进行,不断转让票据权利,随着背书次数的增加,前手都对后手承担担保承兑与担保付款的义务,承担票据责任的当事人增加。

四、记名票据与完全背书票据的单纯交付转让的效力

问题引入 长远公司以宁大公司为收款人开出一张银行承兑汇票,宁大公司为购买三夏公司的水泥把汇票转让给三夏公司,但没有进行背书,而是直接交付。三夏公司请求承兑银行付款时被拒绝。问:三夏公司是否享有票据权利?

记名票据与完全背书票据单纯交付转让时须以背书方式转让票据权利是各国票据法的普遍规定,持票人以单纯交付方式转让记名票据或完全背书产生何种法律后果,存在不同认识。

一种意见认为,单纯交付转让记名票据或完全背书票据,可以产生票据权利转让的效力。主要依据是,我国《票据法》第31条第1款规定:"以背书转让的汇票,背书应当连续,持票人以背书的连续,证明其票据权利,非经背书转让,而以其他合法方式取得汇票的,依法举证,证明其汇票权利。"票据法对合法方式的具体种类并未加以特别限制,我国票据法也承认一般票据单纯交付转让,具有一般债权转让的效力。

另一种意见认为,根据我国《票据法》第27条第3款的规定,持票人将汇票权利转让给他人或者将一定的汇票权利授予他人行使,应当背书并交付汇票。既然票据法已经规定了记名票据须以背书方式转让,以背书方式转让记名票据是票据权利转让的唯一方式,因单纯交付方式取得票据并享有票据权利,一般应具备三个要件:(1) 须票据形式上有效;(2) 须经交付;(3) 须为无记名票据①,以单纯交付方式转让汇票的,其转让行为无效。② 依这种意见,以单纯交付方式转让记名票据的,受让人不能取得票据权利,票据债务人可以以此为由拒绝对受让人承担票据责任。

在司法实践中,对于此问题有不同的判例:

一种认为不承认单纯交付方式转让票据权利的效力,记名票据未经背书而单纯交付转让的,受让人占有未经背书的票据,但并不享有票据权利。在江苏省南京市中级人民法院(1996)宁经终字第722号民事判决书中认为:收款人将未经背书的汇票交给持票人,履行其与持票人之间的转让协议,持票人虽占有未经背书转让的票据,但并不享有票据权利。③

另一种是承认单纯交付转让票据权利的效力,根据我国《票据法》第31条

① 姜建初主编:《票据法》,北京大学出版社1998年版,第82页。

② 王保树主编:《中国商事法》,人民法院出版社1996年版,第421页。

③ 江都国贸公司诉建行南京第二支行无收款人背书兑付汇票款给他人赔偿案,案件来源:最高人民法院研究室编:《票据纠纷案件审判手册》,法律出版社2001年版,第297—302页。

第1款的规定,我国票据法未限制以其他方式证明其票据权利。认为票据背书存在瑕疵,但持票人能举出实质上连续的其他证据,证明其为真正合法权利人后,仍享有票据权利。①

第三种是有条件承认单纯交付转让票据权利的效力。认为票据系以其表面记载事项来确认当事人之间的权利义务关系,故权利人行使票据权利必须以其记载于票据上为前提条件。当事人在票据流通中存在单纯交付取得票据的情形,最后持票人虽持有票据,但不是票据所记载的当事人,欠缺法定的行使票据权利的要件,故不能就其所持票据主张票据权利。我国《票据法》第31条所规定的“以其他合法方式取得”票据的情形,是指当背书之间不连续时,如前手取得被背书人栏空白的票据,将其交付后手时亦未在票据上签章,而直接由后手记载为被背书人的情形,在此情形下,持票人如能证明其与前手之间的背书关系不是直接发生,但系以合法方式取得,也可在背书不连续地情形下行使票据权利,但是持票人行使权利仍以其被记载为票据当事人为前提。②

笔者认为,这一问题应从以下两个方面理解:

1. 不应当认可单纯交付记名票据和完全背书票据在举证证明转让合法后就等同于背书转让票据权利的效力。持票人与转让人均不得行使票据权利。理由是:

第一,根据《票据法》第27条第3款的规定,持票人将汇票权利转让给他人或者将一定的汇票权利授予他人行使的,应当背书并交付汇票。如果完全把《票据法》第31条规定的“以其他合法方式取得,依法举证证明其票据权利”理解为票据法允许包括以单纯交付方式转让记名票据,就无法解释第27条与第31条的矛盾。《票据法》第27条第3款的规定与第31条后半段的规定分别指

---

① 四川省成都市中级人民法院(2000)成经终字第12号民事判决书,中国农业银行平凉市支行与成都西南油井管开发有限公司、川化股份有限公司票据付款请求权纠纷案。案件来源:金塞波、冯守尊编著:《票据法案例精选》,法律出版社2008年版,第129—135页。

② 广东省深圳市中级人民法院(2007)深中法字民二终字第40号民事判决书,蔡素芬诉湛江市住宅建筑工程公司深圳分公司及湛江市住宅建筑工程公司票据纠纷案。案件来源:《深圳法院判例精选判例评析》(第七卷),2010年版,第103页。该案的案情和裁判要旨是:黄金成以湛江市住宅建筑工程公司深圳分公司的名义向蔡素芬购买钢材,并把该公司签发的收款人空白的支票交给蔡素芬,蔡素芬借用悦上商店名义收款,补记收款人名称为悦上商店,悦上商店提示付款发现为空头支票,银行拒付,悦上商店把该支票退给蔡素芬,并出具证明,证明蔡素芬实际上是票据权利人。现蔡素芬持有票据,向出票人主张票据权利。法院认为,票据系以其表面记载事项来确认当事人之间的权利义务关系,故权利人行使票据权利必须以其记载于票据上为前提条件。我国《票据法》第31条所规定的以其他合法方式取得票据的情形,是指当背书之间不连续时,如前手取得被背书人栏空白的票据,将其交付后手时亦未在票据上签章,而直接由后手记载为被背书人的情形,在此情形下,持票人如能证明其与前手之间的背书关系不是直接发生,但系以合法方式取得,也可在背书不连续的情形下行使票据权利,但是持票人行使权利仍以其被记载为票据当事人为前提,蔡素芬虽持有票据,但不是票据所记载的当事人,欠缺法定的行使票据权利的要件,故不能就其所持票据主张票据权利。蔡素芬引用我国《票据法》第31条规定认为其不被记载于票据上亦可行使票据权利,属理解法律不当。

取得票据的不同情形,属于并列关系。既然第27条规定转让票据权利的唯一方式是背书转让,那么第31条所规定的非经背书转让而取得票据的情形,就不可能包括通过转让取得票据权利的情况,而单纯交付转让仍然属于转让票据,所以《票据法》第31条规定的以其他合法方式取得票据,实际上是指并非以转让而以其他合法方式取得票据。票据权利的取得多数是通过转让票据取得,但并非只能依转让取得,依转让行为以外的事实如继承、公司合并等同样可以取得票据权利。《票据法》第31条第1款后半段正是针对的这一情况,而一旦依转让取得,就应适用第27条的规定,用背书转让的方式取得。

第二,基于票据的文义性规则,票据上相关事项及效力的确认,只能以票据上记载的内容为准,不能以票据以外的记载事项推翻票据文字记载的效力。单纯交付转让记名票据时,由于票据上记载的权利人仍为转让人(收款人或前手被背书人),且此记载并非伪造,合法持票人与票据上记载的票据权利人不一致,持票人并非文义记载的票据权利人,无权以票据权利人身份行使权利。如果确认实际占有人(受让人)取得票据权利,则违反了票据的文义性规则。因此依单纯交付方式转让记名票据和完全背书票据,不能产生背书转让票据权利的效力。

第三,基于票据的有价证券属性,除经公示催告作出除权判决确定票据与权利分离的情形外,行使权利以持有证券为必要条件,而票据的转让人,由于其基于自己的意志转让了票据,虽然文义记载其为权利人,但并不持有票据,因此不得行使票据权利。

2. 受让人持票的合法利益应当给予其他法律关系层面上的保护。

实质原因关系合法的情况下,单纯交付转让记名票据和完全背书票据时,持票人占有票据并非非法取得,虽不符合取得票据权利的文义性要求而不能行使票据权利,无权要求承兑人和其他票据债务人承担票据责任,但其占有票据本身是合法的,在不能行使票据权利的情形下,仅仅持有票据并不能直接实现其财产利益,为了不使持票人合法持有的票据因不能行使票据权利而事实上成为无效票据的境地,需要对其合法占有票据的利益给予一定保护。主要包括以下几个方面:

(1) 因单纯交付而受让票据的当事人向对方支付了对价的,受让人有权要求转让人追加背书,从而取得票据权利,转让人拒绝追加背书的,受让人可以基于转让瑕疵行使票据损害赔偿请求权,或者相转让方行使基础关系中的权利。转让人构成欺诈的,应承担相应的侵权责任乃至刑事责任。

(2)在证明转让票据的事实真实合法,并符合债权转让的一般条件的情形下,受让方可以基于转让方的债权受让人的身份,向票据上记载的债务人主张权利,但不受票据抗辩限制的保护,债务人可以对抗转让人的一切事由,均可对抗持票人。此时,应当把此种单纯交付转让行为视为转让人按照普通转让方式转让了其享有的债权利益,仅产生一般债权转让的效力。由于此种债权与票据权利在载体上存在竞合关系,进行了此种转让后,在转让方和受让方,均不得行使票据权利。

(3) 转让人要求返还票据时,持票人有权拒绝,但持票人须证明其持票的合法性。

(4) 持票人持有的票据被他人以非法手段取得后,有权主张返还票据。

(5) 持票人丧失票据时,具有最后合法持票人地位,可以提出挂失止付和公示催告申请。经除权判决后,可以行使票据权利。

五、转让背书记载事项与转让规则

问题引入 票据背书时,没有记载被背书人姓名或名称,该背书是否有效?①

(一) 形式要件

转让背书有效的形式要件包括以下两个方面:

(1) 绝对应记载事项。在日内瓦公约、英美票据法以及联合国《国际汇票本票公约》中允许空白背书,即不记载被背书人名称的背书。因此,背书的绝对应记载事项只有一项,即背书人签章,至于被背书人的姓名或名称可以不记载。在允许空白背书的国家,空白背书后票据既可以以背书转让,也可以单纯交付的方式转让。

我国《票据法》规定的背书行为的绝对必要事项包括背书人签章以及记载被背书人姓名或名称,《票据法司法解释》第 49 条对《票据法》的绝对严格性作了一定的修正规定,背书人未记载被背书人姓名或名称即将票据交付给他人的,持票人在票据背书人栏内记载自己的名称与背书人记载具有相同的法律效力。因此,只要受让人在被背书人栏内记载自己的名称也与背书人记载具有相同的效力。例如,甲向乙转让票据,甲为背书人,乙为被背书人,按照票据法的规定,

---

① 在司法实践中,许多判例确认,在前手未背书的情况下,付款人或代理付款人向持票人付款,造成他人损失的,应承担相应的责任。参见海南省海口市中级人民法院(1997)海中经法终字第 10 号民事判决书,海口市东升城市信用社与包头市神龙橡胶有限责任公司票据付款请求权纠纷;新疆维吾尔自治区高级人民法院(1997)新经终字第 298 号判决,新疆昌吉回族自治州粮油集团购销分公司与新疆生产建设兵团农三师五十三团、中国农业银行喀什兵团支行票据纠纷案;山西省高级人民法院(2001)晋民一终字第 83 号民事判决书,太原市空港石油综合贸易公司与中国工商银行北京市顺义支行、北京市顺义区北务农村信用合作社票据纠纷案;上海市第二中级人民法院(2000)沪一中经终字第 651 号民事判决书,上海润广工贸发展有限公司与上海通海船舶修造厂、上海双龙商厦票据损害赔偿纠纷案等。

背书人甲应当签章,同时应当记载被背书人乙的姓名或名称,但是,甲只是自己进行了签章,未记载被背书人乙的姓名或名称,则乙在被背书人栏内记载自己的姓名或名称,与甲记载效力相同。①

在实践中,有原持票人以空白背书转让票据给后手,该后手又以单纯交付方式转让给最后持票人,最后持票人在空白背书栏内补记自己为被背书人,或者有多次空白背书时,最后持票人分别补充记载各次背书的被背书人,在最后一次被背书人记载自己名称。按照日内瓦公约的规定,此种情形,最后持票人可以取得票据权利。但按我国票据法的规定,存在解释上的疑问。司法实践中中对此认识不一,但近年来最高人民法院的判例确认此种行为不影响票据权利的取得。②

---

① 在司法实践中,对于最后持票人能否对多次空白背书的被背书人分别进行补记,存在分歧。在杭州萧山化工总厂有限公司诉芜湖市国源金属材料有限公司等票据权利案中即反映了这一问题。安徽省巢州市中级人民法院民事判决书(2006)巢民二终字第74号。该案的主要案情是:诚信商贸有限公司开出票一张汇票,收款人是某供销公司,供销公司做空白背书转让给文王酒类有限公司。文王酒类有限公司未补记被背书人,以单纯交付方式转让给国丰塑料厂。国丰塑料厂又以单纯交付方式将该汇票转让给佳影电器有限公司。佳影电器有限公司又以单纯交付方式将该汇票转让诚信农资有限公司。阜阳诚信农资有限公司以空白背书方式将该汇票支付给原告杭州萧山化工总厂有限公司。后萧山公司的汇票被盗。国源公司从一自称是阜阳诚信农资有限公司业务员李想的人手中得到该汇票,当日国源公司将汇票带到顺祥公司处验票,在得知是真票时,两被告即接收该汇票。同时,顺祥公司将汇票上被背书人栏的三处空白即“阜阳诚信农资有限公司”“芜湖市国源金属材料有限公司”“马鞍山市顺祥物贸有限公司”均予以补记。2006年1月17日,萧山公司向含山县法院申请公示催告,法院依法通知中国农业银行含山县支行停止支付。2006年1月25日,含山县法院发出公示催告公告。在公示催告期间,两被告国源公司与顺祥公司申报权利,含山县法院依法裁定终结公示催告程序。2006年4月12日,萧山公司诉至含山县人民法院,请求对汇票作出除权判决,并确定属于萧山公司所有。一审法院认为,最后持票人顺祥公司在票据上补记了三个被背书人的名称,不符合法律的规定,顺祥公司在票据上被背书人栏不仅补记了自己的名称,而且补记了其他两个单位的名称,依据《票据法》第30条、最高人民法院《票据法司法解释》第49条的规定,并没有赋予顺祥公司这一权利,故其不享有票据权利,原告萧山公司对票据享有票据权利。二审法院认为,顺祥公司接受汇票后将汇票上被背书人栏的空白即“马鞍山市顺祥物贸有限公司”予以补记,与国源公司记载具有同等法律效力,涉案汇票背书是连续的。萧山公司在涉案汇票上无任何记载,依法不得享有票据权利。案件来源:《中国审判案例要览2007商事审判卷》,人民法院出版社2008年版,第348—354页。

② 安徽省巢州市中级人民法院(2006)巢民二终字第74号民事判决书。杭州萧山化工总厂有限公司诉芜湖市国源金属材料有限公司等票据权利案。该案的主要案情是:诚信商贸有限公司开出票一张汇票,收款人是某供销公司,供销公司做空白背书转让给文王酒类有限公司。文王酒类有限公司未补记被背书人,以单纯交付方式转让给国丰塑料厂。国丰塑料厂又以单纯交付方式将该汇票转让给佳影电器有限公司。佳影电器有限公司又以单纯交付方式将该汇票转让诚信农资有限公司。阜阳诚信农资有限公司以空白背书方式将该汇票支付给原告杭州萧山化工总厂有限公司。后萧山公司的汇票被盗。国源公司从一自称是阜阳诚信农资有限公司业务员李想的人手中得到该汇票,当日国源公司将汇票带到顺祥公司处验票,在得知是真票时,两被告即接收该汇票。同时,顺祥公司将汇票上被背书人栏的三处空白即“阜阳诚信农资有限公司”“芜湖市国源金属材料有限公司”“马鞍山市顺祥物贸有限公司”均予以补记。2006年1月17日,萧山公司向含山县法院申请公示催告,法院依法通知中国农业银行含山县支行停止支付。2006年1月25日,含山县法院发出公示催告公告。在公示催告期间,两被告国源公司与顺祥公司申报权利,含山县法院依法裁定终结公示催告程序。2006年4月12日,萧山公司诉至含山县人民法院,请求对汇票作出除权判决,并确定属于萧山公司所有。一审法院认为,最后持票人顺祥公司在票据上补记了三个被背书人的名称,不符合法律的规定,顺祥公司在票据上被背书人栏不仅补记了自己的名称,而且补记了其他两个单位的名称,依据《票据法》第30条、最高人民法院《票据法司法解释》第49条的规定,并

笔者认为,在此情形下,最后持票人行使权利时并不与票据文义记载相冲突,且从形式上看背书是连续的,如背书人仅在背书人栏记载自己名称即将汇票交付给被背书人,该行为视为背书人将在被背书人栏记载的权利授予其后手被背书人,故持票人根据汇票背书签章情况逐一补记被背书人名称的行为不违背各背书人的意思,具备适用《票据法司法解释》第49条规定的条件,符合票据有效背书的形式要件。

但是,持票人以单纯交付方式取得空白背书票据,并在被背书人栏补充记载自己名称,使票据成为完全背书票据后,若背书人声称被背书人与背书人之间不存在原因关系,该票据并非自己转让给该被背书人,并以此对被背书人加以抗辩时,被背书人应当证明自己取得空白背书票据实质上的合法性。

(2)背书位置。我国《票据法》第27条第3款规定,背书必须在票据背面及其粘单上签章。粘单是票据背书多次后没有空白地方书写记载相关内容或签章处时,在票据上粘贴的,用以进行背书的空白纸张。背书人可在票据粘单上进行背书。无论在票据背面还是粘单上记载,都应按各自的记载位置记载,每次背书的背书人签章和被背书人名称记载于该次的背书栏内,背书人签章在背书人栏内,被背书人姓名或名称记载于被背书人栏内。若有多次背书,背书栏用完时,即可在粘单上记载。依我国《票据法》第28条的规定,粘单上的第一记载人,应当在票据和粘单的粘接处签章。如果粘单的第一记载人未在粘单的骑缝线上签章,即应确认粘单不产生票据上效力。①

(二)相对必要记载事项

票据背书的相对必要记载事项主要是背书日期,背书日期无记载的,视为到期日前背书。

(三)任意记载事项

背书的任意记载事项,主要包括以下内容:(1)限制再次转让的记载,即背书人在汇票上记载"不得转"等类似意思的字样;(2)不担保的记载,即背书人在背书时记载"不担保承兑""不担保付款"等字样,国外票据法大多允许此种记载,我国票据法未作明确规定,理论中通常解释为此种记载不属于任意记载事

没有赋予顺祥公司这一权利,故其不享有票据权利,原告萧山公司对票据享有票据权利。二审法院认为,顺祥公司接受汇票后将汇票上被背书人栏的空白即"马鞍山市顺祥物贸有限公司"予以补记,与国源公司记载具有同等法律效力,涉案汇票背书是连续的。萧山公司在涉案汇票上无任何记载,依法不得享有票据权利。案件来源:《中国审判案例要览2007商事审判卷》,人民法院出版社2008年版,第348—354页。最高人民法院(2015)民申字第1775号民事裁定书。天津丰宇正泰金属材料贸易有限公司、山西西山煤电股份有限公司与天津丰宇正泰金属材料贸易有限公司、山西西山煤电股份有限公司票据损害责任纠纷案。法院认为,此种情形视为各背书人的授权补充记载,不影响票据权利取得。案件来源:中国裁判文书网,wenshu. court. gov. cn,2017年2月20日访问。

① 李国光主编:《经济审判指导与参考》(第3卷),法律出版社2000年版,第470页。

项,而属于不产生票据上效力的记载事项。此外,根据我国《票据法》的规定,背书不得附条件,背书时附有条件的,所附条件不具有汇票上的效力。因此,背书时所附的条件,也不属于任意记载事项。

(四) 转让规则

1. 整体转让规则

除了背书人签章以外,就转让背书有效要件还存在一个普遍的规则,这就是整体转让规则,即背书人只能将汇票金额全部予以背书转让。我国《票据法》第33条第2款规定:"将汇票金额的一部分转让的背书或者将汇票金额分别转让给二人以上的背书无效。"即部分转让和分割转让的背书均无效。

2. 后手对直接前手背书真实性负责的规则

根据我国《票据法》第32条的规定,后手对直接前手背书的真实性负责。这一规定包括两层含义:

(1) 当持票人直接前手的背书是伪造的签章时,不论该持票人对伪造签字是否属于善意,该背书行为都无效,持票人不能取得票据权利。

例如,甲出票给乙,乙的票据被A盗窃,A伪造了乙的签字把票据背书转让给丙,丙不知A的签字是伪造的签字,接受了票据。则A即使是善意,也不能适用善意取得,不享有票据权利,当乙要求确认其票据权利并要求返还票据时,A应当返还。

(2) 若直接前手的背书是伪造的背书,后手取得票据时没有发现又加以转让或代前手行使票据权利,从而给他人造成损失的,该后手应当承担相应的赔偿责任。司法实践中,对此有类似的判例。①

---

① 浙江省高级人民法院(2006)浙民二终字第254号民事判决书,中国银行股份有限公司温州经济技术开发区支行(以下简称"开发区中行")与温州市安居工程建设指挥部、中国农业银行温州市龙湾支行(以下简称"龙湾农行")票据损害赔偿纠纷案。案件来源:www.110.com, 2011年2月28日访问。该案的基本案情是:温州市安居工程指挥部在温州开发区中行开设有银行账户,2004年9月27日,犯罪嫌疑人以安居工程指挥部名义出具了一份中国银行转账支票,注明:付款行为开发区中行,收款人为温州云天基础工程公司(以下简称"云天公司"),金额为184万元。云天公司在该转账支票背面背书委托龙湾农行状元分理处收款。开发区中行遂于2004年9月28日付款。2005年10月,安居工程指挥部对扣划该笔184万元提出异议,并向温州市公安局报案。温州市公安局刑事科学技术研究所作出温公刑文检(2005)第72号鉴书,认为温州中国银行转账支票正面出票人签章栏"温州市安居工程建设指挥部财务章"及"李步鸣印"印鉴系伪造。2005年11月10日,温州市公安局以"9·28票据诈骗案"立案侦查。安居工程指挥部向原审法院提起诉讼,请求判令:开发区中行返还安居工程指挥部人民币184万元,并支付利息损失。浙江省高级人民法院认为,根据最高人民法院《票据法司法解释》第69条第1款的规定,只要付款人未审查出票据上伪造、变造的签章,仍然要承担重复付款的风险。因此,开发区中行对安居工程指挥部款项损失应承担主要赔偿责任。龙湾农行作为本案支票委托收款的被背书人,属于持票人。持票人若对支票错误付款有过错,根据《票据法司法解释》第69条第2款规定,应承担民事责任。而龙湾农行违规给虚拟的云天公司开户,而该虚拟的公司恰恰又是收款人和委托收款的背书人。龙湾农行作为委托收款的被背书人,根据《票据法》第32条的规定,以背书转让的汇票,后手应当对其直接前手背书的真实性负责。而龙湾农行的前手为云天公司,该公司不仅印章虚假,而且公司亦虚假,龙湾农行未审查出其前手背书的真实性,有过错,而该前手又是在农行开户。同时,龙湾农行在发现有犯罪嫌疑时,未及时报案,亦未提供监控录像导致犯罪嫌疑人无法抓获。据此,龙湾农行负有相应的过错,应承担相应赔偿责任,以承担安居工程指挥部本金损失的30%为宜。

六、一般转让背书的效力

问题引入 德元公司是票据收款人,向开元公司用空白背书转让票据,开元公司没有补记,把票据通过单纯交付的方式转让给吉庆公司,吉庆公司丢失的票据被利立公司业务员检到,利立公司在开元公司背书栏同一行的被背书人栏内填写了自己公司的名称,然后背书转让给合宁公司。吉庆公司称,合宁公司与利立公司串通无交易关系,不得享有票据权利,合宁公司称,自己持有连续背书票据,应推定为权利人,不需要另行举证,吉庆公司如果认为本公司无票据权利,存在串通行为,应当承担举证责任。问:合宁公司的说法是否成立?

(一) 权利转移的效力

《票据法》第 27 条第 1 款规定:“持票人可以将汇票权利转让给他人或者将一定的汇票权利授予他人行使。”背书人进行转让背书的目的就是转让票据权利,因此转让背书的最基本的效力就是票据权利转移的效力,原持票人(背书人)不再享有票据权利,而是转让给新的持票人(被背书人),被背书人成为票据权利人,享有付款请求权、追索权及再次转让票据的权利等。

在日内瓦公约和英美法系国家票据法中,无论是完全背书,还是空白背书,都可以产生权利转移的效力,当票据为空白背书时,推定票据权利转移于最后持票人,持票人为票据权利人。在我国,完全转让背书产生权利转移的效力,空白背书经受让人在被背书人栏内补记自己名称的,也可产生与完全背书相同的效力。

(二) 权利担保的效力

权利担保的效力又称为担保付款与担保承兑的效力,即背书人负有担保该票据获得承兑或获得付款的义务,具体说,被背书人及其后手在不能获得承兑或不能获得付款时,可以向背书人行使追索权、背书人应当承担清偿义务。担保付款或担保承兑的义务是背书人的一种法定义务。我国《票据法》第 37 条规定:“背书人以背书转让汇票后,即承担保证其后手所持汇票承兑和付款的责任。背书人在汇票得不到承兑或者付款时,应当向持票人清偿本法第 70 条、第 71 条规定的金额和费用。”

理论中一般认为,我国不允许背书人记载相应文字免除担保付款和担保承兑的责任。

国外票据立法对于背书人能否记载免除担保责任有不同规定,日内瓦公约和英美票据法都规定,只要没有相反记载,背书人均应承担担保承兑与担保付款义务。允许背书人在票据上记载“不担保“等字样,免除担保承兑或担保付款的义务,在此情况下即属于特殊转让背书中的无担保背书。①

我国台湾地区“票据法”第39条规定,背书人与出票人一样,可以记载免除担保承兑的责任,但不得记载免除担保付款的责任,若有类似记载,其记载无效。

(三)权利证明的效力

权利证明的效力又称为资格授予的效力,是指持有形式上连续背书的最后持票人,只要他持有票据,就推定其为合法的票据权利人,他不必说明票据实际转移过程,无须另外举证,即可行使票据权利。我国《票据法》第31条第1款规定:“以背书转让的汇票,背书应当连续。持票人以背书的连续,证明其汇票权利;非经背书转让,而以其他合法方式取得汇票的,依法举证,证明其汇票权利。”

具体包括以下几个方面:

(1)持票人所持票据的背书如为连续,推定其为票据权利人,持票人不必举证,即可行使票据权利。

(2)票据债务人主张持有连续背书的持票人为无权利人时应承担举证责任,一旦票据债务人能够证明该持票人在实质上为无权利人,将推翻背书连续所产生的推定效力,持票人将不享有票据权利。

(3)票据债务人向持有连续背书的持票人付款,只要不存在恶意或重大过失,即使该持票人实际上为无权利人,票据债务人也免责。

(4)持票人从无权利人手中受让票据时,背书的连续是构成善意取得的必要条件。

(5)持票人持有的票据背书不连续,但能够通过举证证明是合法取得票据的,也可以享有票据权利。例如,因继承取得票据或因公司合并等原因取得票据的,背书不连续,但持票人通过证明自己取得票据是继承、合并等合法方式的,也可享有票据权利。或者持票人是基于背书取得票据,但票据上有多次背书,且存在不连续的问题,持票人能够证明自己取得票据在实质上的合法性,同时证明不连续的环节属于法律认可合法方式的,也可行使票据权利。例如,甲出票给乙,乙背书给丙,A背书给B,B背书给C,丙和A背书不连续,C要主张票据权利,必须证明自己取得票据是合法的,同时还要证明丙和背书不连续,A没有从丙背书受让票据,但取得票据是通过法律允许的方式取得的,例如基于继承取得票据、基于公司合并取得票据等。

---

① 日内瓦《统一汇票本票法公约》第15条第1款;英国《票据法》第16条。

七、背书连续的认定

问题引入 背书人与被背书人顺序依次衔接，但其中一次背书为伪造签字，该背书是否属于连续背书？

背书的连续性是指为转让票据权利而进行的背书中，转让权利的背书人与受让权利的被背书人的签章及记载的名称、姓名在顺序上是衔接的。第一次背书的背书人是票据上记载的收款人，票据有多次背书时，在背书形式上前一次背书的被背书人是后一次背书的背书人，以此顺序连接，直到最后的背书人，即持票人。我国《票据法》第31条第2款规定："前款所称背书连续，是指在票据转让中，转让汇票的背书人与受让汇票的被背书人在汇票上的签章依次前后衔接。"

连续背书的认定涉及以下几个方面的内容：

1. 背书连续是指背书形式上的连续，即从票据记载的外观形式上每次背书的被背书人与下一次背书的背书人姓名或名称相一致。在日内瓦公约以及联合国《国际汇票本票公约》中，背书在形式上连续，即构成背书连续，即背书签章形式上的前后衔接，并且每一次背书签章都是形式上符合票据法要求的签章，即可构成背书连续，至于存在实质上无效的签章如无行为能力人的签章以及被伪造的签章等，并不影响背书的连续。① 实质连续是指背书的各次签章不仅是形式上有效的签章，而且是真实的签章。我国《票据法》实行的也是形式连续的制度。

2. 连续背书的当事人记载顺序应具有同一性与连续性，前一次背书的被背书人与后一次背书的背书人名称在形式上应当一致。多数国家的票据立法采取公认的一致原则，使前一次背书的被背书人名称与后一次背书的背书人的签章并非绝对相同，甚至形式上不同只要从一般公众的角度理解，公认两者是同一当事人，也构成背书的连续。我国《票据法》《票据管理实施办法》和《支付结算办法》规定，自然人在票据上的签名，必须为其"本名"。单位和银行的签章应符合《票据法》《票据管理实施办法》的规定，填写票据和结算凭证时，对单位或银行名称的记载，应当记载全称或规范化的简称。② 从上述规定看，对于背书人与被背书人均为单位的，实行的是公认的一致的原则，自然人在票据上的背书签章，实行绝对一致原则。

3. 记名票据第一次背书的背书人必须是收款人，否则不能构成连续背书。

---

① 日内瓦《统一汇票本票法公约》第6条，联合国《国际汇票本票公约》第15条。

② 《支付结算办法》第10条、第11条，《票据实施管理办法》第16条。

4. 连续背书应当是指全部的转让背书连续。背书中既有转让背书,又有非转让背书时,即在转让背书中间夹杂有非转让背书,那么由于非转让背书与转让背书不具有同一性质,如果转让背书与非转让背书连续,但转让背书之间不连续,即非转让背书的被背书人再进行转让背书时,造成背书的不连续,例如,作为接受委托收款的被背书人,将该票据作转让背书时,就属这种情况,如下图,即为背书不连续:

A→B; —— B→C; —— C→D; —— D→E
转让背书　转让背书　委托收款背书　转让背书

如果一系列的背书中,所有转让背书是连续的,即使中间有非转让背书,也不影响背书的连续性,也就是说,只有非转让背书的背书人再为转让背书或授权他人代理转让背书时,背书仍是连续的,如下图为连续背书:

A→B; —— B→C; —— C→(D); …… C→E
转让背书　转让背书　非转让背书　转让背书

5. 空白背书经过补记可以构成连续背书。我国票据法不承认空白背书的效力,但背书中被背书人名称的记载,不是必须由背书人记载,背书人未记载被背书人名称的,在交付时为空白背书,该背书可以由被背书人在相应位置记载自己的名称成为完全背书,此时仍属于连续背书。但是,当有多次空白背书时,能否通过最后持票人补记构成背书连续,法律没有明确规定。在判例中存在不同做法。

在日内瓦公约中,承认空白背书,解决空白背书连续性认定的方法是,如果前面的各次背书是连续的,但最后的背书是空白背书时,持票人视为合法持票人。在空白背书之后还有背书时,视为后一次背书的背书人从空白背书取得票据。我国台湾地区票据法规定,背书中有空白背书时,其次之背书人视为前次背书之被背书人。①

连续背书续示意图如下:

被背书人:B	被背书人:C	被背书人:D	被背书人:E
背书人(签章):A	背书人(签章):B	背书人(签章):C	背书人(签章):D

图 9-19　连续背书示意图

① 日内瓦《统一汇票本票法公约》第 16 条,我国台湾地区“票据法”第 34 条。

八、背书不连续的后果

问题引入　小王从小李手中通过背书受让一张汇票，但该汇票前几次背书中有一次不连续，小王是否能够享有票据权利？

背书不连续是指票据经历多个流通环节时，其中一次或几次前一次背书的被背书人与后一次背书的背书人名称不统一，或票据上记载的收款人与第一次背书的背书人的名称不统一，即票据上的前后手之间的签章与名称记载不能顺序相连。

不连续背书示意图如下：

被背书人：B	被背书人：C	被背书人：D	被背书人：E
背书人（签章）：A	背书人（签章）：甲	背书人（签章）：C	背书人（签章）：D

图 9-20　不连续背书示意图 1

被背书人：B	被背书人：C	被背书人：D	被背书人：E
背书人（签章）：A	委托取款 背书人（签章）：甲	背书人（签章）：C	背书人（签章）：D

图 9-21　不连续背书示意图 2

在理论上，票据权利转移时背书产生权利转移和权利担保的效力，连续背书同时产生第三个效力，即权利证明的效力，反之，如果背书不连续只是不产生第三个效力，即不产生权利证明的效力，并不排除权利转移和权利担保的效力。持票人能够举证证明时，仍可以享有票据权利。

我国《票据法》第 31 条第 1 款规定："以背书转让的汇票，背书应当连续。持票人以背书的连续，证明其汇票权利；非经背书转让，而以其他合法方式取得汇票的，依法举证，证明其汇票权利。"《票据法司法解释》第 16 条规定："票据债务人依照票据法第九条、第十七条、第十八条、第二十二条和第三十一条的规定，对持票人提出下列抗辩的，人民法院应予支持：……（四）以背书方式取得但背书不连续的……"，第 46 条规定："票据的背书人、承兑人、保证人在票据上的签章不符合票据法以及《票据管理实施办法》规定的，或者无民事行为能力人、限制民事行为能力人在票据上签章的,其签章无效,但不影响人民法院对票据上其他签章效力的认定。”

但是,背书不连续时,持票人毕竟不具备取得票据权利的外观形式,付款人对该票据付款,要承担错误付款的风险,因此,结合《票据法》第 27 条、第 31 条与《票据法司法解释》第 16 条、第 46 条的规定以及司法实践中的做法,背书不连续的效力应当实行以下规则:

(1) 最后持票人是以继承、公司破产等合法原因取得票据,并非基于原持票人的背书转让或单纯交付转让取得票据,从而造成最后一个环节背书不连续的,最后持票人依法举证,证明其并非基于原持票人转让,而是基于继承、公司合并、破产等合法事由取得票据的,可以确认其享有票据权利。

(2) 最后持票人是以背书转让方式取得票据,但在此之前的背书不连续的,持票人应举证证明不连续的环节票据转让或转移占有在实质上的合法性以及自己取得票据在实质上的合法性。因为持票人虽然自己取得票据时是以背书方式取得的,但其取得票据时背书已经不连续,在外观上不具有权利证明的效力,持票人受让此种票据,应对不连续环节票据转移占有在实质原因关系的不合法性承担相应风险,即当不连续环节的票据转移占有在实质上不合法时,最后持票人不能取得票据权利。

(3) 票据债务人对不连续背书的持票人有权进行抗辩,拒绝付款,如未进行抗辩,对不连续背书的持票人付款,应承担错误付款的责任,但当最后持票人举证证明其是合法权利人后,票据债务人应当履行票据义务。

(4) 持票人与票据上记载的(包括票据上记载的收款人、被背书人)权利人不一致的,持票人不能享有票据权利。

九、特殊转让背书的效力

问题引入 何某向李某签发一张支票,李某将其背书转让给辛某,同时记载“不得转让”,辛某背书转让给马某,马某背书转让给丁某,丁某背书转让给叶某,叶某背书转让给马某,则马某在提示付款被拒绝后,可以向谁行使追索权?

特殊转让背书的效力,因其具体类型不同而各不相同,现分述如下:

(一) 无担保背书

大陆法系与英美法系国家的票据立法普遍承认无担保背书。背书人在票据上记载“不担保”“不受追索”等文句的,属于任意记载事项,按相应记载发生效力,即背书人对被背书人及其后手不承担担保付款和担保承兑的责任。如下图所示:

A ⟶B ⟶(不担保)C ⟶D ⟶E

A 向 B 背书转让票据,B 向 C 背书转让票据,记载“不担保“的字样,C 向 D 背书转让,D 向 E 背书转让,则当 C 及其后手不能获得承兑或不能获得付款时,B 不承担被追索的责任。也就是说,持票人无权向 B 追索。

我国《票据法》并未规定无担保背书。理论中一般认为,如背书人在背书时记载了不担保的相应文句的,该记载不发生票据法上的效力,背书按一般转让背书发生效力。

(二) 禁止背书的背书

在我国以及日内瓦公约中,背书人在背书时记载“不得转让”等文句的,并不影响权利转移和连续背书权利证明的效力,只是权利担保的效力有所变化,即原背书人对被背书人的后手不承担担保付款与担保承兑的责任,其他票据债务人的票据责任并不发生变化,如下图所示:

A ⟶B ⟶(不得转让)C ⟶D ⟶E

A 向 B 背书转让票据,B 向 C 背书转让票据,记载“不得转让“的字样,C 向 D 背书转让,D 向 E 背书转让。则 B 对 C 的后手 D、E 不承担担保承兑与担保付款的责任,也就是说,D、E 不能获得承兑或不能获得付款时,无权向 B 追索。但持票人仍可以向 A、C、D 追索。D 若承担了票据责任后,仍可向 A、C 追索。

联合国《国际汇票本票公约》的规定与此不同,按照该公约,背书人禁止转让的,不得继续转让,任何以后的背书,均视为委托收款背书。

(三) 回头背书

回头背书效力的特殊性也在于权利担保效力方面,当原持票人将票据背书转让给前手的某一背书人或出票人时,若新的持票人是出票人,则对原持票人以及票据上的一切背书人及他们的保证人均无追索权,只能对承兑人或承兑人的保证人行使票据权利,若新的持票人是原持票人的某个前手背书人时,新持票人对原持票人以新持票人的一切后手及他们的保证人均无追索权,但新持票人对其原来的前手及出票人以及他们的保证人的追索权仍然存在。如下图所示:

A ⟶B ⟶C ⟶D ⟶B

A 向 B 背书转让票据,B 向 C 背书转让票据,C 向 D 背书转让,D 又向 B 背书转让。则 B 虽为最后持票人,但对原来的后手 C、D 都没有追索权。也就是说,B 不能获得承兑或不能获得付款时,无权向 C、D 追索。但仍可向 A、C 追索。

(四) 期后背书

期后背书是超过票据法规定的某种期限或时间后进行的背书。我国《票据法》第 36 条规定:“汇票被拒绝承兑、被拒绝付款或者超过付款提示期限的,不得背书转让;背书转让的,背书人应当承担汇票责任。”例如,到期日为2011年1月19日的银行承兑汇票,付款提示期间为到期日后10日内,则2011年1月29日为付款提示期间的最后一天,之后进行的背书即属于期后背书。在我国现行票据法中,期后背书属于法律规定的禁止转让票据的范畴,有关期后背书的效力,在“票据权利禁止转让”问题中分析。

十、商业汇票贴现

问题引入 小王问律师,我们经常听说票据贴现,但我国票据法没有具体规定贴现,贴现和其他背书转让票据有什么不同,贴现中应注意哪些问题?

(一)贴现的概念与性质

依现行规定,贴现是商业汇票的持票人在汇票到期日前,为了取得资金贴付一定利息将票据权利转让给金融机构的票据行为,是金融机构向持票人融通资金的一种方式。[①] 贴现具有以下性质:

(1)贴现是持票人卖出票据、商业银行买入票据的行为,是银行参与商业信用的一种形式。

在我国,票据的签发、取得、转让原则上应以真实的交易关系和债权债务关系为基础关系,在通常情形下,不允许在没有具体的商品交易或其他债权债务关系的情形下直接向对方卖出票据,或支付一定的价款而买入票据。贴现则是特定范围内、特定主体的票据买卖行为。在我国,并不是任何人都可以买入票据进行贴现,只有经过批准,有权开展票据贴现的银行和其他金融机构才可以从事此种票据买入行为。商业银行买入票据、对票据予以贴现与其他情形下当事人之间转让票据的目的正好相反,贴现人取得票据不是为了获得价款,而是以提供一定款项为对价,取得票据权利,最终目的是为了获得贴现日至到期日这一期间内的利息。

(2)贴现行为是商业银行贷款的一种特殊形式。

从银行业务的角度讲,向他人提供一定资金取得票据,与银行贷款具有相同的法律属性,贴现主体是中国人民银行批准经营贷款业务的机构,贴现行为又被认为是商业银行短期贷款的一种形式。

(3)贴现是原持票人转移票据权利的行为。

贴现的实质是持票人转移票据权利的行为,同一般的票据权利的转让不同,贴现转移的是票据权利,取得的对价是一定的价款,贴现银行并不是以直接获得

① 《商业汇票承兑、贴现与再贴现管理暂行办法》。

金额为目的,而是以赚取贴现利息和相关手续费用为目的,票据贴现后,贴现银行除了可以转贴现、再贴现以外,一般是等票据到期后,通过向付款人收取票据来实现债权。票据贴现后,贴现人取得了票据权利,成为票据关系的当事人。

(4) 贴现是持票人的融资行为。

一般情况下,持票人持有票据并在票据到期日到来之时可才行使票据权利,在到期日前主张付款请求权或追索权的,除另有规定外,票据债务人可以主张物的抗辩。票据贴现则可以在票据未到期前通过转让票据获得资金,从而解决持票人急需资金的问题,因此,相当于提前获得了扣除利息后的票据金额,是一种比较便利的融资方式。

(5) 贴现是以票据行为为基本环节和必要程序的双方行为。

票贴作为票据买卖行为是一种双方法律行为,贴现包括两个基本环节,转让票据和支付款项。转让票据是通过背书行为实现的,也就是贴现申请人履行义务是以背书转让这一票据行为作为基本内容。而贴现人的义务主要是支付贴现款项。因此,不能将贴现与背书两个概念等同起来。

(二) 贴现的主要类型

贴现的主要类型如下:

(1) 卖方付息贴现。是指持票人将未到期的商业汇票背书转让给贴现银行,贴现银行按票面金额扣除贴现利息后,将余额支付给持票人的贴现形式。

(2) 买方付息贴现。是指持票人将未到期的商业汇票背书转让给贴现银行,贴现银行收取贴现利息后,将票面金额支付给持票人的贴现形式。

(3) 回购式贴现。是指持票人已经进行贴现把未到期的商业汇票背书转让给贴现银行并取得款项后,随时将该票据回购由银行再背书给该持票人,银行根据持票人实际使用款项的天数计算利息,把已收取的剩余时间的利息返还给持票人的贴现形式。

(4) 放弃部分追索权贴现。是指持票人把未到期的银行承兑背书转让给贴现银行,贴现银行接受贴现时,承诺在基础交易真实的情况下,放弃对贴现申请人(持票人)行使追索权的贴现形式。

(三) 从事票据贴现业务应遵守的规则

贴现业务作为一种特殊的信贷业务以及转让票据权利的形态,应当遵循以下业务规则:

(1) 贴现人必须具有从事票据贴现业务的资格。由于票据贴现是一种特殊的资金信贷,因此,并非任何人都可以经营票据贴现业务,只有经中国人民银行批准的经营贷款业务的金融机构,才可以从事贴现业务,以贴现人的身份买入票据。不具备贴现主体资格的人不得进行票据贴现。

(2) 根据中国人民银行《商业汇票承兑贴现再贴现管理暂行办法》,申请贴现的持票人应具备一定的条件,持票人要将票据贴现,必须具备以下条件,一是持票人是企业法人和其他经济组织,并依法从事经营活动;二是持票人与出票人或其前手之间具有真实的商品交易关系;三是持票人在申请贴现的金融机构开立存款账户。

(3) 贴现的票据应当符合票据法的规定。这里所说的贴现的票据符合票据法的规定,首先是指票据本身在形式要件方面符合票据法的规定,即绝对应记载事项齐备,金额、收款人名称、出票日期没有更改,票据在形式上没有涂改、伪造等痕迹,如票据已经背书转让,背书应当连续。当事人的签章符合票据法的要求等。其次是指具有真实交易关系的合法持票人持有的票据。

(4) 贴现的票据必须是未到期的商业汇票,而且是已经承兑的汇票,已到期的商业汇票持票人可以请求付款人或承兑人付款,无须贴现,贴现人也无法计算贴现日与到期日的贴现利息,因此不能贴现。至于银行汇票、本票、支票,本身就是即期票据,不存在贴现问题。

(5) 贴现票据应当以背书转让的方式进行。贴现是票据的转让行为,按照《支付结算办法》第 93 条的规定,贴现、转贴现、再贴现时,必须做成转让背书,因此,持票人在申请贴现转让票据时,必须在汇票背面背书人签章处签章,并写明贴现银行的名称。

(6) 持票人申请贴现时,应提交证明其所持票据是以真实的交易关系为基础的文件及贴现人营业执照、组织机构代码、章程、贴现申请书等文件,贴现银行应对持票人所提交的文件进行审核。

(7) 贴现人选择贴现票据应当遵循效益性、安全性和流动性原则,贴现资金投向应符合国家产业政策和信贷政策。贴现作为银行向企业融通资金的一种信用方式,与一般贷款同为银行的授信业务,银行用于贴现放款的资金来源,是信贷资金的组部分,商业汇票贴现,必须纳入信贷计划。

(四) 贴现银行的审查事项

一般来说,贴现银行在受理票据贴现时,应当进行的审查事项包括三个方面:

1. 贴现票据的审查

(1) 审查票据是否具备票据法规定的绝对应记载事项、要素齐全,版本正确、填写事项符合票据法及相关法规的规定。对每个专业防伪点进行鉴别,判断票据真伪,审核号码及有关事项是否有涂改迹象。并通过查询中国票据网、《人民法院报》或其网站,了解票据是否已公示催告或存在盗窃、诈骗、伪造等情形。

(2) 票据背书连续性的审查。

2. 向承兑人进行票据是否真实的查询

按照以往银行票据业务的有关规定①，银行承兑汇票查询、查复业务方式主要如下：查询行可以派人持票到承兑行实地查询、通过大额支付系统查询、通过制作查询书查询书向承兑行查询等。

银行承兑汇票查询(复)书(第　联)

　　行：

你行　　年　　月　　日承兑的号码为　　　　　的银行承兑汇票，票面主要记载事项为：

<table>
<tr><td>出票日期</td><td></td><td>汇票到期日</td><td></td></tr>
<tr><td>出票人全称</td><td></td><td>收款人全称</td><td></td></tr>
<tr><td>付款行全称</td><td></td><td>汇票金额</td><td></td></tr>
<tr><td colspan="2">以上记载事项是否真实，请见此查询后，速查复。

查询行签章：

经办人签章：

查询日期：　　年　　月　　日</td><td colspan="2">1. 查询汇票记载事项与我行承兑的汇票记载内容一致。
2. 与我行承兑的汇票所不符的记载事项：

3. 其他：

查复行签章：

经办人签章：

查询日期：　　年　　月　　日</td></tr>
</table>

备注：查询查复书一式三联，一联查询行留存，一联送代理行作为查询依据，一联代理行作为查询结果回执。

规格：8.5 cm×17.5 cm

图 9-22　银行承兑汇票查询书

2016 年颁布的《票据交易管理办法》第 17 条第 1 款规定："贴现人办理纸质票据贴现时，应当通过票据市场基础设施查询票据承兑信息，并在确认纸质票据必须记载事项与已登记承兑信息一致后，为贴现申请人办理贴现，贴现申请人无需提供合同、发票等资料；信息不存在或者纸质票据必须记载事项与已登记承兑信息不一致的，不得办理贴现。"这一规定是对贴现人审核义务的重大变革。通过传统查询方式是否能够免责，存在疑问。

① 中国人民银行《关于商业银行跨行银行承兑汇票查询、查复业务处理问题的通知》，银发[2002]63 号；中国人民银行《关于完善票据业务制度有关问题的通知》，银发〔2005〕235 号。

3. 对持票人与其前手是否有真实交易关系的审核

按照《支付结算办法》《商业汇票承兑、贴现、再贴现管理暂行办法》《中国人民银行关于完善票据业务制度有关问题的通知》的规定,出票人(持票人)向银行申请办理承兑或贴现时,承兑行和贴现行应按照支付结算制度的相关规定,对商业汇票的真实交易关系和债权债务关系进行审核。贴现人对持票人与其前手是否有真实交易关系的审核,主要是对贴现申请人提交的与其直接前手的交易合同以及发票的形式审查。中国人民银行 1997 年颁布的《支付结算办法》和《商业汇票承兑、贴现与再贴现管理暂行办法》规定,应提供贴现申请人与其直接前手之间的增值税发票和商品发运单据的复印件,或提供持票人与出票人或其前手之间的增值税发票和商品交易合同复印件。中国人民银行 2005 年颁布的《关于完善票据业务制度有关问题的通知》规定,商业汇票的持票人向银行申请贴现时,贴现申请人应向银行提供交易合同原件、贴现申请人与其直接前手之间根据税收制度有关规定开具的增值税发票或普通发票。此外,贴现银行向其他银行转贴现或向人民银行申请再贴现时,不再提供贴现申请人与其直接前手之间的交易合同、增值税发票或普通发票,但需对票据的要式性和文义性是否符合有关法律、法规和规章制度的规定承担审核责任。

按照中国人民银行 2016 年 9 月《关于规范和促进电子商业汇票业务发展的通知》的规定,电子票据承兑、贴现的贸易真实性审核方面,对电子商务企业申请电票承兑的,金融机构可通过审查电子订单或电子发票的方式,对电票的真实交易关系和债权债务关系进行在线审核。企业申请电票贴现的,无须向金融机构提供合同、发票等资料。2016 年 12 月中国人民银行发布的《票据交易管理办法》第 17 条规定,贴现人应当对申请贴现的票据在票据交易所系统进行登记信息查询,并与纸质票据核对,在确认纸质票据必须记载事项与已登记承兑信息一致后,为贴现申请人办理贴现,贴现申请人无须提供合同、发票等资料。

可见,就监管部门而言,对贴现人审查义务的要求已经产生重大变化,此种变化与司法上认定贴现人审查义务有无过错的标准是否直接相关,需要予以关注。

(五)贴现的效力与违规贴现的后果

就票据关系的角度而言,持票人以背书转让的方式贴现票据,其效力与其他场合下的背书转让效力相同,背书行为的有效与无效、贴现银行取得票据权利的效力,票据债务人的票据责任与抗辩,都适用于票据法有关转让票据权利的规定。

只要尽到以上三个方面的审查义务,应认为贴现人履行了必要的审查义务,不承担贴现申请人无票据权利的法律风险,可以取得票据权利,至于贴现申请人与其前手事实上是否存在真实、合法的交易关系,不属于贴现人负责审查的范畴。在司法实践中,有类似的判例。[①]

违反上述贴现经营规则的规定,对票据进行贴现的后果如下:

(1) 贴现人不具备贴现主体资格的贴现。

持票人向银行和经批准可以从事贴现业务的金融机构以外的单位和个人进行票据贴现的,被称为民间贴现。此种贴现是否合法、是否有效?

首先,银行以外的单位和个人从事票据贴现行为,是否属于公法意义上的违法或犯罪行为?按照国务院颁布的《非法金融机构和非法金融业务活动取缔办法》第2条、第4条、第22条的规定,未经中国人民银行批准从事票据贴现的,为非法金融活动。而个人或银行以外的单位从事票据贴现业务的,一般都没有经过中国人民银行批准。因此按现行法律规定,不具备主体资格人进行票据贴现,当属违法活动。但是,按照现行司法解释及国家金融政策允许民间融资活动,而民间票据贴现被视为民间融资的一种。笔者认为,二者存在某种意义上的冲突,但在适用上应当根据是否构成职业性的票据贴现业务来判断,如果属于偶尔从事的票据贴现融出资金活动,则属于合法的民间融资。如果以从事票据贴现为经常性的业务经营活动,则应属于非法金融活动。至于此种非法金融活动是否构成犯罪,即是否构成《刑法》第225条规定的非法经营罪中"非法从事资金结算业务",在理论与实践中存在争议。笔者认为,应当慎重对待,不宜轻易认定构成犯罪。

其次,不具备贴现资格的贴现行为是否产生票据权利转让的效力?按国务

① 参见法公布(2000)23号。最高人民法院(2000)经终字第62号民事判决书。中国农业银行白银市分行营业部(以下简称"农行白银营业部")与中国工商银行重庆创意有色金属材料有限公司、重庆市二轻工业供销总公司银行承兑汇票纠纷案。该案的基本案情是:出票人甘肃白银有色公司以重庆有色公司为收款人签发了银行承兑汇票,农行白银营业部承兑了该汇票。重庆有色公司取得汇票后背书转让给创意公司,创意公司从重庆有色公司取得票据并无交易关系。创意公司取得票据后与二轻公司签订了购买镀锌板合同,将票据背书转让给二轻公司,二轻公司向工行两路口分理处申请贴现。工行两路口分理处向农行白银营业部查询了该汇票的真实性,并审查了汇票以及二轻公司提供的贴现申请书、工矿产品购销合同复印件以及增值税发票复印件,办理了贴现手续、支付了贴现款,取得了汇票。但二轻公司提交的增值税发票复印件是买方的"抵扣联",而不是应由卖方保存的"存根联"。此外创意公司与二轻公司的购销合同未实际履行,二轻公司扣除了部分款项后将大部分款项退给了创意公司。农行白银营业部以创意公司与二轻公司不具有真实的商品交易关系,系恶意串通取得票据,目的是套取银行资金,工行两路口分理处未尽到审查义务、违法违规贴现为由,向甘肃省高级人民法院提起诉讼,请求判定工行两种口分理处不享有票据权利,并解除承兑人的付款责任。甘肃省高级人民法院与最高人民法院均认为,重庆有色公司与创意公司之间、创意公司与二轻公司之间是否存在有效的买卖关系,属于票据基础关系范畴。贴现人工行两路口分理处只需要证明其所持有的汇票的必要记载事项齐全、其取得汇票的票据关系合法成立,没有义务对其前手取得票据的基础关系是否合法有效负责。工行两路口分理处已经按照中国人民银行颁布的《商业汇票承兑、贴现与再贴现管理暂行办法》《支付结算办法》规定履行了必要的审查义务,并且曾就汇票真实性问题向农行白银营业部查询,得到肯定答复后方办理相关贴现手续。由此,持票人工行两路口分理处在取得票据时履行了必要的审查义务,并不存在重大过失的情形,且支付了对价,应享有票据权利。

院颁布的《非法金融机构和非法金融活动取缔办法》和中国人民银行颁布的《支付结算办法》等法规、规章的规定,从事贴现业务的主体是银行和其他经过许可的金融机构。因此,在《票据法》颁布后较长时间,主流的观点认为,不具备贴现主体资格的贴现行为无效。在司法实践中,有判例表明,贴现人是否具备贴现主体资格是确定贴现人是否享有票据权利的重要依据。① 但是随着民间融资逐渐发展并得到政策上的认可,司法实践中也出现了不一致的认识。②

笔者认为,按照当时的法律和金融政策,确认不具备主体资格的贴现行为无效是正确的。但是,2015 年最高人民法院《关于审理民间借贷案件适用法律若

① 昌江信用联社与中国银行景德镇分行曹家岭办事处票据贴现纠纷案。载李国光主编:《经济审判指导与参考》(第 4 卷)法律出版社 2001 年版,第 72 页。该案的案情是:江西景德镇市管件公司以小汽车作抵押开出银行承兑汇票,承兑人为中国银行景德镇市分行曹家岭办事处。收款人分别为浙江余姚市钢管厂和包头市郊区钢管股份公司。管件公司取得票据后,在第一背书人栏中加盖了自己公司的印章及法定代表人的名章,在第二背书人栏内伪造了收款人的签章,持该汇票到景镇市昌江信用联社营业部申请质押贷款,昌江联社向中行曹家岭办事处查询汇票真实后,向管件公司提供贷款,并预先扣除期间利息,管件公司向昌江联社背书转让了汇票,但未注明“质押”字样。票据到期后,昌江联社向中行曹家岭办事处提示付款被拒绝。此案审理过程中,有一种意见认为,昌江联社实际上是进行票据贴现。昌江联社在无贴现主体资格的情况下对银行承兑汇票予以贴现,且该票据背书不连续,对不是合法持票人的管件公司予以贴现,存在重大过失,故不享有票据权利。最高人民法院对此案的答复意见是:虽然联社信用社作为城市信用社具备贴现主体资格,但其取得票据时背书次序混乱、不连续,因而从不是合法持票人的管件公司取得票据后,不得享有票据权利。在洛阳市双钱商贸有限公司诉洛阳市虹海汽车销售有限公司票据返还请求权纠纷中,法院认为,我国《票据法》和中国人民银行《支付结算办法》规定,在我国,公民个人是不能使用包括银行承兑汇票在内的商业汇票的,更不允许个人和单位之间买卖银行承兑汇票和从事所谓的票据“承兑”和“贴现”。票据的承兑和贴现应当由经过中国人民银行批准的金融机构办理,个人不得从事上述票据活动,否则属于扰乱国家金融秩序违法行为。《非法金融机构和非法金融业务活动取缔办法》所列非法金融业务中包括非法“办理结算”“票据贴现”和“票据买卖”等,最高人民法院《关于审理票据纠纷案件若干问题的规定》第 64 条确认对中国人民银行的规定应予参照适用,故违反法律法规和行政规章中的上述效力性规定的票据取得、占有行为不受法律保护,违法买卖、贴现而取得的票据,不享有票据权利。洛阳市涧西区人民法院民事判决书(2009)涧民三初字第 267 号。判决文书来源:www. 110. com. 2017 年 2 月 6 日访问。

② 在新昌县精锐机械有限公司与中国工商银行股份有限公司票据营业部、浙江华利皮革有限公司票据损害赔偿纠纷案中,法院认为,华利公司虽非以背书转让方式取得票据,但该公司提供的证据能够证明,该公司系从案外人胡晓翔处取得涉案票据,并已向胡晓翔支付了经双方认可的 48.5 万元对价,该票据转让行为并未违反我国法律或行政法规的强制性规定,应予认可。上海市第二中级人民法院民事判决书(2009)沪二中民三(商)终字第 27 号. 判决文书来源:http://www. law-lib. com/,2017 年 2 月 13 日访问。在贵州贵志房地产开发有限公司与袁博、化州市正元实业有限公司、广西北部湾银行股份有限公司南宁票据纠纷再审案中,最高人民法院认为,本案票据纠纷系由双方当事人从事涉案商业汇票贴现、转让行为而引发,其交易的本质是民间借贷、融通资金活动。该案实际上认可了民间贴现的效力。参见最高人民法院(2014)民申字第 1405 号民事裁定书。而同样是最高人民法院审理的安阳市铁路器材有限责任公司、邯郸市团亿物资有限公司与安阳市铁路器材有限责任公司、邯郸市团亿物资有限公司等票据返还请求权纠纷、返还原物纠纷申请再审案中,法院认为,安阳铁路公司通过支付对价 600 余万元从王兵处取得案涉汇票的行为,实质上是一种票据买卖或贴现,根据相关法律规定,该票据买卖和票据贴现行为属非法。因此,安阳铁路公司既未通过背书转让合法取得票据,亦没有通过合法的票据交付而取得票据,安阳铁路公司对于案涉票据的持有不具有合法的根据。参见最高人民法院(2014)民申字第 2060 号民事裁定书。案件来源:中国裁判文书网,wenshu. court. gov. cn,2017 年 3 月 7 日访问。

干问题的规定》出台后,民间借贷的效力被普遍性地认可,银行以外的个人和单位,通过票据买卖从事融资活动在私法上的效力原则上应当得到认可。

(2) 贴现人违反管理性规定进行的贴现,原则上不影响贴现的效力。例如,贴现申请人开户条件不符合《支付结算办法》等有关规定、贴现人违反有关贴现资金划转、贴现资金使用符合安全性原则等规定进行操作等。

《支付结算办法》等规章中对贴现申请人开户等条件的规定,以及贴现资金划转程序的规定等,是监管部门对贴现人办理贴现业务过程中在规章制度上的要求,即贴现人不得为不具备相应条件的人办理票据贴现。但是,不能认为这些人不具备从事申请票据贴现取得融资的法律主体资格。即使违反《支付结算办法》的规定,也不必然导致贴现行为以及相应的票据背书转让行为无效。

具体来讲《支付结算办法》以及《商业汇票承兑,贴现与再贴现管理暂行为法》规定的贴现申请人的条件中,即使贴现申请人在申请贴现的金融机构未开立存款账户,只在不存在欺诈、侵占以及贷款目的非法等情形,违规贴现并不影响票据背书行为的效力,贴现人仍然享有票据权利。当然如贴现申请人为无权利人,贴现人取得票据时存在恶意或重大过失等不符合票据法规定的取得权利要件的情形时,则另当别论。另外,贴现申请人与其直接前手不存在真实的商品交易关系,只要贴现人尽到了必要的审查义务且没有恶意或重大过失,即使在有无账户、资金划转、贴现资金是否符合安全性原则等方面存在违规行为,也不影响贴现人基于票据行为而取得票据权利。在最高人民法院《关于中国农业银行武汉市分行硚口支行与中国工商银行大理市支行、云南省大理州物资贸易中心银行承兑汇票纠纷一案的请示答复》中,也体现了这一精神。①

(3) 对不符合票据法规定的票据进行贴现。

其一,对不具备票据法规定的形式要件的票据予以贴现。当票据不具备绝对必要记载事项时,票据无效,贴现人不享有票据权利。当票据具备绝对必要记

---

① 李国光主编:《经济审判指导与参考》(第2卷),法律出版社2000年版,第98—99页。该案的基本案情是:云南大理州物资贸易中心与武汉天天物资发展有限公司签订购销合同,约定由天天公司供应镀锌板。贸易中心签发一份经中国工商银行大理市支行承兑的银行承兑汇票,交给了天天公司,天天公司取得票据时在未开户的情况下向中国农业银行武汉市分行硚口区支行崇仁路办事处申请贴现。崇仁路办事处向大理工行查询该汇票,大理工行当日复电该汇票确系我行签发。此后,天天公司在崇仁路办事处开立了账户,并办理该汇票贴现,崇仁路办事处收下汇票,将扣除利息后的贴现款打入天天公司的账户,天天公司在此后一星期内从该账户以现金方式提取了绝大部分款项。由于天天公司仅向贸易公司发了少量货物,贸易公司认为天天公司有欺诈行为,并通过法院查明天天公司在农行崇仁路办事处违规开户、贴现、提现等事实。随后向农行硚口支行提出书面抗辩,认为硚口支行不享有票据权利,大理工行也发出退票理由书,拒付该汇票。农行硚口支行对工行大理支行提起诉讼。云南省高级人民法院与最高人民法院均认为,硚口农行在受理贴现前进行了查询,在确认票据真实、合法的情况下办理贴现,并以转让背书方式取得票据,不存在重大过失。至于硚口农行在开户、贴现、提现过程中的违规行为,并非票据关系中的行为,不影响硚口农行取得票据权利。

载事项,但票据背书不连续时,贴现人对持有不连续背书的持票人持有的票据进行贴现,也应自行承担风险。也就是说,贴现申请人为无权利人时,贴现人也不得享有票据权利,并应承担向原合法持票人返还票据或赔偿损失的义务。当贴现申请人为合法持票人时,贴现人可以取得票据权利。

其二,对不具有真实交易关系的持票人持有的票据进行贴现,此时持票人往往不享有票据权利,在此情形下,贴现人能否取得票据权利,要根据其是否具备善意取得的要件而定。这就要求贴现银行在办理贴现业务时,应当尽到一定审查义务。当持票人与其前手事实上不存在真实、合法的交易关系而贴现人将票据予以贴现时,贴现银行是否享有票据权利,取决于审查义务是否尽到。根据中国人民银行在2016年以前的有关规定,持票人申请贴现时,除了提交经背书的未到期的商业汇票外,还应向贴现人提交持票人与出票人或其前手的增值税发票和商品交易合同,这一规定虽然在性质上与对贴现申请人条件的规定一样,是对商业银行受理贴现业务所作的要求,并不必然导致贴现行为无效。不过该规定在内容上是贴现银行进行审核时的操作性规定,在以往的司法实践中,是否要求申请人提交交易合同和增值税发票复印件并进行审查后才予以贴现,是判断贴现人有无重大过失的标准之一。也就是说,在贴现申请人未提交交易合同和增值税发票的情况下贴现人予以贴现,若贴现申请人为无权利人时,贴现人可能被认为具有重大过失而不享有票据权利。[①] 但也有判决认为,交易合同和增值税发票的瑕疵并不是判断贴现人能否取得票据权利的主要依据[②]。司法实践

---

① 福建省泉州市中级人民法院(2004)泉民终字第441号民事判决书,石狮市百汇针织服装有限公司与中国银行武汉阳逻开发区支行票据损害赔偿纠纷案。案件来源:金塞波、冯守尊:《票据法案例精选》,法律出版社2008年版,第246页。该案的主要案情是:原告服装公司购买永生棉纺厂的棉纱,与永生服装厂签订了购销合同,并向永生棉纺厂开出银行承兑汇票,永生棉纺厂未交货,而将票据贴现给被告阳逻支行,阳逻支行在接受贴现时,审查了汇票的真实性及原告与永生厂的购销合同复印件,但未审查增值税发票复印件和货运单复印件,原告起诉要求确认被告因未审查增值税发票和货运单,违规贴现,从无权利人永生厂取得票据,故不享有票据权利,法院支持了原告的诉讼请求。

② 最高人民法院(2015)民二终字第152号民事判决书。法院认为,关于行为人在票据取得时是否存有重大过失,依法应主要从票据本身真实性、记载事项的完整性、背书的连续性等方面予以认定,而华润联盛公司并未就上述方面内容主张并举证证明。华润联盛公司所提案涉票据缺乏真实的贸易背景和增值税发票的上诉理由实际上涉及票据权利发生原因的真实性审查问题。票据的流通功能决定了票据行为的无因性是其本质属性,票据一经签发,票据法律关系即与其发生原因的基础法律关系相分离。根据《票据法》第10条第2款、第31条之规定,持票人只要支付了相应对价并且能够以背书的连续证明其票据权利,即享有票据权利;最高人民法院《关于审理票据纠纷案件若干问题的规定》第14条规定,票据债务人以票据行为不具有真实交易关系和债权债务关系为由,不能对抗业经背书转让票据的持票人行使权利。据此,华润联盛公司所提有关案涉票据缺乏真实的贸易背景和增值税发票的主张,依法不能成为否定民生银行济南分行享有并行使案涉票据权利的抗辩理由。

中,对此问题的认定还没有形成具体的规则,仅有原则性意见。① 笔者认为,按照相对无因性理论,贴现人除了履行票据形式审查义务以外,对申请人持票的合法性应当尽到适度审查义务,不应仅作票据形式审查。适度合法性审查义务主要体现在对持票人取得票据交易关系文件和身份文件的形式审查义务。通常情况下,交易合同或增值税发票瑕疵不足以推翻交易真实性和主体身份一致性的,不应当仅以此为由认定贴现人具有重大过失。

需要注意的是,2016 年 12 月《票据交易管理办法》实施后,就监管角度而言,对贴现人审查义务的要求已经产生重大变化,只要求审查申请贴现的纸票与票据交易所登记的信息是否一致,不在要求审查申请人的发票和交易合同等资料。此种变化是否会导致司法上认定贴现人审查义务的标准及过错的认定产生相应变化,需要予以关注。

十一、票据市场交易

广义上的票据交易是指一切不具有基础交易关系,而以票据本身为交易标的的行为。我国《票据法》确定了票据的基本定位是真实交易的票据。票据当事人之间的票据流转,除了银行以贴现、转贴现、再贴现形式进行票据交易外,其他主体之间转让票据,应当具有真实的交易关系,不得直接买卖票据。但在实践中,银行以外的单位和个人从事票据交易的行为一直存在。票据市场的参与者早已超出了银行的范围。由于没有明确的制度,银行以外的单位和个人从事票据交易一直属于合法与非法的灰色地带,且缺乏规范,秩序混乱。为了对票据市场交易行为作出规范,防范交易风险,维护交易各方合法权益,促进票据市场健康发展。2016 年 12 月 6 日,中国人民银行印发《票据交易管理办法》,对经过贴现进入票据市场进行交易的相关业务进行了规定。该办法所称的票据市场交易,是指经过贴现票据转化为交易标的不再是支付工具后的票据交易活动。管理办法的主要内容如下:

1. 票据市场交易的运营模式

票据市场交易采取全国统一的运营管理模式,通过票据市场基础设施进行,所谓票据市场基础设施,是指提供票据交易、登记托管、清算结算、信息服务的机构,为市场参与者提供组织票据交易,公布票据交易即时行情、票据登记托管、票

---

① 杨临萍:《最高人民法院第八次民事商事审判工作会议纪要》,2015 年 12 月。最高人民法院认为,在票据贴现时,如何认定贴现人是否因恶意或者重大过失取得票据,往往存在着争议。票据法及其司法解释均未对《票据法》第 12 条规定的恶意和重大过失进行明确界定。案件审理中应结合法理和相关业务规则,区分票据的种类和功能进行认定。既要避免绝对无因性倾向,避免以票据无因性为由一概不审查持票人是否以合法手段取得票据;也要防止无视票据无因性倾向而混淆票据法律关系和票据基础法律关系。

据交易的清算结算、票据信息服务等。上海票据交易所是中国人民银行指定的提供票据交易、登记托管、清算结算和信息服务的机构。

2. 票据市场交易的主体

可以从事票据交易的市场主体,包括三类:(1) 法人类参与者。指金融机构法人,包括政策性银行、商业银行及其授权的分支机构,农村信用社、企业集团财务公司、信托公司、证券公司、基金管理公司、期货公司、保险公司等经金融监督管理部门许可的金融机构。(2) 非法人类参与者。指金融机构等作为资产管理人,在依法合规的前提下,接受客户的委托或者授权,按照与客户约定的投资计划和方式开展资产管理业务所设立的各类投资产品,包括证券投资基金、资产管理计划、银行理财产品、信托计划、保险产品、住房公积金、社会保障基金、企业年金、养老基金等。(3) 中国人民银行确定的其他市场参与者。非法人类参与者应当符合以下条件:产品设立符合相关法律法规和监管规定,并已依法在相关金融监督管理部门获得批准或者完成备案;产品已委托具有托管资格的金融机构(以下简称托管人)进行独立托管,托管人对委托人资金实行分账管理、单独核算;产品管理人具有相关金融监督管理部门批准的资产管理业务资格。非法人类参与者开展票据交易,由其资产管理人代表其行使票据权利并以受托管理的资产承担相应的民事责任。

3. 纸质票据交易的登记与托管与贴现审查

票据登记是指金融机构将票据权属在票据市场基础设施电子簿记系统予以记载的行为。票据托管是指票据市场基础设施根据票据权利人委托对其持有票据的相关权益进行管理和维护的行为。市场参与者应当在票据市场基础设施开立票据托管账户。贴现人应当于票据交易前在票据市场基础设施完成纸质票据登记工作,确保其提交的票据登记信息真实、有效,并承担相应法律责任。

(1) 承兑人或承兑人开户银行办理票据业务应当对纸质票据在票据交易所系统进行电子登记。纸质票据贴现前,金融机构办理承兑、质押、保证等业务,应当不晚于业务办理的次一工作日在票据市场基础设施完成相关信息登记工作。纸质商业承兑汇票完成承兑后,承兑人开户行应当根据承兑人委托代其进行承兑信息登记。承兑信息未能及时登记的,持票人有权要求承兑人补充登记承兑信息。纸质票据票面信息与登记信息不一致的,以纸质票据票面信息为准。承兑人或者承兑人开户行收到挂失止付通知或者公示催告等司法文书并确认相关票据未付款的,应当于当日依法暂停支付并在票据市场基础设施登记或者委托开户行在票据市场基础设施登记相关信息。

(2) 贴现人办理纸质票据贴现业务,应当查询登记信息,不再审查交易合同、发票等资料。贴现人办理纸质票据贴现时,应当通过票据市场基础设施查询票据承兑信息,并在确认纸质票据必须记载事项与已登记承兑信息一致后,为贴现申请人办理贴现。贴现申请人无须提供合同、发票等资料;信息不存在或者纸质票据必须记载事项与已登记承兑信息不一致的,不得办理贴现。

(3) 贴现人完成纸质票据贴现后,应当进行贴现信息登记,并在票据上记载“已电子登记权属”字样,该票据不再以纸质形式进行背书转让、设立质押或者其他交易行为。已贴现票据背书通过电子形式办理,和纸质形式背书具有同等法律效力。纸质票据电子形式背书后,由票据权利人通过票据市场基础设施通知保管人变更寄存人的方式完成交付。

(4) 金融机构通过票据市场基础设施进行相关业务信息登记,因信息登记错误给他人造成损失的,应当承担赔偿责任。

4. 贴现的保证增信

保证增信是指贴现人可以按照市场化原则选择商业银行对纸票进行保证增信,而保证增信行对纸票进行保管并为贴现人的偿付责任进行先行偿付。纸票贴现后,其保管人可以采用实物确认或影像确认,向承兑人发起“付款确认”,由承兑人在对票据真实性和背书连续性审查的基础上对到期付款责任进行确认。

5. 承兑人的付款确认

按照《票据交易管理办法》的规定,纸质票据贴现后,其保管人可以向承兑人发起付款确认。付款确认可以采用实物确认或者影像确认。实物确认是指票据保管人将票据实物送达承兑人或者承兑人开户行,由承兑人在对票据真实性和背书连续性审查的基础上对到期付款责任进行确认。影像确认是指票据保管人将票据影像信息发送至承兑人或者承兑人开户行,由承兑人在对承兑信息和背书连续性审查的基础上对到期付款责任进行确认。承兑人要求实物确认的,银行承兑汇票保管人应当将票据送达承兑人,实物确认后,纸质票据由其承兑人代票据权利人妥善保管;商业承兑汇票保管人应当将票据通过承兑人开户行送达承兑人进行实物确认,实物确认后,纸质票据由商业承兑汇票开户行代票据权利人妥善保管。实物确认与影像确认具有同等效力。

6. 票据交易的模式

(1) 票据交易应当通过票据市场基础设施进行并生成成交单。成交单应当对交易日期、交易品种、交易利率等要素作出明确约定。票据成交单、票据交易主协议及补充协议(若有)构成交易双方完整的交易合同。

(2) 票据交易无须提供转贴现凭证、贴现凭证复印件、查询查复书及票面复印件等纸质资料。

(3) 票据交易包括转贴现、质押式回购和买断式回购等。转贴现是指卖出方将未到期的已贴现票据向买入方转让的交易行为。质押式回购是指正回购方在将票据出质给逆回购方融入资金的同时,双方约定在未来某一日期由正回购方按约定金额向逆回购方返还资金、逆回购方向正回购方返还原出质票据的交易行为。买断式回购是指正回购方将票据卖给逆回购方的同时,双方约定在未来某一日期,正回购方再以约定价格从逆回购方买回票据的交易行为。

(4) 票据交易的结算通过票据市场基础设施电子簿记系统进行,包括票款对付和纯票过户。票款对付是指结算双方同步办理票据过户和资金支付并互为条件的结算方式。纯票过户是指结算双方的票据过户与资金支付相互独立的结算方式。

十二、非转让背书

问题引入 华夏公司准备把票据质押申请银行贷款。那么票据质押如何进行,产生什么样的效力?

当事人之间转移票据占有的行为,依其目的划分,分为以转让票据权利为目的的转移占有和不以转让票据权利为目的的转换占有,后者包括两种类型,因票据质押而转移占有和因委托收款而转移占有,票据法规定这两种票据转让都需要用背书形式,理论中称之为非转让背书。

(一) 票据质押背书

票据质押背书是债务人为担保其债务的履行而将其持有的票据设定质权的背书行为。票据质押在性质上属于权利质押的一种。

1. 设定票据质押的生效要件

我国《票据法》第35条第2款规定,汇票可以设定质押,质押时应当以“背书”记载“质押字样”。因此,从票据法的角度讲,进行质押背书是票据质押生效的形式要件。但我国《物权法》《担保法》规定,票据、债券、仓单、提单、存款单等权利质押实行交付生效主义。理论中以及司法实务中存在对票据质押的生效要件的不同认识。最高人民法院《关于适用〈中华人民共和国担保法〉若干问题的解释》第98条与《票据法司法解释》第55条对此问题的规定则出现了明显的冲突。前者规定:以汇票、本票、支票出质的,出质人与质权人没有背书记载“质押”字样,以票据出质对抗善意第三人的,人民法院不予支持。后者规定:依照《票据法》第35条第2款的规定,以汇票设定质押时,出质人在汇票上只记载了“质押”字样未在票据上签章的,或者出质人未在汇票、粘单上记载“质押”字样而另行签订质押合同、质押条款的,不构成票据质押。

如何解释和适用上述法律和司法解释中的不同规定,存在不同的意见。第一种意见认为,质押背书是票据质权的对抗要件而非生效要件;第二种意见认为,质押背书应当是票据质押的生效票件、非对抗要件,出质人未在票据上进行背书签章的,持票人不能取得相应的质权,不能基于质权行使票据权利。[①] 以上两种意见中,前一种意见是多数观点。

2. 票据质押背书的效力

有效的票据质押背书人产生以下效力:

(1) 质权设定的效力。被背书人取得票据质权。质权生效时,质权人并不是票据权利人,票据权利人仍是背书人,质权人无权再行转让或质押票据,当质权人依法可以实现质权时,质权人即票据权利人,有权行使票据权利,要求票据债务人清偿票据金额,并以取得的价款优先受偿,剩余部分应退还给出质人。担保的主债务因履行等原因而消灭时,质权消灭,被背书人应当将票据返还给背书人。这里需要明确的问题是,质权人实现质权行使票据权利时,是否需要证明已具备实现质权的条件,即主债权到期未受清偿。对于票据到期日先于主债务履行期限届满时,质权人无须证明主债务履行期限届满,在出质人未提出相反的证据或异议的情况下,应推定主债权存在,质权人即可行使票据权利,当票据到期日晚于主债务履行期限届满或与主债务履行期限届满之日为同一日时,出质人未提出相反证据或提出异议时,推定主债务履行期限届满而未履行,质权人可以行使票据权利,付款人或承兑人付款的,解除其票据责任。在以上两种情形下出质人已提出异议并用相关证据证明主债权已消失时,质权人不得行使票据权利,付款人或承兑人不得向质权人付款,否则应承担相应的责任。之所以推定主债权存在或未按清偿期履行而由出质人承担主债权消灭的举证责任,是因为在客观上,当事人证明对方未履行被担保的债务或主债权未消灭是非常困难的,而对方证明已消灭则容易得多。

(2) 切断抗辩的效力。被背书人依法实现质权、行使票据权利时,成为票据权利人,此时质押背书与一般转让背书一样,产生切断抗辩的效力,票据债务人不得以与背书人之间的抗辩事由,对抗被背书人。

(3) 权利证明的效力。质权背书仅证明被背书人享有票据质权而非直接取得票据权利。

(4) 权利担保的效力,质权人行使权利时,背书人应对质押背书的被背书人承担担保付款和担保承兑的责任。

3. 禁止转让票据的质押

对于出票人记载不得转让的票据、背书人记载不得转让的票据,以及法律规定不得转让的票据,其质押的效力,应当比照转让的规定予以调整,确认其法律后果。因为质押本身虽然不是转让,但质权实现时,相当于票据权利转让。

---

① 韩良主编:《贷款担保法前沿问题案例研究》,中国经济出版社 2001 年版,第 234 页。

(二) 委托收款背书

委托收款背书是指将票据权利授予他人行使的背书,背书人并不转让票据权利,而是委托被背书人收取款项,代背书人行使票据权利。持票人将票据权利授予他人行使时,只有通过委托收款背书的方式来实施。委托收款需以背书的方式来实施,在理论中并无争议。在正常的委托收款背书中,其效力是:被背书人以代理人的身份行使票据权利,票据债务人可以以对抗背书人的事由对抗被背书人;委托收款的被背书人不得进行转让背书,否则,该转让背书无效,受让人不能取得票据权利,原背书人要求返还票据时,受让人应予返还,同样,委托收款的被背书人也不得将该票据进行质押背书;委托收款的背书人与被背书人之间不存在担保付款关系。

当背书人与被背书人实质上存在委托收款关系,但未记载“委托收款”的字样,在形式上是一般转让背书时,理论中称之为隐存的委托收款背书。基于票据的文义性,票据当事人的权利义务的性质、内容、效力应以文字记载为准。因此,隐存的委托收款背书对其他当事人而言,视为一般转让背书,被背书人视为票据权利人,但被背书人以票据权利人身份向背书人行使追索权的,背书人可以基于他们之间的委托收款关系进行抗辩,被背书人未将收取的款项交付给背书人或被背书人违反委托付款关系的约定,将票据转让或设定质押时,背书人有权要求被背书人返还款项或赔偿损失,当然背书人的此种权利属于基础关系中的权利。

十三、票据权利的禁止转让

问题引入 哪些情况下持票人持有票据权利,但不得转让?

(一) 出票人记载不得转让

出票人记载不得转让是指出票人在出票时在票据上记载不得转让或具有相同意思的文句。出票是基本票据行为,出票人在票据上记载不得转让时,票据的性质就发生了变化,由可转让的证券变成了不可转让的证券。

我国《票据法》第 27 条第 2 款规定:“出票人在汇票上记载‘不得转让’字样的,汇票不得转让。”《票据法司法解释》第 48 条规定:“票据出票人在票据上记载不得转让字样,票据持有人背书的,背书行为无效。背书转让后的受让人不得享有票据权利,票据的出票人、承兑人对受让人不承担票据责任。”可见,我国法律规定,出票人禁止转让的票据,持票人进行背书转让后,受让人不享有票据权利。《支付结算办法》第 30 条规定:“票据出票人在票据正面记载‘不得转让’字样的,票据不得转让。”《中国人民银行关于票据“不得转让”记载事项有关问题的复函》中也有类似规定,在司法实践中也有认为出票人记载“不得转让”应记载于正面才有效的判例。①

国外票据法对出票人记载“不得转让”的效力有不同规定。日内瓦《统一汇票本票法公约》第 11 条规定：“如出票人在汇票上记载不得转让或相同词语，该票据只能按照通常债权转让方式让与，并具有这种转让方式的效力。”联合国《国际汇票本票公约》第 17 条第 1 项则规定：“出票人或签票人在票据上加入‘不可流通’‘不可转让’‘不可指定人’‘仅向(某人)付款’等字样或类似含义的字样时，除为托收目的外，该票据不得继续转让。其后任何的背书，即使其中未载有授权被背书人托收票据字样，也应视为托收背书。”

至于背书人禁止转让属于前面所述的禁止背书的背书，由于背书行为不是主票据行为，背书人无权决定票据的性质，因此，背书人禁止转让时，背书人对被背书人的后手不承担担保责任，但不影响权利转移的效力及其他票据债务人的责任。

（二）法定禁止转让票据

在国外票据法中，并不存在法定禁止转让的情形，除了法律确认出票人禁止转让的不得转让或背书人禁止转让的不得转让外，票据法并未另行规定不得转让的情形，只是规定了某些情形下转让票据权利的效力特殊性。我国《票据法》及司法解释规定了法定禁止转让的情形。

1. 禁止期后背书转让

我国《票据法》第 36 条规定：“汇票被拒绝承兑、被拒绝付款或者超过付款提示期限的，不得背书转让，背书转让的，背书人应当承担汇票责任。”由于该条是禁止性规定，所以在我国存在法定禁止转让的情形。

在我国票据法理论中，许多学者都把被拒绝承兑和被拒绝付款后的背书与超过付款提示期间的背书统称为期后背书。

各国和地区对期后背书的时间界限规定不同，其效力也不相同，日内瓦公约规定：到期日后的背书与到期日前的背书效力相同，因不获付款做成拒绝证书后，或已过做成拒绝证书的期限后进行的背书，仅具有普通债权让与的效力。②我国台湾地区“票据法”所指的期后背书是到期日之后的背书，其效力是，到期日后的背书，仅有通常债权转让的效力③，此外，英美票据法规定，被拒绝承兑、

① 银函[2008]353 号。该函的内容是：“招商银行股份有限公司：《招商银行关于江苏南大苏富软件股份有限公司诉我行南京分行等机构有关问题的请示》(招银发[2008]665 号)收悉。经研究，现就有关问题函复如下：一、根据《中华人民共和国票据法》第 27 条、《支付结算办法》(银发[1997]393 号文印发)第 30 条、《最高人民法院关于审理票据纠纷案件若干问题的规定》(法释(2000)32 号)第 63 条的规定以及票据操作实践中的惯例，出票人在票据上记载‘不得转让’的，应该记载在票据的正面。”另外，在上海市高级人民法院(2007)沪高民二终字第 51 号民事判决书中也采用这一见解。

② 参见日内瓦《统一汇票本票法公约》第 20 条。

③ 英国《票据法》第 36 条，我国台湾地区“票据法”第 40 条。

被拒绝付款的票据的背书,只要受让人对被拒绝付款或拒绝承兑的事实不知情,且符合正当持票人的其他条件,不因票据曾遭退票而影响其成为正当持票人,受让人仍取得完全的票据权利,且不受前手权利缺陷的约束。对于超过到期日的票据进行的背书,其转让要受该票到期日任何权利缺陷的约束,以后取得该汇票的人不能获得或让出优于其前手的权利。[①] 可见,在国际上的通行规则是,不禁止期后背书,承认其后背书可以产生权利转移的效力,只是对期后背书所转移的票据权利的保护减弱而已。

根据我国《票据法》第 36 条前半句的规定,票据被拒绝承兑或被拒绝付款或者超过付款提示期限的,不得背书转让。后半段规定:"背书转让时背书人应当承担票据责任。"第 36 条的规定可以理解为:被拒绝承兑、被拒绝付款后的背书、超过付款提示期间的背书,被背书人只能要求直接背书人承担票据责任,而不能要求其他票据人承担票据责任。

2. 禁止质押票据转让

质押票据的质权人,即被背书人是否可以以背书方式转让票据或再行背书质押,若转让是否影响背书的连续性?《票据法司法解释》第 47 条规定:"因票据质权人以质押票据再行背书质押或者背书转让引起纠纷而提起诉讼的,人民院法应当认定背书行为无效。"因此,质押票据的质权人,即被背书人转让票据或再行背书质押的,受让人不能取得票据权利或票据质权,并且质权人进行了转让背书后视为背书不连续。

3. 禁止委托收款的被背书人转让

我国《票据法》第 35 条第 1 款规定:"背书记载'委托收款'字样的,被背书人有权代背书人行使被委托的汇票权利。但是,被背书人不得再以背书转让汇票权利。"因此,当委托收款的被背书人再进行转让票据或质押票据时,其转让背书或质押背书无效。

第四节 承　　兑

一、承兑的概念与适用范围

问题引入 实践中,人们有时把承兑和付款相混淆,承兑和付款是什么关系?为什么要有承兑制度?

---

① 英国《票据法》第 29 条、第 36 条;美国《统一商法典》第 3-302 条。

承兑是汇票付款人承诺在汇票到期日支付票据金额的票据行为。

承兑是远期汇票特有的制度。这是因为:第一,汇票是出票人签发的,委托付款人无条件向收款人支付票据金额的票据。这里所说的"委托",实际上是指出票人与付款人之间的资金关系,资金关系是双方建立的一种合同关系,根据出票人与付款人的资金关系,付款人应当根据出票人的指令或委托向持票人付款。但是,出票人与付款人在资金关系中的这些约定,是票据外的关系,并不能创设票据权利义务。创设票据权利义务的是出票行为,虽然出票人通过出票行为记载了某个人为付款人,但出票行为是单方法律行为,从票据关系的角度,即使有资金关系,付款人也并不因为出票行为而必须承担票据义务。[①] 此外,有时出票人与付款人之间没有资金关系,出票人记载某人为付款人时,付款人并不知情,仅仅因为出票人记载了他为付款人就要求其承担票据责任,是不合理的。在此情况下,要使付款人承担票据责任,就必须由付款人自己在票据上实施相应的行为予以确认。承兑就是这样一种票据行为。第二,远期汇票是一种信用工具,从出票到付款有一定期限,收款人在接受票据时,需要确定付款人将来是否确定承担票据责任,从而确定该票据的信用基础,进而决定是否接受该票据,或者收款人接受票据后,需要确定付款人是否承担票据责任,进而确定自己的付款请求权。这就需要通过承兑制度解决这一问题。收款人取得票据时根据是否已经承兑决定是否接受,或者在取得未承兑的票据后,持票向付款人提示承兑,付款人根据其意愿,决定是否进行承兑。

因此承兑制度只适用于远期汇票。见票即付的汇票当时就能确定付款人是否愿意付款,无须承兑。在我国承兑只适用于远期商业汇票。银行汇票是见票即付的票据,不适用承兑制度。

二、承兑的法律特征

1. 承兑是付款人所作的以承担票据付款义务为意思表示的票据行为。

2. 承兑是单方法律行为。我国《票据法》第38条规定:"承兑是指汇票付款人承诺在汇票到期日支付票据金额的票据行为。"这里的"承兑"与订立合同的承诺不同,它是付款人在票据上进行的以承担付款义务为内容的单方表示,而不是对某个特定人请求的承诺,因而承兑既可以在出票时同时进行,也可以在出票后进行。

3. 承兑是在到期日之前实施的票据行为。持票人提示承兑的目的是确定付款人是否在到期日到来时承担付款义务。如果票据已经到了到期日,则持票

---

① 至于付款人无视出票人的指令,无故拒绝付款,应承担资金关系中的违约责任,则属于另外的问题。

人可以直接请求付款,付款人要么直接付款,要么拒绝付款,不需要承兑。

三、承兑的程序

问题引入 承兑提示应在何时进行

1. 提示承兑

(1) 提示承兑的当事人。我国《票据法》第39条第2款规定:“提示承兑是指持票人向付款人出示汇票,并要求付款人承诺付款的行为。”《支付结算办法》第80条规定:“商业汇票可以在出票时向付款人提示承兑后使用,也可以在出票后先使用再向付款人提示承兑。”在我国票据实务中,绝大部分的票据都是出票时向付款人提示承兑,然后才交付给收款人。因此,提示承兑的当事人有两类,一是出票人,出票人提示承兑是在出票过程中票据未交付给收款人时进行的;二是持票人,持票人提示承兑是在出票后票据由收款人或持票人持有后进行的。

(2) 承兑提示期间

我国根据《票据法》第39条和第40条的规定,提示承兑的期间是,定日付款、出票后定期付款的票据,应在汇票到期日前提示承兑,见票后定期付款的票据应在出票后1个月内提示承兑。

2. 签发回单

我国《票据法》第41条第2款规定:“付款人收到持票人提示承兑的汇票时,应当向持票人签发收到汇票的回单。回单上应当记明汇票提示承兑日期并签章。”签发回单的作用是证明持票人为了提示承兑已经将票据交给付款人占有。

3. 作出承兑或拒绝承兑的表示

我国《票据法》第41条第1款规定:“付款人对向其提示承兑的汇票,应当自收到提示承兑的汇票之日起3日内承兑或者拒绝承兑。”汇票上未记载承兑日期的,以付款人收到汇票的第三日为承兑日期。

4. 交还票据

承兑是一种独立的票据行为,承兑的生效除了完成记载事项以外,还要完成交付,即将票据交还给持票人后才生效。付款人在票据上记载承兑字样并签章进行承兑后把票据退还给提示承兑人(持票人),若拒绝承兑,则要做成退票理由书或拒绝证明,连同票据退还给持票人。在交还票据以前,承兑人涂销承兑记载事项和签章的,视为拒绝承兑。承兑人在票据上完成了承兑应记载事项,在将票据交还给持票人前票据丧失的,对持票人而言,承兑不生效,但承兑人应对善意取得票据权利的第三人承担付款责任。

在我国票据实务中,大多数票据是在出票完成后或同时由出票人将票据提交付款人进行承兑,然后才交付给收款人。这是因为,经过承兑的汇票,付款人承担必须付款的义务,信用程度高,未经承兑的汇票,收款人提示承兑时付款人是否予以承兑还是未知数,因此收款人或持票人一般不愿意接受没有经过承兑的汇票。

四、承兑的形式要件

根据我国《票据法》的规定,承兑的形式要件包括两个方面:

1. 付款人在票据正面记载"承兑"字样并签章。汇票上未记载承兑日期的,以《票据法》第 41 条第 1 款规定期限的最后一日为承兑日期。[①] 见票后定期付款的汇票,应当在承兑时记载付款日期。

2. 承兑不得附条件,附有条件的,视为拒绝承兑。

五、承兑的原则

问题引入　没有提示承兑能否行使票据权利?票据未承兑能否使用?

从票据关系的角度讲,承兑实行自由原则。承兑自由原则包括两个方面:

1. 提示承兑是提示人的自由而不是其义务。除了根据汇票的性质必须提示承兑外,持票人是否提示承兑是他可以自行决定的事项,提示承兑只是保全追索权的手段和确定付款人承担票据责任的手段,而不是持票人必须承担的义务,持票人可以提示承兑,也可以不提示承兑,不提示承兑,虽然可能丧失对前手的追索权,也不能确定付款人承担必须付款的义务,但这不影响票据权利人到期直接请求付款人付款,只要付款人愿意付款,其行为仍有效。

但是,提示承兑自由也有一定限制,有些票据,根据其性质,不进行提示承兑无法行使票据权利,此种票据属于必须进行提示承兑的票据。

基于此,日内瓦《统一汇票本票法公约》把提示承兑分为可提示承兑的情形和必须提示承兑的情形。一般情况下,汇票的持票人或仅占有汇票的人,得于到期日前在付款人的住所向付款人进行承兑提示。[②] 这体现了提示承兑自由原则。但是,对于出票人记载应请求承兑的汇票、见票后定期付款的汇票,属于必

---

① 我国《票据法》第 41 条第 1 款规定:"付款人对向其提示承兑的汇票,应当自收到提示承兑的汇票之日起 3 日内承兑或者拒绝承兑。"

② 参见日内瓦《统一汇票本票法公约》第 21 条。

须提示承兑的情形,不提示承兑,持票人不能行使票据权利。出票人记载应提示承兑的必须提示承兑是因为出票人通过此项记载使汇票性质具有特殊性。见票后定期付款的汇票必须提示承兑,是因为提示承兑日即为见票日,确定见票日是确定到期日的前提,只有提示承兑才有可能行使票据权利,因此必须要提示承兑。

我国票据法没有区分可提示承兑和应提示承兑的情形。都规定为应提示承兑。《票据法》第 39 条第 1 款规定:“定日付款或者出票后定期付款的汇票,持票人应当在汇票到期日前向付款人提示承兑。”第 40 条第 1 款规定:“见票后定期付款的汇票,持票人应当自出票日起 1 个月内向付款人提示承兑。”在理解上,应当区分可提示承兑和应提示承兑的不同情形。

2. 付款人是否承兑是他的自由。这是因为,在票据关系中,出票行为对付款人并不产生必须付款的责任,是否付款以及是否承诺付款都是付款人的自由,即使不同意付款、拒绝承兑,付款人也不向持票人承担责任。

六、提示承兑与承兑的效力

问题引入 没有按期提示承兑有何不利后果?付款人对票据承兑后与未承兑时其义务有何不同?

(一) 按期提示承兑的效力

按期提示承兑产生保全追索权的效力,即按期提示承兑的,追索权将不因未按期提示承兑而丧失。

(二) 未按期提示承兑的效力

根据《票据法》第 39 条、第 40 条和《票据法司法解释》第 19 条的规定,除免于提示票据的情形外,持票人未按期提示承兑将丧失对除出票人以外的其他前手的追索权。

(三) 承兑的效力

付款人依照票据法的规定承兑后,称为承兑人,成为必须承兑付款义务的第一顺序债务人,承兑后负有于汇票到期时无条件向票据权利人付款的责任。同时承兑人也是最终承担票据责任的债务人,除了持票人承担付款责任外,若承兑人拒绝付款,持票人向前手追索,承兑人对承担了被追索义务的背书人、保证人、出票人等,都承担付款责任。不过,当出票人成为持票人向承兑人行使票据权利时,承兑人可以资金关系不存在、余额不足、出票人未履行资金关系义务等事由进行抗辩。

七、我国银行承兑汇票业务操作流程

问题引入　某公司想通过银行承兑汇票付款，但不知银行如何办理汇票承兑业务。

在我国，由于银行信用一般高于商业信用，实践中比较多地使用银行承兑汇票和银行汇票，银行汇票是即期票据，同时是对己票据，不存在承兑问题。银行承兑汇票，具有信用功能，信用程度又高，在商业汇票中居于主要地位。银行通过开办银行承兑汇票业务，可以收取一定的手续费，该业务也是商业银行的重要业务之一。下面介绍一下银行办理银行承兑汇票业务的基本操作程序。①

（一）申请

在实践中，银行承兑汇票的申请由出票人提出，提交申请时，应提交交易合同、营业执照、公司章程、近三年财务报表及报告、保证或抵押质押资料等。

（二）审查

根据《支付结算办法》的规定，银行承兑汇票的出票人必须具备下列条件：(1) 在承兑银行开立存款账户的法人以及其他组织；(2) 与承兑银行具有真实的委托付款关系；(3) 资信状况良好，具有支付汇票金额的可靠资金来源。银行收到申请后，对出票人（申请人）是否符合上述条件进行核实。认为有必要时，可以要求出票人提供担保。

（三）授信审批

银行按照基本信贷政策的规定履行审批手续。

（四）办理承兑前的手续

审批完成后，银行与申请人签订《银行汇票承兑协议》，要求申请人按协议条款将保证金存入专户。需要担保的，办理登记或相关手续。

（五）承兑

银行会计人员接到汇票和承兑协议后，审查汇票记载事项是否符合规定，出票人是否在本行开立账户，汇票上记载的出票人名称、账号是否相符，各级审批签字是否齐全，是否同意办理，审批金额期限有无涂改，承兑协议各方签章是否齐全，保证金是否转入保证金账户，承兑手续费是否交纳，担保手续是否办理等。

审核无误后，按照协议约定的金额，填写银行承兑汇票有关要素，注明承兑协议编号，载汇票（第二联）承兑人签章处加盖银行汇票专用章并由授权的经办

① 金融银行培训中心教材编写组：《银行票据承兑与贴现实务培训》，中国经济出版社 2010 年版，第 23—25 页。

人签名或盖章。

(六) 解付

银行承兑汇票到期日到来前,申请人(出票人)应按票据记载的金额足额交存承兑银行,逾期未足额交付的,对未交存部分按逾期贷款处理。

到期日到来后,承兑银行做好解付准备,除存在合法抗辩事由的以外,应凭票向持票人无条件付款。

(七) 退回票据或拒付

申请人因合同未履行等原因申请退回票据注销时,对其理由正当的未背书汇票,出具退票申请书并注明因退票引起的责任由申请人承担的字句,银行审核同意后,收回承兑汇票,并注销。

持票人提示付款,承兑银行存在合法抗辩事由拒绝支付的,应在接到汇票的次日起三日内做成拒绝证明,连同汇票寄交持票人开户银行转持票人。

第五节 保 证

一、票据保证的概念与特点

问题引入 票据保证和合同保证有何不同?

(一) 票据保证的概念

票据保证是票据债务人以外的人,为担保票据债务的履行,在票据上记载相应事项并签章,成为票据债务人、担保票据债务履行的行为。

票据保证人是在票据上实施保证行为,对持票人的付款请求权或追索权承担保证责任的票据债务人。票据保证是对另一票据债务人票据责任的担保,票据保证中的被保证人也是票据债务人,被保证人可以是保证人之外的任何其他票据债务人,包括出票人、背书人、承兑人等。保证人票据责任的基本内容是当被保证人不能履行票据义务时,由保证人与被保证人承担连带责任。

(二) 票据保证的特点

(1) 保证人的票据责任具有独立性。保证行为是一种票据行为,基于票据行为独立性的规则,被保证的票据债务即使因欠缺行为能力、签章不真实等原因而无效,保证人仍应承担保证责任。

(2) 保证人的票据责任具有一定的从属性。这是由票据保证仍然是一种保证这一性质决定的,保证人票据责任的独立性是首要的原则,但并不能完全否认其从属性的一面。保证人票据责任的从属性体现在:

第一,被保证的票据债务在形式要件的欠缺而无效时,票据保证相应无效,保证人不承担保证责任。

第二,被保证的票据债务因支付、抵销或免除而消灭时,保证责任也归于消灭。

第三,持票人对被保证人实施的保全票据权利的行为,对保证人也发生效力,被保证人的票据责任因持票人欠缺保全手续而免除时,保证人的票据责任也免除。

第四,保证人保证责任的时效期间与被证人票据责任的时效期间相同。持票人以非法手段取得票据或因重大过失取得票据而不享有票据权利时,保证人对该持票人不承担保证责任。

(3) 票据保证责任是一种连带责任,一方面保证人与被保证人承担连带责任,被保证人不享有先诉抗辩权,另一方面保证人为二人以上的,保证人之间承担连带责任。

二、票据保证的有效要件

问题引入　票据保证除了记载事项要求外,还需要具备什么条件才有效?

票据保证是一种票据行为,除了应具备和其他票据行为相同的实质要件外,还应具备以下条件才有效:

(一) 保证人资格

根据《票据法司法解释》第60条的规定,国家机关、以公益为目的的事业单位、社会团体、企业法人的分支机构和职能部门作为票据保证人的,票据保证无效,但经国务院批准为使用外国政府或者国际经济组织贷款进行转贷,国家机关提供票据保证的,以及企业法人的分支机构在法人书面授权范围内提供票据保证的除外。

(二) 形式要件

《票据法》第46条规定,保证人必须在汇票或粘单上记载下列事项:(1) 表明"保证"的字样;(2) 保证人的名称和住所;(3) 保证人名称;(4) 保证日期;(5) 保证人签章。第47条规定,被保证人名称未记载的,已承兑的汇票,承兑人为被保证人,未承兑的汇票,出票人为被保证人。未记载保证日期的,出票日期为保证日期。《票据管理实施办法》第23条规定:"……保证人为出票人、付款人、承兑人保证的,应当在票据的正面记载保证事项,保证人为背书人保证的,应当在票据背面或粘单上记载保证事项。"

根据上述规定,票据保证的形式要件中必须记载的事项包括,表明"保证"

的字样、保证人的名称和住所、保证人签章三项,但是保证人住所对于确定实体权利义务没有意义,因此我们认为,票据保证必须记载的事项只需包括表明“保证”的字样、保证人的名称、保证人签章三项即可。至于记载位置,虽然票据法没有规定,但《票据管理实施办法》是经国务院批准的文件,属于行政法规,对票据法没有明确规定的内容,应当按《票据管理实施办法》的规定确定其记载位置。

此外,《票据法》第48条规定:“保证不得附有条件;附有条件的,不影响对汇票的保证责任。”

(三)被保证的票据债务在汇票记载事项上符合票据法的规定

《票据法》第49条规定:“保证人对合法取得汇票的持票人所享有的汇票权利,承担保证责任。但是,被保证人的债务因汇票记载事项欠缺而无效的除外。”

根据上述规定,票据保证具有独立性,被保证的票据债务因实质要件的欠缺而无效的,不影响票据保证行为的效力,保证人仍应对合法持票人承担票据保证责任。但是票据保证也具有一定从属性,当被保证的票据债务因汇票记载事项欠缺而无效时,保证行为也相应无效。

三、票据保证的效力

问题引入 甲为票据保证人,被保证人是承兑人乙,当持票人不能获得付款向出票人A行使追索权后,把汇票交给了A,则是否有权要求保证人甲承担票据责任?票据出票日期为2011年3月5日,到期日为2011年8月5日,甲承担的票据责任的时效期间如何计算?

1. 汇票不能获得承兑或到期后得不到付款的,票据权利人有权要求保证人承担票据责任,保证人与被保证人承担连带责任。

2. 保证人与被保证人负同一责任,保证人与被保证人承担同一责任是由保证责任的从属性所决定的。具体表现为以下几个方面:

(1)保证人与被保证人作为票据债务人的地位相同。保证人的票据责任取决于被保证人的责任地位,当被保证人为承兑人时,保证人处于与承兑人相同的地位,承担与承兑人相同的责任,当被保证人为出票人时,处于与出票人相同的地位,承担与出票人相同的责任,即担保付款和担保承兑的责任,当被保证人为背书人,保证人处于与背书人相同的地位,承担与该背书人相同的责任。

(2)保证人和被保证人在责任顺位上相同,保证人的责任顺序与被保证人的责任顺序相同,即被保证人是第一顺序债务人,保证人也是第一顺序债务人,被保证人是第二顺序债务人,保证人也是第二顺序债务人。

(3)保证人与被保证人承担票据责任的范围相同,即保证人承担的票据债务数额与被保证人应承担的票据债务数额相同。

(4) 保证人与被保证人的票据时效期间相同。

(5) 保证人与被保证人因保全手续欠缺而免责的条件相同。例如:当被保证人为本票出票人时,即使持票人未按提示期间提示付款,本票出票人与保证人仍应承担票据责任,如被保证人为背书人,持票人未按提示期间付款,丧失对前手的追索权,同时也丧失对保证人的追索权。

3. 被保证人是承兑人时,持票人先提示付款被拒绝或不能实现时,才可要求保证人承担票据责任。

票据是提示证券,票据到期日到来时,票据付款人或承兑人履行票据义务的前提条件是持票人向其提示票据,要求付款,持票人不向付款人或承兑人提示票据的,并不构成不履行。在票据保证中,承兑人或付款人不构成履行时,就不能要求保证人承担保证责任,所以当被保证人是承兑人或银行汇票、本票的出票人(付款人)时,只有持票人向承兑人或付款人提示付款被拒绝或出现了票据法规定的其他追索事由时,保证人才与作为被保证人的承兑人或付款人承担连带责任。概括言之,当被保证人为承兑人或付款人时,保证人虽然没有先诉抗辩权,但应当拥有先提示付款的抗辩权,当持票人未向承兑人或付款人提示付款而又不具备票据法规定的追索事由时,不得径行要求保证人付款。

4. 当被保证人为背书人或出票人时,只要行使追索权的条件具备,即可径行向保证人行使追索权。

被保证人承担的票据责任是被追索的责任,保证人承担的票据责任也是被追索的责任,持票人行使追索权的前提条件是付款请求权不能正常实现、已经出现了票据主债务人不履行票据义务的事实,同时被保证人(出票人或背书人)又是对主债务人承担担保付款或担保承兑义务的债务人,被保证人的责任已经确定,持票人向被保证人与其他票据债务人行使追索权不受顺序限制,此时,保证人与被保证人承担连带责任就意味着,持票人可以直接向保证人行使追索权。

5. 保证人只向合法取得票据的持票人承担保证责任。对于以非法手段取得票据的持票人,保证人不承担票据责任。

6. 保证人承担保证责任后,取得对被保证人及其前手的追索权。

四、票据保证人的抗辩权

问题引入 甲签发汇票给乙,乙背书转让给丙,以A为票据保证人,被保证人是乙。丙又背书转让给丁,丁背书转让给戊。戊持票时未在到期日前提示承兑,丧失对乙的追索权,那么可否向A行使追索权?若A为票据保证人,被保证人是丁,因戊未履行原因关系的义务,戊向丁行使追索权时,丁对戊可基于原

因关系进行抗辩,那么,戊向保证人A行使追索权,保证人能否基于被保证人丁与戊之间原因关系的抗辩事由加以抗辩?

票据保证作为一种票据行为具有独立性,一般来讲,被保证的票据债务因实质要件欠缺而无效,不影响保证行为的效力,保证人仍应基于保证行为而承担票据责任。保证人作为票据债务人,在票据抗辩问题上,原则上与其他债务人一样,存在抗辩事由时,可对持票人进行抗辩。

1. 一切债务人可以对抗一切持票人的抗辩事由,保证人可以作为抗辩理由对抗持票人。

2. 特定票据债务人可以对抗一切持票人的抗辩事由,只要该抗辩事由发生在保证人身上,保证人可以对任何持票人进行抗辩。例如:保证行为欠缺必要记载事项、保证人为无行为能力或为限制行为能力人、保证人的签章是被伪造的签章、保证人不具备保证资格等导致保证无效。

3. 保证人与特定持票人之间就票据保证行为有专门约定的,例如保证人与持票人约定履行保证义务的条件,当该条件未成就或该持票人未履行特约义务时,保证人可以对该持票人进行人的抗辩。

4. 保证人可对以非法手段取得票据的持票人进行人的抗辩。

5. 保证人与被保证人具有相同的地位,保证人与被保证人承担同一责任,当被保证人的票据责任因保全手续的欠缺而免除时,保证人的票据责任也免除,保证人可以对持票人进行抗辩。

第六节　付　　款

一、票据付款的概念

付款是一种广义上的票据行为,是付款人或代理付款人支付票据金额以消灭票据关系的行为。

在持票人行使票据权利时,票据债务人承担票据责任支付票据金额有两种类型,一是付款人或代理付款人向持票人付款。二是存在付款人拒绝承兑或拒绝付款等不获付款事由时,持票人向出票人、背书人及其保证人行使追索权,被追索人清偿票据款项及其利息、追索费用。在付款人依票据法的规定向票据权利人付款的情况下,票据关系消灭。而被追索人出票人、背书人、保证人清偿票据金额后,票据关系并不必然消灭,他仍可以持票向承兑人(付款人)行使票据权利,要求付款。

二、付款的程序与方式

问题引入　小王持有一张银行汇票，如何获得款项？

票据付款程序须经过以下几个环节：

(一) 付款提示

付款提示是持票人或其代理人向付款人或其代理人出示票据要求付款的行为。

1. 提示付款的当事人

提示付款的当事人包括提示人与被提示人。提示人可以是持票人本人，也可以是持票人委托的代理人或票据交换系统。依据我国《票据法》第53条第3款的规定，持票人通过委托收款银行或者通过票据交换系统向付款人提示付款的，视同持票人提示付款。

提示付款的被提示人可以是票据上记载的付款人，也可是代理付款人，依我国《票据管理实施办法》的规定，代理付款人只能是根据付款人的委托，代其支付票据款项的银行或城市信用社、农村信用合作社。作为代理付款人的银行等金融机构，包括两种情形，一种是代理付款人是付款人的开户银行，即付款人委托其开户银行付款；另一种情形是当银行为付款人时，委托其他银行或同一系统银行的其他分支机构付款，被委托的银行是代理付款人。

在票据实务中，对于转账票据，持票人通常不是直接向付款人进行提示，而是委托其开户银行代理收款，由代收银行通过票据交换系统向付款人或者代理付款人提示付款。对于现金票据，可以由持票人本人向付款人或代理付款人提示付款，也可以委托他人向付款人或代理付款人提示付款。

2. 提示付款的方式

(1) 银行汇票的提示付款方式。

持票人向代理付款银行提示付款的，必须同时提交银行汇票和解讫通知，缺少任何一联，银行不予受理。银行汇票的代理付款人是代理本系统出票银行或跨系统签约银行审核支付汇票款项的银行。

在银行开立存款账户的持票人向开户银行提示付款时，应在汇票背面“持票人向银行提示付款盖章”处盖章，签章须与预留银行签章相同，并将银行汇票和解讫通知、进账单送交开户银行。

未在银行开立存款账户的个人持票人，可以向选择的任何一家银行机构提示付款。[①] 提示付款时，应在汇票背面“持票人向银行提示付款签章”处签章，并填明本人身份证件名称、号码及发证机关，由其本人向银行提交身份证件及其复印件。持票人对填明“现金”字样的银行汇票，需要委托他人向银行提示付款的，应在银行汇票背面背书栏签章，记载“委托收款”字样、被委托人姓名和背书日期以及委托人身份证件名称、号码、发证机关。被委托人向银行提示付款时，也应在银行汇票背面“持票人向银行提示付款签章”处签章，记载证件名称、号码及发证机关，并同时向银行交验委托人和被委托人的身份证件及其复印件。

持票人超过期限向代理付款银行提示付款不获付款的，须在票据权利时效内向出票银行作出说明，并提供本人身份证件或单位证明，持银行汇票和解讫通知向出票银行请求付款。

持票人使用现金票据委托他人向付款人或代理付款人提示付款的，应在票据上做成委托收款背书，代理收款的人向付款人或代理付款人提示付款的，应在票据背面“持票人向银行提示付款签章”处签章[②]，记载证件各称、号码及发证机关，并同时向银行交验委托人与被委托人的身份证件和复印件。

（2）商业汇票的付款提示方式。

持票人应在提示付款期限内通过开户银行委托收款或直接向付款人提示付款。对异地委托收款的，持票人可匡算邮程，提前通过开户银行委托收款。持票人超过提示付款期限提示付款的，持票人开户银行不予受理。

3. 提示付款的期间

提示付款的期间又叫付款提示期间，是票据法规定的持票人向付款人或代理付款人出示票据并请求付款的法定期限。

根据我国《票据法》第53条和《票据管理实施办法》第26条的规定，付款提示期间是：（1）见票即付的汇票，自出票日起1个月内；（2）定日付款、出票后定期付款或者见票后定期付款的汇票，自到期日起10日内。通过委托代收银行或者通过票据交换系统向付款人提示付款的，持票人向银行提交票据日为提示付款日。另外，即期汇票即银行汇票，一般是持票人向代理付款人提示付款，因此，这种票据的提示付款期限，实际上成为向代理付款人进行提示付款的期间，而代理付款人又不是债务人，因此《支付结算办法》规定，持票人超过期限向代理付

---

① 转账银行汇票不填写代理付款人名称，持票人为个人且未在银行开户的，可以向选择的任何一家银行机构提示付款，持票人为单位或已在银行开立存款账户的个人，应当以其开户银行作为代理付款人提示付款，但由于当事人可以自行确定其开户银行，并且转账银行汇票背书转让后被背书人的开户银行与背书人的开户银行可能不一致，或者被背书人为个人时，未在银行开户，所以，转账银行汇票的代理付款人是不确定的，此种汇票签发后，可能在本系统内全国任一银行机构或跨系统的签约银行的任一机构提示付款。

② 在我国现行的票据种类中，只有银行汇票、本票、支票才可以使用现金票据，这种票据的付款人都是银行。

款银行提示付款而不获付款的，须在票据权利时效内向出票银行作出说明，向出票银行请求付款。所以持票人向代理付款人提示付款时，也应遵守票据法所规定的提示付款期间。另外提示付款的时间应在营业时间内。

4. 提示付款的地点

提示付款应在票据记载的付款地进行，票据上未记载付款地的，汇票以付款人或代理付款人的营业场所、住所或经常居住地，本票以出票人或代理付款人的营业场所，支票以付款人的营业场所为提示付款的地点。

（二）审查

付款人或代理付款人对于持票人或其代理收款人提交的票据、身份证件等材料进行审查。

（三）支付票款

付款人或代理付款人审查认为是合法持票人的，支付票款。我国《票据法》第54条规定："持票人依照前条规定提示付款的，付款人必须在当日足额付款。"因此，不允许部分付款。但是银行汇票记载有票据金额和实际结算金额的，付款人或代理付款人按实际结算金额向持票人付款。

持票人获得票款的，应当在汇票上签收，并将汇票交给付款人。持票人委托银行收款的，受委托的银行将代收的汇票金额转账收入持票人账户的，视同签收。

1. 银行汇票的付款方式

（1）在银行开立存款账户的持票人向开户银行提示付款时，银行审查无误后办理转账。

（2）未在银行开立存款账户的个人持票人，可以向选择的任何一家银行机构提示付款。银行审核无误后，将其身份证复印件留存备查，并以持票人的姓名开立应解汇款及临时存款账户，该账户只付不收，付完清户，不计付利息。转账支付的，应由原持票人向银行填制支款凭证，并由本人交验其身份证件办理支付款项。该账户的款项只能转入单位或个体工商户的存款账户，严禁转入储蓄和信用卡账户。支取现金的，银行汇票上必须有出票银行按规定填明的"现金"字样，才能办理。未填明"现金"字样，需要支取现金的，由银行按照国家现金管理规定审查支付。

（3）银行汇票的实际结算金额低于出票金额的，其多余金额由出票人退交申请人。

2. 商业汇票的付款方式

（1）商业承兑汇票的付款人开户银行收到通过委托收款寄来的商业承兑汇票，将商业承兑汇票留存，并及时通知付款人。

付款人收到开户银行的付款通知，应在当日通知银行付款。付款人在接到通知日的次日起3日内（遇法定休假日顺延，下同）未通知银行付款的，视同付款人承诺付款,银行应于付款人接到通知日的次日起第4日(遇法定休假日顺延,下同)上午开始营业时,将票款划给持票人。

付款人提前收到由其承兑的商业汇票,应通知银行于汇票到期日付款。付款人在接到通知日的次日起3日内未通知银行付款,付款人接到通知日的次日起第4日在汇票到期日之前的,银行应于汇票到期日将票款划给持票人。

代理付款银行在办理划款时,付款人存款账户不足支付的,应填制付款人未付票款通知书,连同商业承兑汇票邮寄持票人开户银行转交持票人。

(2) 银行承兑汇票的出票人应于汇票到期前将票款足额交存其开户银行。承兑银行应在汇票到期日或到期日后的见票当日支付票款。

三、提示付款的效力

问题引入 持票人没有按期提示付款,还能行使付款请求权和追索权吗?

(一) 按期提示付款的效力

在权利人方面提示付款发生两方面的效力,一是发生保全追索权的效果,即持票人在法定期间内提示付款,不丧失对前手的追索权。二是发生票据时效中断的效果,持票人向付款人或承兑人提示付款的,对于该票据债务人而言,票据时效中断。

在付款人方面,如付款人是票据法规定的必须承担票据义务的当事人,如承兑人、银行汇票的出票人等,则如果付款人不付款就应向票据权利人承担迟延付款的责任。

(二) 未按期提示付款对票据权利的影响

未按期提示付款的具体情形可以分为以下几种:

(1) 商业汇票持票人已按期提示承兑,付款人进行了承兑,但持票人未按期提示付款,或银行汇票持票人未按期提示付款。

第一,已承兑的汇票未按期提示付款不影响持票人对承兑人行使付款请求权。

第二,银行汇票未按期提示付款不影响持票人对付款人(出票人)行使付款请求权。我国《票据法》第53条第2款规定:持票人未按照规定期限提示付款的,在作出说明后,承兑人或者付款人仍应当继续对持票人承担付款责任。应当注意的是,这里的"付款人"是指银行汇票的付款人,而不包括商业汇票未承兑的付款人。因为汇票中,付款人未承兑时,不承担必须付款的义务,只有在承兑后才承担到期付款的责任。但是,银行汇票具有特殊性,银行汇票的出票人与付款人是同一人[①],没有承兑制度,付款人承担向合法持票人无条件付款的责任,因此,超过付款提示期间提示付款的,只要没有超过票据时效期间,银行汇票的付款人(出票人)仍应承担责任。

第三,已承兑汇票未按期提示付款或无须承兑的汇票未按期提示付款是否丧失对出票人以外的前手的追索权,存有疑问。

日内瓦公约和联合国《国际汇票本票公约》、英国《票据法》及我国台湾地区"票据法"均规定,未按规定期限提示付款的,丧失对包括出票人、背书人在内的一切前手的追索权。[②] 美国《统一商法典》则规定,未按规定期限提示付款的,原则上出票人的责任并不解除,但如果在拖延期间由于付款人或付款银行破产而使出票人无法获得其在付款人或付款银行处保存的用以兑付票据的资金,则出票人可以用书面形式将其就该项资金对抗付款人或付款银行的权利让与持票人,从而解除自己的责任。[③]

我国《票据法》并未规定在汇票已经承兑的情况下,持票人未按规定期限付款丧失对前手的追索权,也没有规定无须承兑的汇票(银行汇票)未按期提示付款丧失对前手的追索权。《支付结算办法》第36条规定,商业汇票的持票人超过规定期限提示付款的,丧失对其前手的追索权,持票人在作出说明后,仍可以向承兑人请求付款。银行汇票、银行本票的持票人超过规定期限提示付款的,丧失对出票人以外的前手的追索权,持票人在作出说明后,仍可以向出票人请求付款。对于这一规定问题的适用,存有疑问。本书倾向于在司法实践中适用。

(2) 持票人已按期提示承兑被拒绝,做成拒绝证书,此后持票人又未按期提示付款的,不影响持票人的追索权。

此情形又分为持票人做成拒绝承兑证书与持票人未做成拒绝承兑证书两种情况,依日内瓦公约及我国台湾地区"票据法"、联合国《国际汇票本票公约》的规定,如果持票人在规定期限内做成了拒绝证书,则付款提示的责任免除,即使超过付款提示期间提示付款,持票人并不丧失追索权,相反如果未按期做成拒绝证书,持票人的追索权已经丧失,不论是否按期提示付款,持票人对包括出票人在内的前手的追索权均丧失。在美国票据立法中,拒绝承兑也构成免于付款提示的原因。[④]

---

① 大多数情况下,实际向持票人直接支付款项的是代理付款人。

② 参见日内瓦《统一汇票本票法公约》第53条;联合国《国际汇票本票公约》第57条;英国《票据法》第46条;台湾地区"票据法"第104条。

③ 参见美国《统一商法典》第3-502条。

④ 参见日内瓦《统一汇票本票法公约》第44条;联合国《国际汇票本票公约》第56条;美国《统一商法典》第3-511条。

按照我国票据法的规定,汇票到期日以前被拒绝承兑的构成行使追索权的原因,同时对持票人提供拒绝证明的期限未作规定,因此,在我国,持票人只要按照规定期限提示了承兑而被拒绝,并且在票据时效期间内取得了拒绝证明或退票理由书,持票人并不因未按期提示付款而丧失追索权。至于已按期提示承兑被拒绝后,持票人在超过付款提示期间以后有无付款请求权,从尽可能促进票据款项得到支付的原则考虑,不应因未按期提示付款而使持票人丧失付款请求权,如付款人愿意付款,仍应产生期内付款的效力,但因未承兑,付款人并无必须付款的义务。

(3) 未按期提示承兑、也未按期提示付款,仍不影响对出票人的追索权。

按《票据法司法解释》第 19 条的规定,未按期提示承兑持票人丧失对其前手的追索权,不包括对票据出票人的追索权。结合票据时效制度结合分析,如果票据付款提示期间超过但提示付款时未超过追索权的时效,持票人对出票人仍有追索权。

四、付款的效力

问题引入 付款人付款后,出票人还承担票据责任吗?

(1) 付款人或代理付款人在付款提示期间内向票据权利人足额付款的,全体票据债务人的责任解除,票据关系消灭。

(2) 在到期日前向票据权利人付款的,因付款对象正确,一般不存在继续承担票据责任,票据关系也消灭。但在到期日前付款给持票人,造成出票人利息损失的,付款人仍应当对出票人的利息损失承担赔偿责任。

(3) 承兑人或者付款人依照《票据法》第 53 条第 2 款的规定对逾期提示付款的持票人付款与按照规定的期限付款具有同等法律效力。

五、付款人的审查义务

问题引入 华丽公司签发一张金额为 2000 元的票据给收款人元元公司,元元公司将票据金额变造为 1.2 万元。付款人看了票据以后未能发现变造,从出票人账户中划走 1.2 万元款项付给元元公司,华丽公司要求付款银行赔偿 1 万元损失,银行认为尽到了审查义务,不属于恶意或重大过失情形,故对错误付款不承担责任,你认为呢?

（一）付款人审查义务的相关规定

《票据法》第57条规定："付款人及其代理付款人付款时，应当审查汇票背书的连续，并审查提示付款人的合法身份证明或者有效证件。付款人及其代理付款人以恶意或重大过失付款的，应当自行承担责任。"根据上述规定，持票人提示付款时，付款人及其代理付款人未尽到审查义务的，或恶意及重大过失付款的，应对错误付款承担责任。

关于付款人审查义务的标准，理论中及银行业务中一般认为是付款人承担形式审查义务，所谓形式审查就是从票据外观形式上审查票据及持票人身份证件，判断持票人是否为票据权利人，对票据上的签章是否真实并不承担实质上的审查义务。《支付结算办法》第17条规定，银行以善意且符合规定和正常操作程序审查，对伪造、变造的票据和结算凭证上的签章以及需要交验的个人有效身份证件，未发现异常而支付金额的，对出票人或付款人不再承担受委托付款的责任，对持票人不再承担付款的责任。在司法实践中也有相应的判例认为，付款人在付款时负有对支票、持票人的资格进行形式审查的义务，且该形式审查义务只是一般注意义务。①

《票据法司法解释》第69条规定，付款人或者代理付款人未能识别出伪造变造的票据或者身份证件而错误付款的，属于《票据法》第57条规定的"重大过失"，给持票人造成损失的，应当依法承担民事责任。有的判例即以该规定为依据确定付款人承担实质审查义务。②

我们认为，应根据具体审查事项确定付款人审查义务的标准。

（二）审查事项及标准

1. 付款人及代理付款人对背书人签章以及背书连续性的审查承担形式审查义务

在立法例上，大陆法系与英美票据法就付款人对背书人签章审查义务的标准采取不同的模式。以日内瓦公约为代表的大陆法系，强调票据流通过程中善意取得人利益的保护和付款人善意付款的免责，日内瓦《统一汇票本票法公约》

---

① 参见北京市石景山区人民法院(2000)石民初字第747号民事判决书，北京宁晖电子技术有限公司与北京市石景山区农村信用合作社联合社、华夏银行北京亮马河分理处赔偿纠纷案。案件来源：110.com，2011年2月16日访问。该案的案情是：原告宁晖公司的工作人员加盖原告签章签发转账支票出票，填写数字金额235元，其他事项空白，把支票交给刘某。此后荣华公司持票委托开户行向付款人石景山农村信用社提示付款，该支票的金额被变造为34235元，上述涂改迹象非经特别注意难以看出，付款人对此票据付款，原告要求付款人承担错误付款责任，法院认为被告已尽了形式审查义务，驳回了原告的诉讼请求。

② 参见江西省宜春市中级人民法院(2007)宜中民再终字第7号民事判决书，欧阳忠与中国农业银行永修县支行、中国银行股份有限公司永修支行票据损害赔偿纠纷案。案件来源：宜春法院网，yczy.chinacourt.org，2011年2月16日访问。

第40条规定:“在到期日付款的人除有欺诈行为或重大过失外,应是对汇票债务的有效清偿。付款人应负认定背书连续之责,但对背书人的签名,不负认定真伪之责。”日内瓦《统一支票法公约》也有相同规定。联合国《国际汇票本票公约》第72.3条规定:“如果当事人付款给不是受保护的持票人或取得并支付了票据的当事人,并在付款时知道该持票人或该当事人以偷窃行为手段取得该票据或伪造受款人或被背书人的签字,或参与此项偷窃或伪造,则该当事人不能解除对该票据的责任。”从上述规定看,日内瓦公约和联合国《国际汇票本票公约》对背书人签章的审查标准实行形式审查主义。英美法系的票据立法,侧重于签章真实性的要求和原持票人利益的保护,付款人对背书签字的真实性承担实质审查义务。

背书的伪造,付款人及代理付款人根本无从控制,背书签章真伪无从比对,只有向每个背书人进行实质调查后才可知道签章真伪,而事实上显然不可能要求付款人及代理付款人做到这一点。如果坚持付款人及代理付款人承担实质审查义务,必然会使付款人及代理付款人为降低风险宁肯少从事票据结算业务或对本来正常的票据反复查询不能确定是否支付,而这又有可能因错误拒付而面临出票人的索赔,使付款人处于两难境地,事实上将导致银行很难开展票据业务,这种状况恰恰影响了票据的流通使用和信用程度,使多数情况下票据权利人行使票据权利带来不便甚至障碍。因此,付款人及代理付款人对背书人签章以及背书连续性的审查承担形式审查义务。

2. 对出票人签章审查标准应承担实质审查义务

如上所述,英美国家票据法规定付款人原则上对出票人签章承担实质审查义务,而日内瓦公约只规定对背书的连续性承担形式审查义务,没有明确规定对出票人签章的真实性承担何种审查义务,而是根据付款人是否构成恶意或重大过失来确定其是否承担错误付款的责任。这就意味着,付款人对出票人签章真伪的审查并不一律是实质审查,是否尽到审查义务,要视具体情形而定。

在我国,银行汇票的出票人和付款人是出票银行,不存在付款人审查出票人签章真实性的问题,代理付款人与同系统或跨系统的银行机构,完全有能力和条件对于出票人签章的真实性予以核实,且不会增加太多成本。银行承兑汇票的付款人是承兑银行,一般情况下,承兑人基于与出票人的承兑协议,在出票人签章的票据上进行承兑签章后,才由出票人交给收款人。承兑人在接受提示的汇票,对汇票进行审查时,必须对自己签章的真实性进行审查,只要确定汇票和自己签章是真实的,即可确定提示付款人提示的该张汇票上与当初出票人依照承兑协议要求承兑的汇票是同一张汇票,出票人签章是真实签章。因此,付款人只要正常操作就能够对出票人签章的真实性予以认定。商业承兑汇票,虽然从票面本身付款人无法认定出票人签章的真实性,但只要向出票人进行必要的查询,也可以确定出票人签章的真伪,由于出票人与付款人之间有资金关系或原因关系,这种查询完全有条件进行,而且不会增加太多成本。至于支票,除了付款人与出票人之间存在资金关系外,出票人在付款人处留有预留印鉴,付款人有义务也有条件对出票人签章与预留印鉴是否一致承担实质审查义务。总之,付款人及其代理付款人对出票人签章的真实性应承担实质审查义务。

3. 对票据凭证格式真实性的审查应承担实质审查义务

在实践中,伪造票据包括假冒他人名义或虚构某个名义在票据上签章的行为,也包括违反票据印制管理规定,仿制票据凭证格式和相关记载事项的行为。我国《票据法》第108条规定:“汇票、本票、支票的格式应当统一。票据凭证的格式和印制管理办法,由中国人民银行规定。”中国人民银行发布的《支付结算办法》第9条规定:“单位、个人和银行办理支付结算,必须使用按中国人民银行统一规定印制的票据凭证和统一规定的结算凭证。未使用按中国人民银行统一规定印制的票据,票据无效。”中国人民银行是票据法授权的对票据凭证格式统一规定的单位,所以支付结算办法的上述规定,具有约束力。在司法实践中,有的法院判决当事人签发的票据是已经由中国人民银行宣布停止使用的旧版票据的,票据无效。[1] 因此,使用伪造的票据凭证是无效的票据,持有伪造票据凭证的持票人,不能享有票据权利,付款人对该持票人付款的,属于错误付款。付款人对持票人提示付款进行审查时,首先应审查的就是票据凭证格式的真伪。由于票据凭证格式及防伪标记是中国人民银行统一规定和印制的,各商业银行是按照人民银行的规定经营票据业务的专业机构,有专门鉴别凭据凭证真伪的人员、技术和设备,只有银行才最终能够确定票据凭证格式的真伪。而在我国,除商业承兑汇票外,票据付款人和代理付款人都是银行,而商业承兑汇票的付款人虽然不是银行,但代理付款人也是银行。所以,付款人及其代理付款人应当对票据凭证格式的真实性承担实质审查义务是合理的。

4. 对于票据其他事项的审查承担形式审查义务

付款人及代理付款人审查票据时,除了审查票据格式、签章、提示付款人身份证件的审查外,还需要对票据上其他记载事项是否符合票据法的规定、是否存在变造等进行审查。由于其他记载事项是出票人或其他票据当事人记载,并非付款人所能够控制或完全确认,因此原则上付款人对这些事项的记载只承担形式审查义务。需要说明的是,承担形式审查义务仅仅意味着并非必须对未能发现虚假、变造的记载事项承担责任,并不是说可以轻率放任审查,只要稍加注意

---

① 上海市第一中级人民法院2000年判决,上海甬达进出口贸易公司诉上海建中呢绒厂票据纠纷案。案件来源:www.66law.cn,2011年2月18日访问。

就能发现存在问题而没有发现的,同样属于没有尽到形式审查义务。在司法实践中,有类似的判例。①

5. 对提示付款人身份证件的审查应根据付款人或代理付款人所能达到的条件确定审查标准

对提示付款人身份证件的审查实际上是确定提示付款人与票据上记载的持票人是否为同一人,此项审查不属于对票据的审查,日内瓦公约和英美国家的票据法没有规定。在解释上同样是根据付款人审查提示付款人身份时是否构成恶意或重大过失来确定其是否承担错误付款的责任。在我国,付款人或代理付款人一般是银行,对提示付款人身份证件的审查,银行拥有与公安机关联网的网上核查系统,完全可以确定身份证上信息的真假,如果身份证本身就是假的,很多银行目前拥有专门检测身份证真假的设备,也可以检查确定真伪,但是,对于其他合法证件,银行无法完全确定审查证件信息的真假和证件本身的真假。因此,对于提示付款人身份证件的真实性的审查,付款人及代理付款人承担审查义务的标准,法律不应做统一的要求,而应根据付款人或代理付款人是否有能力认定证件的真实性而确定其是否构成重大过失或恶意。

在审查义务及标准有明确规定的情况下,付款人未尽到法律规定的审查义务,即属于重大过失,或者说未尽到审查义务,即构成对错误付款承担责任的充分条件,不考虑是否有恶意或重大过失。对于虽不属于审查义务范围,但付款人或代理付款人对错误付款确属恶意或重大过失的情形,付款人仍应承担责任。例如,付款人对持票人采取欺诈手段取得票据为明知或稍加注意即能发现,但付款人认为不对背书真实性负审查义务或不对基础关系承担审查义务,依然对持票人付款,此时付款人也要承担错误付款的责任。

---

① 北京市第一中级人民法院(2001)一中经终字第1351号民事判决书,中油北京销售有限公司、洪昌平与中国工商银行北京市房山支行票据损害赔偿纠纷案。案件来源:www.1000fl.com, 2011年3月2日访问。该案的主要案情是:中油公司为支付货款,向洪昌平开办的京一家具厂签发转账支票一张,在支票上用数码记载金额680元,并在数码前用"¥"作了划封处理。但未同时记载中文大写金额,也未记载出票日期和收款人。京一家具厂未补记,直接转让给他人,后该支票先后几次转让,最后持票人北京市丰台区卢沟桥乡公路运输管理服务站向付款人房山支行提示付款时,该支票金额被变造为273680元,付款人中油公司的开户行从中油公司账户将273680元划出。中油公司以票据损害赔偿纠纷为案由起诉房山支行,要求赔偿多付的273000元。法院认为,该票据先是因记载事项欠缺而无效,后被变造。对此,中油公司有一定过错。但是,在变造痕迹明显、目力可查的情况下,付款人房山支行未履行对支票进行基本的票据形式审查的法定义务,是导致损失的原因,房山支行应承担赔偿中油公司损失的责任。另外,河南省商丘市中级人民法院(1999)商民二终字第426号民事判决书,商丘市第三人民医院与中国工商银行商丘分行人民路支行票据损害赔偿纠纷案。法院认为,变造的支票达到了非专业鉴定人员难辨真伪的程度,付款人的工作人员按照正常操作规程未发现异常,并无恶意和重大过失,对出票人的损失不负赔偿责任。案件来源:www.falv.me, 2011年3月5日访问。

六、付款人错误付款的后果

问题引入 银行汇票持票人开德公司向代理付款人提示付款，代理付款人在背书不连续的情况下付了款，后来法院确认开德公司无票据权利，代理付款人是否应对原权利人承担赔偿责任？

所谓错误付款，是指对无权利人付款。付款人对无权利人付款，产生何种效力，分以下情况：

1. 付款人或代理付款人付款时间并无不当，且尽到了审查义务、不存在恶意或重大过失的，付款人不承担错误付款的责任，票据关系消灭。遭受损失的一方如真正权利人或出票人等当事人，只能请求无权利人或实施票据欺诈、伪造等违法行为的人赔偿损失。

(1) 付款时间并无不当。付款时间不当的基本形态是在到期日前付款，也称为期前付款。同时也包括在挂失止付的暂停付款期间内付款、收到法院的止付通知后付款、在公示催告期间付款等。按照我国《票据法》第 58 条及《票据法司法解释》第 70 条的规定，付款人及代理付款人在上述期间内向无权利人付款的，付款时间不当本身就直接构成了其承担责任的条件，不论付款人及代理付款人是否尽到了票据法规定的审查义务，也不必考虑付款人及代理付款人是否有恶意或重大过失，均应当对相关当事人的损失承担相应的责任。

(2) 付款人履行了审查义务。

(3) 付款人没有恶意或重大过失。所谓恶意，是指对持票人为无权利人知情，重大过失，是指按照普通人的要求标准，只要稍加注意即可发现持票人为无权利人而付款人没有发现，或是付款人没有按照正常的程序去操作。即使付款人进行了审查，如果有恶意或重大过失，也不能免责。

2. 付款时间虽无不当，但付款人没有尽到审查义务，或存在其他恶意或重大过失付款情形的，付款人应当承担错误付款的责任。

具体而言，如果受损失的是真正权利人，付款人应当承担向真正权利人再次付款的责任。如果受损失的是出票人，出票人有权基于资金关系要求付款人赔偿损失。如果资金是付款人自己垫付的，付款人自行承担该项损失，只能向无权利人追偿。

3. 付款时间不当，不论付款人是否尽到审查义务或对持票人为无权利人是否存在恶意或重大过失，只要存在付款对象错误的情形，付款人都应当承担错误付款的责任。

根据我国《票据法》第 58 条以及《票据法司法解释》第 70 条的规定，付款人在不当时间内付款的,自行承担所产生责任。

4. 代理付款人错误付款的效力。

代理付款人错误付款时,其所免于承担责任的条件和承担责任的条件与付款人的条件相同。但是,代理付款人承担责任的性质,无论对票据权利人还是对出票人承担的责任,都不属于票据责任,而是票据使用中的赔偿责任。

5. 期后付款的效力。

所谓期后付款,是指超过付款提示期间后对持票人进行付款。《票据法司法解释》第59条规定,承兑人或者付款人对逾期提示付款的持票人付款与按照规定期限付款具有同等效力。根据这一规定,付款人进行期后付款的,如付款对象正确,票据关系消灭,全体债务人责任解除;如付款对象错误,则只要付款人进行了审查义务、对错误付款无恶意或重大过失,也可免责,产生票据关系消灭的后果。

但是,根据《支票结算办法》和中国人民银行关于施行《中华人民共和国票据法有关问题的通知》的规定,超过付款提示期间的银行汇票、银行本票或银行承兑汇票,代理付款银行不予受理,超过提示付款期间的商业承兑汇票,持票人开户银行不予受理。根据上述规定,票据业务的一般规则和交易习惯是,代理付款人对于期后提示付款的,不拥有代理付款的权利义务。因此,代理付款人受理并支付期后提示付款的,若发生错误付款,应当承担责任。

七、不当拒付的法律责任

付款对象错误与付款时间不当是付款不当的积极形态,虽然在票据关系中,除本票和对己汇票外,只要付款人未承兑,付款人并不负有对持票人必须付款的义务,但在资金关系中,只要存在委托付款关系、出票人在付款人处账户上的金额足以支付,并且没有正当、合法的拒付理由,付款人就应当遵循出票人的委托行事,向持票人付款。违反委托付款关系中的义务,没有正当理由拒绝支付或拖延支付,必然导致持票人向出票人行使追索权,造成出票人的损失。同样,代理付款人作为付款人的代理人,应当按照付款人的委托从事代理结算业务,无故拒绝付款也将使付款人被出票人追偿而受损失。因此,不当拒付属于付款不当的消极形态。

(一) 不当拒付的认定

付款人或代理付款人没有正当理由拒绝向持票人支付票据款项的,就构成不当拒付。不当拒付尽管未必承担票据责任,但仍然要向其他法律关系中的权利人承担一般民事责任。我国《票据法》第105条第2款规定:"票据付款人故意压票、拖延支付,给持票人造成损失的,依法承担赔偿责任",《支票结算办法》第24条规定:"银行违反规定故意压票、退票,影响客户和他行资金使用的,要

按规定承担赔偿责任。”在认定不当拒付时,应注意以下几个方面的问题:

(1) 构成不当拒付的基本前提是对票据权利人拒绝付款或拖延支付,如果持票人为无权利人,均不构成不当拒付。

(2) 对票据权利人拒付或拖延支付并不必然构成不当拒付。票据法及相关法律、法规规定了持票人行使付款请求权的条件和操作程序,只有票据本身不存在法律或有关法规规定的可以拒付的任何一种事由,并且票据权利人提示票据的操作程序符合有关规定,这两个条件同时具备,付款人才可能构成不当拒付。

(3) 对于支票付款人,只有出票人与付款人确实存在委托付款关系,且委托方存款账户上的金额足以支付票据款项时,才构成不当拒付。持票人虽为票据权利人,但出票人与付款人事实上不存在委托付款关系,或出票人在付款人存款账户上的资金不足以支付票据金额,付款人或代理付款人对票据权利人拒付,并不构成不当拒付。至于承兑人,无论与出票人之间是否存在委托付款关系,都不应向正确提示票据的票据权利人拒付或拖延支付,否则构成不当拒付。

(4) 代理付款人对超过付款提示期间的票据拒绝付款,不属于不当拒付。

(5) 对拖延支付应当作比较合理的解释。我国《票据法》第 54 条规定:持票人按照第 53 条的规定提示付款的,付款人应当当日足额付款。如果严格按照这一规定执行,当持票人为票据权利人,且票据内容、提示付款程序符合规定,并存在委托付款关系,只要付款人不在当日付款的,一律构成拖延支付。但《票据法》同时规定了付款人的审查义务以及恶意或重大过失付款应自行承担责任,这样当付款人对票据上的签章有疑问需要了解或风闻持票人为无权利人而又无法讯速查证时,为了免受被指控为因重大过失导致付款对象错误而自行承担责任的风险,就不得拖延支付,而一旦经查证持票人为权利人时,就要承担不当拒付的责任。因此,为了保障付款人正常的审查和必要的查证工作,控制票据欺诈、伪造等金融风险,在拖延支付的解释上,不能机械地认定只要对票据权利人不当日支付,就构成不当拒付,而应根据支付过程的具体情形,进行合理的解释。

(二) 不当拒付责任的性质与范围

(1) 承兑人不当拒付或付款人与出票人为同一当事人时不当拒付,仍应继续对持票人承担票据责任。其他情形下付款人不当拒付并不对持票人直接承担票据责任。

这是因为,在票据关系中,票据所记载的支付命令本身并不产生将出票人在付款人处用以支付的资金转移给收款人的作用,在付款人对汇票承兑以前,他对汇票不承担责任[①],即出票行为对付款人并不发生票据关系上的拘束力,付款人

---

① 参见英国《票据法》第 33 条;日内瓦《统一汇票本票法公约》第 28 条;联合国《国际汇票本票公约》第 33 条。

并不因之对持票人负必须付款的义务。付款人不当拒付时,无所谓对持票人承担责任问题,至于持票人被拒付或拖延支付的损失,可以向其前手或出票人追索。

(2) 汇票未承兑时的付款人或支票付款人不当拒付时,应对出票人承担违约责任。代理付款人不当拒付时,应对付款人承担违约责任。

因为不当拒付本质上是不履行委托指令的一种行为,而委托指令是建立在出票人与付款人之间的委托付款协议这一资金关系的基础上的。

(3)《票据法》第105条第2款规定:“票据的付款人故意压票,拖延支付,给持票人造成损失的,依法承担赔偿责任。”这是我国特有的规定。

第七节　追　索　权

一、追索权的含义与特征

问题引入　郭某持有一张票据请求付款,但付款人拒绝付款,郭某要行使追索权,他是否可以不按持票顺序选择向其中一部分债务人追索呢?

追索权是指持票人在票据到期行使付款请求权而被拒绝或期前不能获得承兑或有其他法定事由而使付款请求权出现障碍时,请求具有担保付款义务的票据债务人偿还票据金额及其他法定款项的权利。在票据法中追索权是一种票据上的权利,是票据权利的组成部分,此种权利具有以下特征:

1. 追索权是票据权利中第二顺序的权利,又称为第二债权,被追索人为第二债务人,即持票人行使付款请求权被拒绝或因法定情形得不到付款时,才能行使。

2. 追索权是持票人履行了一定形式的保全手续以后才能行使的权利,如果没有履行相应的保全手续,则会导致追索权的丧失或对部分被追索人丧失追索权,因此,保全手续也被称为行使追索权的形式要件。

3. 追索权具有选择性,持票人可以不依票据债务人的先后顺序,而对任意一个、数个或全体被追索人行使追索权。除有抗辩事由的以外,全体被追索人对持票人承担连带责任。

4. 追索权具有变更性,持票人不受已开始的追索权行使的限制,在未实现其追索权之前,对于债务人中的一个或者数人已经进行了追索的,对于其他尚未被追索的债务人仍可行使追索权。

5. 追索权具有转移性,追索权的行使,并不绝对地导致票据上的债权债务关系消失，此种权利具有转移性，第一次的追索权人行使追索权并不消失，而是转移给该被追索人，被追索人清偿后，与持票人享有同一权利，成为第二次的追索权人，可以以他的前手为被追索人再次行使追权，这样追索权可以逐次转移，逐次行使，直到最后承担担保付款义务的人。最终承担担保付款义务的人是出票人，当追索权人向出票人行使追索权后，出票人一般再无前手，追索权即消失。

二、行使追索权的要件

问题引入 小米公司持有一张商业承兑汇票，到期向承兑人霞资公司提示付款时，霞资公司营业住所空无一人，问，小米公司能否行使追索权？

如同付款请求权一样，行使追索权也需以持有票据并取得票据权利为前提条件，在此前提下，就行使追索权而言，其具体要件包括实质要件与形式要件两个方面。

（一）实质要件

行使追索权的实质要件又称为行使追索权的原因。依我国《票据法》第61条的规定，主要包括以下几种情形：

（1）到期追索的原因：票据到期不能获得付款。

对于到期追索的原因，我国《票据法》规定的是汇票“到期被拒绝付款”。到期被拒绝付款固然是到期追索最常见的原因，但是汇票到期时有可能存在付款人下落不明而无法找到付款人进行付款提示，或到期时付款人已经破产、解散而无从得到付款的情形，此时虽然没有的确定拒绝付款的表示，但持票人实际上已无从得到票据款项，也应当属于到期追索的原因。日内瓦公约、我国台湾地区“票据法”以及英国《票据法》均把到期追索的原因概括为“到期不获付款”①，我国票据法只规定“到期被拒绝付款”，在文字含义上失之过窄，因此在适用这一规定时应当将被拒绝付款作广义理解，即不获付款。另外应注意，在我国票据法不允许部分付款，如果付款人提出部分付款，视为拒绝付款。

（2）期前追索的原因有：汇票在到期日前被拒绝承兑；汇票到期日前承兑人或付款人死亡、逃匿；到期日前承兑人或付款人被依法宣告破产或因违法被责令终止业务活动。

期前追索的原因的第二种情形是承兑人或者付款人死亡、逃匿，这种情形虽然在理论上是期前追索的原因，但由于我国现行票据制度中各种票据的付款人、

---

① 参见日内瓦《统一汇票本票法公约》第43条；英国《票据法》第47条；我国台湾地区“票据法”第47条。

承兑人都不包括自然人,只能是法人或非法单位,因此这一规定目前无实际意义。第三种情形是承兑人或者付款人被依法宣告破产或因违法被责令终止业务活动。这一情形无疑可以构成期前追索的原因,但如果把期前追索的原因限定在这一范围内,则不够全面。因为在票据到期日前,不仅因被宣告破产或被责令终止业务活动会导致持票人票据提示无从进行,而且付款人或承兑人自行歇业、无法找到其住所或营业场所时持票人同样无法进行承兑提示或将来无法进行付款提示,所以应把付款人或承兑人自行歇业、下落不明等情形而无法进行承兑提示或将来可能无法进行付款提示等情形也作为期前追索的原因。

(二) 形式要件

行使追索权的形式要件是保全追索权的手续。只有具备了追索权的形式要件,即完成了保全追索权的手续,追索权不至丧失,才可行使追索权,行使追索权的形式要件包括两个方面:

1. 按期提示票据

按期提示票据包括承兑提示与付款提示。承兑提示适用于远期汇票的追索权保全,付款提示适用于一切票据。如前所述,远期汇票持票人按期提示了承兑但未按期提示付款,或即期汇票未按期提示付款是否丧失追索权,我国法律没有明确规定,在解释上存有疑问。从理论上讲,除非法律另有规定,一般需要进行两次按期提示,才可能保全追索权。持票人只有按照法定的期限进行了票据提示,才可能行使追索权,不在规定的期间内提示票据的,丧失对全部或部分被追索人的追索权。

在法律另有规定免于票据提示的情况下,不进行票据提示并不影响追索权的行使。我国票据法并未就免于票据提示的情形作出明确规定。汇票到期被拒绝付款的,持票人可以对背书人、出票人以及汇票的其他债务人行使追索权。《票据法》第 61 条第 2 款规定:“汇票到期日前,有下列情形之一的,持票人也可以行使追索权:(一) 汇票被拒绝承兑的;(二) 承兑人或者付款人死亡、逃匿的;(三) 承兑人或者付款人被依法宣告破产的或者因违法被责令终止业务活动的。”

从我国《票据法》第 61 条的规定以及其他国家及相关国际公约规定来看,免于承兑提示的情形主要如下:(1) 付款人死亡、逃避或因其他原因使持票人无从为承兑的提示;(2) 付款人受破产宣告或解散、歇业、下落不明等。免于付款提示的情形主要有:(1) 提示承兑被拒绝并做成拒绝承兑证书;(2) 承兑人、付款人死亡或有其他原因使持票人无从为付款的揭示;(3) 付款人受破产宣告或解散歇业等。[①]

---

① 参见英国《票据法》第 41 条第 2 款;日内瓦《统一汇票本票法公约》第 44 条第 2 款;联合国《国际汇票本票公约》第 52 条、第 56 条;美国《统一商法典》第 3-511 条。

2. 提供拒绝证明或其他有关证明

拒绝证明是用以证明持票人曾依法提示承兑或提示付款而被拒绝的一种法律文书。其他合法证明是用以证明因法定事由而无法进行票据提示或无法取得拒绝证明的一种法律文书。

我国《票据法》第62条第1款规定："持票人行使追索权时，应当提供被拒绝承兑或者被拒绝付款的有关证明。"第63条规定："持票人因承兑人或者付款人死亡、逃匿或者其他原因，不能取得拒绝证明的，可以依法取得其他有关证明。"第65条规定："持票人不能出示拒绝证明、退票理由书或者未按照规定期限提供其他合法证明的，丧失对其前手的追索权……"

可见，我国票据法把提供相关拒绝证明作为行使追索权的形式要件。根据《票据法司法解释》第19条的规定，《票据法》第65条规定的持票人丧失对其前手的追索权，不包括对票据出票人的追索权。因此即使因不能出示拒绝证明而丧失追索权的，对出票人的追索权并不因此丧失。

在国外票据立法中，正式的拒绝证书是由一定机关或人员制作的公证书，但是由于其手续繁琐而不能适应现代社会中高效率、快节奏的经济生活的要求，于是略式拒绝证书（即付款人在票据上表示拒绝意思并签章）或退票理由书在实践中代之而起，并得到票据法的认可。

行使追索权提供拒绝证明具体适用上，应注意以下几点：

（1）我国《票据法》规定的"拒绝证明"与日内瓦公约中的拒绝证书并非完全相同的概念，前者是由付款人或承兑人向持票人出具的，后者则是经持票人请求，由有关机关制作成的公证书，前者相当于略式拒绝证书，与"退票理由书"具有同一性质。根据我国《票据管理实施办法》第27条的规定：拒绝证明应当包括下列事项：① 被拒绝承兑、付款的票据的种类及其主要记载事项；② 拒绝承兑、付款的事实依据和法律依据。③ 拒绝承兑、付款的时间；④ 拒绝承兑人、拒绝付款人的签章。退票理由书应当包括下列事项：① 所退票据的种类；② 退票的事实依据和法律依据；③ 退票时间；④ 退票人签章。

（2）我国《票据法》把持票人提供"拒绝证明"和"退票理由书"作为行使追索权的通常形式要件，而把通过有关机关提供其他合法证明作为不能取得"拒绝证明"或"退票理由书"时的补充形式要件。根据我国《票据法》第63条、第64条及《票据管理实施办法》第27条的规定，其他合法证明包括：医院或有关单位出具的付款人、承兑人死亡证明；法院出具的宣告失踪、宣告死亡的文书，宣告破产的裁定；有关行政管理机关作出的责令付款人终止业务活动的处罚决定；公安机关出具的证明付款人逃匿的文书；公证机关出具的具有拒绝证明效力的文书。

（3）我国《票据法》第62条第2款规定："持票人提示承兑或者揭示付款被

拒绝的,承兑人或者付款人必须出具拒绝证明或者出具退票理由书,未出具拒绝证的或者退票理由书的,应当承担由此产生的民事责任。”因此我国票据法规定付款人或承兑人在拒绝付款或拒绝承兑时,有义务向持票人出具“拒绝证明”或“退票理由书”。未出具拒绝证明或者退票理由书的,应当承担由此产生的民事责任,这种责任的性质属于票据损害赔偿责任,是票据法规定的非票据关系的内容。

(4) 日内瓦《统一汇票本票法公约》和联合国《国际汇票本票公约》均对持票人做成拒绝证书的期限有明确规定,超过规定期限的,丧失追索权。我国票据法规定持票人不能出示拒绝证明、退票理由书或者未按规定期限提供其他合法证明的,丧失对前手的追索权,但是,对于提供拒绝证明、退票理由书的期限没有具体限定,因此,只要在时效期间内取得拒绝证明或退票理由书并向被追索人提供,均可行使追索权。

三、追索权的主体、标的与程序

问题引入 持票人行使追索权的对象包括哪些人?

(一) 追索权的主体

1. 追索权人

依法享有追索权的人为追索权人,包括最后合法持票人和已承担了被追索义务的票据债务人。最后合法持票人是最初的追索权人,已承担了被追索义务的人是再追索权人,包括承担了被追索义务的背书人以及清偿了票据债务的保证人。

2. 被追索人

被追索人是追索权所针对的义务人,即承担担保付款和担保承兑责任的票据债务人及其保证人。

我国《票据法》第68条第1款规定:“汇票的出票人、背书人、承兑人和保证人对持票人承担连带责任。”第2款规定:“持票人可以不按照汇票债务人的先后顺序,对其中任何一人、数人或者全体行使追索权。”第3款规定:“持票人对汇票债务人中的一人或者数人已经进行追索的,对其他汇票债务人仍可以行使追索权。被追索人清偿债务后,与持票人享有同一权利。”

根据以上规定,被追索人具体包括票据债务人:(1) 出票人、背书人。出票人、背书人都应当承担担保付款和担保承兑的义务,当持票人不能获得承兑或不能获得付款时,有权向出票人、背书人行使追索权。(2) 出票人背书人的保证人。保证人与被保证人承担相同的责任,处于同一法律地位,因此出票人、背书人的保证人也属于被追索人。

至于承兑人是否属于被追索人,在理论中有不同认识,一种意见认为出票人是最终承担担保付款义务的人,追索到出票人时,追索结束,承兑人不是被追索人。[①] 另一种意见认为,我国《票据法》第68条规定了承兑人与出票人、背书人、保证人承担连带责任,承认了承兑人作为被追索人的法律地位,承兑人成为被追索人的意义在于,承兑人依法应当承担最终付款责任时,出票人也可作为现实持票人,向承兑人行使追索权。[②] 笔者同意第一种观点。因为追索权是第二顺序的债权,被追索人承担的是担保承兑或担保付款的义务,是第二债务人,而承兑人则承担的是付款义务,是第一债务人,两者的法律地位是非常明确的,如果将承兑人列入被追索人之列,则混同了第一债务人与第二债务人的地位。承兑人不属于被追索人并不等于他不承担票据义务,相反他应当首先承担付款责任。同时,被追索人承担了被追索义务取得票据后,承兑人的付款责任并不免除或发生变化,此时取得票据的被追索人成为票据权利人,他要求承兑人支付票据金额及其他法定金额,仍然是行使付款请求权,承兑人承担的仍然是直接的付款义务以及迟延付款的责任,而不是担保付款的义务,从这个意义上说,承兑人承担的是最终的票据责任。无论是背书人还是出票人承担了被追索义务以后向承兑人要求清偿票据款项及相关金额时,不必提供拒绝证明,只要持有票据即可。承兑人拒绝付款时与出票人、背书人、保证人承担连带责任只表明第一债务人与第二债务人对票据权利人承担连带责任,并不意味着承兑人法律地位的改变。另外,我国《票据法》第68条第3款规定,被追索人清偿债务后,与持票人享有同一权利。因为承兑人清偿票据债务后,票据关系消灭,不可能再享有票据权利,由此反推,被追索人不包括承兑人。

(二) 追索权的标的

依我国《票据法》第70条、第71条的规定,持票人行使追索权,可以请求被追索人支付下列金额和利息:被拒绝付款的票据金额;票据金额自到期日或者提示付款日起至清偿日止,按中国人民银行规定的利率计算的利息;取得有关拒绝证明和发出通知书的费用。被追索人清偿后,可向其前手行使再追索权,请求支付下列金额和费用:已清偿的全部金额;前项金额自清偿日起至再追索清偿日止,按照中国人民银行规定的利率计算的利息;发出通知书的费用。以上利率指中国人民银行规定的流动资金贷款利率。

---

① 谢怀栻:《票据法概论》,法律出版社1991年版,第178页;赵威:《票据权利研究》,法律出版社1997年版,第87页。

② 赵新华:《票据法》,人民法院出版社1999年版,第295页。王小能:《票据法教程》(第2版),北京大学出版社2001年版,第274页。

(三) 行使追索权的程序

依我国《票据法》的有关规定,行使追索权的程序主要如下:

(1) 拒绝事由的通知。持票人应当自收到被拒绝承兑或者被拒绝付款的有关证明之日起3日内,将被拒绝事由书面通知其前手,其前手应当自收到通知之日起3日内书面通知其自前手,持票人也可以同时向各票据债务人发出书面通知。未按照前款规定期限通知的,持票人仍可以行使追索权。因延期通知给其前手或者出票人造成损失的,由没有按照规定期限通知的票据当事人,承担对该损失的赔偿责任,但是所赔偿的金额以票据金额为限。在规定期限内将通知按照法定地址或者规定地址邮寄的,视为已经发出通知。以上书面通知,应当记明汇票的主要记载事项,并说明该汇票已被退票。

(2) 确定追索对象。除有抗辩事由以外,持票人在确定追索对象时可以选择包括出票人在内的所有被追索人,也可以选择部分被追索人,不受票据债务人顺序的限制,同时可要求承兑人承担连带责任。

(3) 被追索人清偿以及持票人受领。被追索人清偿债务时,持票人应当交出票据和有关拒绝证明,并出具所收到利息和费用的收据。

(4) 再追索,直至出票人。再追索人获得清偿时,应当向清偿债务的人交出票据和有关拒绝证明,并出具所收到利息和费用的收据。

在追索过程中,如果某一被追索人清偿了部分票据金额,能否向其前手进行再追索,此时持票人的票据权利已经部分实现,持票人仍有权向其他被追索人进行追索,但追索的金额应当扣除已实现部分的金额,而最初的被追索人由于未进行全部清偿而不能取得票据。在此情况下,最初清偿了部分票据金额的被追索人只要凭清偿证明就可向其前手就已清偿的部分进行再追索,而不必持有票据。

第十章　本　　票

本章导读　本票除了在当事人、出票记载事项、付款提示期间另有规定外，其他制度适用汇票的规定。

一、本票的概念与特点

问题引入　本票与汇票有何不同？

本票是出票人签发的，承诺无条件支付确定金额给收款人或持票人的票据。在我国本票具有以下特点：

1. 本票的出票人与付款人为同一人，属于自付证券。日内瓦《统一汇票本票法公约》第78条规定："本票的出票人的责任与汇票承兑人相同。"在票据权利人提示付款时，必须承担付款的责任。

2. 本票没有承兑制度。本票是出票人自己实施票据行为，承诺自己无条件付款的票据，不需要再进行承兑。

3. 在国外，本票包括即期本票与远期本票，远期本票具有汇兑、支付、信用、融资功能，但在我国，本票为见票即付的票据，没有信用、融资功能，仅有汇兑、支付、结算的功能。

4. 本票包括银行本票与商业本票。银行本票的出票人是银行、商业本票的出票人是银行以外的单位。我国《票据法》第73条第2款规定：本法所称本票，是指银行本票。因此，在我国现行票据制度中，只有银行本票才是符合法律规定的本票，不承认商业本票。

5. 本票的申请人、收款人可以是单位，也可以是个人。申请人和收款人为个人的，可以使用现金本票。申请人或收款人为单位的，只能使用转账本票。

二、本票的记载事项与样式

（一）绝对必要记载事项

根据我国《票据法》第75条的规定：本票出票时，必须记载下列事项，本票上未记载或未按规定记载下列事项之一的，本票无效。

（1）表明"本票"的字样。这在统一印制好的格式上已经印制好，无须另行单独记载。

(2) 无条件支付的承诺。本票格式上也有类似的语句,例如“凭票即付人民币”等字样,无须另行记载。

(3) 确定的金额。银行本票分为不定额本票和定额本票两种。不定额本票需要出票人在本票金额一栏记载相应的金额。定额本票的金额已经印制在票据上,无须另行记载,也不得更改。

(4) 收款人名称。本票收款人可以是自然人,也可以是法人或非法人组织。

(5) 出票日期。按照实际签发日期记载。

(6) 出票人签章。银行本票的出票人,为经中国人民银行批准办理银行本票业务的银行。银行本票上的出票人的签章,为该银行的本票专用章加其法定代表人或者其授权的代理人的签名或者盖章。

(二) 相对必要记载事项

根据我国《票据法》第 76 条的规定,本票上记载付款地、出票地等事项的,应当清楚、明确。本票上未记载付款地的,出票人的营业场所为付款地。本票上未记载出票地的,出票人的营业场所为出票地。

(三) 本票记载事项样式

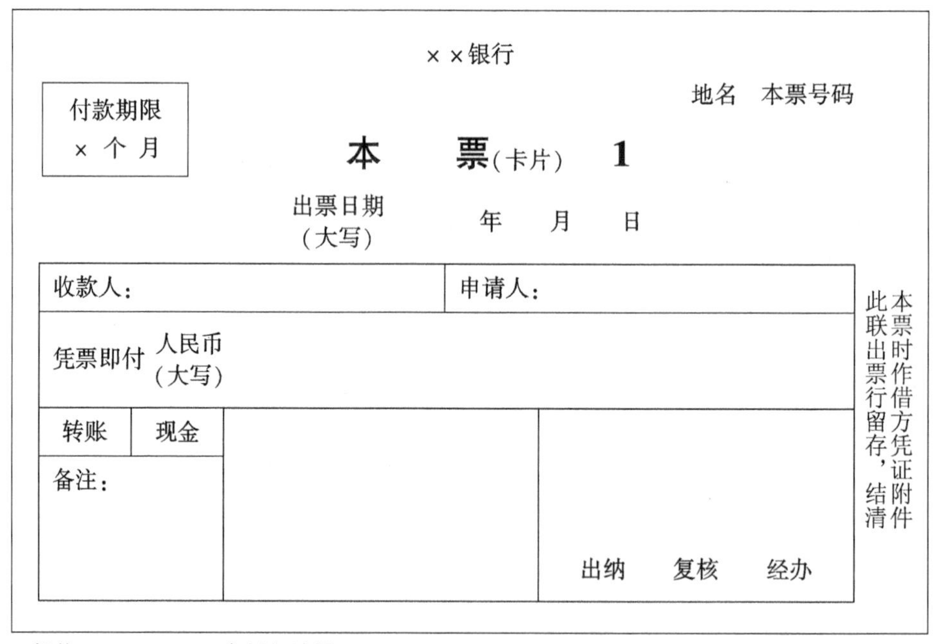

××银行

付款期限
× 个 月

地名 本票号码

本 票(卡片) 1

出票日期
(大写) 年 月 日

收款人:			申请人:
凭票即付 人民币(大写)			
转账	现金		
备注:			出纳 复核 经办

本票时作借方凭证附件
此联出票行留存,结清

规格:8 cm×17 cm(白纸红油墨)

××银行

付款期限 × 个 月

地名 本票号码

本 票 2

出票日期（大写） 年 月 日

收款人：			申请人：
凭票即付 人民币（大写）			
转账	现金		
备注：		出票行签章：	出纳 复核 经办

此联出票行结清本票时作借方凭证

（使用清分机的，此区域供打印磁性字码）

规格：8 cm × 17 cm（专用水印纸蓝油墨）

本票第二联背面：

被背书人	被背书人
背书人签章 年 月 日	背书人签章 年 月 日
持票人向银行 提示付款签章：	身份证件名称： 发证机关： 号码：

（贴粘单处）

图 10-1 本票二联样式

说明：不定额本票凭证一式两联，第一联卡片，第二联本票；定额本票凭证，分为存根联和正联。

三、使用本票的基本流程

在我国现阶段使用的本票主要是银行本票。基本流程是:

1. 申请人使用银行本票,应向银行填写“银行本票申请书”,填明收款人名称、申请人名称、支付金额、申请日期等事项并签章。申请人和收款人均为个人需要支取现金的,应在“支付金额”栏先填写“现金”字样,后填写支付金额。申请人或收款人为单位的,不得申请签发现金银行本票。

2. 出票银行受理银行本票申请书,收妥款项签发银行本票。用于转账的,在银行本票上划去“现金”字样;申请人和收款人均为个人需要支取现金的,在银行本票上划去“转账”字样。不定额银行本票用压数机压印出票金额。出票银行在银行本票上签章后交给申请人。申请人或收款人为单位的,银行不得为其签发现金银行本票。

3. 申请人应将银行本票交付给本票上记明的收款人。

4. 收款人受理银行本票时,应审查下列事项:收款人是否确为本单位或本人;银行本票是否在提示付款期限内;必须记载的事项是否齐全;出票人签章是否符合规定,不定额银行本票是否有压数机压印的出票金额,并与大写出票金额一致;出票金额、出票日期、收款人名称是否更改,更改的其他记载事项是否由原记载人签章证明。

5. 收款人可以将银行本票背书转让给被背书人。被背书人受理银行本票时,除按照我国《票据法》第 106 条的规定审查外,还应审查下列事项:背书是否连续,背书人签章是否符合规定,背书使用粘单的是否按规定签章;背书人为个人的身份证件。

6. 银行本票见票即付。在银行开立存款账户的持票人向开户银行提示付款时,应在银行本票背面“持票人向银行提示付款签章”处签章,签章须与预留银行签章相同,并将银行本票、进账单送交开户银行。银行审查无误后办理转账。未在银行开立存款账户的个人持票人,凭注明“现金”字样的银行本票向出票银行支取现金的,应在银行本票背面签章,记载本人身份证件名称、号码及发证机关,并交验本人身份证件及其复印件。持票人对注明“现金”字样的银行本票需要委托他人向出票银行提示付款的,应在银行本票背面“持票人向银行提示付款签章”处签章,记载“委托收款”字样、被委托人姓名和背书日期以及委托人身份证件名称、号码、发证机关。被委托人向出票银行提示付款时,也应在银行本票背面“持票人向银行提示付款签章”处签章,记载证件名称、号码及发证机关,并同时交验委托人和被委托人的身份证件及其复印件。

7. 持票人超过提示付款期限不获付款的,在票据权利时效内向出票银行作出说明,并提供本人身份证件或单位证明,可持银行本票向出票银行请求付款。

8. 申请人因银行本票超过提示付款期限或其他原因要求退款时,应将银行本票提交到出票银行,申请人为单位的,应出具该单位的证明;申请人为个人的,应出具该本人的身份证件。出票银行对于在本行开立存款账户的申请人,只能将款项转入原申请人账户;对于现金银行本票和未在本行开立存款账户的申请人,才能退付现金。

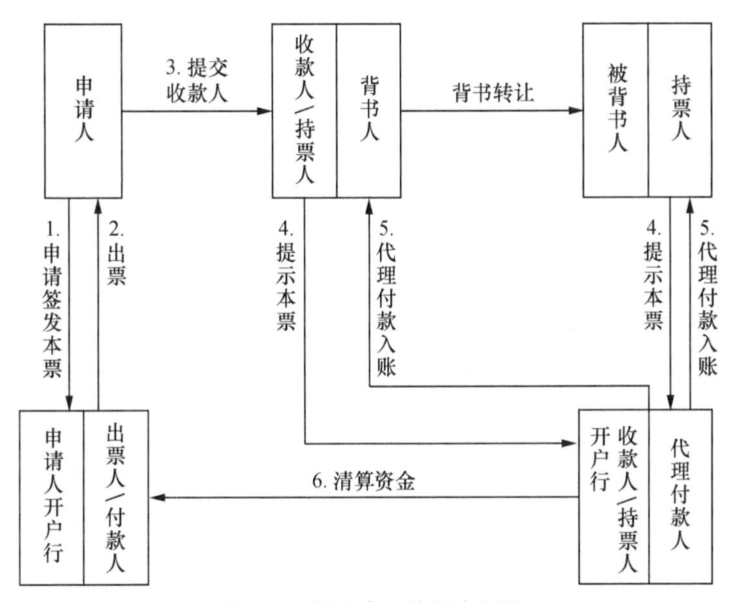

图 10-2　银行本票使用流程图

四、本票的制度

1. 本票付款提示期间。我国《票据法》第 78 条规定:“本票自出票日起,付款期限最长不得超过 2 个月。”这里的付款期限,实际上是指付款提示期间,而不是指到期日,因为我国的本票是见票即付的票据

2. 本票的出票人承担最终付款责任。本票的出票人在持票人提示见票时,必须承担付款的责任。

3. 我国《票据法》第 79 条规定:“本票的持票人未按照规定期限提示见票的,丧失对出票人以外的前手的追索权。”也就是说,即使超过付款提示期间提示付款,对出票人仍有追索权。

4. 本票的持票人未按提示期间付款的,丧失对出票人以外的前手的追索权。

5. 除本票制度另有规定外,本票出票、背书、保证、付款和追索权的行使,适用票据法有关汇票的规定。

第十一章 支　　票

本章导读 支票，是见票即付的票据，主要作用是支付功能。包括现金支票、转账支票和普通支票。支票的付款人是出票人的开户银行。支票可以不记载收款人名称，也可以把票据金额空白，授权持票人补记。支票不记载收款人名称时，可以单纯交付转让，单纯交付转让后，受让人取得票据权利，转让人退出票据关系。

第一节　支票概述

一、支票的概念与特征

问题引入　支票与汇票相比有什么不同，主要作用是什么？

支票是出票人签发的，委托办理支票存款业务的银行或者其他金融机构在见票时无条件支付确定的金额给收款人或者持票人的票据。

支票在现实生活中的职能主要是支付工具的功能，一般不具有信用功能与融资功能，这是支票与汇票、本票的最本质的区别，也就是说支票的职能主要是在社会经济生活中代替现金支付。因此在法律调整上注重支票的即时兑现性。

除支票制度另有规定外，支票出票、背书、付款和追索权的行使，适用票据法有关汇票的规定。除了在总体上适用票据法的一般规定和汇票的有关规定外，存在着一些特别的规则。

支票具有以下特征：

1. 支票在现实生活中的职能主要是支付工具的功能，一般不具有信用功能与融资功能，这是支票与汇票、本票的最本质的区别。

2. 同汇票一样支票开立之时的基本当事人包括出票人、收款人与付款人。但支票的付款人限于可以办理支票存款业务的银行或其他金融机构，这是为保证付款人有足够的资金可以随时兑付的需要。支票的出票人应当是在银行或金融机构开立支票存款账户的人。可以是自然人,也可以是法人和非法人组织。具体地说,开立支票时,在银行或其他金融机构(以下简称银行)开立支票存款账户的自然人或单位才能签发支票,并以其开户银行为付款人。

3. 与汇票相比,法律也往往强调支票出票人与付款人之间必须存在资金关系。①

4. 支票没有承兑制度。支票虽然是出票人委托开户银行作为票据付款人付款,但由于是即期票据,在出票后就可以提示付款,不需要承兑制度。

5. 支票在法律调整上注重即时兑现性。支票的签发,限于见票即付,不得在支票上另行记载到期日。这是支票作为支付工具性质的要求,出票人另行记载到期日的,该记载无效。

6. 在我国可以签发空白支票,但不允许签发空白汇票、本票。

7. 根据我国票据法的规定,支票不存在保证制度。

二、支票的种类与样式

问题引入 在我国有哪些种类的支票,各有什么不同?

(一) 支票的种类

(1) 根据支付方式,分为现金支票、转账支票与普通支票。现金支票只能支取现金、转账支票只能转账支付,普通支票可以支取现金也可以转账支付。

(2) 根据是否记载收款人名称,分为记名支票与无记名支票。记名支票是记载收款人姓名或名称的支票,无记名支票是不记载收款人姓名或名称的支票。记名支票转让应当背书转让,无记名支票可以单纯交付转让。

(3) 根据票据当事人是否发生重合划分,分为一般支票与变式支票。一般支票是票据关系的三个基本当事人各自是不同主体的支票,即出票人、收款人、付款人分别是三个不同的当事人。变式支票是指三个基本当事人中存在重合的支票,包括出票人记载自己为收款人的支票,出票人为银行时,以自己为付款人的支票,出票人签发的收款人和付款人为同一银行的支票。

① 参见日内瓦《统一支票法公约》第3条;我国《票据法》第83条。

(二) 支票记载事项的样式

1. 转账支票样式

转账支票正面

××银行转账支票存根
支票号码
附加信息

出票日期　年　月　日

收款人：
金　额：
用　途：

单位主管　会计

本支票付款期限十天

××银行　**转账支票**　(省别简称)　支票号码

出票日期(大写)　年　月　日　　付款行名称：
收款人：　　出票人账号：

人民币(大写)	亿	千	百	十	万	千	百	十	元	角	分

用途________

上列款项请从
我账户内支付

出票人签章

复核　记账

(使用清分机的,此区域供打印磁性字码)

规格:8 cm×22.5 cm,正联共17 cm(底纹按行别分色,大写金额栏加红水纹)

转账支票背面(正联部分)

附加信息：	被背书人	(贴粘单处)
	背书人签章 年　月　日	

图11-1　支票样式

2. 现金支票样式

现金支票正面

××银行现金支票存根
支票号码
附加信息

出票日期 年 月 日

收款人：
金 额：
用 途：

单位主管 会计

本支票付款期限十天

××银行 **现金支票** （省别简称） 支票号码

出票日期(大写) 年 月 日 付款行名称：
收款人： 出票人账号：

人民币（大写）	亿	千	百	十	万	千	百	十	元	角	分

用途______
上列款项请从
我账户内支付

出票人签章

复核 记账

规格:8 cm×22.5 cm,正联共17 cm(底纹按行别分色,大写金额栏加红水纹)

现金支票背面(正联部分)

附加信息：

背书人签章
年 月 日

身份证件名称： 发证机关：
号码：

（贴粘单处）

图 11-2 支票样式

3. 普通支票样式

支票正面

××银行支票存根
支票号码
附加信息

出票日期 年 月 日

收款人:
金 额:
用 途:

单位主管 会计

本支票付款期限十天

××银行 **支 票** (省别简称) 支票号码

出票日期(大写) 年 月 日 付款行名称:
收款人: 出票人账号:

人民币(大写)	亿	千	百	十	万	千	百	十	元	角	分

用途

上列款项请从
我账户内支付

出票人签章

复核 记账

(使用清分机的,此区域供打印磁性字码)

规格:8 cm×22.5 cm,正联共17 cm(底纹按行别分色,大写金额栏加红水纹)

支票背面(正联部分)

附加信息:

被背书人

背书人签章
年 月 日

身份证件名称: 发证机关:
号码:

(贴粘单处)

图11-3 支票样式

三、支票的使用范围

问题引入 出票人在北京,签发一张支票给广州的收款人,可以吗?

在我国,支票原则上限于在同一票据交换区域办理款项结算使用,也就是通常所说的同城结算。我国《票据法》第91条规定:支票的持票人应当自出票日起10日内提示付款,异地使用的支票,其提示付款的期限由中国人民银行另行规定。可见,在实践中使用的支票一般都是出票人住所地、付款人住所地与收款人住所地在同一票据交换区域内。超出同一票据交换区域使用支票的,区域外的银行不予受理,但出票人、背书人仍应承担票据责任。随着票据交换系统的不断发展和完善以及银行之间业务往来的增多,各个票据交换区域和范围正在逐渐扩大,以前的一个票据交换区域通常限于同一个城市及其属的范围,同城结算的称呼由此而来,现在有的票据交换区域不仅限于一个城市,而是包括某一些特定地域范围,同城结算的含义发生了变化,以前属于异地结算而不能使用支票的,随着交换区域的扩大或合并转变为同一区域的结算而可以使用支票,极大地方便了交易的进行和票据的流通使用。

四、支票的使用流程

问题引入 转账支票业务如何办理?

(一) 现金支票结算程序

开户单位用现金支票提取现金时,签发现金支票并加盖银行预留印鉴后,到开户银行提取现金。若开户单位用现金支票向外单位或个人支付现金时,由付款单位出纳人员签发现金支票并加盖银行预留印鉴后交收款人,同时收款人需在存根联签收。收款人持现金支票到付款单位的开户银行提取现金,并按照银行的要求交验有关证件。

(二) 转账支票结算程序

转账支票由出票人签发后,可以直接交给收款人,由收款人委托其开户银行代收,这称为借记支票结算。也可以直接由出票人交给付款人(出票人开户银行),由付款人将款项划转给收款人,称为贷记支票。二者在结算程序上略有不同。

1. 出票人签发,交收款人办理转账结算程序(借记支票结算)

(1) 出票人按应支付的款项签发转账支票并加盖银行预留印鉴后,交给收款人;

(2) 收款人审查无误后,应作委托收款背书,在支票背面“背书人签章”栏签章,记载“委托收款”字样、背书日期,在“被背书人”栏记载开户银行名称,并将支票和填制的“进账单”一并交其开户银行办理转账;

(3) 收款人或持票人开户银行受理后,在“进账单”上加盖银行印章,退回收款人作为收款入账的凭据;

(4) 代收银行向付款银行传递,付款银行审核无误后将款项划转至代收银行;

(5) 代收银行将款项划入持票人账户。

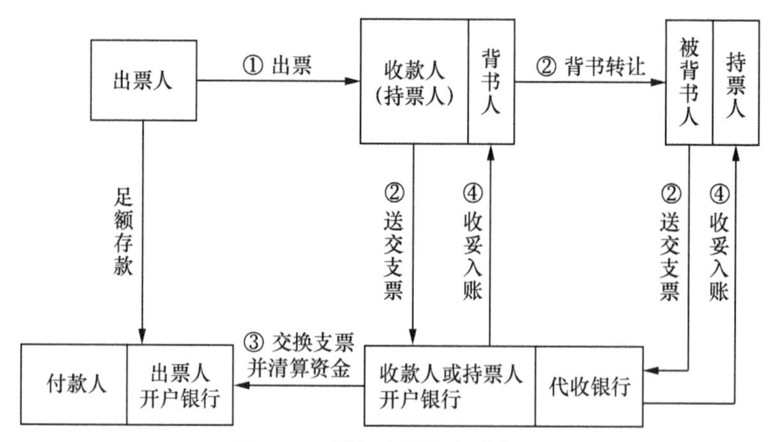

图 11-4 借记支票业务流程图

2. 由出票人签发,由付款人办理转账结算程序(贷记支票结算)

(1) 出票人按应支付的款项签发转账支票加盖银行预留印鉴,并填制“进账单”后,直接交其开户银行(付款人),要求转账;

(2) 付款人受理后,退回“进账单”回单联(第一联),然后将款项划转收款人开户银行;

(3) 银行之间传递凭证,并办理划转手续;

(4) 收款人开户银行办妥进账手续后,通知收款人收款入账。

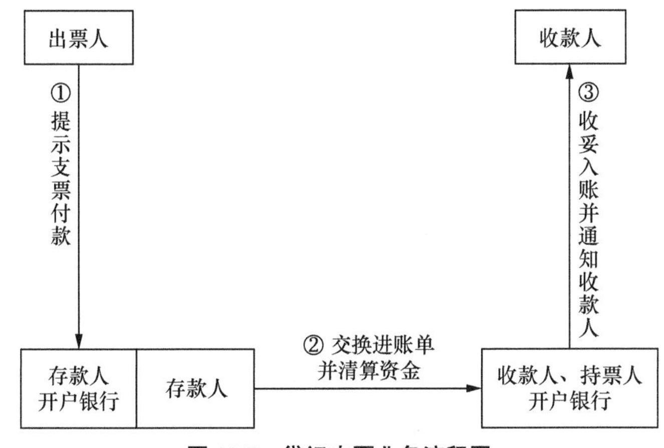

图 11-5 贷记支票业务流程图

第二节 支票的出票

一、支票的记载事项

(一) 绝对必要记载事项

根据我国《票据法》第 84 条的规定,支票出票时必须记载的事项包括:

(1) 表明“支票”的字样。在实务中,表明“支票”的字样都印刷在统一的格式上,例如某某银行“转账支票”“现金支票”“普通支票”等。

(2) 无条件支付的委托。该文句也在统一的支票格式上印制好,一般是“上列款项请从我账户内支付”。

(3) 确定的金额。我国《票据法》第 85 条规定:“支票上的金额可以由出票人授权补记,未补记前的支票,不得使用。”

(4) 付款人名称。根据我国《票据法》第 81 条的规定,支票的付款人是办理支票存款业务的银行或其他金融机构。因此,付款人名称的记载必须是在此范围内的机构。

(5) 出票日期。支票的出票日期应是以中文大写记载。

(6) 出票人签章。我国《票据法》第 88 条规定:“支票的出票人不得签发与其预留本名的签名式样或者印鉴不符的支票。”根据《票据法司法解释》第 41 条的规定:支票上的出票人的签章,出票人为单位的,为与该单位在银行预留签章一致的财务专用章或者公章加其法定代表人或者其授权的代理人的签名或者盖章;出票人为个人的,为与该个人在银行预留签章一致的签名或者盖章。票据出票人在票据上的签章上不符合票据法及该规定的,该签章不具有票据法上的效力。

（二）相对必要记载事项

支票上未记载收款人名称的,经出票人授权,可以补记。支票上未记载付款地的,付款人的营业场所为付款地。支票上未记载出票地的,出票人的营业场所、住所或者经常居住地为出票地。

（三）记载无效的事项

支票的签发,限于见票即付,不得在支票上另行记载到期日。这是支付作为支付工具性质的要求,出票人另行记载到期日的,该记载无效。此外,支票见票即付的性质决定了承兑制度不适用于支票。支票上有承兑的记载的,视为无记载。

二、支票的资金关系

问题引入 望雨公司开出一张金额为100万的支票给收款人,但望雨公司在付款银行支票存款账户上只有10万元,该支票有效吗?望雨公司应承担何种责任?

出票人签发支票,应当与付款银行存在资金关系,具体地讲就是支票存款账户的开户人与开户银行之间的存款账户关系,这种关系的基本内容是出票人在其账户上存入一定的款项,付款银行与出票人约定,出票人以签发支票的方式委托付款时,付款银行应当根据出票人的指令向持票人付款。各国票据法普遍要求出票人与付款银行之间有在资金关系,出票人开出支票时,应当符合其资金关系的约定。

我国《票据法》第82条第1款、第2款规定,开立支票存款账户,申请人必须使用其本名,并提交证明其身份的合法证件。开立支票存款账户和领用支票,应当有可靠的资信,并存入一定的资金。

我国与其他国家对签发支票时应符合资金关系的内容所作的要求,在严格性程度上是不同的。在我国,签发支票绝对不允许透支,也就是不允许银行为支票出票人提供透支信用,《票据法》第87条规定:"支票的出票人所签发的支票金额不得超过其付款时在付款人处实有的存款金额。出票人签发的支票金额超过其付款时在付款人处实有的存款金额的,为空头支票。禁止签发空头支票。"而在国外,无论是英美法系还是大陆法系国家,银行均可以向的客户提供一个融资授信额度,在该额度内,出票人可以透支支签支票。[1] 换言之,即使出票人签发支票的金融超过其在付款银行存款账户上的金额,只要超出部分在银行允许

① 参见张耀麟:《支票法律问研究》,中国金融出版社1997年版,第36页。

的透支范围内,其行为仍然是合法的,不属于空头支票。

出票人签发空头支票,应当承担刑事责任或行政责任,但不影响票据的效力,出票人仍应承担票据责任。

三、支票出票的效力

问题引入 麦德公司给个体户莫某签发一张现金支票,莫某到付款银行提示付款时被拒绝,但未说明拒绝原因,莫某可以向谁行使票据权利?

(一) 出票人担保付款的效力

如同汇票一样,支票出票对出票人而言,产生担保付款的法律效力,即当持票人向付款人提示付款被拒绝时,出票人承担被追索的责任。出票人必须按照签发的支票金额承担保证向该持票人付款的责任。即使是出票人与付款人资金关系不真实或支票账户上存款余额不足,票据关系仍有效,出票人仍应向持票人承担担保付款的责任。

根据《支付结算办法》及《票据法司法解释》的规定,支票的出票人仅限于向其票据交换区域内的收款人出票。向区域范围外的收款人出票的,区域外的银行不予受理。但出票人仍应承担担保付款的责任。

(二) 付款人付款的权限

就票据关系的角度而言,付款人虽然在票据文义记载上是支付票据款项的人,但无论是日内瓦公约还是英美法系的票据法,都认为支票付款人只是相对意义上的义务人,在出票人存款账户上的资金可以足额支付票据金额的情况下,付款人通常要予以付款。但付款人并不因出票人的出票行为而向持票人承担必须付款的责任,即使付款人无故拒绝付款,收款人无权起诉付款银行,只能向其前手背书人或出票人追索,只不过付款人因错误拒付要对出票人承担违约责任或破坏出票人信用的责任而已①,正是在这个意义上,我国票据法理论中有学者不把支票的付款人作为票据债务人,而列为票据关系人②。

但是,我国《票据法》第 89 条第 2 款规定:“出票人在付款人处的存款足以支付支票金额时,付款人应当在当日足额付款。”对于这一规定,有的理解为属于对付款人与出票人之间资金关系的规定,即当付款人与出票人之间存在委托付款的资金关系并且出票人存款账户的金额足以支付支票金额时,付款人就必须对持票人予以付款,否则出票人即可追究违约责任。也有的理解为持票人就可

① 参见张耀麟:《支票法律制度研究》,中国金融出版社 1997 年版,第 118 页。
② 参见王小能:《票据法教程》(第 2 版),北京大学出版社 2001 年版,第 32 页。

以依该条规定直接对付款人提起诉讼,这是我国特有的规定,支票付款人必须承担票据责任的债务人,将付款人的这一责任称为“法定责任”或“票据法上的义务”。

(三) 持票人取得票据权利

如同汇票一样,支票出票人出票后,持票人即取得票据权利。

四、无记名支票的签发

各国票据法普遍规定,出票人可以签发记名支票,也可以签发无记名支票或称来人支票。这与汇票、本票是否可以为无记名票据在两大法系有所不同形成鲜明对照。日内瓦公约与英美法系普遍允许签发无记名支票,是为了充分发挥支票的支付功能,方便流通使用。我国《票据法》也允许出票人签发票据时将收款人名称空白,形成无记名支票。但在我国支票使用的相关操作制度和实务中,尽管在签发时可以无记名的形式出现,并可以单纯交付的方式转让,但持票人在提示付款时,则必须在收款人栏内补记自己的名称。也就是说在提示付款时必须以记名支票的形式出现,否则付款银行不予受理。而国外的无记名支票,则不论在签发票据时,还是提示付款时,都无须补记收款人名称,持票人可直接持无记名支票,向付款人提示付款。因此,我国《票据法》规定了出票人签发票据时可以空白收款人名称,并不意味着票据实务制度中完全承认了无记名支票。

第三节 支票的转让

一、支票的背书

根据我国《票据法》第 93 条的规定,支票的背书,除支票一章另有规定外,适用汇票的有关规定。因此,记名支票转让应当适用汇票背书的规定。

支票背书转让有以下两条专门的规则:

1. 由于支票没有承兑制度,所以背书人不承担担保承兑的责任。

2. 根据《支付结算办法》及《票据法司法解释》的规定,支票的背书人仅限于在其票据交换区域内背书转让票据。背书人向规定区域外的被背书人转让票据的,区域外的银行不予受理。但背书人仍应承担票据责任。

二、支票的单纯交付转让

问题引入 小王持有一张没有记载收款人姓名的支票,之后转让给小丽,没有背书,小丽也没有背书把该支票转让给小华,小华请求付款被拒绝,可以向小丽和小王行使追索权吗?

在我国,汇票、本票必须是记名票据,因而应当用背书方式转让票据,而支票可以是无记名票据,因此可以单纯交付转让。单纯交付转让的效力如下:

1. 单纯交付转让与背书转让一样,可以产生权利转移的效力。原持票人把票据交付给受让人后,受让人即取得票据权利。

2. 单纯交付转让的转让人在转让票据后,就退出了票据关系,既不是票据权利人,也不是票据债务人,不对票据承担担保付款的票据责任。也就是说,实行单纯交付转让,持票人不能获得付款的,无权向转让方行使追索权,但出票人仍应承担担保付款的责任。

因为票据具有文义性,实行单纯交付转让的,在票据上并没有转让人的任何记载,同时《票据法》第4条第1款、第3款规定:“票据出票人制作票据,应当按照法定条件在票据上签章,并按照所记载的事项承担票据责任。”“其他票据债务人在票据上签章的,按照票据所记载的事项承担票据责任。”转让人在票据上没有签章,因此不承担票据责任。当然,转让方不承担票据责任,不影响对其基础关系的交易相对方承担违约责任。

3. 单纯交付转让票据时,推定持票人为票据权利人。这是因为,票据没有背书,不存在持票人以背书的连续证明其票据权利的问题。

第四节 支票的付款

一、付款方式与程序

问题引入 转账支票的付款如何进行?

1. 支票分为普通支票、转账支票与现金支票,普通支票可以转账支付,也可以支取现金,用于转账时,应当在支票正面注明,现金支票只能用于支取现金,转账支票只能用于转账,不得支取现金。

2. 持票人应在法定的付款提示期间内提示付款。

出票人在付款人处的存款足以支付支票金额时,付款人应当在当日足额付款。超过付款提示期间的,代收银行不予受理。付款银行可以不予付款。在实践中,持票人超过付款提示期间提示付款的,付款银行均不予付款,按退票处理。对于这一问题日内瓦公约的规定有所不同,根据该公约如支票未被出票人通知止付,即使在提示付款期限届满后,付款人也可以付款。[1] 持票人在付款提示期

[1] 参见日内瓦《统一支票法公约》第32条。

间内未提示付款的,丧失对出票人以外的前手的追索权,但在票据时效期间内,仍可向出票人行使追索权。

3. 转账支付的,持票人可以委托开户银行代收款项或直接向付款人提示付款。

持票人持用于转账的支票向付款人提示付款时,应在支票背面背书人栏签章,并将支票和填制的进账单交送出票人开户银行。持票人持用于转账的支票委托其开户银行代收款项的,应做成委托收款背书,在被背书人栏记载其开户银行名称,由该银行通过同城票据交换系统向付款银行提示付款。

在实践中,转账支票普遍采用委托开户银行代收款项的方式,即借记支票付款。其基本程序是:

(1) 持票人将转账支票做成委托收款背书交存其开户银行,并填写二联进账单。

(2) 该开户银行对票据及持票人审查无误后,在二联进账单上按照票据交换场次加盖“收妥后入账”的文句,将第一联如盖“转讫”章后交给持票人。①

(3) 将支票按照票据交换的规定及时向票据交换中心提出交换。同城票据交换一般每天数次,各参加银行将代收票据提出,将应付票据提回,并就净差额通过其在交换中心所开立的账户进行清算,对拒付票据,各行于下次票据交换时退回。

(4) 付款银行收到代收行提示交换的支票时,应对支票的记载事项、出票人账户是否有足额存款及其他相关事项进行审查,审查无误后不予退票的,支票作借方凭证,并将相应款项借记出票人在付款行开立的账户。如果存在退票事由,应在行业内通常的退票时间内退票。

(5) 若退票时间经过后,代收行未收到付款行对提交票据的退票通知,该款即为收妥。

(6) 如果该付款行没有参加同城票据交换系统,在代收行与付款行有账户往来的情况下,代收行可以直接向付款行提示付款,代收行与付款行没有账户往来时,可以通过一家与付款行有账户往来关系的中间银行再托收。代收行直接向付款行提示付款或委托中间银行再托收,当付款行付款并将款项贷记或通过中间银行贷记代收行在付款行账户或授权代收行借记付款行在代收行账户,支票款项即为收妥。

(7) 款项收妥后,第二联进账单由代收行作贷方凭证,并将相应票据金额转入持票人在代收行的账户。

此外,用于转账的支票有时并非由持票人委托其开户行代收款项或直接向

① 第一联进账单(收账通知)是持票人开户银行在收到支票后交给持票人的收账通知。

付款人提示付款,而是由出票人向其开户银行提示付款,称为贷记支票。贷记支票的特殊性在于,支票上虽记载了收款人名称,但并不交付给收款人,而是由出票人持票向其开户银行(即付款行)提示付款,由付款行和收款人的开户银行(代收行)通过交换进账单进行资金清算。其基本程序是:

(1) 出票人向付款银行提示支票并填写三联进账单;

(2) 付款银行审查无误后,支票作借方凭证,第一联进账单加盖转讫章作为回单交给出票人,第二联进账单加盖业务公章连同第三联进账单按票据交换的规定及时提出交换;

(3) 收款人开户银行收到交换提入第二、第三联进账单,经审核无误,第二联进账单加盖转讫章作贷方凭证,第三联进账单作收账通知交给收款人。

4. 现金支付的,仅限于持票人向付款人提示付款。

持票人持用于支取现金的支票向付款人提示付款时,应在支票背面"收款人签章"处签章,持票人为个人时,还需交验本人身份证件,并在支票背面注明证件相关内容。付款人审查无误后,以现金方式向持票人支付票款,并借记出票人账户。

二、无记名支票的付款

各国票据法普遍规定,出票人可以签发记名支票,也可以签发无记名支票或称来人支票。

这与汇票、本票是否可以为无记名票据在两大法系有所不同形成鲜明对照。日内瓦公约与英美法系普遍允许签发无记名支票,是为了充分发挥支票的支付功能,方便流通使用。我国《票据法》也允许出票人签发票据时将收款人名称空白,形成无记名支票。但根据我国《支付结算办法》及我国支票使用的相关操作制度,尽管在签发时可以无记名的形式出现,并可以单纯交付的方式转让,但持票人在提示付款时,则必须在收款人栏内补记自己的名称。也就是说在提示付款时必须以记名支票的形式出现,否则付款银行不予受理。而国外的无记名支票,则不论在签发票据时,还是提示付款时,都无须补记收款人名称,持票人可直接持无记名支票,向付款人提示付款。

各国票据法普遍规定,出票人可以签发记名支票,也可以签发无记名支票或称来人支票。在我国支票使用的相关操作制度和实务中,尽管在签发时可以无记名的形式出现,并可以单纯交付的方式转让,但持票人在提示付款时,则必须在收款人栏内补记自己的名称。也就是说在提示付款时必须以记名支票的形式出现,否则付款银行不予受理。

三、通过支票影像交换系统的付款

问题引入 近几年我国推出了支票影像交换系统付款,这种方式与一般的支票付款有什么不同?

(一)支票影像交换系统的概念及发展情况

支票影像交换系统是基于影像技术将实物支票截留转换为支票影像信息,传递至出票人开户银行提示付款的支票清算系统。基本原理是:运用计算机影像技术将实物支票转换为支票影像信息,通过网络将支票影像信息传递到出票人开户银行提示付款的业务处理系统,从而实现支票的全国通用。

从国外支票业务发展现状看,世界上多数国家支票是全国流通使用的。美国的支票甚至可以全球流通。随着计算机技术和网络通讯的发展,利用影像技术实现实物支票截留已成为支票清算的发展趋势。目前,美国、法国、德国、新加坡和我国香港等国家和地区均已建立基于影像技术的支票截留系统。

2006年12月18日,支票影像交换系统在北京、天津、上海、河北、广东和深圳六省(市)成功试点运行。在此基础上,2007年6月25日,中国人民银行完成支票影像交换系统在全国的推广建设。其业务处理流程包括三个阶段:第一阶段是纸基票据流,即实物支票经过出票、转让和提示付款等环节流通到收款行或票据交换所,完成实物支票的截留和影像采集;第二阶段是影像信息流,即将采集的支票影像业务信息通过影像交换系统传递给出票人开户行审核付款;第三阶段是资金清算流,即出票人开户行收到支票影像信息审核无误后,通过小额支付系统返回业务回执和完成资金清算。

(二)支票影像交换系统付款与传统付款方式的区别

通过影像交换系统处理的支票影像信息具有与原实物支票同等的支付效力,出票人开户银行收到影像交换系统提交的支票影像信息,应视同实物支票提示付款。不同点是:

(1)支票影像交换系统支持支票全国通用,改变了传统的实物票据交换模式,银行间的资金清算由同城票据交换系统完成转换为覆盖全国由小额支付系统完成。这使支票的使用范围由同一城市扩大到了全国,支票的使用不再受交换区域的限制,因此,支付结算办法中支票提示付款时区域外银行不予受理的制度,不适用于支票影像交换系统付款。

(2)支票在银行间的传递由实物票据交换转换为系统传输电子信息和影像信息。

(3)支票核验付款由出票人开户行根据实物支票核验付款转换为根据支

票影像信息核验付款。在实践中,支票音像交换付款存在的主要问题是票据真伪和要素识别存在一定难度。按照《全国支票影像交换系统业务处理办法(试行)》的规定,提出行(收款行)应审查客户提交的支票是否真实,由于各家银行机构的票据防伪点不尽相同,在防造、变造票据技术手段不断升级的情况下,此项规定增加了银行票据审核负担;付款行只能依据接收的支票影像来审核提入支票的真伪,识别支票真伪的难度加大,势必会加重银行的票据风险。

四、支付密码的效力

问题引入 支票的支付密码错误,该支票有效吗?

支付密码是出票人与付款人约定的作为付款时应核对的一种代码,是为防止错误付款保证安全性以及扩大支票交换区域而作出的特别约定。支付密码属于资金关系中约定的付款条件,持票人提示付款时,如支票的支付密码错误,即使支票的记载事项符合票据法的规定,付款人也应予退票。出票人未记载支付密码的,视为支付密码错误。付款人在支付密码错误的情形下付款,应承担错误付款的责任。但是,支付密码的错误,不影响票据以及票据行为的效力,持票人因支付密码错误而退票的,可以向出票人、背书人行使追索权。

第五节 空白支票的特殊问题

一、空白支票的概念与性质

问题引入 空白支票、空头支票分别是指什么?

空白支票是空白票据的一种,空白票据是指出票人签发票据时,有意识地将票据上应记载事项不记载齐备,授权持票人以后补记的票据。世界上大多数国家的票据立法均承认空白票据,我国《票据法》仅承认空白支票,不允许签发空白汇票、本票。

空白支票由于其欠缺绝对应记载事项,与票据的要式性、文义性相冲突,这就产生了一个问题,空白支票是否属于有效的票据,如认为完全无效或不属于票据,如何解释持票人何以可以补充,如认为有效,如何解释法律对票据的要式性的规定,在理论中,对于空白支票的性质存在两种对立的主张,肯定说认为,空白票据属于有效的票据,完全票据的规定可以适用于空白票据,其解释的理由是空白票据是票据法对要式性放宽的规定①,否定说认为要式性是票据的基本属性,空白票据只有在行使补充权以后,才能称为票据,在补充权未行使以前,不构成票据,而补充权与票据关系不能并立,空白票据的流通,只能授用商业习惯法。②在否定说中另一种解释是,空白票据不是票据,但持票人对所持有的空白票据在权利性质上,是一种期待权。③

本书认为,空白支票是一种基于法律允许的行为产生的、效力待定的票据。因为法律承认空白支票并不是说空白事项可以始终不予记载而能够行使权利,只是不必全部由出票人记载,而允许经授权后由持票人记载而已,这里仍然要求票据绝对应记载事项要最终齐备,因此,出票人签发空白票据并交付给持票人可视为出票行为尚未完成,在补齐以后出票行为才完成,因而是一种效力不确定的票据,在补齐以后,自始有效,持票人自始取得权利,在补齐以前,效力未定,最终未补齐的记载事项不符合票据法的规定,票据自始无效,持票人享有票据权利。当然,不论对空白支票的性质持何种见解,都不影响在立法上作出大致相同的技术处理,即空白支票在补记以前不得行使票据权利,补记以后可以并行使票据权利。

二、空白支票的构成要件

问题引入 小何持有一张支票,支票上什么内容都没有记载,这属于空白支票吗?

(一) 必须有出票人签章

签章是票据行为最起码的要素,是行为人内在意志的外观表现,因此,空白支票必须有出票人的签章,没有出票人签章的所谓“空白支票”,不产生任何法律效力。

(二) 有某些绝对应记载事项的欠缺

理论中虽然有绝对必要记载事项空白票据和相对必要记载事项空白票据之分。但实际上,只有欠缺绝对应记载事项的票据才是空白票据,欠缺相对应记载事项的票据不是空白票据,而是完全票据,因为后者根本没有必要授权补记,而直接适用法律的规定予以补充,前者在不补记的情况下无法依据法律的规定来

① 参见高金松:《空白票据新论》,五南图书出版公司 1986 年版,第 86 页。
② 参见梁宇贤:《票据法论》,五南图书出版公司 1983 年版,第 105 页。
③ 参见赵新华主编:《票据法问题研究》,法律出版社 2002 年版,第 287 页。

补充,例如支票金额的空白。

我国《票据法》第 84 条规定的支票绝对记载事项包括:表明“支票”的字样、无条件支付的委托、确定的金额、付款人名称、出票日期、出票人签章等六项。

但是,并不是所有的绝对记载事项都可以空白,哪些绝对记载事项可以空白,取决于法律的规定,我国《票据法》第 85 条规定:“支票上的金额可以由出票人授权补记,未补记前的支票,不得使用。”因此,只有金额这一绝对记载事项可以空白,其他绝对记载事项不得空白,否则支票无效。

但是,并不是所有的绝对记载事项都可以空白,哪些绝对记载事项可以空白,取决于法律的规定,我国《票据法》第 85 条“支票上的金额可以由出票人授权补记,未补记前的支票,不得使用”。因此,只有金额这一绝对记载事项可以空白,其他绝对记载事项不得空白,否则支票无效。[①]

(三) 必须是出票人有意将相应事项空白并授予持票人补充记载的权利

这是空白票据与不完全票据的区别所在。如果出票人未记载相应事项是由于疏漏或故意不记载完全但没有授权持票人使之补充记载后生效的意思,则不属于空白票据,而是不完全票据,不完全票据是无效的。在实践中区分空白与不完全票据时,若一方主张是不完全票据、另一方主张是空白票据,如何予以认定?这是涉及如何确认有无授予补充的问题,若票据上记载了授予补充权的文句,则应认定为授予了补充权,若票据上没有记载授予补充权的文句,只要出票人将票据交付给他人,则应推定交付行为本身就包含了授予持票人补充权的意思,上述情形都应认定为空白票据。如果出票人虽然将票据交付给他人,但明示不授予补充权,或持票人并非基于出票人交付取得票据的,则应认定未授予补充权,该票据为不完全票据。

(四) 应有出票人向持票人交付票据的行为

交付不仅是认定出票人授予补充权的标准,而且本身也是票据行为的生效要件,出票人已经签章的票据未记载金额或收款人名称,他人未经交付以盗窃、拾得等方式取得票据,持票人即便补记了相关内容,也不能产生空白票据补记的效力,持票人不能取得票据权利。但如果该票据流转到善意第三人手中,出票人应承担失票风险,对善意第三人承担票据责任。至于空白支票是否基于出票人交付取得,理论中有学者认为占有票据时即推定为交付取得,出票人否认交付的,应承担举证责任。[②] 笔者认为不可一概而论,若出票人记载收款人名称,而金额空白时,收款人占有票据时即推定为经交付取得,若未记载收款人名称的,持票人应当对持票的合法性承担举证责任,因为在此情形下,出票人很难证明未

---

① 司法实践中也有判决认可补记载出票日期的支票的效力。

② 参见:日内瓦《统一支票法公约》第 13 条;英国《票据法》第 20 条;美国《统一商法典》第 3-115 条。

向持票人交付票据。

三、支票收款人空白时票据权利的行使

问题引入 某公司向个体工商户小董签发一张未记载收款人姓名或名称的转账支票,小董没有补记,把票据转让,转让时也没有背书,该转让是否有效?受让人是花甲公司,该公司是否有权在票据上补记自己为收款人。如果不补记,是否有权直接持票提示付款?

我国《票据法》第 84 条规定的支票绝对记载事项不包括收款人,同时第 86 条规定支票上未记载收款人名称的,经出票人授权,可以补记。因此一般而言,收款人名称是相对必要记载事项,因此收款人空白只是无记名票据,并非空白票据,不影响票据的使用流通。国外票据法大多规定,支票未记载收款人的,视为来人支票,例如日内瓦《统一支票法公约》第 5 条第 4 款。

但是,我国票据法未规定未记载收款人名称时视为来人支票,即法律并没有对未记载收款人的情形作出补充规定。《票据法》只规定了金额未补记前不得使用,未规定收款人名称未补记前不得使用。而《支付结算办法》第 119 条规定,支票的金额、收款人名称,可以由出票人授权补记,未补记前不得背书转让和提示付款。在银行业务实践中,普遍是按《支付结算办法》的规定操作的,持票人未补记收款人名称直接持票据提示付款,银行均不予受理。

这里存在一个问题是,收款人名称是不是我国支票的绝对应记载事项,出票人将收款人名称空白的,若持票人未补记能否行使票据要权利。

本书认为,我国《票据法》没有规定收款人名称为必须记载的事项,也没有规定收款人名称空白而未补记前不得“使用”,但同时没有规定未记载收款人名称的支票为来人支票。这说明我国《票据法》对收款人名称空白的支票有意作了两面性的处理,一方面允许签发无记名支票,并允许以单纯交付方式转让此种支票,另一方面《票据法》并未承认未记载收款人名称时可以作为来人票据主张权利,《票据法》的这一安排实际上认可了银行要求持票人提示付款时应补记收款人名称的做法,《支付结算办法》明确了这一制度。因此,《票据法》第 86 条未规定未经补记收款人名称的支票不得使用,不等于可以在任何意义下“使用”,“使用”无记名支票的情形仅限于以单纯交付的方式向他人转让票据、进行交易,若要提示付款行使票据权利,则要根据《支付结算办法》第 119 条的规定,必须由持票人补记收款人名称后,方可行使票据权利,提示付款。

这是因为,在我国支票使用实践中,出票人签发支票而未记载收款人名称的

情况比较普遍,这是交易实践的需要,收款人取得此种票据后以单纯交付的方式将票据转让给第三人,第三人又以单纯交付的方式将票据转让给无记名支票的情形也经常出现。如果直接把收款人名称作为绝对必要事项予以规定,并且规定未补记前不得使用,显然不现实,也不合理,因此,《票据法》第84条未把收款人名称作为绝对必要事项,第86条也未规定收款人名称未补记前不得使用,这是对我国支票使用实践的反映。但是,支票作为支付证券,数量大、安全性相对差、发生冒领的概率较其他票据高,从我国现实出发,要求持票人提示付款时在收款人栏内补记其名称,使款项付给谁有案可查,一旦错付也便于追偿,从而保障资金安全,也是必要的,《支付结算办法》第119条的规定实际上就体现了这一思想。应当说《票据法》第86条与《支付结算办法》第119条分别是对不同情形的"使用"无记名支票的规定。

四、空白支票补充权的行使及其效力

问题引入　凤锦公司购买价值5000元左右的货物,签发一张票据给具承公司,金额空白,授权具承公司补记,但要求不超过6000元。但具承公司将金额改为6万元,然后把该票据转让给鹤洋公司,鹤洋公司请求付款被拒绝,向凤锦公司进行追索,凤锦公司称,对超出授权部分的金额不承担责任,这一说法成立吗?

(一)在授权范围的行使补充权的效力

持票人在出票人授权范围内行使补充权,对空白事项予以补充,产生票据关系自始生效的效力,持票人可以行使票据权利,出票人对持票人及其后手依补充记载的事项承担票据责任。

(二)滥用补充权的后果

滥用补充权是出票人虽然授权持票人予以补记,而持票人超出授权范围进行补充记载的行为,其典型形式是对票据金额的补充超出授权范围。

滥用补充权的后果是,出票人不得以持票人滥用补充权为由对抗善意第三人,即第三人取得票据时对持票人滥用补充权不知情的,出票人仍应对善意第三人依补充记载的文句承担票据责任,这是各国票据立法的普遍做法,在我国,《票据法司法解释》第68条规定:"对票据未记载事项或者未完全记载事项作补充记载,补充事项超出授权范围的,出票人对补充后的票据应当承担票据责任。给他人造成损失的,出票人还应当承担相应的民事责任。"至于出票人有权追究滥用补充权的持票人的违约或侵权责任,则是不言自明的事。

(三) 无记名支票的转让及收款人名称的补记

持票人从出票人处取得空白支票,经补记后构成完全票据,不论补记事项是否超出授权范围,持票人予以背书转让或提示付款,均适用完全票据的规则。但持票人把无记名支票转让给第三人的,第三人有无补记权?

(1) 在日内瓦公约以及英美法系的票据制度中,承认来人支票,出票人未记载收款人名称将票据交付给持票人的,持票人无须补记即可行使票据权利,同时持票人可以将票据以单纯交付方式转让给持票人,持票人无须补记即可行使票据权利。同时持票人也可以将票据以单纯交付的方式转让给他人,受让人也无须补记,可直接以来人票据持票人的身份行使票据权利,即使转让人以背书方式将票据转让给他人。该票据并不成为记名票据,受让人仍可不加补记而以来人票据持票人的身份行使票据权利,只是背书人以其签章承担票据责任而已。①

(2) 在我国,出票人未记载收款人名称而将票据交付给持票人后,若持票人在收款人栏内未补记其名称而将票据以单纯交付方式转让给他人,最后合法持票人有权在收款人栏内补记其名称或姓名的权利,出票人不得以收款人名称的补记人并非原持票人为由对最后持票人进行抗辩。

(四) 票据金额空白的情形下转让及补记

我国《票据法》以及《支付结算办法》均规定,票据金额未补记前不得使用、不得背书转让和提示付款。空白票据金额不得提示付款是众所周知的道理,但空白票据金额的支票背书转让或以单纯交付方式转让后,产生何种效力,需要明确。

金额空白时的转让实际上是原持票人将票据金额的补充权再度授予了受让人。与收款人名称的空白不同,金额的空白如何补充,直接涉及出票人的利益,出票人是基于对原持票人的信任才将票据金额予以空白授权持票人补充的,出票人信任原持票人,并不等于信任持票人的受让人,受让人不能基于原持票人转让空白金额的支票而当然取得补充权。在没有补充权的情况下,受让人受让空白金额的支票,其权利内容是无法确定的,因而原持票人转让空白金额的支票,转让行为无效,受让人不能取得票据权利。只有出票人同意或追认受让人补充权的情形下,受让人才可取得票据权利。

但是,当该受让人实际上进行了补记又把票据转让给他人时,出票人不得以转让方无权补记为由对抗其他善意持票人。

(五) 空白支票补充权的行使时间

空白支票补充权应在何时行使?一般应在付款提示期间超过以前行使。付

① 参见日内瓦《统一支票法公约》第 20 条和英国《票据法》第 2 条。

款提示期间超过以后行使补充权的，付款人可以拒绝付款，持票人仍可向出票人行使追索权，但票据时效超过以后持票人行使补充权的，则不产生补记的效力，其票据权利消灭。

第六节 几种特殊支票

一、划线支票

划线支票是指在支票正面划二道平行线的支票，又称为平行线支票。在日内瓦公约以及英美票据法中，均存在划线支票，我国《票据法》虽然没有规定划线支票，在《支付结算办法》中存在划线支票，但没有具体制度。根据日内瓦公约的有关规定，划线支票制度的主要内容如下：

在支票上划线是出票人或持票人指示付款人只能向特定的人付款的一种意思表示。划线制度是为弥补支票见票即付、常采无记名方式，付款人付款后如善意付款而不承担责任，真正权利人无从查找收款人这一缺陷而设定的，其目的是为了保护出票人或持票人的资金安全。划线支票分为普通划线支票和特别划线支票，前者是在支票正面划两道平行线，普通划线支票只有在银行或付款人的客户提示付款时，付款银行才可付款。特别划线支票是在平行线内注明特定银行的名称，付款银行只能对指定的银行付款，当付款银行本身是指定的银行时，只能对其客户付款。在我国，划线支票只能用于转账支付。

划线支票产生如下特别效力：

1. 普通划线支票的付款提示人，必须是银行或付款人的客户，持票人如不是银行或付款人的客户，就应当委托银行代为取款。特别划线支票，只有平行线内记载的特定银行提示付款时，付款人才可以付款。

2. 付款人应受划线的约束，没有按照上述要求付款造成损失的，付款人应承担赔偿责任。

3. 有资格向付款人提示付款的银行，除了从其客户或从其他银行外，不得从其他人接受划线支票，也不得为其他人代为取款，否则，应对由此产生的损失承担赔偿责任。

二、保付支票

保付支票是付款人在支票上记载“保付”及同义文句后承担付款责任的支票。日内瓦公约中不存在保付支票的规定，在美国票据立法中，有保付支票的规定。

保付作为支票中的一种制度，与汇票中的承兑制度存在相似之处。保付并非付款人的义务,付款人拒绝保付,持票人不得以此为由行使追索权,不过付款人一旦保付,保付人成为支票上唯一的债务人,出票人与背书人均免除票据责任。支票成为保付支票后,不论出票人在付款人处有无资金,不论持票人是否在提示期间提示付款,付款人均须支票。

(一) 远期支票

远期支票是出票人签发支票时有意以实际出票日以后一个时间作为票据上载明的出票日的支票。我国票据制度中,禁止签发远期支票。但从票据的文义性出发,出票人签发了远期支票,仍然应认定为有效的票据,出票日应以票据上记载的时间确定,但签发远期支票的风险应由出票人承担。

(二) 旅行支票

旅行支票(traveler's check)是由银行或旅行支票公司为方便旅游者在旅行期间安全携带和支付旅行费用的一种固定面额票据。这种票据与票据法规定的支票不同。大陆法系国家(地区)立法及国际公约未将国际旅行支票纳入票据法调整范畴。

第十二章　涉外票据的法律适用

本章导读　涉外票据的法律适用，首先要考虑是否涉外票据，其次考虑适用顺序，然后才是具体冲突规范的适用。

一、涉外票据的概念

问题引入　一日本公民在北京签发的票据，付款地在北京，承兑人为上海某公司，该汇票没有其他票据行为，那么，该汇票是否属于涉外汇票?

根据我国《票据法》第94条的规定，涉外票据，是指出票、背书、承兑、保证、付款等行为中，既有发生在中华人民共和国境内，又有发生在中华人民共和国境外的票据。

从这个定义可以看出，涉外票据不是以持票人是否为外国人而界定，而是以具有票据行为在我国境内和境外发生的事实来确定。涉外票据上的票据行为(包括付款)中，至少有一个是发生在境外，并至少有一个是发生在境内。另外，根据我国大陆与港、澳、台地区法律适用的一般规则，票据行为分别发生在大陆和港、澳、或台湾地区的，也按涉外票据的法律适用处理。

二、涉外票据的法律适用一般原则

问题引入　一年龄为18岁的日本公民在北京签发的一张票据，收款人为北京某公司，付款地在上海，承兑人为上海某公司，汇票在上海进行了承兑，收款人在新加坡把汇票背书转让给他人，日本民法规定，完全民事行为能力人是20岁，我国规定是18岁，出票人行为能力适用哪国法律?

我国《票据法》第95条规定："中华人民共和国缔结或者参加的国际条约同本法有不同规定的，适用国际条约的规定。但是，中华人民共和国声明保留的条款除外。本法和中华人民共和国缔结或者参加的国际条约没有规定的，可以适用国际惯例。"

按照这一规定，涉外票据的法律适用顺序的原则是：

(一) 国际法优先于国内法适用的原则

国际法既包括实体制度,也包括有关法律适用的冲突规范。凡我国缔结或者参加的国际条约,无论是有关票据的实体制度,还是票据法律适用的冲突规范,如果同我国票据法有不同规定,对于涉外票据,应优先适用我国缔结或参加的国际条约。但是,中华人民共和国声明保留的条款除外。即我国对缔结或参加的国际条约的某些规定,声明保留条款的,不适用"国际条约化先"原则,而以本国法为准。

到目前为止,有关票据的国际公约主要是日内瓦公约体系的系列公约,包括日内瓦《统一汇票本票法公约》《统一支票法公约》《解决汇票本票若干法律冲突公约》《汇票本票印花税法公约》《解决支票若干法律冲突公约》《支票印花税法公约》。此外还有专门适用于国际票据的联合国《国际汇票本票公约》,但加入的国家不多。我国没有加入上述公约。

(二) 适用国内法的原则

如果我国缔结或参加的国际条约没有规定,则涉外票据适用我国法。这里适用我国法既包括适用我国票据法的实体规定,也包括适用我国票据法中的冲突规范。而且首先应当适应票据法中的冲突规范,确定应适用哪些国家或地区的实体法。

(三) 国际惯例补充适用的原则

我国《票据法》和中华人民共和国缔结或者参加的国际条约没有规定的,可以适用国际惯例。

三、我国票据法中涉外票据的法律适用的冲突规范

我国《票据法》第 96 条至第 101 条,对涉外票据的民事行为能力、出票记载事项、其他票据行为、追索时效、提示期限、拒绝证明、票据丧失时保全权利的保全等票据行为的法律适用,作出如下规定:

(一) 关于票据债务人的民事行为能力

票据债务人的民事行为能力,适用其本国法律。但是,票据债务人的民事行为能力,依其本国法为无民事行为能力或者限制民事行为能力而依行为地法为完全民事行为能力的,适用行为地法律。

对于自然人而言,根据该自然人的国籍确定其本国法,对于法人而言,根据注册登记地确定其本国法。

(二) 关于出票行为

汇票、本票出票时的记载事项,适用出票地法律;支票的出票记载事项,适用出票地法律,但经当事人协议适用付款地法律的,也可以适用付款地法律。

（三）关于其他票据行为

票据的背书、承兑、付款、保证等行为，适用行为地法律。

（四）关于追索权的行使期限

追索权的行使期限，适用出票地法律。

（五）提示期限及拒绝证明

票据的提示期限、有关拒绝证明的方式、出具拒绝证明的期限，适用付款地法律。

（六）关于失票后票据权利保全程序

票据丧失时，失票人请求保全票据权利的程序，适用付款地法律。

附录一

中华人民共和国票据法

（1995年5月10日第八届全国人民代表大会常务委员会第十三次会议通过　根据2004年8月28日第十届全国人民代表大会常务委员会第十一次会议《关于修改〈中华人民共和国票据法〉的决定》修正）

第一章　总　　则

第一条　为了规范票据行为，保障票据活动中当事人的合法权益，维护社会经济秩序，促进社会主义市场经济的发展，制定本法。

第二条　在中华人民共和国境内的票据活动，适用本法。

本法所称票据，是指汇票、本票和支票。

第三条　票据活动应当遵守法律、行政法规，不得损害社会公共利益。

第四条　票据出票人制作票据，应当按照法定条件在票据上签章，并按照所记载的事项承担票据责任。

持票人行使票据权利，应当按照法定程序在票据上签章，并出示票据。

其他票据债务人在票据上签章的，按照票据所记载的事项承担票据责任。

本法所称票据权利，是指持票人向票据债务人请求支付票据金额的权利，包括付款请求权和追索权。

本法所称票据责任，是指票据债务人向持票人支付票据金额的义务。

第五条　票据当事人可以委托其代理人在票据上签章，并应当在票据上表明其代理关系。

没有代理权而以代理人名义在票据上签章的，应当由签章人承担票据责任；代理人超越代理权限的，应当就其超越权限的部分承担票据责任。

第六条　无民事行为能力人或者限制民事行为能力人在票据上签章的，其签章无效，但是不影响其他签章的效力。

第七条　票据上的签章，为签名、盖章或者签名加盖章。

法人和其他使用票据的单位在票据上的签章，为该法人或者该单位的盖章加其法定代表人或者其授权的代理人的签章。

在票据上的签名，应当为该当事人的本名。

第八条　票据金额以中文大写和数码同时记载，二者必须一致，二者不一致的，票据无效。

第九条 票据上的记载事项必须符合本法的规定。

票据金额、日期、收款人名称不得更改,更改的票据无效。

对票据上的其他记载事项,原记载人可以更改,更改时应当由原记载人签章证明。

第十条 票据的签发、取得和转让,应当遵循诚实信用的原则,具有真实的交易关系和债权债务关系。

票据的取得,必须给付对价,即应当给付票据双方当事人认可的相对应的代价。

第十一条 因税收、继承、赠与可以依法无偿取得票据的,不受给付对价的限制。但是,所享有的票据权利不得优于其前手的权利。

前手是指在票据签章人或者持票人之前签章的其他票据债务人。

第十二条 以欺诈、偷盗或者胁迫等手段取得票据的,或者明知有前列情形,出于恶意取得票据的,不得享有票据权利。

持票人因重大过失取得不符合本法规定的票据的,也不得享有票据权利。

第十三条 票据债务人不得以自己与出票人或者与持票人的前手之间的抗辩事由,对抗持票人。但是,持票人明知存在抗辩事由而取得票据的除外。

票据债务人可以对不履行约定义务的与自己有直接债权债务关系的持票人,进行抗辩。

本法所称抗辩,是指票据债务人根据本法规定对票据债权人拒绝履行义务的行为。

第十四条 票据上的记载事项应当真实,不得伪造、变造。伪造、变造票据上的签章和其他记载事项的,应当承担法律责任。

票据上有伪造、变造的签章的,不影响票据上其他真实签章的效力。

票据上其他记载事项被变造的,在变造之前签章的人,对原记载事项负责;在变造之后签章的人,对变造之后的记载事项负责;不能辨别是在票据被变造之前或者之后签章的,视同在变造之前签章。

第十五条 票据丧失,失票人可以及时通知票据的付款人挂失止付,但是,未记载付款人或者无法确定付款人及其代理付款人的票据除外。

收到挂失止付通知的付款人,应当暂停支付。

失票人应当在通知挂失止付后三日内,也可以在票据丧失后,依法向人民法院申请公示催告,或者向人民法院提起诉讼。

第十六条 持票人对票据债务人行使票据权利,或者保全票据权利,应当在票据当事人的营业场所和营业时间内进行,票据当事人无营业场所的,应当在其住所进行。

第十七条 票据权利在下列期限内不行使而消灭:

(一) 持票人对票据的出票人和承兑人的权利,自票据到期日起二年。见票即付的汇票、本票,自出票日起二年;

(二) 持票人对支票出票人的权利,自出票日起六个月;

(三) 持票人对前手的追索权,自被拒绝承兑或者被拒绝付款之日起六个月;

(四) 持票人对前手的再追索权,自清偿日或者被提起诉讼之日起三个月。

票据的出票日、到期日由票据当事人依法确定。

第十八条 持票人因超过票据权利时效或者因票据记载事项欠缺而丧失票据权利的,仍享有民事权利,可以请求出票人或者承兑人返还其与未支付的票据金额相当的利益。

第二章 汇 票

第一节 出 票

第十九条 汇票是出票人签发的,委托付款人在见票时或者在指定日期无条件支付确定的金额给收款人或者持票人的票据。

汇票分为银行汇票和商业汇票。

第二十条 出票是指出票人签发票据并将其交付给收款人的票据行为。

第二十一条 汇票的出票人必须与付款人具有真实的委托付款关系,并且具有支付汇票金额的可靠资金来源。

不得签发无对价的汇票用以骗取银行或者其他票据当事人的资金。

第二十二条 汇票必须记载下列事项:

(一) 表明“汇票”的字样;

(二) 无条件支付的委托;

(三) 确定的金额;

(四) 付款人名称;

(五) 收款人名称;

(六) 出票日期;

(七) 出票人签章。

汇票上未记载前款规定事项之一的,汇票无效。

第二十三条 汇票上记载付款日期、付款地、出票地等事项的,应当清楚、明确。

汇票上未记载付款日期的,为见票即付。

汇票上未记载付款地的,付款人的营业场所、住所或者经常居住地为付款地。

汇票上未记载出票地的，出票人的营业场所、住所或者经常居住地为出票地。

第二十四条 汇票上可以记载本法规定事项以外的其他出票事项，但是该记载事项不具有汇票上的效力。

第二十五条 付款日期可以按照下列形式之一记载：

（一）见票即付；

（二）定日付款；

（三）出票后定期付款；

（四）见票后定期付款。

前款规定的付款日期为汇票到期日。

第二十六条 出票人签发汇票后，即承担保证该汇票承兑和付款的责任。出票人在汇票得不到承兑或者付款时，应当向持票人清偿本法第七十条、第七十一条规定的金额和费用。

第二节 背 书

第二十七条 持票人可以将汇票权利转让给他人或者将一定的汇票权利授予他人行使。

出票人在汇票上记载“不得转让”字样的，汇票不得转让。

持票人行使第一款规定的权利时，应当背书并交付汇票。

背书是指在票据背面或者粘单上记载有关事项并签章的票据行为。

第二十八条 票据凭证不能满足背书人记载事项的需要，可以加附粘单，粘附于票据凭证上。

粘单上的第一记载人，应当在汇票和粘单的粘接处签章。

第二十九条 背书由背书人签章并记载背书日期。

背书未记载日期的，视为在汇票到期日前背书。

第三十条 汇票以背书转让或者以背书将一定的汇票权利授予他人行使时，必须记载被背书人名称。

第三十一条 以背书转让的汇票，背书应当连续。持票人以背书的连续，证明其汇票权利；非经背书转让，而以其他合法方式取得汇票的，依法举证，证明其汇票权利。

前款所称背书连续，是指在票据转让中，转让汇票的背书人与受让汇票的被背书人在汇票上的签章依次前后衔接。

第三十二条 以背书转让的汇票，后手应当对其直接前手背书的真实性负责。

后手是指在票据签章人之后签章的其他票据债务人。

第三十三条 背书不得附有条件。背书时附有条件的，所附条件不具有汇票上的效力。

将汇票金额的一部分转让的背书或者将汇票金额分别转让给二人以上的背书无效。

第三十四条 背书人在汇票上记载“不得转让”字样,其后手再背书转让的,原背书人对后手的被背书人不承担保证责任。

第三十五条 背书记载“委托收款”字样的,被背书人有权代背书人行使被委托的汇票权利。但是,被背书人不得再以背书转让汇票权利。

汇票可以设定质押;质押时应当以背书记载“质押”字样。被背书人依法实现其质权时,可以行使汇票权利。

第三十六条 汇票被拒绝承兑、被拒绝付款或者超过付款提示期限的,不得背书转让;背书转让的,背书人应当承担汇票责任。

第三十七条 背书人以背书转让汇票后,即承担保证其后手所持汇票承兑和付款的责任。背书人在汇票得不到承兑或者付款时,应当向持票人清偿本法第七十条、第七十一条规定的金额和费用。

第三节 承 兑

第三十八条 承兑是指汇票付款人承诺在汇票到期日支付汇票金额的票据行为。

第三十九条 定日付款或者出票后定期付款的汇票,持票人应当在汇票到期日前向付款人提示承兑。

提示承兑是指持票人向付款人出示汇票,并要求付款人承诺付款的行为。

第四十条 见票后定期付款的汇票,持票人应当自出票日起一个月内向付款人提示承兑。

汇票未按照规定期限提示承兑的,持票人丧失对其前手的追索权。

见票即付的汇票无需提示承兑。

第四十一条 付款人对向其提示承兑的汇票,应当自收到提示承兑的汇票之日起三日内承兑或者拒绝承兑。

付款人收到持票人提示承兑的汇票时,应当向持票人签发收到汇票的回单。回单上应当记明汇票提示承兑日期并签章。

第四十二条 付款人承兑汇票的,应当在汇票正面记载“承兑”字样和承兑日期并签章;见票后定期付款的汇票,应当在承兑时记载付款日期。

汇票上未记载承兑日期的,以前条第一款规定期限的最后一日为承兑日期。

第四十三条 付款人承兑汇票,不得附有条件;承兑附有条件的,视为拒绝承兑。

第四十四条 付款人承兑汇票后,应当承担到期付款的责任。

第四节 保　　证

第四十五条　汇票的债务可以由保证人承担保证责任。

保证人由汇票债务人以外的他人担当。

第四十六条　保证人必须在汇票或者粘单上记载下列事项：

（一）表明“保证”的字样；

（二）保证人名称和住所；

（三）被保证人的名称；

（四）保证日期；

（五）保证人签章。

第四十七条　保证人在汇票或者粘单上未记载前条第（三）项的，已承兑的汇票，承兑人为被保证人；未承兑的汇票，出票人为被保证人。

保证人在汇票或者粘单上未记载前条第（四）项的，出票日期为保证日期。

第四十八条　保证不得附有条件；附有条件的，不影响对汇票的保证责任。

第四十九条　保证人对合法取得汇票的持票人所享有的汇票权利，承担保证责任。但是，被保证人的债务因汇票记载事项欠缺而无效的除外。

第五十条　被保证的汇票，保证人应当与被保证人对持票人承担连带责任。汇票到期后得不到付款的，持票人有权向保证人请求付款，保证人应当足额付款。

第五十一条　保证人为二人以上的，保证人之间承担连带责任。

第五十二条　保证人清偿汇票债务后，可以行使持票人对被保证人及其前手的追索权。

第五节 付　　款

第五十三条　持票人应当按照下列期限提示付款：

（一）见票即付的汇票，自出票日起一个月内向付款人提示付款；

（二）定日付款、出票后定期付款或者见票后定期付款的汇票，自到期日起十日内向承兑人提示付款。

持票人未按照前款规定期限提示付款的，在作出说明后，承兑人或者付款人仍应当继续对持票人承担付款责任。

通过委托收款银行或者通过票据交换系统向付款人提示付款的，视同持票人提示付款。

第五十四条　持票人依照前条规定提示付款的，付款人必须在当日足额付款。

第五十五条　持票人获得付款的，应当在汇票上签收，并将汇票交给付款人。持票人委托银行收款的,受委托的银行将代收的汇票金额转账收入持票人账户,视同签收。

第五十六条 持票人委托的收款银行的责任,限于按照汇票上记载事项将汇票金额转入持票人账户。

付款人委托的付款银行的责任,限于按照汇票上记载事项从付款人账户支付汇票金额。

第五十七条 付款人及其代理付款人付款时,应当审查汇票背书的连续,并审查提示付款人的合法身份证明或者有效证件。

付款人及其代理付款人以恶意或者有重大过失付款的,应当自行承担责任。

第五十八条 对定日付款、出票后定期付款或者见票后定期付款的汇票,付款人在到期日前付款的,由付款人自行承担所产生的责任。

第五十九条 汇票金额为外币的,按照付款日的市场汇价,以人民币支付。

汇票当事人对汇票支付的货币种类另有约定的,从其约定。

第六十条 付款人依法足额付款后,全体汇票债务人的责任解除。

第六节 追 索 权

第六十一条 汇票到期被拒绝付款的,持票人可以对背书人、出票人以及汇票的其他债务人行使追索权。

汇票到期日前,有下列情形之一的,持票人也可以行使追索权:

(一) 汇票被拒绝承兑的;

(二) 承兑人或者付款人死亡、逃匿的;

(三) 承兑人或者付款人被依法宣告破产的或者因违法被责令终止业务活动的。

第六十二条 持票人行使追索权时,应当提供被拒绝承兑或者被拒绝付款的有关证明。

持票人提示承兑或者提示付款被拒绝的,承兑人或者付款人必须出具拒绝证明,或者出具退票理由书。未出具拒绝证明或者退票理由书的,应当承担由此产生的民事责任。

第六十三条 持票人因承兑人或者付款人死亡、逃匿或者其他原因,不能取得拒绝证明的,可以依法取得其他有关证明。

第六十四条 承兑人或者付款人被人民法院依法宣告破产的,人民法院的有关司法文书具有拒绝证明的效力。

承兑人或者付款人因违法被责令终止业务活动的,有关行政主管部门的处罚决定具有拒绝证明的效力。

第六十五条 持票人不能出示拒绝证明、退票理由书或者未按照规定期限提供其他合法证明的,丧失对其前手的追索权。但是,承兑人或者付款人仍应当对持票人承担责任。

第六十六条 持票人应当自收到被拒绝承兑或者被拒绝付款的有关证明之日起三日内,将被拒绝事由书面通知其前手;其前手应当自收到通知之日起三日内书面通知其再前手。持票人也可以同时向各汇票债务人发出书面通知。

未按照前款规定期限通知的,持票人仍可以行使追索权。因延期通知给其前手或者出票人造成损失的,由没有按照规定期限通知的汇票当事人,承担对该损失的赔偿责任,但是所赔偿的金额以汇票金额为限。

在规定期限内将通知按照法定地址或者约定的地址邮寄的,视为已经发出通知。

第六十七条 依照前条第一款所作的书面通知,应当记明汇票的主要记载事项,并说明该汇票已被退票。

第六十八条 汇票的出票人、背书人、承兑人和保证人对持票人承担连带责任。

持票人可以不按照汇票债务人的先后顺序,对其中任何一人、数人或者全体行使追索权。

持票人对汇票债务人中的一人或者数人已经进行追索的,对其他汇票债务人仍可以行使追索权。被追索人清偿债务后,与持票人享有同一权利。

第六十九条 持票人为出票人的,对其前手无追索权。持票人为背书人的,对其后手无追索权。

第七十条 持票人行使追索权,可以请求被追索人支付下列金额和费用:

(一) 被拒绝付款的汇票金额;

(二) 汇票金额自到期日或者提示付款日起至清偿日止,按照中国人民银行规定的利率计算的利息;

(三) 取得有关拒绝证明和发出通知书的费用。

被追索人清偿债务时,持票人应当交出汇票和有关拒绝证明,并出具所收到利息和费用的收据。

第七十一条 被追索人依照前条规定清偿后,可以向其他汇票债务人行使再追索权,请求其他汇票债务人支付下列金额和费用:

(一) 已清偿的全部金额;

(二) 前项金额自清偿日起至再追索清偿日止,按照中国人民银行规定的利率计算的利息;

(三) 发出通知书的费用。

行使再追索权的被追索人获得清偿时,应当交出汇票和有关拒绝证明,并出具所收到利息和费用的收据。

第七十二条 被追索人依照前二条规定清偿债务后,其责任解除。

第三章 本 票

第七十三条 本票是出票人签发的,承诺自己在见票时无条件支付确定的金额给收款人或者持票人的票据。

本法所称本票,是指银行本票。

第七十四条 本票的出票人必须具有支付本票金额的可靠资金来源,并保证支付。

第七十五条 本票必须记载下列事项:

(一) 表明"本票"的字样;

(二) 无条件支付的承诺;

(三) 确定的金额;

(四) 收款人名称;

(五) 出票日期;

(六) 出票人签章。

本票上未记载前款规定事项之一的,本票无效。

第七十六条 本票上记载付款地、出票地等事项的,应当清楚、明确。

本票上未记载付款地的,出票人的营业场所为付款地。

本票上未记载出票地的,出票人的营业场所为出票地。

第七十七条 本票的出票人在持票人提示见票时,必须承担付款的责任。

第七十八条 本票自出票日起,付款期限最长不得超过二个月。

第七十九条 本票的持票人未按照规定期限提示见票的,丧失对出票人以外的前手的追索权。

第八十条 本票的背书、保证、付款行为和追索权的行使,除本章规定外,适用本法第二章有关汇票的规定。

本票的出票行为,除本章规定外,适用本法第二十四条关于汇票的规定。

第四章 支 票

第八十一条 支票是出票人签发的,委托办理支票存款业务的银行或者其他金融机构在见票时无条件支付确定的金额给收款人或者持票人的票据。

第八十二条 开立支票存款账户,申请人必须使用其本名,并提交证明其身份的合法证件。

开立支票存款账户和领用支票,应当有可靠的资信,并存入一定的资金。

开立支票存款账户,申请人应当预留其本名的签名式样和印鉴。

第八十三条 支票可以支取现金,也可以转账,用于转账时,应当在支票正面注明。

支票中专门用于支取现金的,可以另行制作现金支票,现金支票只能用于支取现金。

支票中专门用于转账的,可以另行制作转账支票,转账支票只能用于转账,不得支取现金。

第八十四条 支票必须记载下列事项:

(一) 表明“支票”的字样;

(二) 无条件支付的委托;

(三) 确定的金额;

(四) 付款人名称;

(五) 出票日期;

(六) 出票人签章。

支票上未记载前款规定事项之一的,支票无效。

第八十五条 支票上的金额可以由出票人授权补记,未补记前的支票,不得使用。

第八十六条 支票上未记载收款人名称的,经出票人授权,可以补记。

支票上未记载付款地的,付款人的营业场所为付款地。

支票上未记载出票地的,出票人的营业场所、住所或者经常居住地为出票地。

出票人可以在支票上记载自己为收款人。

第八十七条 支票的出票人所签发的支票金额不得超过其付款时在付款人处实有的存款金额。

出票人签发的支票金额超过其付款时在付款人处实有的存款金额的,为空头支票。禁止签发空头支票。

第八十八条 支票的出票人不得签发与其预留本名的签名式样或者印鉴不符的支票。

第八十九条 出票人必须按照签发的支票金额承担保证向该持票人付款的责任。

出票人在付款人处的存款足以支付支票金额时,付款人应当在当日足额付款。

第九十条 支票限于见票即付,不得另行记载付款日期。另行记载付款日期的,该记载无效。

第九十一条 支票的持票人应当自出票日起十日内提示付款;异地使用的

支票,其提示付款的期限由中国人民银行另行规定。

超过提示付款期限的,付款人可以不予付款;付款人不予付款的,出票人仍应当对持票人承担票据责任。

第九十二条 付款人依法支付支票金额的,对出票人不再承担受委托付款的责任,对持票人不再承担付款的责任。但是,付款人以恶意或者有重大过失付款的除外。

第九十三条 支票的背书、付款行为和追索权的行使,除本章规定外,适用本法第二章有关汇票的规定。

支票的出票行为,除本章规定外,适用本法第二十四条、第二十六条关于汇票的规定。

第五章 涉外票据的法律适用

第九十四条 涉外票据的法律适用,依照本章的规定确定。

前款所称涉外票据,是指出票、背书、承兑、保证、付款等行为中,既有发生在中华人民共和国境内又有发生在中华人民共和国境外的票据。

第九十五条 中华人民共和国缔结或者参加的国际条约同本法有不同规定的,适用国际条约的规定。但是,中华人民共和国声明保留的条款除外。

本法和中华人民共和国缔结或者参加的国际条约没有规定的,可以适用国际惯例。

第九十六条 票据债务人的民事行为能力,适用其本国法律。

票据债务人的民事行为能力,依照其本国法律为无民事行为能力或者为限制民事行为能力而依照行为地法律为完全民事行为能力的,适用行为地法律。

第九十七条 汇票、本票出票时的记载事项,适用出票地法律。

支票出票时的记载事项,适用出票地法律,经当事人协议,也可以适用付款地法律。

第九十八条 票据的背书、承兑、付款和保证行为,适用行为地法律。

第九十九条 票据追索权的行使期限,适用出票地法律。

第一百条 票据的提示期限、有关拒绝证明的方式、出具拒绝证明的期限,适用付款地法律。

第一百零一条 票据丧失时,失票人请求保全票据权利的程序,适用付款地法律。

第六章 法律责任

第一百零二条 有下列票据欺诈行为之一的,依法追究刑事责任:

(一) 伪造、变造票据的;

(二) 故意使用伪造、变造的票据的;

(三) 签发空头支票或者故意签发与其预留的本名签名式样或者印鉴不符的支票,骗取财物的;

(四) 签发无可靠资金来源的汇票、本票,骗取资金的;

(五) 汇票、本票的出票人在出票时作虚假记载,骗取财物的;

(六) 冒用他人的票据,或者故意使用过期或者作废的票据,骗取财物的;

(七) 付款人同出票人、持票人恶意串通,实施前六项所列行为之一的。

第一百零三条 有前条所列行为之一,情节轻微,不构成犯罪的,依照国家有关规定给予行政处罚。

第一百零四条 金融机构工作人员在票据业务中玩忽职守,对违反本法规定的票据予以承兑、付款或者保证的,给予处分;造成重大损失,构成犯罪的,依法追究刑事责任。

由于金融机构工作人员因前款行为给当事人造成损失的,由该金融机构和直接责任人员依法承担赔偿责任。

第一百零五条 票据的付款人对见票即付或者到期的票据,故意压票,拖延支付的,由金融行政管理部门处以罚款,对直接责任人员给予处分。

票据的付款人故意压票,拖延支付,给持票人造成损失的,依法承担赔偿责任。

第一百零六条 依照本法规定承担赔偿责任以外的其他违反本法规定的行为,给他人造成损失的,应当依法承担民事责任。

第七章 附 则

第一百零七条 本法规定的各项期限的计算,适用民法通则关于计算期间的规定。

按月计算期限的,按到期月的对日计算;无对日的,月末日为到期日。

第一百零八条 汇票、本票、支票的格式应当统一。

票据凭证的格式和印制管理办法,由中国人民银行规定。

第一百零九条 票据管理的具体实施办法,由中国人民银行依照本法制定,报国务院批准后施行。

第一百一十条 本法自 1996 年 1 月 1 日起施行。

附录二

最高人民法院关于审理票据纠纷案件若干问题的规定

中华人民共和国最高人民法院公告

最高人民法院《关于审理票据纠纷案件若干问题的规定》已于2000年2月24日由最高人民法院审判委员会第1102次会议通过。现予公布，自2000年11月21日起施行。

二〇〇〇年十一月十四日

为了正确适用《中华人民共和国票据法》(以下简称票据法)，公正、及时审理票据纠纷案件，保护票据当事人的合法权益，维护金融秩序和金融安全，根据票据法及其他有关法律的规定，结合审判实践，现对人民法院审理票据纠纷案件的若干问题规定如下：

一、受理和管辖

第一条 因行使票据权利或者票据法上的非票据权利而引起的纠纷，人民法院应当依法受理。

第二条 依照票据法第十条的规定，票据债务人(即出票人)以在票据未转让时的基础关系违法、双方不具有真实的交易关系和债权债务关系、持票人应付对价而未付对价为由，要求返还票据而提起诉讼的，人民法院应当依法受理。

第三条 依照票据法第三十六条的规定，票据被拒绝承兑、被拒绝付款或者汇票、支票超过提示付款期限后，票据持有人背书转让的，被背书人以背书人为被告行使追索权而提起诉讼的，人民法院应当依法受理。

第四条 持票人不先行使付款请求权而先行使追索权遭拒绝提起诉讼的，人民法院不予受理。除有票据法第六十一条第二款和本规定第三条所列情形外，持票人只能在首先向付款人行使付款请求权而得不到付款时，才可以行使追索权。

第五条 付款请求权是持票人享有的第一顺序权利，追索权是持票人享有的第二顺序权利，即汇票到期被拒绝付款或者具有票据法第六十一条第二款所列情形的，持票人请求背书人、出票人以及汇票的其他债务人支付票据法第七十条第一款所列金额和费用的权利。

第六条 因票据权利纠纷提起的诉讼,依法由票据支付地或者被告住所地人民法院管辖。

票据支付地是指票据上载明的付款地,票据上未载明付款地的,汇票付款人或者代理付款人的营业场所、住所或者经常居住地,本票出票人的营业场所,支票付款人或者代理付款人的营业场所所在地为票据付款地。代理付款人即付款人的委托代理人,是指根据付款人的委托代为支付票据金额的银行、信用合作社等金融机构。

第七条 因非票据权利纠纷提起的诉讼,依法由被告住所地人民法院管辖。

二、票据保全

第八条 人民法院在审理、执行票据纠纷案件时,对具有下列情形之一的票据,经当事人申请并提供担保,可以依法采取保全措施或者执行措施:

(一) 不履行约定义务,与票据债务人有直接债权债务关系的票据当事人所持有的票据;

(二) 持票人恶意取得的票据;

(三) 应付对价而未付对价的持票人持有的票据;

(四) 记载有“不得转让”字样而用于贴现的票据;

(五) 记载有“不得转让”字样而用于质押的票据;

(六) 法律或者司法解释规定有其他情形的票据。

三、举证责任

第九条 票据诉讼的举证责任由提出主张的一方当事人承担。

依照票据法第四条第二款、第十条、第十二条、第二十一条的规定,向人民法院提起诉讼的持票人有责任提供诉争票据。该票据的出票、承兑、交付、背书转让涉嫌欺诈、偷盗、胁迫、恐吓、暴力等非法行为的,持票人对持票的合法性应当负责举证。

第十条 票据债务人依照票据法第十三条的规定,对与其有直接债权债务关系的持票人提出抗辩,人民法院合并审理票据关系和基础关系的,持票人应当提供相应的证据证明已经履行了约定义务。

第十一条 付款人或者承兑人被人民法院依法宣告破产的,持票人因行使追索权而向人民法院提起诉讼时,应当向受理法院提供人民法院依法作出的宣告破产裁定书或者能够证明付款人或者承兑人破产的其他证据。

第十二条 在票据诉讼中,负有举证责任的票据当事人应当在一审人民法院法庭辩论结束以前提供证据。因客观原因不能在上述举证期限以内提供的,应当在举证期限届满以前向人民法院申请延期。延长的期限由人民法院根据案件的具体情况决定。

票据当事人在一审人民法院审理期间隐匿票据、故意有证不举,应当承担相应的诉讼后果。

四、票据权利及抗辩

第十三条 票据法第十七条第一款第(一)、(二)项规定的持票人对票据的出票人和承兑人的权利,包括付款请求权和追索权。

第十四条 票据债务人以票据法第十条、第二十一条的规定为由,对业经背书转让票据的持票人进行抗辩的,人民法院不予支持。

第十五条 票据债务人依照票据法第十二条、第十三条的规定,对持票人提出下列抗辩的,人民法院应予支持:

(一)与票据债务人有直接债权债务关系并且不履行约定义务的;

(二)以欺诈、偷盗或者胁迫等非法手段取得票据,或者明知有前列情形,出于恶意取得票据的;

(三)明知票据债务人与出票人或者与持票人的前手之间存在抗辩事由而取得票据的;

(四)因重大过失取得票据的;

(五)其他依法不得享有票据权利的。

第十六条 票据债务人依照票据法第九条、第十七条、第十八条、第二十二条和第三十一条的规定,对持票人提出下列抗辩的,人民法院应予支持:

(一)欠缺法定必要记载事项或者不符合法定格式的;

(二)超过票据权利时效的;

(三)人民法院作出的除权判决已经发生法律效力的;

(四)以背书方式取得但背书不连续的;

(五)其他依法不得享有票据权利的。

第十七条 票据出票人或者背书人被宣告破产的,而付款人或者承兑人不知其事实而付款或者承兑,因此所产生的追索权可以登记为破产债权,付款人或者承兑人为债权人。

第十八条 票据法第十七条第一款第(三)、(四)项规定的持票人对前手的追索权,不包括对票据出票人的追索权。

第十九条 票据法第四十条第二款和第六十五条规定的持票人丧失对其前手的追索权,不包括对票据出票人的追索权。

第二十条 票据法第十七条规定的票据权利时效发生中断的,只对发生时效中断事由的当事人有效。

第二十一条　票据法第六十六条第一款规定的书面通知是否逾期，以持票人或者其前手发出书面通知之日为准；以信函通知的，以信函投寄邮戳记载之日为准。

第二十二条　票据法第七十条、第七十一条所称中国人民银行规定的利率，是指中国人民银行规定的企业同期流动资金贷款利率。

第二十三条　代理付款人在人民法院公示催告公告发布以前按照规定程序善意付款后，承兑人或者付款人以已经公示催告为由拒付代理付款人已经垫付的款项的，人民法院不予支持。

五、失票救济

第二十四条　票据丧失后，失票人直接向人民法院申请公示催告或者提起诉讼的，人民法院应当依法受理。

第二十五条　出票人已经签章的授权补记的支票丧失后，失票人依法向人民法院申请公示催告的，人民法院应当依法受理。

第二十六条　票据法第十五条第三款规定的可以申请公示催告的失票人，是指按照规定可以背书转让的票据在丧失票据占有以前的最后合法持票人。

第二十七条　出票人已经签章但未记载代理付款人的银行汇票丧失后，失票人依法向付款人即出票银行所在地人民法院申请公示催告的，人民法院应当依法受理。

第二十八条　超过付款提示期限的票据丧失以后，失票人申请公示催告的，人民法院应当依法受理。

第二十九条　失票人通知票据付款人挂失止付后三日内向人民法院申请公示催告的，公示催告申请书应当载明下列内容：

（一）票面金额；

（二）出票人、持票人、背书人；

（三）申请的理由、事实；

（四）通知票据付款人或者代理付款人挂失止付的时间；

（五）付款人或者代理付款人的名称、通信地址、电话号码等。

第三十条　人民法院决定受理公示催告申请，应当同时通知付款人及代理付款人停止支付，并自立案之日起三日内发出公告。

第三十一条　付款人或者代理付款人收到人民法院发出的止付通知，应当立即停止支付，直至公示催告程序终结。非经发出止付通知的人民法院许可擅自解付的，不得免除票据责任。

第三十二条　人民法院决定受理公示催告申请后发布的公告应当在全国性的报刊上登载。

第三十三条 依照《中华人民共和国民事诉讼法》(以下简称民事诉讼法)第一百九十四条的规定,公示催告的期间,国内票据自公告发布之日起六十日,涉外票据可根据具体情况适当延长,但最长不得超过九十日。

第三十四条 依照民事诉讼法第一百九十五条第二款的规定,在公示催告期间,以公示催告的票据质押、贴现,因质押、贴现而接受该票据的持票人主张票据权利的,人民法院不予支持,但公示催告期间届满以后人民法院作出除权判决以前取得该票据的除外。

第三十五条 票据丧失后,失票人在票据权利时效届满以前请求出票人补发票据,或者请求债务人付款,在提供相应担保的情况下因债务人拒绝付款或者出票人拒绝补发票据提起诉讼的,由被告住所地或者票据支付地人民法院管辖。

第三十六条 失票人因请求出票人补发票据或者请求债务人付款遭到拒绝而向人民法院提起诉讼的,被告为与失票人具有票据债权债务关系的出票人、拒绝付款的票据付款人或者承兑人。

第三十七条 失票人为行使票据所有权,向非法持有票据人请求返还票据的,人民法院应当依法受理。

第三十八条 失票人向人民法院提起诉讼的,除向人民法院说明曾经持有票据及丧失票据的情形外,还应当提供担保。担保的数额相当于票据载明的金额。

第三十九条 对于伪报票据丧失的当事人,人民法院在查明事实,裁定终结公示催告或者诉讼程序后,可以参照民事诉讼法第一百零二条的规定,追究伪报人的法律责任。

六、票据效力

第四十条 依照票据法第一百零九条以及经国务院批准的《票据管理实施办法》的规定,票据当事人使用的不是中国人民银行规定的统一格式票据的,按照《票据管理实施办法》的规定认定,但在中国境外签发的票据除外。

第四十一条 票据出票人在票据上的签章上不符合票据法以及下述规定的,该签章不具有票据法上的效力:

(一) 商业汇票上的出票人的签章,为该法人或者该单位的财务专用章或者公章加其法定代表人、单位负责人或者其授权的代理人的签名或者盖章;

(二) 银行汇票上的出票人的签章和银行承兑汇票的承兑人的签章,为该银行汇票专用章加其法定代表人或者其授权的代理人的签名或者盖章;

(三) 银行本票上的出票人的签章,为该银行的本票专用章加其法定代表人或者其授权的代理人的签名或者盖章;

(四) 支票上的出票人的签章,出票人为单位的,为与该单位在银行预留签章一致的财务专用章或者公章加其法定代表人或者其授权的代理人的签名或者盖章;出票人为个人的,为与该个人在银行预留签章一致的签名或者盖章。

第四十二条 银行汇票、银行本票的出票人以及银行承兑汇票的承兑人在票据上未加盖规定的专用章而加盖该银行的公章,支票的出票人在票据上未加盖与该单位在银行预留签章一致的财务专用章而加盖该出票人公章的,签章人应当承担票据责任。

第四十三条 依照票据法第九条以及《票据管理实施办法》的规定,票据金额的中文大写与数码不一致,或者票据载明的金额、出票日期或者签发日期、收款人名称更改,或者违反规定加盖银行部门印章代替专用章,付款人或者代理付款人对此类票据付款的,应当承担责任。

第四十四条 因更改银行汇票的实际结算金额引起纠纷而提起诉讼,当事人请求认定汇票效力的,人民法院应当认定该银行汇票无效。

第四十五条 空白授权票据的持票人行使票据权利时未对票据必须记载事项补充完全,因付款人或者代理付款人拒绝接收该票据而提起诉讼的,人民法院不予支持。

第四十六条 票据的背书人、承兑人、保证人在票据上的签章不符合票据法以及《票据管理实施办法》规定的,或者无民事行为能力人、限制民事行为能力人在票据上签章的,其签章无效,但不影响人民法院对票据上其他签章效力的认定。

七、票据背书

第四十七条 因票据质权人以质押票据再行背书质押或者背书转让引起纠纷而提起诉讼的,人民法院应当认定背书行为无效。

第四十八条 依照票据法第二十七条的规定,票据的出票人在票据上记载“不得转让”字样,票据持有人背书转让的,背书行为无效。背书转让后的受让人不得享有票据权利,票据的出票人、承兑人对受让人不承担票据责任。

第四十九条 依照票据法第二十七条和第三十条的规定,背书人未记载被背书人名称即将票据交付他人的,持票人在票据被背书人栏内记载自己的名称与背书人记载具有同等法律效力。

第五十条 依照票据法第三十一条的规定,连续背书的第一背书人应当是在票据上记载的收款人,最后的票据持有人应当是最后一次背书的被背书人。

第五十一条 依照票据法第三十四条和第三十五条的规定,背书人在票据上记载“不得转让”“委托收款”“质押”字样,其后手再背书转让、委托收款或者质押的,原背书人对后手的被背书人不承担票据责任,但不影响出票人、承兑人以及原背书人之前手的票据责任。

第五十二条 依照票据法第五十七条第二款的规定,贷款人恶意或者有重大过失从事票据质押贷款的,人民法院应当认定质押行为无效。

第五十三条 依照票据法第二十七条的规定,出票人在票据上记载"不得转让"字样,其后手以此票据进行贴现、质押的,通过贴现、质押取得票据的持票人主张票据权利的,人民法院不予支持。

第五十四条 依照票据法第三十四条和第三十五条的规定,背书人在票据上记载"不得转让"字样,其后手以此票据进行贴现、质押的,原背书人对后手的被背书人不承担票据责任。

第五十五条 依照票据法第三十五条第二款的规定,以汇票设定质押时,出质人在汇票上只记载了"质押"字样未在票据上签章的,或者出质人未在汇票、粘单上记载"质押"字样而另行签订质押合同、质押条款的,不构成票据质押。

第五十六条 商业汇票的持票人向其非开户银行申请贴现,与向自己开立存款账户的银行申请贴现具有同等法律效力。但是,持票人有恶意或者与贴现银行恶意串通的除外。

第五十七条 违反规定区域出票,背书转让银行汇票,或者违反票据管理规定跨越票据交换区域出票、背书转让银行本票、支票的,不影响出票人、背书人依法应当承担的票据责任。

第五十八条 依照票据法第三十六条的规定,票据被拒绝承兑、被拒绝付款或者超过提示付款期限,票据持有人背书转让的,背书人应当承担票据责任。

第五十九条 承兑人或者付款人依照票据法第五十三条第二款的规定对逾期提示付款的持票人付款与按照规定的期限付款具有同等法律效力。

八、票据保证

第六十条 国家机关、以公益为目的的事业单位、社会团体、企业法人的分支机构和职能部门作为票据保证人的,票据保证无效,但经国务院批准为使用外国政府或者国际经济组织贷款进行转贷,国家机关提供票据保证的,以及企业法人的分支机构在法人书面授权范围内提供票据保证的除外。

第六十一条 票据保证无效的,票据的保证人应当承担与其过错相应的民事责任。

第六十二条 保证人未在票据或者粘单上记载"保证"字样而另行签订保证合同或者保证条款的,不属于票据保证,人民法院应当适用《中华人民共和国担保法》的有关规定。

九、法律适用

第六十三条 人民法院审理票据纠纷案件,适用票据法的规定;票据法没有规定的,适用《中华人民共和国民法通则》《中华人民共和国合同法》《中华人民共和国担保法》等民商事法律以及国务院制定的行政法规。

中国人民银行制定并公布施行的有关行政规章与法律、行政法规不抵触的,可以参照适用。

第六十四条 票据当事人因对金融行政管理部门的具体行政行为不服提起诉讼的,适用《中华人民共和国行政处罚法》、票据法以及《票据管理实施办法》等有关票据管理的规定。

中国人民银行制定并公布施行的有关行政规章与法律、行政法规不抵触的,可以参照适用。

第六十五条 人民法院对票据法施行以前已经作出终审裁决的票据纠纷案件进行再审,不适用票据法。

十、法律责任

第六十六条 具有下列情形之一的票据,未经背书转让的,票据债务人不承担票据责任;已经背书转让的,票据无效不影响其他真实签章的效力:

(一) 出票人签章不真实的;

(二) 出票人为无民事行为能力人的;

(三) 出票人为限制民事行为能力人的。

第六十七条 依照票据法第十四条、第一百零三条、第一百零四条的规定,伪造、变造票据者除应当依法承担刑事、行政责任外,给他人造成损失的,还应当承担民事赔偿责任。被伪造签章者不承担票据责任。

第六十八条 对票据未记载事项或者未完全记载事项作补充记载,补充事项超出授权范围的,出票人对补充后的票据应当承担票据责任。给他人造成损失的,出票人还应当承担相应的民事责任。

第六十九条 付款人或者代理付款人未能识别出伪造、变造的票据或者身份证件而错误付款,属于票据法第五十七条规定的“重大过失”,给持票人造成损失的,应当依法承担民事责任。付款人或者代理付款人承担责任后有权向伪造者、变造者依法追偿。

持票人有过错的,也应当承担相应的民事责任。

第七十条 付款人及其代理付款人有下列情形之一的,应当自行承担责任:

(一) 未依照票据法第五十七条的规定对提示付款人的合法身份证明或者有效证件以及汇票背书的连续性履行审查义务而错误付款的;

(二) 公示催告期间对公示催告的票据付款的;

(三) 收到人民法院的止付通知后付款的;

(四) 其他以恶意或者重大过失付款的。

第七十一条 票据法第六十三条所称“其他有关证明”是指:

(一)人民法院出具的宣告承兑人、付款人失踪或者死亡的证明、法律文书;

(二)公安机关出具的承兑人、付款人逃匿或者下落不明的证明;

(三)医院或者有关单位出具的承兑人、付款人死亡的证明;

(四)公证机构出具的具有拒绝证明效力的文书。

第七十二条 当事人因申请票据保全错误而给他人造成损失的,应当依法承担民事责任。

第七十三条 因出票人签发空头支票、与其预留本名的签名式样或者印鉴不符的支票给他人造成损失的,支票的出票人和背书人应当依法承担民事责任。

第七十四条 人民法院在审理票据纠纷案件时,发现与本案有牵连但不属同一法律关系的票据欺诈犯罪嫌疑线索的,应当及时将犯罪嫌疑线索提供给有关公安机关,但票据纠纷案件不应因此而中止审理。

第七十五条 依照票据法第一百零五条的规定,由于金融机构工作人员在票据业务中玩忽职守,对违反票据法规定的票据予以承兑、付款、贴现或者保证,给当事人造成损失的,由该金融机构与直接责任人员依法承担连带责任。

第七十六条 依照票据法第一百零七条的规定,由于出票人制作票据,或者其他票据债务人未按照法定条件在票据上签章,给他人造成损失的,除应当按照所记载事项承担票据责任外,还应当承担相应的民事责任。

持票人明知或者应当知道前款情形而接受的,可以适当减轻出票人或者票据债务人的责任。

附录三

支付结算办法

（中国人民银行1997年9月颁布，1997年12月1日施行）

第一章　总　　则

第一条　为了规范支付结算行为，保障支付结算活动中当事人的合法权益，加速资金周转和商品流通，促进社会主义市场经济的发展，依据《中华人民共和国票据法》（以下简称《票据法》）和《票据管理实施办法》以及有关法律、行政法规，制定本办法。

第二条　中华人民共和国境内人民币的支付结算适用本办法，但中国人民银行另有规定的除外。

第三条　本办法所称支付结算是指单位、个人在社会经济活动中使用票据、信用卡和汇兑、托收承付、委托收款等结算方式进行货币给付及其资金清算的行为。

第四条　支付结算工作的任务，是根据经济往来组织支付结算，准确、及时、安全办理支付结算，按照有关法律、行政法规和本办法的规定管理支付结算，保障支付结算活动的正常进行。

第五条　银行、城市信用合作社、农村信用合作社（以下简称银行）以及单位和个人（含个体工商户），办理支付结算必须遵守国家的法律、行政法规和本办法的各项规定，不得损害社会公共利益。

第六条　银行是支付结算和资金清算的中介机构。未经中国人民银行批准的非银行金融机构和其他单位不得作为中介机构经营支付结算业务。但法律、行政法规另有规定的除外。

第七条　单位、个人和银行应当按照《银行账户管理办法》的规定开立、使用账户。

第八条　在银行开立存款账户的单位和个人办理支付结算，账户内须有足够的资金保证支付，本办法另有规定的除外。没有开立存款账户的个人向银行交付款项后，也可以通过银行办理支付结算。

第九条　票据和结算凭证是办理支付结算的工具。单位、个人和银行办理支付结算，必须使用按中国人民银行统一规定印制的票据凭证和统一规定的结算凭证。

未使用按中国人民银行统一规定印制的票据,票据无效;未使用中国人民银行统一规定格式的结算凭证,银行不予受理。

第十条 单位、个人和银行签发票据、填写结算凭证,应按照本办法和附一《正确填写票据和结算凭证的基本规定》记载,单位和银行的名称应当记载全称或者规范化简称。

第十一条 票据和结算凭证上的签章,为签名、盖章或者签名加盖章。

单位、银行在票据上的签章和单位在结算凭证上的签章,为该单位、银行的盖章加其法定代表人或其授权的代理人的签名或盖章。

个人在票据和结算凭证上的签章,应为该个人本名的签名或盖章。

第十二条 票据和结算凭证的金额、出票或签发日期、收款人名称不得更改,更改的票据无效;更改的结算凭证,银行不予受理。

对票据和结算凭证上的其他记载事项,原记载人可以更改,更改时应当由原记载人在更改处签章证明。

第十三条 票据和结算凭证金额以中文大写和阿拉伯数码同时记载,二者必须一致,二者不一致的票据无效;二者不一致的结算凭证,银行不予受理。

少数民族地区和外国驻华使领馆根据实际需要,金额大写可以使用少数民族文字或者外国文字记载。

第十四条 票据和结算凭证上的签章和其他记载事项应当真实,不得伪造、变造。

票据上有伪造、变造的签章的,不影响票据上其他当事人真实签章的效力。

本条所称的伪造是指无权限人假冒他人或虚构人名义签章的行为。签章的变造属于伪造。

本条所称的变造是指无权更改票据内容的人,对票据上签章以外的记载事项加以改变的行为。

第十五条 办理支付结算需要交验的个人有效身份证件是指居民身份证、军官证、警官证、文职干部证、士兵证、户口簿、护照、港澳台同胞回乡证等符合法律、行政法规以及国家有关规定的身份证件。

第十六条 单位、个人和银行办理支付结算必须遵守下列原则:

一、恪守信用,履约付款;

二、谁的钱进谁的账,由谁支配;

三、银行不垫款。

第十七条 银行以善意且符合规定和正常操作程序审查,对伪造、变造的票据和结算凭证上的签章以及需要交验的个人有效身份证件,未发现异常而支付金额的,对出票人或付款人不再承担受委托付款的责任,对持票人或收款人不再承担付款的责任。

第十八条 依法背书转让的票据,任何单位和个人不得冻结票据款项。但是法律另有规定的除外。

第十九条 银行依法为单位、个人在银行开立的基本存款账户、一般存款账户、专用存款账户和临时存款账户的存款保密,维护其资金的自主支配权。对单位、个人在银行开立上述存款账户的存款,除国家法律、行政法规另有规定外,银行不得为任何单位或者个人查询;除国家法律另有规定外,银行不代任何单位或者个人冻结、扣款,不得停止单位、个人存款的正常支付。

第二十条 支付结算实行集中统一和分级管理相结合的管理体制。

中国人民银行总行负责制定统一的支付结算制度,组织、协调、管理、监督全国的支付结算工作,调解、处理银行之间的支付结算纠纷。

中国人民银行省、自治区、直辖市分行根据统一的支付结算制度制定实施细则,报总行备案;根据需要可以制定单项支付结算办法,报经中国人民银行总行批准后执行。中国人民银行分、支行负责组织、协调、管理、监督本辖区的支付结算工作,调解、处理本辖区银行之间的支付结算纠纷。

政策性银行、商业银行总行可以根据统一的支付结算制度,结合本行情况,制定具体管理实施办法,报经中国人民银行总行批准后执行。政策性银行、商业银行负责组织、管理、协调本行内的支付结算工作,调解、处理本行内分支机构之间的支付结算纠纷。

第二章 票 据

第一节 基本规定

第二十一条 本办法所称票据,是指银行汇票、商业汇票、银行本票和支票。

第二十二条 票据的签发、取得和转让,必须具有真实的交易关系和债权债务关系。

票据的取得,必须给付对价。但因税收、继承、赠与可以依法无偿取得票据的,不受给付对价的限制。

第二十三条 银行汇票的出票人在票据上的签章,应为经中国人民银行批准使用的该银行汇票专用章加其法定代表人或其授权经办人的签名或者盖章。银行承兑商业汇票、办理商业汇票转贴现、再贴现时的签章,应为经中国人民银行批准使用的该银行汇票专用章加其法定代表人或其授权经办人的签名或者盖章。银行本票的出票人在票据上的签章,应为经中国人民银行批准使用的该银行本票专用章加其法定代表人或其授权经办人的签名或者盖章。

单位在票据上的签章,应为该单位的财务专用章或者公章加其法定代表人或其授权的代理人的签名或者盖章。个人在票据上的签章,应为该个人的签名或者盖章。

支票的出票人和商业承兑汇票的承兑人在票据上的签章,应为其预留银行的签章。

第二十四条 出票人在票据上的签章不符合《票据法》《票据管理实施办法》和本办法规定的,票据无效;承兑人、保证人在票据上的签章不符合《票据法》《票据管理实施办法》和本办法规定的,其签章无效,但不影响其他符合规定签章的效力;背书人在票据上的签章不符合《票据法》《票据管理实施办法》和本办法规定的,其签章无效,但不影响其前手符合规定签章的效力。

第二十五条 出票人在票据上的记载事项必须符合《票据法》《票据管理实施办法》和本办法的规定。票据上可以记载《票据法》和本办法规定事项以外的其他出票事项,但是该记载事项不具有票据上的效力,银行不负审查责任。

第二十六条 区域性银行汇票仅限于出票人向本区域内的收款人出票,银行本票和支票仅限于出票人向其票据交换区域内的收款人出票。

第二十七条 票据可以背书转让,但填明"现金"字样的银行汇票、银行本票和用于支取现金的支票不得背书转让。

区域性银行汇票仅限于在本区域内背书转让。银行本票、支票仅限于在其票据交换区域内背书转让。

第二十八条 区域性银行汇票和银行本票、支票出票人向规定区域以外的收款人出票的,背书人向规定区域以外的被背书人转让票据的,区域外的银行不予受理,但出票人、背书人仍应承担票据责任。

第二十九条 票据背书转让时,由背书人在票据背面签章、记载被背书人名称和背书日期。背书未记载日期的,视为在票据到期日前背书。

持票人委托银行收款或以票据质押的,除按上款规定记载背书外,还应在背书人栏记载"委托收款"或"质押"字样。

第三十条 票据出票人在票据正面记载"不得转让"字样的,票据不得转让;其直接后手再背书转让的,出票人对其直接后手的被背书人不承担保证责任,对被背书人提示付款或委托收款的票据,银行不予受理。

票据背书人在票据背面背书人栏记载"不得转让"字样的,其后手再背书转让的,记载"不得转让"字样的背书人对其后手的被背书人不承担保证责任。

第三十一条 票据被拒绝承兑、拒绝付款或者超过付款提示期限的,不得背书转让。背书转让的,背书人应当承担票据责任。

第三十二条 背书不得附有条件。背书附有条件的,所附条件不具有票据上的效力。

第三十三条 以背书转让的票据,背书应当连续。持票人以背书的连续,证明其票据权利。非经背书转让,而以其他合法方式取得票据的,依法举证,证明其票据权利。

背书连续,是指票据第一次背书转让的背书人是票据上记载的收款人,前次背书转让的被背书人是后一次背书转让的背书人,依次前后衔接,最后一次背书转让的被背书人是票据的最后持票人。

第三十四条 票据的背书人应当在票据背面的背书栏依次背书。背书栏不敷背书的,可以使用统一格式的粘单,粘附于票据凭证上规定的粘接处。粘单上的第一记载人,应当在票据和粘单的粘接处签章。

第三十五条 银行汇票、商业汇票和银行本票的债务可以依法由保证人承担保证责任。

保证人必须按照《票据法》的规定在票据上记载保证事项。保证人为出票人、承兑人保证的,应将保证事项记载在票据的正面;保证人为背书人保证的,应将保证事项记载在票据的背面或粘单上。

第三十六条 商业汇票的持票人超过规定期限提示付款的,丧失对其前手的追索权,持票人在作出说明后,仍可以向承兑人请求付款。

银行汇票、银行本票的持票人超过规定期限提示付款的,丧失对出票人以外的前手的追索权,持票人在作出说明后,仍可以向出票人请求付款。

支票的持票人超过规定的期限提示付款的,丧失对出票人以外的前手的追索权。

第三十七条 通过委托收款银行或者通过票据交换系统向付款人或代理付款人提示付款的,视同持票人提示付款;其提示付款日期以持票人向开户银行提交票据日为准。

付款人或代理付款人应于见票当日足额付款。

本条所称"代理付款人"是指根据付款人的委托,代理其支付票据金额的银行。

第三十八条 票据债务人对下列情况的持票人可以拒绝付款:

(一) 对不履行约定义务的与自己有直接债权债务关系的持票人;

(二) 以欺诈、偷盗或者胁迫等手段取得票据的持票人;

(三) 对明知有欺诈、偷盗或者胁迫等情形,出于恶意取得票据的持票人;

(四) 明知债务人与出票人或者持票人的前手之间存在抗辩事由而取得票据的持票人;

(五) 因重大过失取得不符合《票据法》规定的票据的持票人;

(六) 对取得背书不连续票据的持票人;

(七) 符合《票据法》规定的其他抗辩事由。

第三十九条 票据债务人对下列情况不得拒绝付款:

(一) 与出票人之间有抗辩事由;

(二) 与持票人的前手之间有抗辩事由。

第四十条 票据到期被拒绝付款或者在到期前被拒绝承兑,承兑人或付款人死亡、逃匿的,承兑人或付款人被依法宣告破产的或者因违法被责令终止业务活动的,持票人可以对背书人、出票人以及票据的其他债务人行使追索权。

持票人行使追索权,应当提供被拒绝承兑或者被拒绝付款的拒绝证明或者退票理由书以及其他有关证明。

第四十一条 本办法所称"拒绝证明"应当包括下列事项:

(一) 被拒绝承兑、付款的票据种类及其主要记载事项;

(二) 拒绝承兑、付款的事实依据和法律依据;

(三) 拒绝承兑、付款的时间;

(四) 拒绝承兑人、拒绝付款人的签章。

第四十二条 本办法所称退票理由书应当包括下列事项:

(一) 所退票据的种类;

(二) 退票的事实依据和法律依据;

(三) 退票时间;

(四) 退票人签章。

第四十三条 本办法所称的其他证明是指:

(一) 医院或者有关单位出具的承兑人、付款人死亡证明;

(二) 司法机关出具的承兑人、付款人逃匿的证明;

(三) 公证机关出具的具有拒绝证明效力的文书。

第四十四条 持票人应当自收到被拒绝承兑或者被拒绝付款的有关证明之日起3日内,将被拒绝事由书面通知其前手;其前手应当自收到通知之日起3日内书面通知其再前手。持票人也可以同时向各票据债务人发出书面通知。

未按照前款规定期限通知的,持票人仍可以行使追索权。

第四十五条 持票人可以不按照票据债务人的先后顺序,对其中任何一人、数人或者全体行使追索权。

持票人对票据债务人中的一人或者数人已经进行追索的,对其他票据债务人仍可以行使追索权。被追索人清偿债务后,与持票人享有同一权利。

第四十六条 持票人行使追索权,可以请求被追索人支付下列金额和费用:

(一) 被拒绝付款的票据金额;

(二) 票据金额自到期日或者提示付款日起至清偿日止按照中国人民银行规定的同档次流动资金贷款利率计算的利息。

(三) 取得有关拒绝证明和发出通知书的费用。

被追索人清偿债务时,持票人应当交出票据和有关拒绝证明,并出具所收到利息和费用的收据。

第四十七条 被追索人依照前条规定清偿后,可以向其他票据债务人行使再追索权,请求其他票据债务人支付下列金额和费用:

(一) 已清偿的全部金额;

(二) 前项金额自清偿日起至再追索清偿日止,按照中国人民银行规定的同档次流动资金贷款利率计算的利息;

(三) 发出通知书的费用。

行使再追索权的被追索人获得清偿时,应当交出票据和有关拒绝证明,并出具所收到利息和费用的收据。

第四十八条 已承兑的商业汇票、支票、填明“现金”字样和代理付款人的银行汇票以及填明“现金”字样的银行本票丧失,可以由失票人通知付款人或者代理付款人挂失止付。

未填明“现金”字样和代理付款人的银行汇票以及未填明“现金”字样的银行本票丧失,不得挂失止付。

第四十九条 允许挂失止付的票据丧失,失票人需要挂失止付的,应填写挂失止付通知书并签章。挂失止付通知书应当记载下列事项:

(一) 票据丧失的时间、地点、原因;

(二) 票据的种类、号码、金额、出票日期、付款日期、付款人名称、收款人名称;

(三) 挂失止付人的姓名、营业场所或者住所以及联系方法。

欠缺上述记载事项之一的,银行不予受理。

第五十条 付款人或者代理付款人收到挂失止付通知书后,查明挂失票据确未付款时,应立即暂停支付。付款人或者代理付款人自收到挂失止付通知书之日起 12 日内没有收到人民法院的止付通知书的,自第 13 日起,持票人提示付款并依法向持票人付款的,不再承担责任。

第五十一条 付款人或者代理付款人在收到挂失止付通知书之前,已经向持票人付款的,不再承担责任。但是,付款人或者代理付款人以恶意或者重大过失付款的除外。

第五十二条 银行汇票的付款地为代理付款人或出票人所在地,银行本票的付款地为出票人所在地,商业汇票的付款地为承兑人所在地,支票的付款地为付款人所在地。

第二节 银行汇票

第五十三条 银行汇票是出票银行签发的,由其在见票时按照实际结算金额无条件支付给收款人或者持票人的票据。

银行汇票的出票银行为银行汇票的付款人。

第五十四条 单位和个人各种款项结算,均可使用银行汇票。

银行汇票可以用于转账,填明“现金”字样的银行汇票也可以用于支取现金。

第五十五条 银行汇票的出票和付款,全国范围限于中国人民银行和各商业银行参加“全国联行往来”的银行机构办理。跨系统银行签发的转账银行汇票的付款,应通过同城票据交换将银行汇票和解讫通知提交给同城的有关银行审核支付后抵用。代理付款人不得受理未在本行开立存款账户的持票人为单位直接提交的银行汇票。省、自治区、直辖市内和跨省、市的经济区域内银行汇票的出票和付款,按照有关规定办理。

银行汇票的代理付款人是代理本系统出票银行或跨系统签约银行审核支付汇票款项的银行。

第五十六条 签发银行汇票必须记载下列事项:

(一) 表明“银行汇票”的字样;

(二) 无条件支付的承诺;

(三) 出票金额;

(四) 付款人名称;

(五) 收款人名称;

(六) 出票日期;

(七) 出票人签章。

欠缺记载上列事项之一的,银行汇票无效。

第五十七条 银行汇票的提示付款期限自出票日起1个月。

持票人超过付款期限提示付款的,代理付款人不予受理。

第五十八条 申请人使用银行汇票,应向出票银行填写“银行汇票申请书”,填明收款人名称、汇票金额、申请人名称、申请日期等事项并签章,签章为其预留银行的签章。

申请人和收款人均为个人,需要使用银行汇票向代理付款人支取现金的,申请人须在“银行汇票申请书”上填明代理付款人名称,在“汇票金额”栏先填写“现金”字样,后填写汇票金额。

申请人或者收款人为单位的,不得在“银行汇票申请书”上填明“现金”字样。

第五十九条 出票银行受理银行汇票申请书,收妥款项后签发银行汇票,并用压数机压印出票金额,将银行汇票和解讫通知一并交给申请人。

签发转账银行汇票,不得填写代理付款人名称,但由人民银行代理兑付银行汇票的商业银行,向设有分支机构地区签发转账银行汇票的除外。

签发现金银行汇票,申请人和收款人必须均为个人,收妥申请人交存的现金后,在银行汇票“出票金额”栏先填写“现金”字样,后填写出票金额,并填写代理付款人名称。申请人或者收款人为单位的,银行不得为其签发现金银行汇票。

第六十条 申请人应将银行汇票和解讫通知一并交付给汇票上记明的收款人。

收款人受理银行汇票时,应审查下列事项:

(一) 银行汇票和解讫通知是否齐全、汇票号码和记载的内容是否一致;

(二) 收款人是否确为本单位或本人;

(三) 银行汇票是否在提示付款期限内;

(四) 必须记载的事项是否齐全;

(五) 出票人签章是否符合规定,是否有压数机压印的出票金额,并与大写出票金额一致;

(六) 出票金额、出票日期、收款人名称是否更改,更改的其他记载事项是否由原记载人签章证明。

第六十一条 收款人受理申请人交付的银行汇票时,应在出票金额以内,根据实际需要的款项办理结算,并将实际结算金额和多余金额准确、清晰地填入银行汇票和解讫通知的有关栏内。未填明实际结算金额和多余金额或实际结算金额超过出票金额的,银行不予受理。

第六十二条 银行汇票的实际结算金额不得更改,更改实际结算金额的银行汇票无效。

第六十三条 收款人可以将银行汇票背书转让给被背书人。

银行汇票的背书转让以不超过出票金额的实际结算金额为准。未填写实际结算金额或实际结算金额超过出票金额的银行汇票不得背书转让。

第六十四条 被背书人受理银行汇票时,除按照第六十条的规定审查外,还应审查下列事项:

(一) 银行汇票是否记载实际结算金额,有无更改,其金额是否超过出票金额;

(二) 背书是否连续,背书人签章是否符合规定,背书使用粘单的是否按规定签章;

(三) 背书人为个人的身份证件。

第六十五条 持票人向银行提示付款时,必须同时提交银行汇票和解讫通知,缺少任何一联,银行不予受理。

第六十六条 在银行开立存款账户的持票人向开户银行提示付款时,应在汇票背面“持票人向银行提示付款签章”处签章,签章须与预留银行签章相同,并将银行汇票和解讫通知、进账单送交开户银行。银行审查无误后办理转账。

第六十七条 未在银行开立存款账户的个人持票人,可以向选择的任何一家银行机构提示付款。提示付款时,应在汇票背面“持票人向银行提示付款签章”处签章,并填明本人身份证件名称、号码及发证机关,由其本人向银行提交身份证件及其复印件。银行审核无误后,将其身份证件复印件留存备查,并以持票人的姓名开立应解汇款及临时存款账户,该账户只付不收,付完清户,不计付利息。

转账支付的,应由原持票人向银行填制支款凭证,并由本人交验其身份证件办理支付款项。该账户的款项只能转入单位或个体工商户的存款账户,严禁转入储蓄和信用卡账户。

支取现金的,银行汇票上必须有出票银行按规定填明的“现金”字样,才能办理。未填明“现金”字样,需要支取现金的,由银行按照国家现金管理规定审查支付。

持票人对填明“现金”字样的银行汇票,需要委托他人向银行提示付款的,应在银行汇票背面背书栏签章,记载“委托收款”字样、被委托人姓名和背书日期以及委托人身份证件名称、号码、发证机关。被委托人向银行提示付款时,也应在银行汇票背面“持票人向银行提示付款签章”处签章,记载证件名称、号码及发证机关,并同时向银行交验委托人和被委托人的身份证件和及其复印件。

第六十八条 银行汇票的实际结算金额低于出票金额的,其多余金额由出票银行退交申请人。

第六十九条 持票人超过期限向代理付款银行提示付款不获付款的,须在票据权利时效内向出票银行作出说明,并提供本人身份证件或单位证明,持银行汇票和解讫通知向出票银行请求付款。

第七十条 申请人因银行汇票超过付款提示期限或其他原因要求退款时,应将银行汇票和解讫通知同时提交到出票银行。申请人为单位的,应出具该单位的证明;申请人为个人的,应出具该本人的身份证件。对于代理付款银行查询的该张银行汇票,应在汇票提示付款期满后方能办理退款。出票银行对于转账银行汇票的退款,只能转入原申请人账户;对于符合规定填明“现金”字样银行汇票的退款,才能退付现金。

申请人缺少解讫通知要求退款的,出票银行应于银行汇票提示付款期满一个月后办理。

第七十一条 银行汇票丧失,失票人可以凭人民法院出具的其享有票据权利的证明,向出票银行请求付款或退款。

第三节 商 业 汇 票

第七十二条 商业汇票是出票人签发的,委托付款人在指定日期无条件支付确定的金额给收款人或者持票人的票据。

第七十三条 商业汇票分为商业承兑汇票和银行承兑汇票。

商业承兑汇票由银行以外的付款人承兑。

银行承兑汇票由银行承兑。

商业汇票的付款人为承兑人。

第七十四条 在银行开立存款账户的法人以及其他组织之间,必须具有真实的交易关系或债权债务关系,才能使用商业汇票。

第七十五条 商业承兑汇票的出票人,为在银行开立存款账户的法人以及其他组织,与付款人具有真实的委托付款关系,具有支付汇票金额的可靠资金来源。

第七十六条 银行承兑汇票的出票人必须具备下列条件:

(一) 在承兑银行开立存款账户的法人以及其他组织;

(二) 与承兑银行具有真实的委托付款关系;

(三) 资信状况良好,具有支付汇票金额的可靠资金来源。

第七十七条 出票人不得签发无对价的商业汇票用以骗取银行或者其他票据当事人的资金。

第七十八条 签发商业汇票必须记载下列事项:

(一) 表明“商业承兑汇票”或“银行承兑汇票”的字样;

(二) 无条件支付的委托;

(三) 确定的金额;

(四) 付款人名称;

(五) 收款人名称;

(六) 出票日期;

(七) 出票人签章。

欠缺记载上列事项之一的,商业汇票无效。

第七十九条 商业承兑汇票可以由付款人签发并承兑,也可以由收款人签发交由付款人承兑。

银行承兑汇票应由在承兑银行开立存款账户的存款人签发。

第八十条 商业汇票可以在出票时向付款人提示承兑后使用,也可以在出票后先使用再向付款人提示承兑。

定日付款或者出票后定期付款的商业汇票,持票人应当在汇票到期日前向付款人提示承兑。见票后定期付款的汇票,持票人应当自出票日起 1 个月内向付款人提示承兑。

汇票未按照规定期限提示承兑的,持票人丧失对其前手的追索权。

第八十一条 商业汇票的付款人接到出票人或持票人向其提示承兑的汇票

时,应当向出票人或持票人签发收到汇票的回单,记明汇票提示承兑日期并签章。付款人应当在自收到提示承兑的汇票之日起3日内承兑或者拒绝承兑。

付款人拒绝承兑的,必须出具拒绝承兑的证明。

第八十二条 商业汇票的承兑银行,必须具备下列条件:

(一) 与出票人具有真实的委托付款关系;

(二) 具有支付汇票金额的可靠资金;

(三) 内部管理完善,经其法人授权的银行审定。

第八十三条 银行承兑汇票的出票人或持票人向银行提示承兑时,银行的信贷部门负责按照有关规定和审批程序,对出票人的资格、资信、购销合同和汇票记载的内容进行认真审查,必要时可由出票人提供担保。符合规定和承兑条件的,与出票人签订承兑协议。

第八十四条 付款人承兑商业汇票,应当在汇票正面记载“承兑”字样和承兑日期并签章。

第八十五条 付款人承兑商业汇票,不得附有条件;承兑附有条件的,视为拒绝承兑。

第八十六条 银行承兑汇票的承兑银行,应按票面金额向出票人收取万分之五的手续费。

第八十七条 商业汇票的付款期限,最长不得超过6个月。

定日付款的汇票付款期限自出票日起计算,并在汇票上记载具体的到期日。

出票后定期付款的汇票付款期限自出票日起按月计算,并在汇票上记载。

见票后定期付款的汇票付款期限自承兑或拒绝承兑日起按月计算,并在汇票上记载。

第八十八条 商业汇票的提示付款期限,自汇票到期日起10日。

持票人应在提示付款期限内通过开户银行委托收款或直接向付款人提示付款。对异地委托收款的,持票人可匡算邮程,提前通过开户银行委托收款。持票人超过提示付款期限提示付款的,持票人开户银行不予受理。

第八十九条 商业承兑汇票的付款人开户银行收到通过委托收款寄来的商业承兑汇票,将商业承兑汇票留存,并及时通知付款人。

(一) 付款人收到开户银行的付款通知,应在当日通知银行付款。付款人在接到通知日的次日起3日内(遇法定休假日顺延,下同)未通知银行付款的,视同付款人承诺付款,银行应于付款人接到通知日的次日起第4日(法定休假日顺延,下同)上午开始营业时,将票款划给持票人。

付款人提前收到由其承兑的商业汇票,应通知银行于汇票到期日付款。付款人在接到通知日的次日起3日内未通知银行付款,付款人接到通知日的次日起第4日在汇票到期日之前的,银行应于汇票到期日将票款划给持票人。

（二）银行在办理划款时，付款人存款账户不足支付的，应填制付款人未付票款通知书，连同商业承兑汇票邮寄持票人开户银行转交持票人。

（三）付款人存在合法抗辩事由拒绝支付的，应自接到通知日的次日起3日内，作成拒绝付款证明送交开户银行，银行将拒绝付款证明和商业承兑汇票邮寄持票人开户银行转交持票人。

第九十条 银行承兑汇票的出票人应于汇票到期前将票款足额交存其开户银行。承兑银行应在汇票到期日或到期日后的见票当日支付票款。

承兑银行存在合法抗辩事由拒绝支付的，应自接到商业汇票的次日起3日内，作成拒绝付款证明，连同商业银行承兑汇票邮寄持票人开户银行转交持票人。

第九十一条 银行承兑汇票的出票人于汇票到期日未能足额交存票款时，承兑银行除凭票向持票人无条件付款外，对出票人尚未支付的汇票金额按照每天万分之五计收利息。

第九十二条 商业汇票的持票人向银行办理贴现必须具备下列条件：

（一）在银行开立存款账户的企业法人以及其他组织；

（二）与出票人或者直接前手之间具有真实的商品交易关系；

（三）提供与其直接前手之间的增值税发票和商品发运单据复印件。

第九十三条 符合条件的商业汇票的持票人可持未到期的商业汇票连同贴现凭证向银行申请贴现。贴现银行可持未到期的商业汇票向其他银行转贴现，也可向中国人民银行申请再贴现。贴现、转贴现、再贴现时，应作成转让背书，并提供贴现申请人与其直接前手之间的增值税发票和商品发运单据复印件。

第九十四条 贴现、转贴现和再贴现的期限从其贴现之日起至汇票到期日止。实付贴现金额按票面金额扣除贴现日至汇票到期前1日的利息计算。

承兑人在异地的，贴现、转贴现和再贴现的期限以及贴现利息的计算应另加3天的划款日期。

第九十五条 贴现、转贴现、再贴现到期，贴现、转贴现、再贴现银行应向付款人收取票款。不获付款的，贴现、转贴现、再贴现银行应向其前手追索票款。贴现、再贴现银行追索票款时可从申请人的存款账户收取票款。

第九十六条 存款人领购商业汇票，必须填写“票据和结算凭证领用单”并签章，签章应与预留银行的签章相符。存款账户结清时，必须将全部剩余空白商业汇票交回银行注销。

第四节 银行本票

第九十七条 银行本票是银行签发的，承诺自己在见票时无条件支付确定的金额给收款人或者持票人的票据。

第九十八条 单位和个人在同一票据交换区域需要支付各种款项,均可以使用银行本票。

银行本票可以用于转账,注明“现金”字样的银行本票可以用于支取现金。

第九十九条 银行本票分为不定额本票和定额本票两种。

第一百条 银行本票的出票人,为经中国人民银行当地分支行批准办理银行本票业务的银行机构。

第一百零一条 签发银行本票必须记载下列事项:

(一) 表明“银行本票”的字样;

(二) 无条件支付的承诺;

(三) 确定的金额;

(四) 收款人名称;

(五) 出票日期;

(六) 出票人签章。

欠缺记载上列事项之一的,银行本票无效。

第一百零二条 定额银行本票面额为1千元、5千元、1万元和5万元。

第一百零三条 银行本票的提示付款期限自出票日起最长不得超过2个月。

持票人超过付款期限提示付款的,代理付款人不予受理。

银行本票的代理付款人是代理出票银行审核支付银行本票款项的银行。

第一百零四条 申请人使用银行本票,应向银行填写“银行本票申请书”,填明收款人名称、申请人名称、支付金额、申请日期等事项并签章。申请人和收款人均为个人需要支取现金的,应在“支付金额”栏先填写“现金”字样,后填写支付金额。

申请人或收款人为单位的,不得申请签发现金银行本票。

第一百零五条 出票银行受理银行本票申请书,收妥款项签发银行本票。用于转账的,在银行本票上划去“现金”字样;申请人和收款人均为个人需要支取现金的,在银行本票上划去“转账”字样。不定额银行本票用压数机压印出票金额。出票银行在银行本票上签章后交给申请人。

申请人或收款人为单位的,银行不得为其签发现金银行本票。

第一百零六条 申请人应将银行本票交付给本票上记明的收款人。

收款人受理银行本票时,应审查下列事项:

(一) 收款人是否确为本单位或本人;

(二) 银行本票是否在提示付款期限内;

(三) 必须记载的事项是否齐全;

(四) 出票人签章是否符合规定,不定额银行本票是否有压数机压印的出票

金额,并与大写出票金额一致;

(五) 出票金额、出票日期、收款人名称是否更改,更改的其他记载事项是否由原记载人签章证明。

第一百零七条 收款人可以将银行本票背书转让给被背书人。

被背书人受理银行本票时,除按照第一百零六条的规定审查外,还应审查下列事项:

(一) 背书是否连续,背书人签章是否符合规定,背书使用粘单的是否按规定签章;

(二) 背书人为个人的身份证件。

第一百零八条 银行本票见票即付。跨系统银行本票的兑付,持票人开户银行可根据中国人民银行规定的金融机构同业往来利率向出票银行收取利息。

第一百零九条 在银行开立存款账户的持票人向开户银行提示付款时,应在银行本票背面"持票人向银行提示付款签章"处签章,签章须与预留银行签章相同,并将银行本票、进账单送交开户银行。银行审查无误后办理转账。

第一百一十条 未在银行开立存款账户的个人持票人,凭注明"现金"字样的银行本票向出票银行支取现金的,应在银行本票背面签章,记载本人身份证件名称、号码及发证机关,并交验本人身份证件及其复印件。

持票人对注明"现金"字样的银行本票需要委托他人向出票银行提示付款的,应在银行本票背面"持票人向银行提示付款签章"处签章,记载"委托收款"字样、被委托人姓名和背书日期以及委托人身份证件名称、号码、发证机关。被委托人向出票银行提示付款时,也应在银行本票背面"持票人向银行提示付款签章"处签章,记载证件名称、号码及发证机关,并同时交验委托人和被委托人的身份证件及其复印件。

第一百一十一条 持票人超过提示付款期限不获付款的,在票据权利时效内向出票银行作出说明,并提供本人身份证件或单位证明,可持银行本票向出票银行请求付款。

第一百一十二条 申请人因银行本票超过提示付款期限或其他原因要求退款时,应将银行本票提交到出票银行,申请人为单位的,应出具该单位的证明;申请人为个人的,应出具该本人的身份证件。出票银行对于在本行开立存款账户的申请人,只能将款项转入原申请人账户;对于现金银行本票和未在本行开立存款账户的申请人,才能退付现金。

第一百一十三条 银行本票丧失,失票人可以凭人民法院出具的其享有票据权利的证明,向出票银行请求付款或退款。

第五节 支 票

第一百一十四条 支票是出票人签发的,委托办理支票存款业务的银行在见票时无条件支付确定的金额给收款人或者持票人的票据。

第一百一十五条 支票上印有“现金”字样的为现金支票,现金支票只能用于支取现金。

支票上印有“转账”字样的为转账支票,转账支票只能用于转账。

支票上未印有“现金”或“转账”字样的为普通支票,普通支票可以用于支取现金,也可以用于转账。在普通支票左上角划两条平行线的,为划线支票,划线支票只能用于转账,不得支取现金。

第一百一十六条 单位和个人在同一票据交换区域的各种款项结算,均可以使用支票。

第一百一十七条 支票的出票人,为在经中国人民银行当地分支行批准办理支票业务的银行机构开立可以使用支票的存款账户的单位和个人。

第一百一十八条 签发支票必须记载下列事项:

(一) 表明“支票”的字样;

(二) 无条件支付的委托;

(三) 确定的金额;

(四) 付款人名称;

(五) 出票日期;

(六) 出票人签章;

欠缺记载上列事项之一的,支票无效。

支票的付款人为支票上记载的出票人开户银行。

第一百一十九条 支票的金额、收款人名称,可以由出票人授权补记。未补记前不得背书转让和提示付款。

第一百二十条 签发支票应使用炭素墨水或墨汁填写,中国人民银行另有规定的除外。

第一百二十一条 签发现金支票和用于支取现金的普通支票,必须符合国家现金管理的规定。

第一百二十二条 支票的出票人签发支票的金额不得超过付款时在付款人处实有的存款金额。禁止签发空头支票。

第一百二十三条 支票的出票人预留银行签章是银行审核支票付款的依据。银行也可以与出票人约定使用支付密码,作为银行审核支付支票金额的条件。

第一百二十四条 出票人不得签发与其预留银行签章不符的支票;使用支

付密码的,出票人不得签发支付密码错误的支票。

第一百二十五条 出票人签发空头支票、签章与预留银行签章不符的支票、使用支付密码地区,支付密码错误的支票,银行应予以退票,并按票面金额处以百分之五但不低于1千元的罚款;持票人有权要求出票人赔偿支票金额2%的赔偿金。对屡次签发的,银行应停止其签发支票。

第一百二十六条 支票的提示付款期限自出票日起10日,但中国人民银行另有规定的除外。超过提示付款期限提示付款的,持票人开户银行不予受理,付款人不予付款。

第一百二十七条 持票人可以委托开户银行收款或直接向付款人提款付款。用于支取现金的支票仅限于收款人向付款人提示付款。

持票人委托开户银行收款的支票,银行应通过票据交换系统收妥后入账。

持票人委托开户银行收款时,应作委托收款背书,在支票背面背书人签章栏签章、记载“委托收款”字样、背书日期,在被背书人栏记载开户银行名称,并将支票和填制的进账单送交开户银行。持票人持用于转账的支票向付款人提示付款时,应在支票背面背书人签章栏签章,并将支票和填制的进账单交送出票人开户银行。收款人持用于支取现金的支票向付款人提示付款时,应在支票背面“收款人签章”处签章,持票人为个人的,还需交验本人身份证件,并在支票背面注明证件名称、号码及发证机关。

第一百二十八条 出票人在付款人处的存款足以支付支票金额时,付款人应当在见票当日足额付款。

第一百二十九条 存款人领购支票,必须填写“票据和结算凭证领用单”并签章,签章应与预留银行的签章相符。存款账户结清时,必须将全部剩余空白支票交回银行注销。

第三章 信 用 卡

第一百三十条 信用卡是指商业银行向个人和单位发行的,凭以向特约单位购物、消费和向银行存取现金,且具有消费信用的特制载体卡片。

第一百三十一条 信用卡按使用对象分为单位卡和个人卡;按信誉等级分为金卡和普通卡。

第一百三十二条 商业银行(包括外资银行、合资银行)、非银行金融机构未经中国人民银行批准不得发行信用卡。

非金融机构、境外金融机构的驻华代表机构不得发行信用卡和代理收单结算业务。

第一百三十三条 申请发行信用卡的银行、非银行金融机构,必须具备下列

条件:

(一) 符合中国人民银行颁布的商业银行资产负债比例监控指标;

(二) 相应的管理机构;

(三) 合格的管理人员和技术人员;

(四) 健全的管理制度和安全制度;

(五) 必要的电信设备和营业场所;

(六) 中国人民银行规定的其他条件。

第一百三十四条 商业银行、非银行金融机构开办信用卡业务须报经中国人民银行总行批准;其所属分、支机构开办信用卡业务,须报经辖区内中国人民银行分、支行备案。

第一百三十五条 凡在中国境内金融机构开立基本存款账户的单位可申领单位卡。单位卡可申领若干张,持卡人资格由申领单位法定代表人或其委托的代理人书面指定和注销。

凡具有完全民事行为能力的公民可申领个人卡。个人卡的主卡持卡人可为其配偶及年满 18 周岁的亲属申领附属卡,申领的附属卡最多不得超过两张,也有权要求注销其附属卡。

第一百三十六条 单位或个人申领信用卡,应按规定填制申请表,连同有关资料一并送交发卡银行。符合条件并按银行要求交存一定金额的备用金后,银行为申领人开立信用卡存款账户,并发给信用卡。

第一百三十七条 单位卡账户的资金一律从其基本存款账户转账存入,不得交存现金,不得将销货收入的款项存入其账户。

个人卡账户的资金以其持有的现金存入或以其工资性款项及属于个人的劳务报酬收入转账存入。严禁将单位的款项存入个人卡账户。

第一百三十八条 发卡银行可根据申请人的资信程度,要求其提供担保。担保的方式可采用保证、抵押或质押。

第一百三十九条 信用卡备用金存款利息,按照中国人民银行规定的活期存款利率及计息办法计算。

第一百四十条 信用卡仅限于合法持卡人本人使用,持卡人不得出租或转借信用卡。

第一百四十一条 发卡银行应建立授权审批制度;信用卡结算超过规定限额的必须取得发卡银行的授权。

第一百四十二条 持卡人可持信用卡在特约单位购物、消费。单位卡不得用于 10 万元以上的商品交易、劳务供应款项的结算。

第一百四十三条 持卡人凭卡购物、消费时,需将信用卡和身份证件一并交特约单位。智能卡(下称 IC 卡)、照片卡可免验身份证件。

特约单位不得拒绝受理持卡人合法持有的、签约银行发行的有效信用卡,不得因持卡人使用信用卡而向其收取附加费用。

第一百四十四条 特约单位受理信用卡时,应审查下列事项:

(一) 确为本单位可受理的信用卡;

(二) 信用卡在有效期内,未列入“止付名单”;

(三) 签名条上没有“样卡”或“专用卡”等非正常签名的字样;

(四) 信用卡无打孔、剪角、毁坏或涂改的痕迹;

(五) 持卡人身份证件或卡片上的照片与持卡人相符,但使用IC卡、照片卡或持卡人凭密码在销售点终端上消费、购物,可免验身份证件(下同);

(六) 卡片正面的拼音姓名与卡片背面的签名和身份证件上的姓名一致。

第一百四十五条 特约单位受理信用卡审查无误的,在签购单上压卡,填写实际结算金额、用途、持卡人身份证件号码、特约单位名称和编号。如超过支付限额的,应向发卡银行索权并填写授权号码,交持卡人签名确认,同时核对其签名与卡片背面签名是否一致。无误后,对同意按经办人填写的金额和用途付款的,由持卡人在签购单上签名确认,并将信用卡、身份证件和第一联签购单交还给持卡人。

审查发现问题的,应及时与签约银行联系,征求处理意见。对止付的信用卡,应收回并交还发卡银行。

第一百四十六条 特约单位不得通过压卡、签单和退货等方式支付持卡人现金。

第一百四十七条 特约单位在每日营业终了,应将当日受理的信用卡签购单汇总,计算手续费和净计金额,并填写汇(总)计单和进账单,连同签购单一并送交收单银行办理进账。

第一百四十八条 收单银行接到特约单位送交的各种单据,经审查无误后,为特约单位办理进账。

第一百四十九条 持卡人要求退货的,特约单位应使用退货单办理压(刷)卡,并将退货单金额从当日签购单累计金额中抵减,退货单随签购单一并送交收单银行。

第一百五十条 单位卡一律不得支取现金。

第一百五十一条 个人卡持卡人在银行支取现金时,应将信用卡和身份证件一并交发卡银行或代理银行。IC卡、照片卡以及凭密码在POS上支取现金的可免验身份证件。

发卡银行或代理银行压(刷)卡后,填写取现单,经审查无误,交持卡人签名确认。超过支付限额的,代理银行应向发卡银行索权,并在取现单上填写授权号码。办理付款手续后,将现金、信用卡、身份证件和取现单回单联交给持卡人。

第一百五十二条 发卡银行收到代理银行通过同城票据交换或本系统联行划转的各种单据审核无误后办理付款。

第一百五十三条 信用卡透支额,金卡最高不得超过1万元,普通卡最高不得超过5千元。

信用卡透支期限最长为60天。

第一百五十四条 信用卡透支利息,自签单日或银行记账日起15日内按日息万分之五计算,超过15日按日息万分之十计算,超过30日或透支金额超过规定限额的,按日息万分之十五计算。透支计息不分段,按最后期限或者最高透支额的最高利率档次计息。

第一百五十五条 持卡人使用信用卡不得发生恶意透支。

恶意透支是指持卡人超过规定限额或规定期限,并且经发卡银行催收无效的透支行为。

第一百五十六条 单位卡在使用过程中,需要向其账户续存资金的,一律从其基本存款账户转账存入。

个人卡在使用过程中,需要向其账户续存资金的,只限于其持有的现金存入和工资性款项以及属于个人的劳务报酬收入转账存入。

第一百五十七条 个人卡持卡人或其代理人交存现金,应在发卡银行或其代理银行办理。

持卡人凭信用卡在发卡银行或代理银行交存现金的,银行经审查并收妥现金后,在存款单上压卡,将存款单回单联及信用卡交给持卡人。

持卡人委托他人在不压卡的情况下代为办理交存现金的,代理人应在信用卡存款单上填写持卡人的卡号、姓名、存款金额等内容,并将现金送交银行办理交存手续。

第一百五十八条 发卡银行收到代理银行通过同城票据交换或本系统联行划转的各种单据审核无误后,为持卡人办理收款。

第一百五十九条 持卡人不需要继续使用信用卡的,应持信用卡主动到发卡银行办理销户。

销户时,单位卡账户余额转入其基本存款账户,不得提取现金;个人卡账户可以转账结清,也可以提取现金。

第一百六十条 持卡人还清透支本息后,属于下列情况之一的,可以办理销户:

(一) 信用卡有效期满45天后,持卡人不更换新卡的;

(二) 信用卡挂失满45天后,没有附属卡又不更换新卡的;

(三) 信用卡被列入止付名单,发卡银行已收回其信用卡45天的;

(四) 持卡人死亡,发卡银行已收回其信用卡45天的;

（五）持卡人要求销户或担保人撤销担保，并已交回全部信用卡45天的；

（六）信用卡账户两年（含）以上未发生交易的；

（七）持卡人违反其他规定，发卡银行认为应该取消资格的。

发卡银行办理销户，应当收回信用卡。有效信用卡无法收回的，应当将其止付。

第一百六十一条 信用卡丧失，持卡人应立即持本人身份证件或其他有效证明，并按规定提供有关情况，向发卡银行或代办银行申请挂失。发卡银行或代办银行审核后办理挂失手续。

第四章 结算方式

第一节 基本规定

第一百六十二条 本办法所称结算方式，是指汇兑、托收承付和委托收款。

第一百六十三条 单位在结算凭证上的签章，应为该单位的财务专用章或者公章加其法定代表人或者其授权的代理人的签名或者盖章。

第一百六十四条 银行办理结算，给单位或个人的收、付款通知和汇兑回单，应加盖该银行的转讫章；银行给单位或个人的托收承付、委托收款的回单和向付款人发出的承付通知，应加盖该银行的业务公章。

第一百六十五条 结算凭证上的记载事项，必须符合本办法的规定。结算凭证上可以记载本办法规定以外的其他记载事项，除国家和中国人民银行另有规定外，该记载事项不具有支付结算的效力。

第一百六十六条 按照本办法的规定必须在结算凭证上记载汇款人、付款人和收款人账号的，账号与户名必须一致。

第一百六十七条 银行办理结算向外发出的结算凭证，必须于当日至迟次日寄发；收到的结算凭证，必须及时将款项支付给结算凭证上记载的收款人。

第二节 汇 兑

第一百六十八条 汇兑是汇款人委托银行将其款项支付给收款人的结算方式。

第一百六十九条 单位和个人的各种款项的结算，均可使用汇兑结算方式。

第一百七十条 汇兑分为信汇、电汇两种，由汇款人选择使用。

第一百七十一条 签发汇兑凭证必须记载下列事项：

（一）表明“信汇”或“电汇”的字样；

（二）无条件支付的委托；

(三) 确定的金额;

(四) 收款人名称;

(五) 汇款人名称;

(六) 汇入地点、汇入行名称;

(七) 汇出地点、汇出行名称;

(八) 委托日期;

(九) 汇款人签章。

汇兑凭证上欠缺上列记载事项之一的,银行不予受理。

汇兑凭证记载的汇款人名称、收款人名称,其在银行开立存款账户的,必须记载其账号。欠缺记载的,银行不予受理。

委托日期是指汇款人向汇出银行提交汇兑凭证的当日。

第一百七十二条 汇兑凭证上记载收款人为个人的,收款人需要到汇入银行领取汇款,汇款人应在汇兑凭证上注明“留行待取”字样;留行待取的汇款,需要指定单位的收款人领取汇款的,应注明收款人的单位名称;信汇凭收款人签章支取的,应在信汇凭证上预留其签章。

汇款人确定不得转汇的,应在汇兑凭证备注栏注明“不得转汇”字样。

第一百七十三条 汇款人和收款人均为个人,需要在汇入银行支取现金的,应在信、电汇凭证的“汇款金额”大写栏,先填写“现金”字样,后填写汇款金额。

第一百七十四条 汇出银行受理汇款人签发的汇兑凭证,经审查无误后,应及时向汇入银行办理汇款,并向汇款人签发汇款回单。

汇款回单只能作为汇出银行受理汇款的依据,不能作为该笔汇款已转入收款人账户的证明。

第一百七十五条 汇入银行对开立存款账户的收款人,应将汇给其的款项直接转入收款人账户,并向其发出收账通知。

收账通知是银行将款项确已收入收款人账户的凭据。

第一百七十六条 未在银行开立存款账户的收款人,凭信、电汇的取款通知或“留行待取”的,向汇入银行支取款项,必须交验本人的身份证件,在信、电汇凭证上注明证件名称、号码及发证机关,并在“收款人签盖章”处签章;信汇凭签章支取的,收款人的签章必须与预留信汇凭证上的签章相符。银行审查无误后,以收款人的姓名开立应解汇款及临时存款账户,该账户只付不收,付完清户,不计付利息。

支取现金的,信、电汇凭证上必须有按规定填明的“现金”字样,才能办理。未填明“现金”字样,需要支取现金的,由汇入银行按照国家现金管理规定审查支付。

收款人需要委托他人向汇入银行支取款项的,应在取款通知上签章,注明本人身份证件名称、号码、发证机关和“代理”字样以及代理人姓名。代理人代理取款时，也应在取款通知上签章，注明其身份证件名称、号码及发证机关，并同时交验代理人和被代理人的身份证件。

转账支付的，应由原收款人向银行填制支款凭证，并由本人交验其身份证件办理支付款项。该账户的款项只能转入单位或个体工商户的存款账户，严禁转入储蓄和信用卡账户。

转汇的，应由原收款人向银行填制信、电汇凭证，并由本人交验其身份证件。转汇的收款人必须是原收款人。原汇入银行必须在信、电汇凭证上加盖“转汇”戳记。

第一百七十七条　汇款人对汇出银行尚未汇出的款项可以申请撤销。申请撤销时，应出具正式函件或本人身份证件及原信、电汇回单。汇出银行查明确未汇出款项的，收回原信、电汇回单，方可办理撤销。

第一百七十八条　汇款人对汇出银行已经汇出的款项可以申请退汇。对在汇入银行开立存款账户的收款人，由汇款人与收款人自行联系退汇；对未在汇入银行开立存款账户的收款人，汇款人应出具正式函件或本人身份证件以及原信、电汇回单，由汇出银行通知汇入银行，经汇入银行核实汇款确未支付，并将款项汇回汇出银行，方可办理退汇。

第一百七十九条　转汇银行不得受理汇款人或汇出银行对汇款的撤销或退汇。

第一百八十条　汇入银行对于收款人拒绝接受的汇款，应即办理退汇。汇入银行对于向收款人发出取款通知，经过 2 个月无法交付的汇款，应主动办理退汇。

第三节　托 收 承 付

第一百八十一条　托收承付是根据购销合同由收款人发货后委托银行向异地付款人收取款项，由付款人向银行承认付款的结算方式。

第一百八十二条　使用托收承付结算方式的收款单位和付款单位，必须是国有企业、供销合作社以及经营管理较好，并经开户银行审查同意的城乡集体所有制工业企业。

第一百八十三条　办理托收承付结算的款项，必须是商品交易，以及因商品交易而产生的劳务供应的款项。代销、寄销、赊销商品的款项，不得办理托收承付结算。

第一百八十四条　收付双方使用托收承付结算必须签有符合《经济合同法》的购销合同，并在合同上订明使用托收承付结算方式。

第一百八十五条　收付双方办理托收承付结算，必须重合同、守信用。收款人对同一付款人发货托收累计3次收不回货款的,收款人开户银行应暂停收款人向该付款人办理托收;付款人累计3次提出无理拒付的,付款人开户银行应暂停其向外办理托收。

第一百八十六条 收款人办理托收,必须具有商品确已发运的证件(包括铁路、航运、公路等运输部门签发的运单、运单副本和邮局包裹回执)。

没有发运证件,属于下列情况的,可凭其他有关证件办理托收:

(一) 内贸、外贸部门系统内商品调拨,自备运输工具发送或自提的;易燃、易爆、剧毒、腐蚀性强的商品,以及电、石油、天然气等必须使用专用工具或线路、管道运输的,可凭付款人确已收到商品的证明(粮食部门凭提货单及发货明细表)。

(二) 铁道部门的材料厂向铁道系统供应专用器材,可凭其签发注明车辆号码和发运日期的证明。

(三) 军队使用军列整车装运物资,可凭注明车辆号码、发运日期的单据;军用仓库对军内发货,可凭总后勤部签发的提货单副本,各大军区、省军区也可比照办理。

(四) 收款人承造或大修理船舶、锅炉和大型机器等,生产周期长,合同规定按工程进度分次结算的,可凭工程进度完工证明书。

(五) 付款人购进的商品,在收款人所在地转厂加工、配套的,可凭付款人和承担加工、配套单位的书面证明。

(六) 合同规定商品由收款人暂时代为保管的,可凭寄存证及付款人委托保管商品的证明。

(七) 使用"铁路集装箱"或将零担凑整车发运商品的,由于铁路只签发一张运单,可凭持有发运证件单位出具的证明。

(八) 外贸部门进口商品,可凭国外发来的账单、进口公司开出的结算账单。

第一百八十七条 托收承付结算每笔的金额起点为1万元。新华书店系统每笔的金额起点为1千元。

第一百八十八条 托收承付结算款项的划回方法,分邮寄和电报两种,由收款人选用。

第一百八十九条 签发托收承付凭证必须记载下列事项:

(一) 表明"托收承付"的字样;

(二) 确定的金额;

(三) 付款人名称及账号;

(四) 收款人名称及账号;

(五) 付款人开户银行名称;

(六) 收款人开户银行名称;

（七）托收附寄单证张数或册数；

（八）合同名称、号码；

（九）委托日期；

（十）收款人签章。

托收承付凭证上欠缺记载上列事项之一的，银行不予受理。

第一百九十条 托收。收款人按照签订的购销合同发货后，委托银行办理托收。

（一）收款人应将托收凭证并附发运证件或其他符合托收承付结算的有关证明和交易单证送交银行。收款人如需取回发运证件，银行应在托收凭证上加盖“已验发运证件”戳记。

对于军品托收，有驻厂军代表检验产品或有指定专人负责财务监督的，收款人还应当填制盖有驻厂军代表或指定人员印章（要在银行预留印模）的结算通知单，将交易单证和发运证件装入密封袋，并在密封袋上填明托收号码；同时，在托收凭证上填明结算通知单和密封袋的号码。然后，将托收凭证和结算通知单送交银行办理托收。

没有驻厂军代表使用代号明件办理托收的，不填结算通知单，但应在交易单证上填写保密代号，按照正常托收办法处理。

（二）收款人开户银行接到托收凭证及其附件后，应当按照托收的范围、条件和托收凭证记载的要求认真进行审查，必要时，还应查验收付款人签订的购销合同。凡不符合要求或违反购销合同发货的，不能办理。审查时间最长不得超过次日。

第一百九十一条 承付。付款人开户银行收到托收凭证及其附件后，应当及时通知付款人。通知的方法，可以根据具体情况与付款人签订协议，采取付款人来行自取、派人送达、对距离较远的付款人邮寄等。付款人应在承付期内审查核对，安排资金。

承付货款分为验单付款和验货付款两种，由收付双方商量选用，并在合同中明确规定。

（一）验单付款。验单付款的承付期为3天，从付款人开户银行发出承付通知的次日算起（承付期内遇法定休假日顺延）。

付款人在承付期内，未向银行表示拒绝付款，银行即视作承付，并在承付期满的次日（法定休假日顺延）上午银行开始营业时，将款项主动从付款人的账户内付出，按照收款人指定的划款方式，划给收款人。

（二）验货付款。验货付款的承付期为10天，从运输部门向付款人发出提货通知的次日算起。对收付双方在合同中明确规定，并在托收凭证上注明验货付款期限的，银行从其规定。

付款人收到提货通知后,应即向银行交验提货通知。付款人在银行发出承付通知的次日起10天内,未收到提货通知的,应在第10天将货物尚未到达的情况通知银行。在第10天付款人没有通知银行的,银行即视作已经验货,于10天期满的次日上午银行开始营业时,将款项划给收款人;在第10天付款人通知银行货物未到,而以后收到提货通知没有及时送交银行,银行仍按10天期满的次日作为划款日期,并按超过的天数,计扣逾期付款赔偿金。

采用验货付款的,收款人必须在托收凭证上加盖明显的"验货付款"字样戳记。托收凭证未注明验货付款,经付款人提出合同证明是验货付款的,银行可按验货付款处理。

(三)不论验单付款还是验货付款,付款人都可以在承付期内提前向银行表示承付,并通知银行提前付款,银行应立即办理划款;因商品的价格、数量或金额变动,付款人应多承付款项的,须在承付期内向银行提出书面通知,银行据以随同当次托收款项划给收款人。

付款人不得在承付货款中,扣抵其他款项或以前托收的货款。

第一百九十二条 逾期付款。付款人在承付期满日银行营业终了时,如无足够资金支付,其不足部分,即为逾期未付款项,按逾期付款处理。

(一)付款人开户银行对付款人逾期支付的款项,应当根据逾期付款金额和逾期天数,按每天万分之五计算逾期付款赔偿金。

逾期付款天数从承付期满日算起。承付期满日银行营业终了时,付款人如无足够资金支付,其不足部分,应当算作逾期1天,计算1天的赔偿金。在承付期满的次日(遇法定休假日,逾期付款赔偿金的天数计算相应顺延,但在以后遇法定休假日应当照算逾期天数)银行营业终了时,仍无足够资金支付,其不足部分,应当算作逾期2天,计算2天的赔偿金。余类推。

银行审查拒绝付款期间,不能算作付款人逾期付款,但对无理的拒绝付款,而增加银行审查时间的,应从承付期满日起计算逾期付款赔偿金。

(二)赔偿金实行定期扣付,每月计算一次,于次月3日内单独划给收款人。在月内有部分付款的,其赔偿金随同部分支付的款项划给收款人,对尚未支付的款项,月终再计算赔偿金,于次月3日内划给收款人;次月又有部分付款时,从当月1日起计算赔偿金,随同部分支付的款项划给收款人,对尚未支付的款项,从当月1日起至月终再计算赔偿金,于第3月3日内划给收款人。第3月仍有部分付款的,按照上述方法计扣赔偿金。

赔偿金的扣付列为企业销货收入扣款顺序的首位。付款人账户余额不足全额支付时,应排列在工资之前,并对该账户采取"只收不付"的控制办法,待一次足额扣付赔偿金后,才准予办理其他款项的支付。因此而产生的经济后果,由付款人自行负责。

(三) 付款人开户银行对付款人逾期未能付款的情况,应当及时通知收款人开户银行,由其转知收款人。

(四) 付款人开户银行要随时掌握付款人账户逾期未付的资金情况,俟账户有款时,必须将逾期未付款项和应付的赔偿金及时扣划给收款人,不得拖延扣划。在各单位的流动资金账户内扣付货款,要严格按照国务院关于国营企业销货收入扣款顺序的规定(即从企业销货收入中预留工资后,按照应缴纳税款、到期贷款、应偿付货款、应上缴利润的顺序)扣款;同类性质的款项按照应付时间的先后顺序扣款。

(五) 付款人开户银行对不执行合同规定、三次拖欠货款的付款人,应当通知收款人开户银行转知收款人,停止对该付款人办理托收。收款人不听劝告,继续对该付款人办理托收,付款人开户银行对发出通知的次日起 1 个月之后收到的托收凭证,可以拒绝受理,注明理由,原件退回。

(六) 付款人开户银行对逾期未付的托收凭证,负责进行扣款的期限为 3 个月(从承付期满日算起)。在此期限内,银行必须按照扣款顺序陆续扣款。期满时,付款人仍无足够资金支付该笔尚未付清的欠款,银行应于次日通知付款人将有关交易单证(单证已作账务处理或已部分支付的,可以填制应付款项证明单)在 2 日内退回银行。银行将有关结算凭证连同交易单证或应付款项证明单退回收款人开户银行转交收款人,并将应付的赔偿金划给收款人。

对付款人逾期不退回单证的,开户银行应当自发出通知的第 3 天起,按照该笔尚未付清欠款的金额,每天处以万分之五但不低于 50 元的罚款,并暂停付款人向外办理结算业务,直到退回单证时止。

第一百九十三条 拒绝付款。对下列情况,付款人在承付期内,可向银行提出全部或部分拒绝付款:

(一) 没有签订购销合同或购销合同未订明托收承付结算方式的款项。

(二) 未经双方事先达成协议,收款人提前交货或因逾期交货付款人不再需要该项货物的款项。

(三) 未按合同规定的到货地址发货的款项。

(四) 代销、寄销、赊销商品的款项。

(五) 验单付款,发现所列货物的品种、规格、数量、价格与合同规定不符,或货物已到,经查验货物与合同规定或发货清单不符的款项。

(六) 验货付款,经查验货物与合同规定或与发货清单不符的款项。

(七) 货款已经支付或计算有错误的款项。

不属于上述情况的,付款人不得向银行提出拒绝付款。

外贸部门托收进口商品的款项,在承付期内,订货部门除因商品的质量问题不能提出拒绝付款,应当另行向外贸部门提出索赔外,属于上述其他情况,可以向银行提出全部或部分拒绝付款。

付款人对以上情况提出拒绝付款时,必须填写“拒绝付款理由书”并签章,注明拒绝付款理由,涉及合同的应引证合同上的有关条款。属于商品质量问题,需要提出商品检验部门的检验证明;属于商品数量问题,需要提出数量问题的证明及其有关数量的记录;属于外贸部门进口商品,应当提出国家商品检验或运输等部门出具的证明。

开户银行必须认真审查拒绝付款理由,查验合同。对于付款人提出拒绝付款的手续不全、依据不足、理由不符合规定和不属于本条七种拒绝付款情况的,以及超过承付期拒付和应当部分拒付提为全部拒付的,银行均不得受理,应实行强制扣款。

对于军品的拒绝付款,银行不审查拒绝付款理由。

银行同意部分或全部拒绝付款的,应在拒绝付款理由书上签注意见。部分拒绝付款,除办理部分付款外,应将拒绝付款理由书连同拒付证明和拒付商品清单邮寄收款人开户银行转交收款人。全部拒绝付款,应将拒绝付款理由书连同拒付证明和有关单证邮寄收款人开户银行转交收款人。

第一百九十四条 重办托收。收款人对被无理拒绝付款的托收款项,在收到退回的结算凭证及其所附单证后,需要委托银行重办托收,应当填写四联“重办托收理由书”,将其中三联连同购销合同、有关证据和退回的原托收凭证及交易单证,一并送交银行。经开户银行审查,确属无理拒绝付款,可以重办托收。

第一百九十五条 收款人开户银行对逾期尚未划回,又未收到付款人开户银行寄来逾期付款通知或拒绝付款理由书的托收款项,应当及时发出查询。付款人开户银行要积极查明,及时答复。

第一百九十六条 付款人提出的拒绝付款,银行按照本办法规定审查无法判明是非的,应由收付双方自行协商处理,或向仲裁机关,人民法院申请调解或裁决。

第一百九十七条 未经开户银行批准使用托收承付结算方式的城乡集体所有制工业企业,收款人开户银行不得受理其办理托收;付款人开户银行对其承付的款项应按规定支付款项外,还要对该付款人按结算金额处以百分之五罚款。

第四节 委托收款

第一百九十八条 委托收款是收款人委托银行向付款人收取款项的结算方式。

第一百九十九条 单位和个人凭已承兑商业汇票、债券、存单等付款人债务证明办理款项的结算,均可以使用委托收款结算方式。

第二百条 委托收款在同城、异地均可以使用。

第二百零一条 委托收款结算款项的划回方式,分邮寄和电报两种,由收款人选用。

第二百零二条 签发委托收款凭证必须记载下列事项:

(一) 表明“委托收款”的字样;

(二) 确定的金额;

(三) 付款人名称;

(四) 收款人名称;

(五) 委托收款凭据名称及附寄单证张数;

(六) 委托日期;

(七) 收款人签章。

欠缺记载上列事项之一的,银行不予受理。

委托收款以银行以外的单位为付款人的,委托收款凭证必须记载付款人开户银行名称;以银行以外的单位或在银行开立存款账户的个人为收款人的,委托收款凭证必须记载收款人开户银行名称;未在银行开立存款账户的个人为收款人的,委托收款凭证必须记载被委托银行名称。欠缺记载的,银行不予受理。

第二百零三条 委托。收款人办理委托收款应向银行提交委托收款凭证和有关的债务证明。

第二百零四条 付款。银行接到寄来的委托收款凭证及债务证明,审查无误办理付款。

(一) 以银行为付款人的,银行应在当日将款项主动支付给收款人。

(二) 以单位为付款人的,银行应及时通知付款人,按照有关办法规定,需要将有关债务证明交给付款人的应交给付款人,并签收。

付款人应于接到通知的当日书面通知银行付款。

按照有关办法规定,付款人未在接到通知日的次日起 3 日内通知银行付款的,视同付款人同意付款,银行应于付款人接到通知日的次日起第 4 日上午开始营业时,将款项划给收款人。

付款人提前收到由其付款的债务证明,应通知银行于债务证明的到期日付款。付款人未于接到通知日的次日起 3 日内通知银行付款,付款人接到通知日的次日起第 4 日在债务证明到期日之前的,银行应于债务证明到期日将款项划给收款人。

银行在办理划款时,付款人存款账户不足支付的,应通过被委托银行向收款人发出未付款项通知书。按照有关办法规定,债务证明留存付款人开户银行的,应将其债务证明连同未付款项通知书邮寄被委托银行转交收款人。

第二百零五条 拒绝付款。付款人审查有关债务证明后,对收款人委托收取的款项需要拒绝付款的,可以办理拒绝付款。

(一) 以银行为付款人的,应自收到委托收款及债务证明的次日起3日内出具拒绝证明连同有关债务证明、凭证寄给被委托银行,转交收款人。

(二) 以单位为付款人的,应在付款人接到通知日的次日起3日内出具拒绝证明,持有债务证明的,应将其送交开户银行。银行将拒绝证明、债务证明和有关凭证一并寄给被委托银行,转交收款人。

第二百零六条 在同城范围内,收款人收取公用事业费或根据国务院的规定,可以使用同城特约委托收款。

收取公用事业费,必须具有收付双方事先签订的经济合同,由付款人向开户银行授权,并经开户银行同意,报经中国人民银行当地分支行批准。

第五章 结算纪律与责任

第二百零七条 单位和个人办理支付结算,不准签发没有资金保证的票据或远期支票,套取银行信用;不准签发、取得和转让没有真实交易和债权债务的票据;套取银行和他人资金;不准无理拒绝付款,任意占用他人资金;不准违反规定开立和使用账户。

第二百零八条 银行办理支付结算,不准以任何理由压票、任意退票、截留挪用客户和他行资金;不准无理拒绝支付应由银行支付的票据款项;不准受理无理拒付、不扣少扣滞纳金;不准违章签发、承兑、贴现票据,套取银行资金;不准签发空头银行汇票、银行本票和办理空头汇款;不准在支付结算制度之外规定附加条件,影响汇路畅通;不准违反规定为单位和个人开立账户;不准拒绝受理、代理他行正常结算业务;不准放弃对企事业单位和个人违反结算纪律的制裁;不准逃避向人民银行转汇大额汇划款项。

第二百零九条 单位、个人和银行按照法定条件在票据上签章的,必须按照所记载的事项承担票据责任。

第二百一十条 单位签发商业汇票后,必须承担保证该汇票承兑和付款的责任。

单位和个人签发支票后,必须承担保证该支票付款的责任。

银行签发银行汇票、银行本票后,即承担该票据付款的责任。

第二百一十一条 商业汇票的背书人背书转让票据后,即承担保证其后手所持票据承兑和付款责任。

银行汇票、银行本票或支票的背书人背书转让票据后,即承担保证其后手所持票据付款的责任。

单位或银行承兑商业汇票后,必须承担该票据付款的责任。

第二百一十二条 票据的保证人应当与被保证人对持票人承担连带责任。

第二百一十三条 变造票据除签章以外的记载事项的,在变造之前签章的人,对原记载事项负责、在变造之后签章的人,对变造之后的记载事项负责;不能辨别在票据被变造之前或者之后签章的,视同在变造之前签章。

第二百一十四条 持票人超过规定期限提示付款的,银行汇票、银行本票的出票人、商业汇票的承兑人,在持票人作出说明后,仍应当继续对持票人承担付款责任;支票的出票人对持票人的追索,仍应当承担清偿责任。

第二百一十五条 付款人及其代理付款人以恶意或者重大过失付款的,应当自行承担责任。

第二百一十六条 商业汇票的付款人在到期前付款的,由付款人自行承担所产生的责任。

第二百一十七条 承兑人或者付款人拒绝承兑或拒绝付款,未按规定出具拒绝证明、或者出具退票理由书的,应当承担由此产生的民事责任。

第二百一十八条 持票人不能出示拒绝证明、退票理由书或者未按规定期限提供其他合法证明丧失对其前手追索权的,承兑人或者付款人应对持票人承担责任。

第二百一十九条 持票人因不获承兑或不获付款,对其前手行使追索权时,票据的出票人、背书人和保证人对持票人承担连带责任。

第二百二十条 持票人行使追索权时,持票人及其前手未按《票据法》规定期限将被拒绝事由书面通知其前手的,因延期通知给其前手或者出票人造成损失的,由没有按照规定期限通知的票据当事人,在票据金额内承担对该损失的赔偿责任。

第二百二十一条 票据债务人在持票人不获付款或不获承兑时,应向持票人清偿《票据法》规定的金额和费用。

第二百二十二条 单位和个人签发空头支票、签章与预留银行签章不符或者支付密码错误的支票,应按照《票据管理实施办法》和本办法的规定承担行政责任。

第二百二十三条 单位为票据的付款人,对见票即付或者到期的票据,故意压票、拖延支付的,应按照《票据管理实施办法》的规定承担行政责任。

第二百二十四条 持卡人必须妥善保管和正确使用其信用卡,否则,应按规定承担因此造成的资金损失。

第二百二十五条 持卡人使用单位卡发生透支的,由其单位承担透支金额的偿还和支付透支利息的责任。持卡人使用个人卡附属卡发生透支的,由其主卡持卡人承担透支金额的偿还和支付透支利息的责任;主卡持卡人丧失偿还能力的,由其附属卡持卡人承担透支金额的偿还和支付透支利息的责任。

第二百二十六条 持卡人办理挂失后,被冒用造成的损失,有关责任人按照信用卡章程的规定承担责任。

第二百二十七条 持卡人违反本办法规定使用信用卡进行商品交易、套取现金以及出租或转借信用卡的,应按规定承担行政责任。

第二百二十八条 单位卡持卡人违反本办法规定,将基本存款账户以外的存款和销货款收入的款项转入其信用卡账户的;个人卡持卡人违反本办法规定,将单位的款项转入其信用卡账户的,应按规定承担行政责任。

第二百二十九条 特约单位受理信用卡时,应当按照规定的操作程序办理,否则,由其承担因此造成的资金损失。

第二百三十条 发卡银行未按规定时间将止付名单发至特约单位的,应由其承担因此造成的资金损失。

第二百三十一条 银行违反本办法规定,未经批准发行信用卡的;帮助持卡人将其基本存款账户以外的存款或其他款项转入单位卡账户,将单位的款项转入个人卡账户的;违反规定帮助持卡人提取现金的,应按规定承担行政责任。

第二百三十二条 非金融机构、非银行金融机构、境外金融机构驻华代表机构违反规定,经营信用卡业务的,应按规定承担行政责任。

第二百三十三条 付款单位对收款单位托收的款项逾期付款,应按照规定承担赔偿责任;付款单位变更开户银行、账户名称和账号,未能及时通知收款单位,影响收取款项的,应由付款单位承担逾期付款赔偿责任;付款单位提出的无理拒绝付款,对收款单位重办的托收,应承担自第一次托收承付期满日起逾期付款赔偿责任。

第二百三十四条 单位和个人办理支付结算,未按照本办法的规定填写票据或结算凭证或者填写有误,影响资金使用或造成资金损失;票据或印章丢失,造成资金损失的,由其自行负责。

第二百三十五条 单位和个人违反本办法的规定,银行停止其使用有关支付结算工具,因此造成的后果,由单位和个人自行负责。

第二百三十六条 付款单位到期无款支付,逾期不退回托收承付有关单证的,应按规定承担行政责任。

第二百三十七条 城乡集体所有制工业企业未经银行批准,擅自办理托收承付结算的,应按规定承担行政责任。

第二百三十八条 单位和个人违反《银行账户管理办法》开立和使用账户的,应按规定承担行政责任。

第二百三十九条 对单位和个人承担行政责任的处罚,由中国人民银行委托商业银行执行。

第二百四十条 收款人或持票人委托的收款银行的责任,限于收到付款人支付的款项后按照票据和结算凭证上记载的事项将票据或结算凭证记载的金额转入收款人或持票人账户。

付款人委托的付款银行的责任,限于按照票据和结算凭证上记载事项从付款人账户支付金额。但托收承付结算中的付款人开户银行,应按照托收承付结算方式有关规定承担责任。

第二百四十一条 银行办理支付结算,因工作差错发生延误,影响客户和他行资金使用的,按中国人民银行规定的同档次流动资金贷款利率计付赔偿金。

第二百四十二条 银行违反规定故意压票、退票、拖延支付,受理无理拒付、擅自拒付退票、有款不扣以及不扣、少扣赔偿金,截留挪用结算资金,影响客户和他行资金使用的,要按规定承担赔偿责任。因重大过失错付或被冒领的,要负责资金赔偿。

第二百四十三条 银行违反本办法规定将支付结算的款项转入储蓄和信用卡账户的,应按规定承担行政责任。

第二百四十四条 银行违反规定签发空头银行汇票、银行本票和办理空头汇款的,应按照规定承担行政责任。

第二百四十五条 银行违反规定故意压票、退票、拖延支付,受理无理拒付、擅自拒付退票、有款不扣以及不扣、少扣赔偿金,截留、挪用结算资金的,应按规定承担行政责任。

第二百四十六条 银行未按规定通过人民银行办理大额转汇的,应按规定承担行政责任。

第二百四十七条 银行在结算制度之外规定附加条件,影响汇路畅通的,应按规定承担行政责任。

第二百四十八条 银行违反《银行账户管理办法》开立和管理账户的,应按规定承担行政责任。

第二百四十九条 违反国家法律、法规和未经中国人民银行批准,作为中介机构经营结算业务的;未经中国人民银行批准,开办银行汇票、银行本票、支票、信用卡业务的,应按规定承担行政责任。

第二百五十条 金融机构的工作人员在票据业务中玩忽职守,对违反规定的票据予以承兑、付款、保证或者贴现的,应按照《票据管理实施办法》的规定承担行政责任或刑事责任。

第二百五十一条 违反本办法规定擅自印制票据的,应按照《票据管理实施办法》的规定承担行政责任。

第二百五十二条 邮电部门在传递票据、结算凭证和拍发电报中,因工作差错而发生积压、丢失、错投、错拍、漏拍、重拍等,造成结算延误,影响单位、个人和银行资金使用或造成资金损失的,由邮电部门负责。

第二百五十三条 伪造、变造票据和结算凭证上的签章或其他记载事项的,应当承担民事责任或刑事责任。

第二百五十四条 有利用票据、信用卡、结算凭证欺诈的行为,构成犯罪的,应依法承担刑事责任。情节轻微,不构成犯罪的,应按照规定承担行政责任。

第六章 附 则

第二百五十五条 本办法规定的各项期限的计算,适用民法通则关于计算期间的规定。期限最后一日是法定休假日的,以休假日的次日为最后一日。

按月计算期限的,按到期月的对日计算;无对日的,月末日为到期日。

本办法所规定的各项期限,可以因不可抗力的原因而中止。不可抗力的原因消失时,期限可以顺延。

第二百五十六条 银行汇票、商业汇票由中国人民银行总行统一格式、联次、颜色、规格,并在中国人民银行总行批准的印制厂印制。由各家银行总行组织定货和管理。

银行本票、支票由中国人民银行总行统一格式、联次、颜色、规格,并在中国人民银行总行批准的印制厂印制,由中国人民银行各省、自治区、直辖市、计划单列市分行负责组织各商业银行定货和管理。

信用卡按中国人民银行的有关规定印制,信用卡结算凭证的格式、联次、颜色、规格由中国人民银行总行统一规定,各发卡银行总行负责印制。

汇兑凭证、托收承付凭证、委托收款凭证由中国人民银行总行统一格式、联次、颜色、规格,由各行负责印制和管理。

第二百五十七条 银行办理各项支付结算业务,根据承担的责任和业务成本以及应付给有关部门的费用,分别收取邮费、电报费、手续费、凭证工本费(信用卡卡片费)、挂失手续费,以及信用卡年费、特约手续费、异地存取款手续费。收费范围,除财政金库全部免收、存款不计息账户免收邮费、手续费外,对其他单位和个人都要按照规定收取费用。

邮费,单程的每笔按邮局挂号信每件收费标准收费;双程的每笔按邮局挂号信二件收费标准收费;客户要求使用特快专递的,按邮局规定的收费标准收取;超重部分按邮局规定的标准加收。

电报费,每笔按四十五个字照电报费标准收取,超过的字数按每字收费的标准加收。急电均加倍收取电报费。

手续费,按银行规定的标准收取。

银行办理支付结算业务按照附二《支付结算业务收费表》收取手续费和邮电费。

信用卡统一的收费标准,中国人民银行将另行规定。

支票的手续费由经办银行向购买人收取,其他结算的手续费、邮电费一律由经办银行向委托人收取。

凭证工本费,按照不同凭证的成本价格,向领用人收取。

第二百五十八条 各部门、各单位制定的有关规定,涉及支付结算而与本办法有抵触的,一律按照本办法的规定执行。

中国人民银行过去有关支付结算的规定与本办法有抵触的,以本办法为准。

第二百五十九条 本办法由中国人民银行总行负责解释、修改。

第二百六十条 本办法自 1997 年 12 月 1 日起施行。

附录四

电子商业汇票业务管理办法

(中国人民银行令〔2009〕第2号)

第一章　总　　则

第一条　为规范电子商业汇票业务,保障电子商业汇票活动中当事人的合法权益,促进电子商业汇票业务发展,依据《中华人民共和国中国人民银行法》《中华人民共和国票据法》《中华人民共和国电子签名法》《中华人民共和国物权法》《票据管理实施办法》等有关法律法规,制定本办法。

第二条　电子商业汇票是指出票人依托电子商业汇票系统,以数据电文形式制作的,委托付款人在指定日期无条件支付确定金额给收款人或者持票人的票据。电子商业汇票分为电子银行承兑汇票和电子商业承兑汇票。电子银行承兑汇票由银行业金融机构、财务公司(以下统称金融机构)承兑;电子商业承兑汇票由金融机构以外的法人或其他组织承兑。电子商业汇票的付款人为承兑人。

第三条　电子商业汇票系统是经中国人民银行批准建立,依托网络和计算机技术,接收、存储、发送电子商业汇票数据电文,提供与电子商业汇票货币给付、资金清算行为相关服务的业务处理平台。

第四条　电子商业汇票各当事人应本着诚实信用原则,按照本办法的规定作出票据行为。

第五条　电子商业汇票的出票、承兑、背书、保证、提示付款和追索等业务,必须通过电子商业汇票系统办理。

第六条　电子商业汇票业务主体的类别分为:

(一) 直接接入电子商业汇票系统的金融机构(以下简称接入机构);

(二) 通过接入机构办理电子商业汇票业务的金融机构(以下简称被代理机构);

(三) 金融机构以外的法人及其他组织。电子商业汇票系统对不同业务主体分配不同的类别代码。

第七条　票据当事人办理电子商业汇票业务应具备中华人民共和国组织机构代码。被代理机构、金融机构以外的法人及其他组织办理电子商业汇票业务,应在接入机构开立账户。

第八条 接入机构提供电子商业汇票业务服务,应对客户基本信息的真实性负审核责任,并依据本办法及相关规定,与客户签订电子商业汇票业务服务协议,明确双方的权利和义务。客户基本信息包括客户名称、账号、组织机构代码和业务主体类别等信息。

第九条 电子商业汇票系统运营者由中国人民银行指定和监管。

第十条 接入机构应按规定向客户和电子商业汇票系统转发电子商业汇票信息,并保证内部系统存储的电子商业汇票信息与电子商业汇票系统存储的相关信息相符。

第十一条 电子商业汇票信息以电子商业汇票系统的记录为准。

第十二条 电子商业汇票以人民币为计价单位。

第二章 基本规定

第十三条 电子商业汇票为定日付款票据。电子商业汇票的付款期限自出票日起至到期日止,最长不得超过1年。

第十四条 票据当事人在电子商业汇票上的签章,为该当事人可靠的电子签名。电子签名所需的认证服务应由合法的电子认证服务提供者提供。可靠的电子签名必须符合《中华人民共和国电子签名法》第十三条第一款的规定。

第十五条 电子商业汇票业务活动中,票据当事人所使用的数据电文和电子签名应符合《中华人民共和国电子签名法》的有关规定。

第十六条 客户开展电子商业汇票活动时,其签章所依赖的电子签名制作数据和电子签名认证证书,应向接入机构指定的电子认证服务提供者的注册审批机构申请。接入机构为客户提供电子商业汇票业务服务或作为电子商业汇票当事人时,其签章所依赖的电子签名制作数据和电子签名认证证书,应向电子商业汇票系统运营者指定的电子认证服务提供者的注册审批机构申请。

第十七条 接入机构、电子商业汇票系统运营者指定的电子认证服务机构提供者,应对电子签名认证证书申请者的身份真实性负审核责任。电子认证服务提供者依据《中华人民共和国电子签名法》承担相应责任。

第十八条 接入机构应对通过其办理电子商业汇票业务客户的电子签名真实性负审核责任。电子商业汇票系统运营者应对接入机构的身份真实性和电子签名真实性负审核责任。

第十九条 电子商业汇票系统应实时接收、处理电子商业汇票信息,并向相关票据当事人的接入机构实时发送该信息;接入机构应实时接收、处理电子商业汇票信息,并向相关票据当事人实时发送该信息。

第二十条 出票人签发电子商业汇票时,应将其交付收款人。电子商业汇票背书,背书人应将电子商业汇票交付被背书人。电子商业汇票质押解除,质权人应将电子商业汇票交付出质人。交付是指票据当事人将电子商业汇票发送给受让人,且受让人签收的行为。

第二十一条 签收是指票据当事人同意接受其他票据当事人的行为申请,签章并发送电子指令予以确认的行为。驳回是指票据当事人拒绝接受其他票据当事人的行为申请,签章并发送电子指令予以确认的行为。收款人、被背书人可与接入机构签订协议,委托接入机构代为签收或驳回行为申请,并代理签章。商业承兑汇票的承兑人应与接入机构签订协议,在符合本办法规定的情况下,由接入机构代为签收或驳回提示付款指令,并代理签章。

第二十二条 出票人或背书人在电子商业汇票上记载了“不得转让”事项的,电子商业汇票不得继续背书。

第二十三条 票据当事人通过电子商业汇票系统作出行为申请,行为接收方未签收且未驳回的,票据当事人可撤销该行为申请。电子商业汇票系统为行为接收方的,票据当事人不得撤销。

第二十四条 电子商业汇票的出票日是指出票人记载在电子商业汇票上的出票日期。电子商业汇票的提示付款日是指提示付款申请的指令进入电子商业汇票系统的日期。电子商业汇票的拒绝付款日是指驳回提示付款申请的指令进入电子商业汇票系统的日期。电子商业汇票追索行为的发生日是指追索通知的指令进入电子商业汇票系统的日期。承兑、背书、保证、质押解除、付款和追索清偿等行为的发生日是指相应的签收指令进入电子商业汇票系统的日期。

第二十五条 电子商业汇票责任解除前,电子商业汇票的承兑人不得撤销原办理电子商业汇票业务的账户,接入机构不得为其办理销户手续。

第二十六条 接入机构终止提供电子商业汇票业务服务的,应按规定由其他接入机构承接其电子商业汇票业务服务。

第三章 票据行为

第一节 出 票

第二十七条 电子商业汇票的出票,是指出票人签发电子商业汇票并交付收款人的票据行为。出票人在电子商业汇票交付收款人前,可办理票据的未用退回。出票人不得在提示付款期后将票据交付收款人。

第二十八条 电子商业汇票的出票人必须为银行业金融机构以外的法人或其他组织。电子银行承兑汇票的出票人应在承兑金融机构开立账户。

第二十九条 电子商业汇票出票必须记载下列事项:

（一）表明“电子银行承兑汇票”或“电子商业承兑汇票” 的字样；
（二）无条件支付的委托；
（三）确定的金额；
（四）出票人名称；
（五）付款人名称；
（六）收款人名称；
（七）出票日期；
（八）票据到期日；
（九）出票人签章。

第三十条 出票人可在电子商业汇票上记载自身的评级信息，并对记载信息的真实性负责，但该记载事项不具有票据上的效力。评级信息包括评级机构、信用等级和评级到期日。

第二节 承 兑

第三十一条 电子商业汇票的承兑，是指付款人承诺在票据到期日支付电子商业汇票金额的票据行为。

第三十二条 电子商业汇票交付收款人前，应由付款人承兑。

第三十三条 电子银行承兑汇票由真实交易关系或债权债务关系中的债务人签发，并交由金融机构承兑。电子银行承兑汇票的出票人与收款人不得为同一人。

第三十四条 电子商业承兑汇票的承兑有以下几种方式：
（一）真实交易关系或债权债务关系中的债务人签发并承兑；
（二）真实交易关系或债权债务关系中的债务人签发，交由第三人承兑；
（三）第三人签发，交由真实交易关系或债权债务关系中的债务人承兑；
（四）收款人签发，交由真实交易关系或债权债务关系中的债务人承兑。

第三十五条 电子银行承兑汇票的出票人应向承兑金融机构提交真实、有效、用以证实真实交易关系或债权债务关系的交易合同或其他证明材料，并在电子商业汇票上作相应记录，承兑金融机构应负责审核。

第三十六条 承兑人应在票据到期日前，承兑电子商业汇票。

第三十七条 承兑人承兑电子商业汇票，必须记载下列事项：
（一）表明“承兑”的字样；
（二）承兑日期；
（三）承兑人签章。

第三十八条 承兑人可在电子商业汇票上记载自身的评级信息，并对记载信息的真实性负责，但该记载事项不具有票据上的效力。评级信息包括评级机构、信用等级和评级到期日。

第三节　转让背书

第三十九条　转让背书是指持票人将电子商业汇票权利依法转让给他人的票据行为。票据在提示付款期后,不得进行转让背书。

第四十条　转让背书应当基于真实、合法的交易关系和债权债务关系,或以税收、继承、捐赠、股利分配等合法行为为基础。

第四十一条　转让背书必须记载下列事项:

(一) 背书人名称;

(二) 被背书人名称;

(三) 背书日期;

(四) 背书人签章。

第四节　贴现、转贴现和再贴现

第四十二条　贴现是指持票人在票据到期日前,将票据权利背书转让给金融机构,由其扣除一定利息后,将约定金额支付给持票人的票据行为。转贴现是指持有票据的金融机构在票据到期日前,将票据权利背书转让给其他金融机构,由其扣除一定利息后,将约定金额支付给持票人的票据行为。再贴现是指持有票据的金融机构在票据到期日前,将票据权利背书转让给中国人民银行,由其扣除一定利息后,将约定金额 支付给持票人的票据行为。

第四十三条　贴现、转贴现和再贴现按照交易方式,分为买断式和回购式。买断式是指贴出人将票据权利转让给贴入人,不约定日后赎

回的交易方式。回购式是指贴出人将票据权利转让给贴入人,约定日后赎回的交易方式。电子商业汇票贴现、转贴现和再贴现业务中转让票据权利的票据当事人为贴出人,受让票据权利的票据当事人为贴入人。

第四十四条　电子商业汇票当事人在办理回购式贴现、回购式转贴现和回购式再贴现业务时,应明确赎回开放日、赎回截止日。赎回开放日是指办理回购式贴现赎回、回购式转贴现赎回和回购式再贴现赎回业务的起始日期。赎回截止日是指办理回购式贴现赎回、回购式转贴现赎回和回购式再贴现赎回业务的截止日期,该日期应早于票据到期日。自赎回开放日起至赎回截止日止,为赎回开放期。

第四十五条　在赎回开放日前,原贴出人、原贴入人不得作出除追索行为外的其他票据行为。回购式贴现、回购式转贴现和回购式再贴现业务的原贴出人、原贴入人应按照协议约定,在赎回开放期赎回票据。在赎回开放期未赎回票据的,原贴入人在赎回截止日后只可将票据背书给他人或行使票据权利,除票据

关系以外的其他权利义务关系由双方协议约定。

第四十六条　持票人申请贴现时,应向贴入人提供用以证明其与直接前手间真实交易关系或债权债务关系的合同、发票等其他材料,并在电子商业汇票上作相应记录,贴入人应负责审查。

第四十七条　电子商业汇票贴现、转贴现和再贴现必须记载下列事项:

(一)贴出人名称;

(二)贴入人名称;

(三)贴现、转贴现或再贴现日期;

(四)贴现、转贴现或再贴现类型;

(五)贴现、转贴现或再贴现利率;

(六)实付金额;

(七)贴出人签章。实付金额为贴入人实际支付给贴出人的金额。回购式贴现、回购式转贴现和回购式再贴现还应记载赎回开放日和赎回截止日。贴现还应记载贴出人贴现资金入账信息。

第四十八条　电子商业汇票回购式贴现、回购式转贴现和回购式再贴现赎回应作成背书,并记载下列事项:

(一)原贴出人名称;

(二)原贴入人名称;

(三)赎回日期;

(四)赎回利率;

(五)赎回金额;

(六)原贴入人签章。

第四十九条　贴现和转贴现利率、期限等由贴出人与贴入人协商确定。再贴现利率由中国人民银行规定。

第五十条　电子商业汇票贴现、转贴现和再贴现可选择票款对付方式或其他方式清算资金。本办法所称票款对付,是指票据交付和资金交割同时完成,并互为条件的一种交易方式。

第五节　质　　押

第五十一条　电子商业汇票的质押,是指电子商业汇票持票人为了给债权提供担保,在票据到期日前在电子商业汇票系统中进行登记,以该票据为债权人设立质权的票据行为。

第五十二条　主债务到期日先于票据到期日,且主债务已经履行完毕的,质权人应按约定解除质押。主债务到期日先于票据到期日,且主债务到期未履行的,质权人可行使票据权利,但不得继续背书。票据到期日先于主债务到期日的,质权人可在票据到期后行使票据权利,并与出质人协议将兑现的票款用于提前清偿所担保的债权或继续作为债权的担保。

第五十三条 电子商业汇票质押,必须记载下列事项:

(一) 出质人名称;

(二) 质权人名称;

(三) 质押日期;

(四) 表明“质押”的字样;

(五) 出质人签章。

第五十四条 电子商业汇票质押解除,必须记载下列事项:

(一) 表明“质押解除”的字样;

(二) 质押解除日期。

第六节 保 证

第五十五条 电子商业汇票的保证,是指电子商业汇票上记载的债务人以外的第三人保证该票据获得付款的票据行为。

第五十六条 电子商业汇票获得承兑前,保证人作出保证行为的,被保证人为出票人。电子商业汇票获得承兑后、出票人将电子商业汇票交付收款人前,保证人作出保证行为的,被保证人为承兑人。出票人将电子商业汇票交付收款人后,保证人作出保证行为的,被保证人为背书人。

第五十七条 电子商业汇票保证,必须记载下列事项:

(一) 表明“保证”的字样;

(二) 保证人名称;

(三) 保证人住所;

(四) 被保证人名称;

(五) 保证日期;

(六) 保证人签章。

第七节 付 款

第五十八条 提示付款是指持票人通过电子商业汇票系统 向承兑人请求付款的行为。持票人应在提示付款期内向承兑人提示付款。提示付款期自票据到期日起10日,最后一日遇法定休假日、大额支付系统非营业日、电子商业汇票系统非营业日顺延。

第五十九条 持票人在票据到期日前提示付款的,承兑人可付款或拒绝付款,或于到期日付款。承兑人拒绝付款或未予应答的,持票人可待票据到期后再次提示付款。

第六十条 持票人在提示付款期内提示付款的,承兑人应在收到提示付款请求的当日至迟次日(遇法定休假日、大额支付系统非营业日、电子商业汇票系统非营业日顺延)付款或拒绝付款。持票人超过提示付款期提示付款的,接入机构不得拒绝受理。持票人在作出合理说明后,承兑人仍应当承担付款责任,并在上款规定的期限内付款或拒绝付款。电子商业承兑汇票承兑人在票据到期后收到提示付款请求,且在收到该请求次日起第3日(遇法定休假日、大额支付系统非营业日、电子商业汇票系统非营业日顺延)仍未应答的,接入机构应按其与承兑人签订的《电子商业汇票业务服务协议》,进行如下处理:

(一)承兑人账户余额在该日电子商业汇票系统营业截止时足够支付票款的,则视同承兑人同意付款,接入机构应扣划承兑人账户资金支付票款,并在下一日(遇法定休假日、大额支付系统非营业日、电子商业汇票系统非营业日顺延)电子商业汇票系统营业开始时,代承兑人作出付款应答,并代理签章;

(二)承兑人账户余额在该日电子商业汇票系统营业截止时不足以支付票款的,则视同承兑人拒绝付款,接入机构应在下一日(遇法定休假日、大额支付系统非营业日、电子商业汇票系统非营业日顺延)电子商业汇票系统营业开始时,代承兑人作出拒付应答,并代理签章。

第六十一条 接入机构应及时将持票人的提示付款请求通知电子商业承兑汇票的承兑人。通知方式由接入机构与承兑人自行约定。

第六十二条 持票人可选择票款对付方式或其他方式向承兑人提示付款。

第六十三条 电子商业汇票提示付款,必须记载下列事项:

(一)提示付款日期;

(二)提示付款人签章。持票人可与接入机构签订协议,委托接入机构代为提示付款并代理签章。

第六十四条 承兑人付款或拒绝付款,必须记载下列事项:

(一)承兑人名称;

(二)付款日期或拒绝付款日期;

(三)承兑人签章。承兑人拒绝付款的,还应注明拒绝付款的理由。

第八节 追 索

第六十五条 追索分为拒付追索和非拒付追索。拒付追索是指电子商业汇票到期后被拒绝付款,持票人请求前手付款的行为。非拒付追索是指存在下列情形之一,持票人请求前手付款的行为:

(一)承兑人被依法宣告破产的;

(二)承兑人因违法被责令终止业务活动的。

第六十六条 持票人在票据到期日前被拒付的,不得拒付追索。持票人在提示付款期内被拒付的,可向所有前手拒付追索。持票人超过提示付款期提示付款被拒付的,若持票人在提示付款期内曾发出过提示付款,则可向所有前手拒付追索;若未在提示付款期内发出过提示付款,则只可向出票人、承兑人拒付追索。

第六十七条 追索时,追索人应当提供拒付证明。拒付追索时,拒付证明为票据信息和拒付理由。非拒付追索时,拒付证明为票据信息和相关法律文件。

第六十八条 持票人因电子商业汇票到期后被拒绝付款或法律法规规定其他原因,拥有的向票据债务人追索的权利时效规定如下:

(一) 持票人对出票人、承兑人追索和再追索权利时效,自票据到期日起2年,且不短于持票人对其他前手的追索和再追索权利时效。

(二) 持票人对其他前手的追索权利时效,自被拒绝付款之日起6个月;持票人对其他前手的再追索权利时效,自清偿日或被提起诉讼之日起3个月。

第六十九条 持票人发出追索通知,必须记载下列事项:

(一) 追索人名称;

(二) 被追索人名称;

(三) 追索通知日期;

(四) 追索类型;

(五) 追索金额;

(六) 追索人签章。

第七十条 电子商业汇票清偿,必须记载下列事项:

(一) 追索人名称;

(二) 清偿人名称;

(三) 同意清偿金额;

(四) 清偿日期;

(五) 清偿人签章。

第四章 信息查询

第七十一条 票据当事人可通过接入机构查询与其相关的电子商业汇票票据信息。

第七十二条 接入机构应记录其与电子商业汇票系统之间发送和接收的电子商业汇票票据信息,并按规定将该信息向客户展示。票据信息包括票面信息和行为信息。票面信息是指出票人将票据交付收款人后、其他行为发生前,记载在票据上的所有信息。行为信息是指票据行为的必须记载事项。

第七十三条 出票人可查询电子商业汇票票面信息。承兑人在收到提示付款申请前,可查询电子商业汇票票面信息。收到提示付款申请后,可查询该票据的所有票据信息。收款人、被背书人和保证人可查询自身作出的行为信息及之前的票据信息。持票人可查询所有票据信息。在追索阶段,被追索人可查询所有票据信息。

第七十四条 票据当事人对票据信息有异议的,应通过接入机构向电子商业汇票系统运营者提出书面申请,电子商业汇票系统运营者应在 10 个工作日内按照查询权限办理相关查询业务。

第七十五条 电子商业汇票所有票据行为中,处于待签收状态的接收方可向电子商业汇票系统查询该票据承兑人和行为发起方的电子商业汇票支付信用信息。

第七十六条 电子商业汇票系统仅提供票据当事人的电子商业汇票支付信用信息,不对其进行信用评价或评级。

第五章 法 律 责 任

第七十七条 电子商业汇票发生法律纠纷时,电子商业汇票系统运营者负有出具电子商业汇票系统相关记录的义务。

第七十八条 承兑人应及时足额支付电子商业汇票票款。承兑人故意压票、拖延支付,影响持票人资金使用的,按中国人民银行规定的同档次流动资金贷款利率计付赔偿金。

第七十九条 电子银行承兑汇票的出票人于票据到期日未能足额交存票款时,承兑人除向持票人无条件付款外,对出票人尚未支付的汇票金额转入逾期贷款处理,并按照每天万分之五计收罚息。

第八十条 电子商业汇票相关各方存在下列情形之一,影响电子商业汇票业务处理或造成其他票据当事人资金损失的,应承担相应赔偿责任。中国人民银行有权视情节轻重对其处以警告或 3 万元以下罚款:

(一) 作为电子银行承兑汇票承兑人的财务公司、电子商业承兑汇票的承兑人违反《中华人民共和国票据法》《票据管理实施办法》和本办法规定无理拒付或拖延支付的;

(二) 接入机构为客户提供电子商业汇票业务服务,未对客户基本信息尽审核义务的;

(三) 为电子商业汇票业务活动提供电子认证服务的电子认证服务提供者,未依据《中华人民共和国电子签名法》承担相应责任的;

(四) 接入机构为客户提供电子商业汇票业务服务,未对客户电子签名真实性进行认真审核,造成资金损失的;

(五) 电子商业汇票系统运营者未对接入机构身份真实性和电子签名真实性进行认真审核,造成资金损失的;

(六) 接入机构因清算资金不足导致电子商业汇票资金清算失败,给票据当事人造成损失的;

(七) 接入机构因人为或系统原因未及时转发电子商业汇票信息,给票据当事人造成损失的;

(八) 接入机构内部系统存储的电子商业汇票信息与电子商业汇票系统相关信息严重不符,给票据当事人造成损失的;

(九) 接入机构的内部系统出现故障,未及时排除,造成重大影响的;

(十) 电子商业汇票系统运营者运营的电子商业汇票系统出现故障,未及时排除,造成重大影响的;

(十一) 电子商业汇票债务解除前,接入机构违反本办法规定为承兑人撤销账户的;

(十二) 其他违反《中华人民共和国票据法》《票据管理实施办法》及本办法规定的行为。

第八十一条 电子商业汇票当事人应当妥善保管电子签名制作数据,严防泄露。因保管不善造成资金损失的,有关责任方应当依法承担赔偿责任。

第八十二条 金融机构发现利用电子商业汇票从事违法犯罪活动的,应依法履行报告义务。

第六章 附 则

第八十三条 电子商业汇票的数据电文格式和票据显示样式由中国人民银行统一规定。

第八十四条 本办法未尽事宜,遵照《中华人民共和国票据法》《票据管理实施办法》等法律法规执行。

第八十五条 本办法由中国人民银行负责解释和修订。

第八十六条 本办法自公布之日起施行。

附录五

票据交易管理办法

（中国人民银行公告〔2016〕第29号）

第一章　总　　则

第一条　为规范票据市场交易行为，防范交易风险，维护交易各方合法权益，促进票据市场健康发展，依据《中华人民共和国中国人民银行法》《中华人民共和国票据法》《中华人民共和国电子签名法》等有关法律法规，制定本办法。

第二条　市场参与者从事票据交易应当遵守本办法，本办法所称票据包括但不限于纸质或者电子形式的银行承兑汇票、商业承兑汇票等可交易票据。

第三条　票据交易应当遵循公平自愿、诚信自律、风险自担的原则。

第四条　中国人民银行依法对票据市场进行监督管理，并根据宏观调控需要对票据市场进行宏观审慎管理。

第二章　票据市场参与者

第五条　票据市场参与者是指可以从事票据交易的市场主体，包括：

（一）法人类参与者。指金融机构法人，包括政策性银行、商业银行及其授权的分支机构，农村信用社、企业集团财务公司、信托公司、证券公司、基金管理公司、期货公司、保险公司等经金融监督管理部门许可的金融机构。

（二）非法人类参与者。指金融机构等作为资产管理人，在依法合规的前提下，接受客户的委托或者授权，按照与客户约定的投资计划和方式开展资产管理业务所设立的各类投资产品，包括证券投资基金、资产管理计划、银行理财产品、信托计划、保险产品、住房公积金、社会保障基金、企业年金、养老基金等。

（三）中国人民银行确定的其他市场参与者。

第六条　法人类参与者应当符合以下条件：

（一）依法合规设立。

（二）已制定票据业务内部管理制度和操作规程，具有健全的公司治理结构和完善的内部控制、风险管理机制。

（三）有熟悉票据市场和专门从事票据交易的人员。

（四）具备相应的风险识别和承担能力，知悉并承担票据投资风险。

(五) 中国人民银行要求的其他条件。

第七条 非法人类参与者应当符合以下条件:

(一) 产品设立符合相关法律法规和监管规定,并已依法在相关金融监督管理部门获得批准或者完成备案。

(二) 产品已委托具有托管资格的金融机构(以下简称托管人)进行独立托管,托管人对委托人资金实行分账管理、单独核算。

(三) 产品管理人具有相关金融监督管理部门批准的资产管理业务资格。

第八条 法人类参与者开展票据交易,应当遵守有关法律法规,强化内控制度建设,完善部门和岗位设置,并采取切实措施持续提高相关人员业务能力。

第九条 非法人类参与者开展票据交易,由其资产管理人代表其行使票据权利并以受托管理的资产承担相应的民事责任。资产管理人从事资管业务的部门、岗位、人员及其管理的资产应当与其自营业务相互独立。

第三章 票据市场基础设施

第十条 票据市场基础设施是指提供票据交易、登记托管、清算结算、信息服务的机构。

第十一条 票据市场基础设施应当经中国人民银行认可。中国人民银行对票据市场基础设施开展票据相关业务进行监督管理。

第十二条 票据市场基础设施可以为市场参与者提供以下服务:

(一) 组织票据交易,公布票据交易即时行情。

(二) 票据登记托管。

(三) 票据交易的清算结算。

(四) 票据信息服务。

(五) 中国人民银行认可的其他服务。

第十三条 票据市场基础设施按照金融市场基础设施建设有关标准进行系统建设与管理。

第十四条 票据市场基础设施应当从其业务收入中提取一定比例的金额设立风险基金并存入开户银行专门账户,用于弥补因违约交收、技术故障、操作失误、不可抗力等造成的相关损失。

第十五条 上海票据交易所是中国人民银行指定的提供票据交易、登记托管、清算结算和信息服务的机构。

第四章 票据信息登记与电子化

第十六条 纸质票据贴现前,金融机构办理承兑、质押、保证等业务,应当不晚于业务办理的次一工作日在票据市场基础设施完成相关信息登记工作。

纸质商业承兑汇票完成承兑后,承兑人开户行应当根据承兑人委托代其进行承兑信息登记。承兑信息未能及时登记的,持票人有权要求承兑人补充登记承兑信息。

纸质票据票面信息与登记信息不一致的,以纸质票据票面信息为准。

第十七条 贴现人办理纸质票据贴现时,应当通过票据市场基础设施查询票据承兑信息,并在确认纸质票据必须记载事项与已登记承兑信息一致后,为贴现申请人办理贴现,贴现申请人无需提供合同、发票等资料;信息不存在或者纸质票据必须记载事项与已登记承兑信息不一致的,不得办理贴现。

本款所称纸质票据必须记载事项指《中华人民共和国票据法》第二十二条规定的票据必须记载事项。

第十八条 贴现人完成纸质票据贴现后,应当不晚于贴现次一工作日在票据市场基础设施完成贴现信息登记。

第十九条 承兑人或者承兑人开户行收到挂失止付通知或者公示催告等司法文书并确认相关票据未付款的,应当于当日依法暂停支付并在票据市场基础设施登记或者委托开户行在票据市场基础设施登记相关信息。

第二十条 金融机构通过票据市场基础设施进行相关业务信息登记,因信息登记错误给他人造成损失的,应当承担赔偿责任。

第二十一条 贴现人办理纸质票据贴现后,应当在票据上记载“已电子登记权属”字样,该票据不再以纸质形式进行背书转让、设立质押或者其他交易行为。贴现人应当对纸质票据妥善保管。

第二十二条 已贴现票据背书通过电子形式办理。电子形式背书是指在票据市场基础设施以数据电文形式记载的背书。和纸质形式背书具有同等法律效力。

第二十三条 纸质票据电子形式背书后,由票据权利人通过票据市场基础设施通知保管人变更寄存人的方式完成交付。

第二十四条 贴现人可以按市场化原则选择商业银行对纸质票据进行保证增信。

保证增信行对纸质票据进行保管并为贴现人的偿付责任进行先行偿付。

第二十五条 已贴现票据应当通过票据市场基础设施办理背书转让、质押、保证、提示付款等票据业务。

第二十六条 纸质票据贴现后,其保管人可以向承兑人发起付款确认。付款确认可以采用实物确认或者影像确认。

实物确认是指票据保管人将票据实物送达承兑人或者承兑人开户行,由承兑人在对票据真实性和背书连续性审查的基础上对到期付款责任进行确认。

影像确认是指票据保管人将票据影像信息发送至承兑人或者承兑人开户行,由承兑人在对承兑信息和背书连续性审查的基础上对到期付款责任进行确认。

承兑人要求实物确认的,银行承兑汇票保管人应当将票据送达承兑人,实物确认后,纸质票据由其承兑人代票据权利人妥善保管;商业承兑汇票保管人应当将票据通过承兑人开户行送达承兑人进行实物确认,实物确认后,纸质票据由商业承兑汇票开户行代票据权利人妥善保管。

第二十七条 实物确认与影像确认具有同等效力。承兑人或者承兑人开户行进行付款确认后,除挂失止付、公示催告等合法抗辩情形外,应当在持票人提示付款后付款。

第二十八条 承兑人收到票据影像确认请求或者票据实物后,应当在三个工作日内做出或者委托其开户行做出同意或者拒绝到期付款的应答。拒绝到期付款的,应当说明理由。

第二十九条 票据保管人应当采取切实措施保证纸质票据不被挪用、污损、涂改和灭失,并承担因保管不善引发的相关法律责任。

第三十条 电子商业汇票签发、承兑、质押、保证、贴现等信息应当通过电子商业汇票系统同步传送至票据市场基础设施。

第三十一条 电子商业汇票一经承兑即视同承兑人已进行付款确认。

第五章 票据登记与托管

第三十二条 票据登记是指金融机构将票据权属在票据市场基础设施电子簿记系统予以记载的行为。

第三十三条 票据托管是指票据市场基础设施根据票据权利人委托对其持有票据的相关权益进行管理和维护的行为。

第三十四条 市场参与者应当在票据市场基础设施开立票据托管账户。

市场参与者开立票据托管账户时,应当向票据市场基础设施提出申请,并保证所提交的开户资料真实、准确、完整。

第三十五条 票据托管账户采用实名制,不得出租、出借或者转让。

第三十六条 一个市场参与者只能开立一个票据托管账户,中国人民银行另有规定的除外。

具有法人资格的市场参与者应当以法人名义开立票据托管账户;经法人授权的分支机构应当以分支机构名义开立票据托管账户;非法人市场参与者应当

以产品名义单独开立票据托管账户。

第三十七条 贴现人应当于票据交易前在票据市场基础设施完成纸质票据登记工作,确保其提交的票据登记信息真实、有效,并承担相应法律责任。

第三十八条 票据市场基础设施依据电子商业汇票系统相关信息为持票人完成电子票据登记。

第三十九条 因票据的交易过户、非交易过户等原因引起票据托管账户余额变化的,票据市场基础设施应当为权利人办理票据变更登记。

第六章 票 据 交 易

第四十条 票据交易采取全国统一的运营管理模式,通过票据市场基础设施进行。

第四十一条 票据交易包括转贴现、质押式回购和买断式回购等。

转贴现是指卖出方将未到期的已贴现票据向买入方转让的交易行为。

质押式回购是指正回购方在将票据出质给逆回购方融入资金的同时,双方约定在未来某一日期由正回购方按约定金额向逆回购方返还资金、逆回购方向正回购方返还原出质票据的交易行为。

买断式回购是指正回购方将票据卖给逆回购方的同时,双方约定在未来某一日期,正回购方再以约定价格从逆回购方买回票据的交易行为。

第四十二条 市场参与者完成票据登记后即可以开展交易,或者在付款确认、保证增信后开展交易。贴现人申请保证增信的,应当在首次交易前完成。

第四十三条 票据到期后偿付顺序如下:

(一) 票据未经承兑人付款确认和保证增信交易的,若承兑人未付款,应当由贴现人先行偿付。该票据在交易后又经承兑人付款确认的,应当由承兑人付款;若承兑人未付款,应当由贴现人先行偿付。

(二) 票据经承兑人付款确认且未保证增信即交易的,应当由承兑人付款;若承兑人未付款,应当由贴现人先行偿付。

(三) 票据保证增信后即交易且未经承兑人付款确认的,若承兑人未付款,应当由保证增信行先行偿付;保证增信行未偿付的,应当由贴现人先行偿付。

(四) 票据保证增信后且经承兑人付款确认的,应当由承兑人付款;若承兑人未付款,应当由保证增信行先行偿付;保证增信行未偿付的,应当由贴现人先行偿付。

第四十四条 票据交易应当通过票据市场基础设施进行并生成成交单。成交单应当对交易日期、交易品种、交易利率等要素做出明确约定。

票据成交单、票据交易主协议及补充协议(若有)构成交易双方完整的交易合同。

票据交易合同一经成立,交易双方应当认真履行,不得擅自变更或者解除合同。

第四十五条 票据交易无需提供转贴现凭证、贴现凭证复印件、查询查复书及票面复印件等纸质资料。

第四十六条 票据贴现、转贴现的计息期限,从贴现、转贴现之日起至票据到期日止,到期日遇法定节假日的顺延至下一工作日。

第四十七条 质押式回购和买断式回购最短期限为一天,并应当小于票据剩余期限。

第四十八条 质押式回购的回购金额不得超过质押票据的票面总额。

第七章 票据交易结算与到期处理

第四十九条 票据交易的结算通过票据市场基础设施电子簿记系统进行,包括票款对付和纯票过户。

票款对付是指结算双方同步办理票据过户和资金支付并互为条件的结算方式。

纯票过户是指结算双方的票据过户与资金支付相互独立的结算方式。

第五十条 市场参与者开展票据交易应当采用票款对付,同一法人分支机构间的票据交易可以采用纯票过户。

第五十一条 已在大额支付系统开立清算账户的市场参与者,应当通过其在大额支付系统的清算账户办理票款对付的资金结算。

未在大额支付系统开立清算账户的市场参与者,应当委托票据市场基础设施代理票款对付的资金结算。

第五十二条 票据市场基础设施代理票款对付的资金结算时,应当通过其在大额支付系统的清算账户进行。票据市场基础设施应当在该账户下,为委托其代理资金结算的市场参与者开立票据结算资金专户。

第五十三条 交易双方应当根据合同约定,确保在约定结算日有用于结算的足额票据和资金。

第五十四条 在票据交易达成后结算完成之前,不得动用该笔交易项下用于结算的票据、资金或者担保物。

第五十五条 办理法院强制执行、税收、债权债务承继、与等非交易票据过户的,票据市场基础设施应当要求当事人提交合法有效的法律文件。

第五十六条 持票人在提示付款期内通过票据市场基础设施提示付款的,承兑人应当在提示付款当日进行应答或者委托其开户行进行应答。

承兑人存在合法抗辩事由拒绝付款的,应当在提示付款当日出具或者委托其开户行出具拒绝付款证明,并通过票据市场基础设施通知持票人。

承兑人或者承兑人开户行在提示付款当日未做出应答的,视为拒绝付款,票据市场基础设施提供拒绝付款证明并通知持票人。

第五十七条 商业承兑汇票承兑人在提示付款当日同意付款的。承兑人开户行应当根据承兑人账户余额情况予以处理。

(一) 承兑人账户余额足够支付票款的,承兑人开户行应当代承兑人做出同意付款应答,并于提示付款日向持票人付款。

(二) 承兑人账户余额不足以支付票款的,则视同承兑人拒绝付款。承兑人开户行应当于提示付款日代承兑人做出拒付应答并说明理由,同时通过票据市场基础设施通知持票人。

第五十八条 银行承兑汇票的承兑人已于到期前进行付款确认的,票据市场基础设施应当根据承兑人的委托于提示付款日代承兑人发送指令划付资金至持票人资金账户。

商业承兑汇票的承兑人已于到期前进行付款确认的,承兑人开户行应当根据承兑人委托于提示付款日扣划承兑人账户资金,并将相应款项划付至持票人资金账户。

第五十九条 保证增信行或者贴现人承担偿付责任时,应当委托票据市场基础设施代其发送指令划付资金至持票人资金账户。

第六十条 承兑人或者出票人付款后,票据保管人应当参照会计档案保管要求对票据进行保管。承兑人进行影像确认并付款的,可以凭票据市场基础设施的提示付款通知、划款通知以及留存的票据底卡联作为会计记账凭证。

第六十一条 票据发生法律纠纷时,依据有权申请人的请求,票据市场基础设施应当出具票据登记、托管和交易流转记录;票据保管人应当提供相应票据实物。

第八章 附 则

第六十二条 票据市场基础设施依照本办法及中国人民银行有关规定制定相关业务规则,报中国人民银行同意后施行。

第六十三条 本办法施行前制定的相关规定,与本办法相抵触的,以本办法为准。

第六十四条 本办法由中国人民银行负责解释。

第六十五条 本办法自公布之日起施行,过渡期按照《中国人民银行办公厅关于做好票据交易平台接入准备工作的通知》(银办发〔2016〕224 号〕执行。

附录六

若干国家和地区票据法简要对照表

1. 法律适用与票据类型

事项/国别		中国	中国台湾	日内瓦公约成员国	联合国国际汇票本票公约成员国	美国	英国
法律名称		票据法	票据法	统一汇票本票法公约；统一支票法公约	国际汇票本票公约	美国统一商法典第三编 商业票据	1882 年票据法
性质		国内成文法	国内(地区)成文法	强制性国际公约	任意性国际公约	国内成文示范法	国内成文法
适用范围		中国境内	中国台湾地区	成员国所辖领域	出票地、付款地位于缔约国境内的国际汇票、付款地位于缔约国境内的国际本票	美国决定采用该法的州	英国境内
立法模式		汇票、本票、支票合并立法	汇票、本票、支票合并立法	分为汇票本票法、支票法	汇票、本票法	汇票、本票、支票、存款单合并立法	汇票、支票、本票合并立法
付款期限	汇票	见票即付、定日付款、出票后定期付款、见票后定期付款	定日付款、发票日后定期付款、见票即付、见票后定期付款	见票即付、见票后定期付款、出票后定期付款、定日付款	凭票即付、在一确定日期付款	即期付款、确定时间的付款	即期汇票、定期汇票
	本票	见票即付	定日付款、发票日后定期付款、见票即付、见票后定期付款	见票即付、见票后定期付款、出票后定期付款、定日付款	凭票即付、在一确定日期付款	即期付款、确定时间的付款	即期付款、确定时间的付款
	支票	见票即付	见票即付	见票即付		见票即付	见票即付
汇票类型		银行汇票；商业汇票	一般汇票；变式汇票	收款人为第三人的汇票；收款人为出票人本人或其指定人的汇票	收款人为出票人的汇票；收款人为出票人指定人的汇票	凭指令付款的票据；凭票付款的票据	国内汇票；国外汇票；出票人为收款人、出票人指定人为收款人、付款人为收款人的票据；出票人为付款人的票据

（续表）

事项/国别	中国	中国台湾	日内瓦公约成员国	联合国国际汇票本票公约成员国	美国	英国
本票类型	银行本票	不限于银行本票	不限于银行本票	不限于银行本票	不限于银行本票	不限于银行本票
支票类型	现金支票；转账支票；普通支票	普通支票；保付支票；平行线支票	付给确定的人的支票与来人支票；划线支票与转账支票		普通支票与银行保付支票	普通支票与划线支票

2. 出票制度

事项/国别		中国	中国台湾	日内瓦公约成员国	联合国国际汇票本票公约成员国	美国	英国
绝对记载事项	汇票	表明“汇票”的字样；无条件支付的委托；确定的金额；付款人名称；收款人名称；出票日期；出票人签章	表明其为汇票之文字；一定之金额；无条件支付之委托；发票年月日	表明“汇票”字样，并以开立票据所使用的文字记载；无条件支付的命令；一定的金额；付款人的姓名；收款人或其指定人的姓名；出票日期；出票人签名	载有国际汇票标题；文内载有国际汇票字样；无条件支付一笔确定金额的命令；付款人姓名；出票日期；出票人的签字	出票人签名；无条件支付确定数额的承诺或指令；不得包含制票人或出票人给予的其他承诺、指令、义务或权利	出票人签名；无条件支付的命令；确定的金额；付款人姓名
	本票	表明“本票”的字样；无条件支付的承诺；确定的金额；收款人名称；出票日期；出票人签章	表明其为本票之文字；一定之金额；无条件担任支付；发票年、月、日	表明“本票”的字样，并以开立票据所使用的文字记载；无条件支付一定金额的承诺；受款人或其指定人的姓名；出票日期；出票人签名	载有国际本票标题；文内载有国际本票字样；无条件支付一笔确定金额的承诺；出票日期；出票人的签字		出票人签名；无条件支付的承诺；确定的金额
	支票	表明“支票”的字样；无条件支付的委托；确定的金额；付款人名称；出票日期；出票人签章	表明其为支票之文字；一定之金额；付款人之商号；无条件支付之委托；发票年、月、日；付款地	表明“支票”的字样，并以开立支票所使用的文字记载；无条件支付一定金额的命令；付款人姓名；出票日期；出票人签名			出票人签名；无条件支付的命令；确定的金额；付款人姓名

(续表)

事项/国别		中国	中国台湾	日内瓦公约成员国	联合国国际汇票本票公约成员国	美国	英国
可以补记的绝对必要记载事项	汇票	无	未具体规定	不限	除国际汇票标题、国际汇票字样、出票人签字以外的其他事项	签名以外的事项	签名以外的其他事项
	本票	无	未具体规定	不限	除国际本票标题、国际本票字样、出票人签字以外的事项	签名以外的事项	签名以外的其他事项
	支票	金额	未具体规定	不限		签名以外的事项	签名以外的事项
利息记载	汇票	不具有汇票上的效力	发票人可记载对于票据金额支付利息及其利率	见票即付或见票后定期付款的汇票,可就应付的金额规定附加利息。利率应在汇票上表明;其他票据,记载利息的视为无记载	任何票据载明在付款时应附有利息,票据上载明付款金额附有利息,除订明付息的利率者外,视同无利息规定	可记载利息,除非另有说明,利息条款指付款地的判定利息率。利息自票据日期起算	可记载利息。如无另外规定,利息从出票日计算,无出票日,从交付日起算
	本票	同上	同上	同上	同上	同上	同上
	支票	同上	利息记载视为无记载	记载利息视为无记载	同上	同上	
金额记载文字大写与数字记载不一致		票据无效	以文字为准	以文字为准,如多次以文字或数码记载的,以较小金额为准	以文字金额为准;如多次以文字或数码记载的,以较小金额为准	手写的效力优于打字和印刷条款,打字的效力优于印刷条款。大写数字的效力优于小写数字,大写数字含混不清时,以小写数字为准	以文字金额为准

（续表）

事项/国别		中国	中国台湾	日内瓦公约成员国	联合国国际汇票本票公约成员国	美国	英国
出票人免责记载的效力	汇票	免担保记载的，该项记载无效	发票人得依特约免除担保承兑之责。前项特约，应载明于汇票。汇票上有免除担保付款之记载者，其记载无效	出票人得解除其保证承兑的责任；但任何解除出票人保证付款责任的规定，视为无记载	出票人可在汇票上排除或限制对承兑或付款的担保责任。但排除或限制担保责任的规定，只有在另一当事人对汇票负有责任或承担责任时才发生效力	出票人可以开出记载免除担保承兑和担保付款的汇票	出票人可以开出记载免除担保承兑和担保付款的汇票
	本票	出票人在持票人提示见票时须承担付款的责任；免责记载无效	本票发票人所负责任，与汇票承兑人同，即应负付款之责。免责记载无效	本票出票人应负之责，与汇票的承兑人同。免责记载无效	出票人不得在本票上规定排除或限制他自己的责任。免责记载无效	本票发票人所负责任，与汇票承兑人同。免责记载无效	本票发票人所负责任，与汇票承兑人同。免责记载无效
	支票	出票人必须按照签发的支票金额承担保证向该持票人付款的责任；免担保记载的，该项记载无效	发票人应照支票文义担保支票之支付，免担保记载无效	出票人保证支票的付款。任何解除出票人承担保证责任的规定，视为无记载		出票人可以开出记载免除担保付款的支票	出票人可以开出记载免除担保付款的汇票
是否允许分期支付记载	汇票	不允许	允许	不允许，记载分期付款的汇票无效	允许	允许	允许
	本票	不允许	允许	不允许，记载分期付款的本票无效	允许	允许	允许
	支票	不允许	不允许	不允许，记载分期付款的，视为无记载		不允许	不允许
是否可记载两个以上收款人		未规定	未规定	未规定	可以	可以	可以

(续表)

事项/国别	中国	中国台湾	日内瓦公约成员国	联合国国际汇票本票公约成员国	美国	英国
是否可记载两个以上付款人	未规定	除付款人外,可记载预备付款人	未规定	未规定	可以,但付款人须承担连带责任	可以,允许选择一个付款人付款
出票人可否为二人以上	未规定	未规定	未规定	可以	可以	未规定

3. 背书制度

事项/国别	中国	中国台湾	日内瓦公约成员国	联合国国际汇票本票公约成员国	美国	英国
空白背书是否允许	要求完全背书,但空白背书由被背书人补记其姓名也生效	允许	允许	允许	允许	允许
空白背书的转让	未规定	背书转让或单纯交付	背书转让或单纯交付	背书转让或单纯交付	背书转让或单纯交付	背书转让或单纯交付
空白背书持票人的确认	未规定	背书中有空白背书时,下一次背书的背书人视为空白背书的被背书人	背书连续时即使最后的背书为空白背书,持票人视为合法持票人。空白背书之后又有背书时,下一次背书的背书人视为空白背书的被背书人	空白背书之后又有背书时,下一次背书的背书人视为空白背书的被背书人	空白背书使票据变为来人票据,但可以重新改变为记名背书	空白背书使票据变为来人票据,但可以重新改变为记名背书

（续表）

事项/国别	中国	中国台湾	日内瓦公约成员国	联合国国际汇票本票公约成员国	美国	英国
背书附条件	所附条件不具有票据法效力	条件视同无记载	条件视同无记载	该条件对被背书人之后的各当事人和受让人无效	不影响票据再转让或流通，但背书的受让人按背书规定支付对价或履行义务、担保时，才能够成为对价持票人	所附条件对付款人、被背书人无约束力
部分背书	无效	无效	无效	无效	产生债权部分让与效力，不产生票据流通效力	无效
背书人免责记载的效力	免责记载无效	可免除担保承兑责任，不得免除担保付款的责任	可免除担保付款和担保承兑的责任	免责的特殊记载有效	免责的特殊记载有效	免责的特殊记载有效
出票人禁止背书后的背书	背书无效，受让人不享有票据权利	背书无效，受让人不享有票据权利	只能以一般方式转让，具有通常债权转让的效力	视为托收背书	未规定	转让无效，受让人不能取得票据权利，只能要求转让人代他主张权利。但划线支票除外
背书人禁止背书后的背书	原背书人对被背书人的后手不承担担保付款与担保承兑的责任	禁止转让者，对于禁止后再由背书取得汇票之人，不负责任	原背书人对被背书人的后手不承担担保付款与担保承兑的责任	其后背书均视为委托收款背书	与附条件背书的效力相同	全体被背书人享有限制背书之后第一背书人相同
委托收款被背书人的背书	无效	只能为委托收款的目的进行再，背书所得行使之权利，与第一被背书人同	背书人只能以代理人身份进行背书	为托收目的可再背书	与附条件背书的效力相同	全体被背书人与第一个被背书人相同的权利
质押背书被背书人的背书	无效	未规定	背书人进行的背书，只具有代理人背书的效力	为托收目的可再背书	与附条件背书的效力相同	全体被背书人与第一个被背书人相同的权利

(续表)

事项/国别	中国	中国台湾	日内瓦公约成员国	联合国国际汇票本票公约成员国	美国	英国
期后背书的认定	被拒绝承兑、被拒绝付款或超过付款提示期限的背书	到期日之后的背书	做成拒绝证书后,或已过做成拒绝证书的期限后进行的背书	因不获付款做成拒绝证书后,或已过做成拒绝证书的期限后进行的背书	到期日之后的背书	到期日之后的背书
期后背书的效力	不得背书转让,背书转让的,背书人承担汇票责任	仅具有普通债权让与的效力	仅具有普通债权让与的效力	仅具有普通债权让与的效力	以后取得该汇票的人不能获得或让出优于其前手的权利	以后取得该汇票的人不能获得或让出优于其前手的权利

4. 承兑制度

事项/国别	中国	中国台湾	日内瓦公约成员国	联合国国际汇票本票公约成员国	美国	英国
必要记载事项	付款人签章、记载承兑字样,正面记载	付款人签章、正面记载	付款人签章、正面记载	付款人签章,未经出票人签名,也可承兑	付款人签章,未经出票人签名,也可承兑	付款人签章,未经出票人签名,也可承兑
附条件承兑的效力	承兑不得附条件,附条件的,承兑无效	承兑附条件,视为拒绝承兑,但承兑人仍按所附条件负责	承兑附条件,视为拒绝承兑,但承兑人仍按所附条件负责	承兑附条件,视为拒绝承兑,但承兑人仍按所附条件负责	承兑附条件,持票人可拒绝接受,视为拒绝承兑。如持票人接受,则未明确同意此种改变的出票人和背书人即被解除责任	持票人可拒绝接受,视为拒绝承兑。如持票人接受,则未明确同意的出票人和背书人解除责任
部分承兑的效力	不得部分承兑	经出票人同意可以部分承兑	可以部分承兑	视为有条件承兑,持票人可接受	视为附条件承兑	可以部分承兑

（续表）

事项/国别	中国	中国台湾	日内瓦公约成员国	联合国国际汇票本票公约成员国	美国	英国
承兑提示期限	定日付款和出票后定期付款的汇票，在到期日前提示承兑；见票后定期付款的汇票，在出票后1个月内提示承兑	定日付款和出票后定期付款的汇票，在到期日前提示承兑；见票后定期付款的汇票，在出票后6个月内提示承兑，但出票人可延长或缩短。因不可抗力事由，可延长	定日付款和出票后定期付款的汇票，在到期日前提示承兑；见票后定期付款的汇票，在出票后6个月内提示承兑，但出票人可延长或缩短。因不可克服之障碍事由，可延长	定日付款和出票后定期付款的汇票，在到期日前提示承兑；见票后定期付款的汇票，在出票后1年内提示承兑。出票人可另行记载提示承兑期间	除票据对提示时间另有规定外，在特定日期或其后一段固定时期付款，承兑提示必须在付款日或之前作出；见票后定期付款的票据，在出票日之后的合理时间内作承兑提示。涉及任何二手当事方的责任时，任何其他票据的付款提示或承兑提示，应于该二手当事方开始承担责任后的合理时间内作出	合理时间内作承兑提示
承兑时间	收到提示承兑汇票3日内	收到提示承兑汇票3日内	未规定	到期前、到期日、到期后、拒绝后都可	下一个营业日结束之前。如果系为取得承兑而作善意的努力，执票人也可以允许再延长一个营业日作出承兑	例行时间内，24小时
未按期提示承兑的后果	丧失对出票人以外的其他前手的追索权	丧失对前手的追索权	见票即付或见票后定期付款的汇票，丧失对前手的追索权	丧失对前手的追索权。因无法控制且无法避免克服的情况，不能按期提示承兑的，免于提示承兑	背书人均解除责任；付款人破产，出票人无法获得其在付款人处用以兑付票据的资金，则在把对付款人的权利让与给执票人后，可解除自己的责任 如果遇有超出其控制的外力且他在此种外力消除后以合理勤勉作为，则拖延作出提示、当事方应被视为有免责理由	丧失对前手的追索权。经适当努力仍无法提示的，可以免除提示承兑

5. 付款制度

事项/国别		中国	中国台湾	日内瓦公约成员国	联合国国际汇票本票公约成员国	美国	英国
付款提示期间	汇票	见票即付的汇票,自出票日起1个月内,定日付款,出票后定期付款或见票后定期付款的汇票,自到期日起10日内	到期日或其后2日内。见票即付的票据,应在出票后6个月内提示付款,出票人可延长或缩短。延长之期不得超过6个月。因不可抗力事由,可延长	定日付款或出票日后定期付款或见票日后定期付款之汇票持有人,应在付款日或其后之两个营业日内为付款之提示。见票即付的票据,于出票后1年内提示付款。该期限出票人可延长或缩短,背书人可缩短。因不可克服之障碍事由,可延长	非凭票即付的票据,在到期日或到期日后的两个营业日内提示付款;凭票即付的票据,在票据日期后1年内提示	如果票据注明付款日期,付款提示应于该日作出非见票即付的汇票付款提示期限,只限于到期日当日	非见票即付的汇票的付款提示期限,只限于到期日当日
	本票	自出票日起不超过2个月	见票后定期付款之本票,应自发票日起6个月内为见票之提示。付款提示期间与汇票相同。因不可抗力事由,可延长	付款提示期间与汇票相同。见票后定期付款之本票,应于发票日起1年内,为见票之提示。因不可克服之障碍事由,可延长	与汇票相同	本票的付款提示期限,只限于到期日当日	本票的付款提示期限,只限于到期日当日
	支票	自出票日起10日内	出票地与付款地在同一省市的,自出票日后7日内。不在同一省市的,自出票日后15日内。出票地在国外,付款地在国内的,自出票日后2个月内。因不可抗力事由,可延长	出票地与付款地在同一国内的,自出票日起8日内,付款地与出票地不在同一国内的,若在同一洲,则为20日,不在同一洲的,为70日。因不可克服之障碍事由,可延长		提示应在出票后的合理期间进行,但未经保付的支票,要使出票人承担责任,应在票载出票日或实际出票日,以较迟者为准,后30日内进行提示,要使背书人承担责任,应背书后7日内进行提示	支票应在发行后的合理期间进行付款提示,合理期间应根据票据性质、交易及银行惯例,以及个别案件的事实情形决定

（续表）

事项/国别		中国	中国台湾	日内瓦公约成员国	联合国国际汇票本票公约成员国	美国	英国
未在提示期间内提示的法律后果	汇票	承兑人或者付款人仍应当继续对持票人承担付款责任	不按法定期限提示的，丧失对前手的追索权。不按约定期限提示的，对于该约定的前手，丧失追索权	见票即付或见票后定期付款的汇票逾期限者，执票人除对承兑人外，对背书人、发票人及其他票据债务人丧失追索权。其他票据，债务人可提存票据金额	出票人、背书人和他们的保证人均无责任。因无法控制且无法避免克服的情况，不能按期提示付款的，不负迟延提示的责任	所有的背书人均被解除责任。如果当事方遇有超出其控制的外力且他在此种外力消除后以合理勤勉作为，则拖延作出提示、拒付书或拒付通知的当事方应被视为有免责理由	出票人及背书人将解除义务。当迟延付款提示是因持票人无法控制的原因引起时，免除迟延提示的责任
	本票	丧失对出票人以外的前手地追索权	未按规定进行见票提示，丧失对出票人以外的其他前手的追索权。其他情形适用汇票的规定	与汇票的规定相同。但本票出票人所负责，与汇票承兑人相同	背书人和他们的保证人均无责任。因无法控制且无法避免克服的情况，不能按期提示付款的，不负迟延提示的责任	同汇票	背书人将解除义务。当迟延付款提示是因持票人无法控制的原因引起时，免除迟延提示的责任
	支票	丧失对出票人以外的前手的追索权	丧失对出票人以外的前手的追索权，但持票人怠于提示给出票人造成损失的，在票面金额范围内承担赔偿责任	丧失追索权	同汇票	背书人将解除义务。出票人只在因迟延遭受提示而受损失的范围内解除责任。当迟延付款提示是因持票人无法控制的原因引起时，免除迟延付款的责任	
付款人审查义务	背书人签章真实性	形式审查义务	形式审查义务	形式审查义务	形式审查义务	实质审查义务	实质审查义务
	出票人签章真实性	实质审查义务	实质审查义务	实质审查义务，允许通过约定将风险转移给出票人	实质审查义务	实质审查义务	实质审查义务

(续表)

事项/国别		中国	中国台湾	日内瓦公约成员国	联合国国际汇票本票公约成员国	美国	英国
付款人审查义务	票据凭证格式的真实性	实质审查义务	无规定	无规定	无规定	无规定	无规定
	提示付款人	实质审查义务	付款人善意且无重大过失即尽到义务	付款人善意且无重大过失即尽到义务	付款人善意且无重大过失即尽到义务	合理验明提示人的身份	在没有伪造票据时，基于善意向提示付款人付款
	票据变造	实质审查义务	付款人善意且无重大过失即尽到义务	付款人善意且无重大过失即尽到义务	付款人善意且无重大过失即尽到义务	在没有伪造票据时，善意付款	在没有伪造票据时，善意付款
部分付款		不允许	持票人不得拒绝	持票人不得拒绝	持票人无义务接受部分付款	持票人无义务接受部分付款	持票人无义务接受部分付款
支付票款的时间		持票人依照前条规定提示付款的，付款人必须在当日足额付款	付款经执票人之同意，得延期为之。但以提示后3日为限	法定或审判之恩惠日，不论其为法律上或司法上者，均不予认许	未规定	除根据信用证出立的跟单汇票可允许有较长时间外，且除付款人同意较早付款外，付款都应在提示日的营业业务结束之前作出	在所有情况下，汇票的到期付款日应确定为付款期间的最后一日，若最后一日为非营业日，则应顺延到次一营业日

6. 追索制度

事项/国别		中国	中国台湾	日内瓦公约成员国	联合国国际汇票本票公约成员国	美国	英国
追索原因	到期追索的原因	到期被拒绝付款	到期不获付款	到期不获付款	不获付款	到期不获付款	到期不获付款
	期前追索的原因	被拒绝承兑;承兑人或付款人死亡、逃匿;付款人承兑人被宣告破产或被责令终止业务活动	汇票不获承兑;付款人或承兑人死亡、逃避或其他原因无从为承兑或付款提示;付款人、承兑人受破产宣告	全部或部分不获承兑;付款人破产;付款人未经法院裁定停止付款;或对其财产执行而无效果。未承兑的汇票出票人破产	不获承兑	不获承兑	不获承兑
形式要件		按期提示承兑汇票;按期提示本票支票;提供拒绝证明\退票理由书或其他有关证明	按期提示票据;在提示承兑期间内做成拒绝承兑证书或拒绝付款后5日内做成拒绝付款证书	按期提示票据;在提示承兑期间内做成拒绝承兑证书或拒绝付款后2个营业日内做成拒绝付款证书	按期提示票据;在不获承兑或不获付款后的4个营业日内做成拒绝证书	按期提示票据;国内票据须做成拒付通知。国外票据须做成拒付证书。拒绝通知和拒绝证书,银行应在其午夜截止期之前发出,任何其他人应在其第三个营业日的午夜之前发出	按期提示票据;在合理时间内做成拒付通知;国外票据做成拒绝证书

7. 时效制度

事项/国别	中国	中国台湾	日内瓦公约成员国	联合国国际汇票本票公约成员国	美国	英国
持票人对出票人和承兑人权利	见票即付的汇票、本票,自出票日起2年;支票自出票之日起6个月	见票即付的汇票、本票,自出票日起3年;支票自出票之日起1年	汇票、本票对承兑人自到期日起3年;对背书人和出票人为1年。支票自提示期限届满起6个月	定期付款的票据自到期日起4年;本票自到期日起4年	未专门规定	承兑之日起或付款之日起6年
持票人对前手的追索权	自被拒绝承兑或者被拒绝付款之日起6个月(出票人除外)	汇票、本票自做成拒绝证书日起算1年;支票为4个月	自本人被诉之日起6个月	汇票自做成拒绝证书,或者在免除拒绝证书的情况下,自退票之日起4年		
持票人对前手的再追索权	自清偿日或者被提起诉讼之日起3个月(出票人除外)	汇票、本票自为清偿之日或被诉之日起6个月;支票为2个月	自本人被诉之日起6个月	可在他支付票款之日起1年内向应对其负责的当事人行其诉讼权		
票据时效中断	只对发生中断事由的当事人有效		仅对与时效中断有影响的人有效